大手笔

是怎样炼成的

精华版

谢亦森◎著

长江出版传媒

长江文艺出版社

图书在版编目（ＣＩＰ）数据

　　大手笔是怎样炼成的：精华版 / 谢亦森著. -- 武
汉：长江文艺出版社，2020.2
　　ISBN 978-7-5702-1231-6

　　Ⅰ. ①大… Ⅱ. ①谢… Ⅲ. ①公文－写作 Ⅳ.
①H152.3

中国版本图书馆 CIP 数据核字(2019）第 206343 号

策　　　划：尹志勇
责任编辑：黄海阔　　杜东辉　　　　　　责任校对：毛　娟
封面设计：回归线　　　　　　　　　　　责任印制：邱　莉　　胡丽平

出版：长江出版传媒 | 长江文艺出版社
地址：武汉市雄楚大街 268 号　　　　　邮编：430070
发行：长江文艺出版社
http://www.cjlap.com
印刷：武汉市首壹印务有限公司

开本：720 毫米×1020 毫米　　　1/16　印张：25　插页：1 页
版次：2020 年 2 月第 1 版　　　　　　2020 年 2 月第 1 次印刷
字数：356 千字

定价：42.00 元

前言：卓越，从来不是速成的

拙著《大手笔是怎样炼成的》（理论篇+实践篇+语言篇+修炼篇）出版以来，受到众多读者关注和鼓励，至今已加印多次，发行量达到相当规模，这是我始料未及的。其实这不过是本人十多年"爬格子"的片段记录和心得体会而已，要说有什么特色的话，那就是不拘泥于概念、定义，不追求"高大上"式的完美无缺，不屑于东抄西摘、拾人牙慧，一切立足于自己所行所作、所思所悟，既写成功，也写失败，既总结经验，也反思教训，既有"山重水复疑无路"的困惑，也有"柳暗花明又一村"的愉悦，指望能给初学写作者及年轻公务员们哪怕一点点启发和帮助。现在回过头看，发现书中还是有不少瑕疵的，比如有些例文过于陈旧，有些内容显得庞杂，有些表述不够准确，个别地方由于校对不细存在错漏。一些好心的读者也来信指出类似问题，借此机会表示感谢。

不得不佩服长江文艺出版社强烈的敬业精神和敏锐的市场眼光，在激烈的市场竞争和新媒体冲击中，经营业绩多年来一直傲立业内前茅，难怪有人称之为"牛社"呢！在当年《理论篇》《实践篇》热销之时，社长和总编不远千里亲临南昌，当面出题授意，要我再写两本，这就是后来出版的《语言篇》和《修炼篇》。去年夏天，社长先生再次来到南昌，要我把前四本压缩成一本，做成"精华版"，其意图是：如今已进入快节奏工作和生活的新时代，年轻公务员工作任务重、压力大，都希望能较大程度提高阅读效率，用尽可能短的时间丰富写作知识，提高写作能力。这是一件功德无量的好事呀，何乐而不为呢？

此话不无道理，但我颇感为难。都快退休的人了，本可放松心情抱抱孙子、玩玩音乐、享享清福，还干这费心劳神、搜肠刮肚的苦差事干啥？这辈子还嫌干得不够吗？说来也是，自大学毕业走上工作岗位，"爬格子"一爬就是十几年，后来承蒙组织培养走上领导岗位，本以为从此跳出"苦海"了，却又鬼使神差弄起那套《大手笔是怎样炼成的》，反复折腾写作那些事儿，岂不是难解难分"秘书缘"、吃苦受累"劳碌命"么？这倒也罢了，如今正当我要为自己的从政生涯画上一个完满的句号时，又要我来"重操旧业"，怎不让我踌躇再三？

不过想起社长那期待的眼神、恳切的劝请，我又禁不住动了心。他说"这是功德无量的好事"，我的理解是：为年轻人成长进步做点好事。尽管我的文字未必真能达到那种效果，但至少其出发点是这样。这又让我想起与一些年轻读者交往的情景。记得是前年，我率本省工会考察团前往沿海兄弟省学习考察，座谈交流会刚开完，却见一伙年轻人等在门口，原来是当地党政办公室的文秘人员，手里拿着我的《大手笔是怎样炼成的》要我签名。又一次，是某报社一位女记者，也是拿着这套书要我签名，说是作为生日礼物送给她男朋友的——男朋友在某党委机关从事秘书工作。还有一次，是松花江畔的一位退伍女兵、妇联干部给我来信，说她刚到单位时写的材料总是过不了领导的关，读了我这套书后进步很快，经常得到领导的表扬，所写的一篇调研文章还得到市委书记的批示肯定，最近被提拔为科长，专门来信表示感谢。类似的事倒还不少。这桩桩件件，固然让我的虚荣心得到了极大的满足，但最主要的是，让我感受到了年轻一代好学上进的精神和磨砺成才的追求。回顾既往，将心比心，他们多不容易啊！像当年的我一样，想成为一名合格的文字秘书，想靠手中一支笔成就一番事业、实现人生价值，有多少曲折坎坷的路要走？有多少艰辛、挫折、压力和委屈要承受？有多少知识需要积累、多少疑难需要破解？如果有"过来人"予以点拨、提醒，哪怕提供的只是失败的前车之鉴，也能让他少走一些弯路、减少一些失误，成长进步得更顺一些、更快一些。正是从这个意义上，我以为出版社既是高看我，也是给我做好事、善事的机会，说不定还因此而添福又添寿呢！

事情就这么定了下来。但怎么压缩、怎么安排结构呢？如果仅仅把那四本书的有关部分原封不动抽取出来再黏合在一起，我觉得没多大意思，何况我最不喜欢的就是重复——既不喜欢重复别人，也不喜欢重复自己。但既然是压缩，又绕不开某些重复，几经思量，最后得出的是五个字的方案：调、舍、增、换、磨。

调，即调整篇章结构。按照由浅入深、由易到难的顺序，打破原有格局，将相关内容跨篇、跨章整合在一起，使之更具连贯性、逻辑性，便于读者理解和把握。

舍，即放弃部分内容。聚焦于文稿写作一般要领的分析探讨，将原书中有关思想作风、职业道德、为人处世等方面内容舍弃掉，使全书内容更为集中、重点更为突出。

增，即增加有关内容。如常用应用文种中增加了规范性文件、党课讲稿、工作报告的写作，各篇章中也增加了一些新的材料，使内容更为充实、完善。增加了"文稿写作常见问题探析"一章，这些都是写作中经常碰到的，最让人头疼、最需探讨突破的问题，相信会让读者感兴趣。另外还增加了《机关主要应用文稿写作常识参阅表》，以求一目了然，方便掌握；增加了与秘书互动交流的内容，以求增进沟通理解。

换，即换掉部分内容。主要把原有例文基本上拿掉，换成具有时代感、新鲜感的例文。另外，对原书中的某些内容也予以了更新。

磨，即打磨、润色。正好借此机会，把前四本书中存在的某些遗漏、差错纠正过来，同时对某些观点、用词、句子作了推敲改造，力求更为贴切、得体。

这样一来，全书几乎换了一副面孔。社长先生打趣说：您真是老骥伏枥、壮心不已呀，我本意只是压缩一下而已，没想到您这么较真！我想这话也不算"溢美"，不搞就不搞，搞就得认真点儿，力求搞得像样点儿，这叫对读者负责，也是对自己负责，当然也是对出版社负责。

当然，出此新书并不意味着对前四本书的否定。对舍弃掉的那些内容，虽有"忍痛割爱"之感，实为"削足适履"之需。读者如有兴趣，仍可资为参考。

需要说明的是，卓越，从来不是速成的。虽然我力图通过本书为读者提供一条较为清晰、快捷的前行之路，但从根本上说，写作这事儿并无捷径可走，唯有规律可循，这就是：稳扎稳打，循序渐进，从不适应到适应，从不熟练到熟练，最终"滴水能把石穿透，万事功到自然成"。当然，肯定会有人进步、成熟得快一些，成为领导器重、同事羡慕的出类拔萃的"大手笔"，但那绝不是缘于走"捷径"，而是缘于比别人多几分刻苦和悟性。

年轻的朋友们，努力吧！你们行！一定行！一代更比一代行！

目录 CONTENTS

第三章　文稿写作常见问题探析/193

"爬格子"有如跋山涉水，一路闯关。当我们为一道道难题所困时，突然发现：影响脚步前进的并不是前方的山峰，而是鞋帮里的几粒沙子。

第四章　让语言和文风美起来/257

说话是每个人的天赋之能。然而,被称为"秀才"的我们,为什么屡屡遭遇"越来越不会说话"的批评?我们辛辛苦苦写出来的某些文稿,为什么让人不愿看、不愿听、不肯信?

第五章　公务员个人材料的写作/315

走上公务员岗位,可以说是从应试的小考场走上了人生的大考场,从解答书面试题转变为解答实践中的无数道试题,一道道更为复杂难解的"申论"不容回避、不可抗拒地摆在面前,需要做出正确的解答。年轻的朋友,你准备好了吗?

互动实录/355

秘书要与领导换位思考，领导同样要与秘书换位思考。理政与辅政的有机结合，离不开心灵的沟通、思维的碰撞和感情的交融。

附录　机关主要应用文稿写作常识参阅表/381

第一章 "八诀" 打造基本功

写作三重境界：第一重境界"路漫漫其修远兮，吾将上下而求索"，第二重境界"山重水复疑无路，柳暗花明又一村"，第三重境界"会当凌绝顶，一览众山小"。一路前行，何所依仗？

公务员，一个多么光荣的称号。

光荣的称号需要相应的素质能力来支撑，包括口头表达能力、文字表达能力、分析问题和解决问题的能力、沟通协调能力、做群众工作的能力等等，即"提笔能写、开口能说、问策能对、遇事能办"的综合性能力。其中，文字表达能力是一项至关重要的基本功，一门不可或缺的"看家本领"。

为什么这样说呢？因为文字是机关的门面，是决策和政务活动的载体，是领导者履行领导职责、组织开展各项工作的主要工具。所有的机关文字，大到工作报告、领导讲话、调研文章、决策部署性文件等"大块头"应用文，小到信息、通知、纪要、请示、批复等"豆腐块"常用公文，无一不是治国理政活动的反映，无一不维系着工作运转、事业发展、民生福祉。

而起草这些文字的，不仅是处于文秘岗位的公务员，还有成千上万处于其他岗位的公务员，因为没有任何一个岗位的工作离得开文字。所以，对于刚进机关的年轻公务员来说，当务之急就是在熟悉情况、进入角色的基础上，文字工作尽快上手——因为你年轻、有文化，抄抄写写之类的苦差事难道还能让资格老的同志继续干？如果你连通知、信息、纪要这类"小不点儿"都写不像样，怎能证明你有能力、能胜任本职？对于那些专职"爬格子"的公务员来说，要求自然更高、压力也更大了。经常加班加点、吃苦受累倒不算什么，关键是，这笔头功夫是硬碰硬、实打实、一点做不了假的，如果长期写不出让领导满意的东西来，那还有什么脸面在领导机关混？日后还怎样成长进步？

由此可见，过硬的文字表达能力是年轻公务员的必备素质，是走向成功的"通行证"，是终生受用的宝贵财富。我曾说过，"才华横溢的笔杆子如同楚楚动人的美女，无论走到哪里都引人注目、令人羡慕、讨人喜欢"，说的也是这个道理。

当然，这些道理或许无须多说，作为当代公务员应该都能想得到。与众多年轻同志交谈，也发现他们这方面的求知欲、上进心特别强烈。说得最多、最集中的问题是：作为新手，写作上如何尽快入门？要把握哪些要领、掌握哪些方法、注意哪些问题？

这的确是个很重要但又很复杂的话题，从来见仁见智，莫衷一是。根据个人多年的实践摸索，我认为入门要练好"八诀"基本功，即：学、积、思、悟、践、谋、练、静。

第一诀：学——腹有诗书气自华

对于文秘人员来说，学习的重要性、必要性不言而喻，关键是学什么、怎么学的问题。或许你读过很多书，拥有多方面的知识，但到了现在的岗位，还得从实用的角度出发，调整和优化自己的知识结构，该集中的集中，该充实的充实，该弥补的弥补，增强学习的针对性和有效性。也就是说，停留于原有的知识结构是不够的，饥不择食、乱学一气也是不可取的。那么，重点要学习掌握哪些方面的知识呢？

一、学习掌握公文写作知识，把基本的"套路"摸清楚

这对于所有写作新手都是最关键、最基本的第一堂必修课，必须学好、学深、学扎实，否则无论你有多么扎实的文字基础都对不上路。这方面的教材有很多。首先必须精读、深读中共中央办公厅、国务院办公厅制定印发的《党政机关公文处理工作条例》，熟练掌握有关公文种类、公文格式、行文规则、公文拟制、公文办理、公文管理各项规定和要求。其中，决定、决议、意见属于表述重大决策部署的文件，尤应认真学习掌握。其余绝大多数法定公文都有相对固定的格式、规则可循，也应熟记于心。

其次要认真学习掌握机关应用文写作知识。它属于广义上的公文，包括工作报告、领导讲话、调研文章、汇报材料、工作总结、考察报告、经验介绍材料等众多文种，而且每一文种又因时期不同、主题不同、对象不同、领导的要求和风格不同而在写作上各不相同，可谓色彩缤纷、变化万千，一时

难以全面把握、完全吃透。作为初学者，首先要去了解和认识它们。目前报刊上、书架上、网络上这方面的论著、教材、文章可谓汗牛充栋，要注意选取那些通俗易懂而不是故弄玄虚、有实践经验而不是空谈理论、源于自己提炼总结而不是模仿抄袭的有实用价值的书籍、文章进行研读，从中汲取营养，丰富感性和理性认识。同时，要从机关现有各种文稿中选取那些大家一致认为写得好的范文式稿子进行研究、琢磨，看看人家是怎么写的，为什么这么写，究竟好在哪儿。这一点特别重要，因为这多半是实战示范、现成管用的教材，把它们吃透弄通，对自己日后驾驭这类稿子大有好处，至少可以少走一些弯路。

再次，要特别注意把握机关文稿与其他各类文章的种种区别。一些同志以为，只要文字基础好，起草机关类文稿肯定没问题。这话并不准确。文字基础好，只能说具备了写好机关文稿的基本条件。为什么这样说呢？起草机关文稿固然离不开扎实的文字基础，包括怎样立意、怎样结构、怎样遣词造句等等，但光有这些还远远不够。作家、记者、语文教师们的文字基础好不好？当然好，但他们在其各自的领域尽可纵情发挥、占尽风骚，却未必能写好机关文稿。这是因为，机关文稿有其独特的性质、特点和作用，起草机关文稿有其独特的思维方式和写作要求，如果把握得不好、不准，即使你驾驭文字的能力再强，文章也未必能对得上路。而这种"把握"又非一朝一夕之功，要经过一定时期的观察、实践和积累才能完成。为此，有必要将机关文稿与其他文章的特点作一比较：

作用不同。顾名思义，机关文稿是为领导活动和社会实践服务的，或作为决策的载体，或作为上传下达的纽带，或作为工作实践的书面反映，因而具有较强的政治性、政策性和指导性、实用性。比如领导讲话和文件的作用，就是对某项工作或某项重大活动作出部署安排；调研报告的作用，是反映情况、分析问题、总结经验或教训，为决策提供依据。而其他文体如文学作品、理论文章、新闻报道等虽然都是为现实服务的，但都各自有其独特的作用，不可混为一谈。

表达主体不同。机关文稿虽然由文字秘书执笔写作，但不能夹杂个人的感情色彩，不能由个人想怎么写就怎么写，而必须按照领导的意图，站在一级党政组织或一个单位、部门的角度想问题和提出问题，即公文姓"公"。当然，个人的思想觉悟水平、是非观念和好恶爱憎，会在写作过程中有所反映，但最终都得纳入"公"的轨道，而不可能也不应该有个人的完全"自由"。即使你在文稿中掺杂了某些个人的不同意见和看法，领导审稿把关时也会给你改掉。其他一些文体就不同了，文学作品可以直抒个人胸臆，学术研究文章可以坦陈一家之言，个人的情感和见解有着广阔的发挥空间。

文章语气不同。人们常说机关文稿是"官样文章"，如果排除贬义的意思，或者它的确不存在那种令人讨厌的"八股调"，这一说法倒是不无道理的。有的同志进一步说："官样文章"也就是"'要'字文章"。意思是，机关文稿中"要"字出现的频率特别高，"要提高认识""要坚定信心""要真抓实干""要加强领导"等等。这也是情理之中的，因为领导讲话和文件都是用于对下级布置工作的，当然会更多地用到令使式、号召式甚至是命令式语言。由此还决定了文意表达上的确定性，一就是一，二就是二，不能或者极少使用"大概""可能"之类的模糊语言。其他文体则不具备这种特点，不可能也不应该强制读者接受作者的观点，即便是比较严肃的理论探讨文章，也只能仁者见仁，智者见智，把自己的观点告诉读者就可以了，因而语气上也存在相对不确定性，如"笔者认为""我觉得""我建议"等等。

语言风格不同。概括起来讲，机关文稿的语言风格应体现为严肃、通俗、简洁、朴实、准确。所谓"严肃"，就是不脱离上级大政方针和领导意图，不脱离客观实际，行文庄重得体，语句符合规范。所谓"通俗"，就是明明白白告诉人们要做什么、为什么要这样做和怎样做，使人一听就懂，而不能使用那些过于深奥的、人们不常见的晦涩难懂的语言。有的初学写作的同志意识不到这一点，以为写得让人看不懂、听不懂才叫有学问、有水平，结果只能适得其反。所谓"简洁"，就是要开门见山，干净利落，而不能拖泥带水，写得又臭又长。所谓"朴实"，就是遣词造句要做到朴素、实在，不能堆砌华丽辞藻，不能滥用文学化语言。有的同志文字功底好，喜欢运用修饰性、形象化语言，动不动来上几句"桃李盛开，春意盎然""秋风送爽，丹桂飘香"之类的句子，不是不可以用，关键看在什么场合、对什么对象用，用多了，用滥了，就会显得花哨，使人觉得别扭。所谓"准确"，就是语言要有针对性、穿透力，把话说到点子上，而不能含糊其辞、模棱两可。这一点，与文学作品的生动形象、理论文章的严谨深邃又是大相迥异的。

把握好机关文稿与其他文体的种种不同，我们就会明白：文字基础好为什么不一定能写好机关文稿，同时也明白下一步该怎么做了。这里不妨再来点形象的说法：如果说文学是一个爱说爱笑爱哭爱闹的任性女孩，学术文章是一个皱着眉头对真理穷追不舍的倔犟老头，新闻报道是一个见多识广、快人快语的机灵小伙，那么，红头文件、领导讲话就是一个表情严肃、不苟言笑、挥舞着令旗叱咤风云的将军。这种比喻未必恰当，我想说明的只是：文字必须适应不同文章的不同特点和风格，这就同人们穿衣服一样，不同的人须用不同的尺寸、款式和颜色，否则就会显得不三不四、不伦不类。

二、学习掌握上级大政方针、决策部署，把"上情"吃透

党的路线、方针、政策，党和国家每一时期出台的发展规划、重大决策和工作部署安排，上级党委、政府和各部门、各单位、各行业作出的各项决策、提出的目标任务和措施要求，既是基层单位行动的指南、开展各项工作的依据，也是我们起草各类文稿的根本遵循。舍此，我们的写作就会成为无源之水、无本之木、无舵之船，甚至可能犯原则性、方向性错误。比如党的十八大以来党中央作出的"四个全面"——全面建成小康社会、全面深化改革、全面依法治国、全面从严治党战略布局，五位一体——经济建设、政治建设、文化建设、社会建设、生态文明建设总体布局，党的十九大确定的新时代中国特色社会主义总目标、总任务，建设富强民主和谐美丽社会主义现代化强国分"两步走"的战略安排，特别是习近平新时代中国特色社会主义思想的深刻内涵、基本方略，这些都是当前和今后一个时期党和国家各项事业发展的路线图、导航灯，作为文秘人员理应认真学习、深刻领会，以利熟练运用于写作实践中。

学习掌握这方面的知识，必须保持高度的政治敏感性和坚定性。或许你不想成为、也未必能成为政治家，但既然吃了这碗饭，公文姓"公"，公务员也姓"公"，就应努力学政治、懂政治、讲政治，成为政治上的"明白人"。必须养成专注、用心阅读的习惯。有些人阅读上级文件、领导讲话和各种政策法律、制度规章，或许一目十行、读题读皮，但文秘人员却不可以，而是要静下心来通读、精读、深读，碰上重要的提法、观点、语句和段落还要画上横线、曲线、三角形、五角星等着重号，或写下批注，以防遗忘，写作中

需要引用时也便于找到。必须联系实际学，一味埋头于阅读，难免枯燥乏味，也难于理解和掌握。把上级精神与本地本单位正在做的事情联系起来，设想一下："我们的工作哪些方面做得好、哪些方面还存在差距?""如果我是领导者，应该怎样抓好贯彻落实?"学习效果就会好很多。另外，上级下发的诸多文件、领导讲话中不乏高水平的精品范文，我们钻进去学、去悟，不仅可以提高阅读兴趣，对自己写作也大有帮助。

三、学习掌握与写作相关的其他各类知识，努力拓宽知识面、增加信息量

只掌握公文写作知识和上级大政方针、决策部署显然不够，写作中必然涉及的其他各方面知识也要尽可能多掌握一些。这些知识包括但不限于：

一是历史知识。以史为镜，可以知兴替。忘记历史意味着背叛，不懂历史意味着浅薄。我们的民族历史悠久、文化灿烂，其中很多东西值得我们去认识、把握和继承、利用。作为文秘人员，除非毕业于历史专业，不可能都对历史有全面的、详细的了解，但对人类社会发展演变的主要阶段、主要历史人物和重大历史事件、重要经验教训等应有较清楚的了解，对党史、国史特别是改革开放以来的发展史更应熟记于心，对地方史和有关专业史也应有所掌握。当前还要特别注意学习和了解党史。习近平总书记告诫全党："一切向前走，都不能忘记走过的路；走得再远、走到再光辉的未来，也不能忘记走过的过去，不能忘记为什么出发"，并发出号召："不忘初心，继续前进。"对此，文秘人员尤应深刻领会，铭记在心。这不仅是加强思想武装的需要，也是拓宽知识面、胜任本职工作的需要。起草文稿很多时候会用到历史知识，不少领导同志发表讲话也会运用有关史实，或用于探讨事物发展规律，或用于阐释某种道理，或用于印证观点、警示世人，如果我们不懂得一定的历史知识，常常会陷入对某个问题知其然不知其所以然、想说清楚但说不清楚、想说透彻但说不透彻的窘境，文章就会欠缺深意和厚度而显得单薄、干涩。

二是理论知识。理论来源于实践又指导实践，没有正确的理论就没有正确的实践，而理论的运用又经常地、大量地出现于机关文稿中，所以文秘人员掌握理论知识的重要性是不言而喻的。理论知识的贫乏必然造成思维的苍白，甚至带来是非观念的模糊和政治立场的偏颇。因此必须努力学习和掌握

马列主义、毛泽东思想、邓小平理论、"三个代表"重要思想、科学发展观、习近平新时代中国特色社会主义思想，用以武装头脑，指导写作。也许有同志会说，理论都是些玄而又玄甚至使人厌烦的大道理，我们不是搞理论的干吗要学？学了用得着吗？这话大错特错。首先，既然你在机关从事文秘工作，理论不能不学，政治不能不讲，否则就要犯错误；即使别人厌学、不愿学或者装模作样地学，但文秘人员非得老老实实、认认真真地学不可。其次，说到用得着用不着的问题，关键看你怎么用。不动脑筋，照抄照搬，当然没用；空洞说教，脱离实际，当然没用；望文生义，牵强附会，当然没用；固守教条，缺乏创意，当然没用。我们所需要的是，通过打牢理论功底，增强对实际问题的理性思考，学会用马列主义的立场、观点、方法观察问题和分析问题，并以此贯穿于文稿写作之中。

三是经济知识。实现中华民族伟大复兴中国梦是全党全民的奋斗目标，经济建设是党的全部工作的中心，包括起草文稿在内的各项工作都要围绕这个中心来进行。很难想象，一个不了解发展战略、不懂得基本经济常识的文秘人员能够胜任本职工作。这对于党委综合部门和各职能部门的文秘人员尤为重要，因为党是领导一切的，各级党委是对"四个全面"战略布局、"五位一体"总体布局起核心领导作用并担负总体责任的，组织、纪检、宣传、政法、统战等各项工作无不与经济工作密切相关。而客观上，文秘人员接触党务工作多，接触经济工作少，但起草文稿又必然接触大量的、多个方面的经济问题，所以在学习经济知识方面应比其他部门文秘人员更主动、更自觉一些。政府综合部门和专业经济部门的文秘人员似乎好办一些，因为你天天都在和各种经济政策、报表、动态乃至各种矛盾和问题打交道，但也有一个懂得多与少、深与浅的问题。概而言之，无论哪个行业的文秘人员，都必须努力学经济、懂经济。这包括经济理论、经济发展规律、经济政策及常用名词术语等，尤其要注意学习社会主义市场经济理论和有关知识，把握市场经济运行的规律和特点；随着我国经济进入高质量发展阶段和"一带一路"倡议的实施，还必须学习有关新理论、新概念和涉外经济知识。有了这些知识，我们才能贴近改革与建设的实际需要，通过起草文稿为优化决策、加快发展献计出力。

四是科技知识。科学技术是第一生产力。现代科技日新月异、迅猛发展，尤其是随着大数据、云计算、物联网、VR等高端技术的出现，注重科技、创新驱动越来越成为发展的加速器，因而起草机关文稿也离不开对科技知识的掌握。要了解科技革命的历史，了解科技创新对于经济发展的重大意义，了解国内外高新技术发展趋势，以适应推进科技进步、转变发展方式的需要。同时要积极掌握计算机操作等现代化办公技能，使自己成为学科学、懂科学、用科学的新型人才。

五是法律知识。随着全面依法治国的战略实施和我国社会主义法治的逐步完善，各种法律法规正日益广泛地覆盖全部经济和社会活动，有法必依、执法必严、违法必究也越来越为推动经济发展和社会进步所必需。因此，作为机关文秘人员，毫无疑问要努力学法、懂法，包括宪法、各种基本法和有关专门性的法律法规，即使不可能全部学深学透，也要尽可能地多学、多懂一些。这样，起草文稿时才能体现依法办事的原则，正确使用有关法律概念和规定，不至于出现与法律法规相悖的现象。当然，作为政法机关和行政执法部门的文秘人员，则应学得更精，懂得更多一些，在学法、守法、用法方面当表率。特别在对外经济交往当中，很多关系需要依靠法律来调整，很多矛盾需要运用法律来解决，所以不仅单位负责人要懂法，文秘人员也应懂法，否则就可能给工作带来被动。

六是领导科学知识。文秘人员虽然不是领导，但所从事的工作是直接为领导服务的，是起着参谋辅政重要作用的，所以就必须懂得一定的领导科学知识。领导科学所包含的内容很深、很广，文秘人员不可能全部掌握，但对最基本的内容，如决策要素、决策过程和决策实施方面的知识，驾驭全局、组织指挥、化解矛盾方面的知识，市场经济条件下如何改进工作方法、提高领导水平方面的知识等等，都应有一定的了解。只有掌握这些知识，才能在起草文稿中全面、准确地领会和反映领导意图，才能在决策中当好领导的参谋助手。实际上，文秘人员天天与领导打交道，包括请示汇报、参加会议、陪同搞调查研究等，对领导的决策过程、领导方法和工作风格等方面可谓耳濡目染，只要你有"心"，这方面的知识不难掌握。怕只怕把自己隔离于决策理政活动之外，仅仅从"做文章"的角度去考虑学什么和思考什么。

七是文学和音乐知识，这话听起来好像有点离谱，文学和音乐这浪漫的玩艺儿难道与一本正经的"官样文章"还存在什么联系吗？难道可以在某篇讲话稿或某份文件中来上几句"啊""哦"之类的抒情语言吗？音乐的作用又从何谈起呢？

首先我得说，具备了前面所说的那些知识，对于起草机关文稿的确基本够用了，但如果能懂点文学和音乐，则更有助于写作，甚至能达到更高的境界。我们先看文学。文学知识在机关文稿写作中的运用虽然不是主要的、大量的，但文稿质量的好与差，必定与一个人的文化底蕴、文学素养有关。写作是需要有"灵气"的，这种"灵气"在很大程度上表现为想象力和创造性。而文学的特点恰恰在于想象和创造，没有想象和创造就没有文学。所以，通过文学知识的熏陶和潜移默化，可以帮助我们扩大视野、丰富思维，使文章多几分"灵气"，少几分"呆气"。第二，起草机关文稿虽然主要靠逻辑思维，但并不完全排斥形象思维，相反，恰到好处的形象思维可以为文章增色。如毛泽东同志在《星星之火，可以燎原》一文中预言中国革命胜利时写道："它是站在海岸遥望海中已经看得见桅杆尖头了的一只航船，它是立于高山之巅远看东方已见光芒四射喷薄欲出的一轮红日，它是躁动于母腹中的快要成熟了的一个婴儿。"这里运用的即是文学中的比喻手法，显得文采飞扬、气势如虹，令人神情激奋、信心倍增。第三，随着领导同志文化水平的不断提高，很多领导已不习惯过去那种"观点加例子"式的文章格调，而喜欢在某些文稿中运用一些与文学有关的东西，如某部名著、某个故事、某个文化名人、某段名人名言或古诗词等。大家可能注意到了，很多文稿偶尔会出现"好风凭借力，送我上青云"和"得民心者得天下，失民心者失天下""学者非必为仕，而仕者必为学"之类的古训名言，"青山遮不住，毕竟东流去""水载舟，水亦覆舟""日出江花红胜火，春来江水绿如蓝"之类的文学佳句，或用于表达某种信念，或用于鼓舞人心，或用于揭示某种道理，既有形象性，又有鼓动性，这种作用就不是一般的机关常用语言所能替代的了。习近平总书记善于引用典故和格言警句来阐释道理、表达见解，这是他的讲话使人爱听、想听的重要因素之一。可见，文秘人员的确应该懂点文学，读读中外名著，记记佳句格言，这对于提高思维能力、丰富知识涵养、提高写作水平，必定大有裨益。

比较而言，音乐知识对于机关文稿写作的作用则较为隐晦、空灵一些，这里就不展开说了。

除上述方面之外，还有其他一些必须掌握的知识，各部门也还有各自的专业知识，这里就不一一列举了。总之，学历史可以使人明智，学理论可以使人清醒，学经济可以使人精明，学科技可以使人聪慧，学法律可以使人严谨，学领导科学可以使人宽广，学文学和音乐可以使人灵动。一句话，有了丰富的知识，写作中就能得心应手，左右逢源。

四、正确处理"通"与"专"的关系，努力把自己造就成为"通才"

从一般要求来说，文字秘书无论处在综合部门还是专业部门，都应通过学习努力使自己成为"通才"。综合部门的工作涉及方方面面，固然要"通"；专业部门内部又有多方面的具体业务，所以也要"通"。不"通"，就难以完成各式各样的文稿起草任务，至少会降低文稿质量。不过，这里所说的"通才"只是相对的而不是绝对的。一个人的时间和精力毕竟有限，古往今来真正的"通才"其实从来没有过，即便是那些绝顶聪明的领袖人物、大科学家、大文学家、大艺术家，也只是在一个或几个领域大有建树，而不可能样样精通。这里所说的"通才"，是指文秘人员为适应工作需要，各方面的知识都应涉猎，尽可能知道得多一些。"知道"和"精通"当然不是一回事，二者之间有着"量"和"质"的区别。比如，党委机关的文秘人员学习金融知识，懂得基本的金融政策和基本概念就可以了，具体的存贷业务知识不一定要去学；同样地，政府机关的文秘人员学习党建知识，了解有关基本任务和基本要求也就行了，而不一定去死记硬背有关具体规定。这么说来，文秘人员不就成了"万金油"了？对，也可以这么说，因为你的工作性质决定了你必须"样样都知道一点"，知道得太窄、太少不行，知道得太多、太具体又不大可能。

当然，文秘人员在广泛获取各种知识的基础上，突出学习和掌握一项或几项专门知识，即在"通"的基础上求"专"，是可行的，而且是必要的。至于"通"与"专"的关系如何处理，这主要是学习方法上的问题。有些同志学习积极性很高，一有空就埋头读书，不管什么书都仔细研读，认真消化，这固然可以获取不少知识，但方法太笨，效率太低。世界上的知识浩如烟海，就是长年累月不吃不睡也学不完，像这种学法，何时才能达到既"通"又

"专"的要求呢？可行的方法应当是：根据本人的知识基础和与业务的关联程度，采取缺什么补什么的办法，做好学习计划，选定一批必读书目，并划分为粗读、通读和精读三大类。粗读即一般了解，可以选择性、跳跃性地读，知道个大概就行；通读即从头至尾看完，整体把握，记住重点；精读则要逐字、逐句、逐段认真阅读，做到学懂弄通。在具体方法上，要通过合理分配学习时间（如零碎时间用于粗读、整块时间用于通读和精读）、采用不同记忆方法（如一般内容记大意、重点内容记原意），区别不同理解程度（如全面理解和局部理解、深度理解和一般理解）等，使学到的知识既全面又有重点，既不因过于宽泛而停留于一知半解，又不因过于狭窄而显得见识不广。对各类文件资料、报刊和网络上有关文章、言论，同样应采取上述方法进行学习掌握。

第二诀：积——厚积而薄发

积，即积累。"观博而约取，厚积而薄发"。积累资料对于文秘人员来说实在是太重要了，这不仅是掌握知识的重要方法，也是做好本职工作的必然要求。同样是读书看报，有些人作为一种消遣，漫不经心，看过就丢，但文秘人员却应处处留心，注意积累。所谓积累，就是把学到的、看到的有价值的东西和其他必须掌握的东西通过一定的方式（或工具）集聚起来并使之日渐增多、加固记牢。这是因为，即使是记忆力超强的人，也不可能对所有知识都做到过目不忘，这就离不开积累。积累其实就是知识的储蓄，不断丰富自己的心灵"内存"。其作用何在呢？一是备查，以防遗忘；二是引用，方便写作；三是启发，帮助思考；四是"营养"，充实知识。凡积累了的东西，今天用不上，明天、后天可能用得上，写这篇文稿用不上，写另一篇文章可能用得上；即使有些东西永远也用不上，但由于经过记载，印象加深，无形中对你的知识功底起了强化、深化的作用。可见，勤于积累，不仅初学写作者应该做到，就是那些已经达到炉火纯青之境界的"大手笔"也不能忽视。因为事物是不断发展变化的，所以对知识的积累也应是永不停止、永不满足的。

文秘人员需要积累的东西包括很多方面，要一股脑儿全部装进脑子里恐怕很难，只能选取那些关键的、精华的东西，如前文所述党的方针政策，领导人重要言论，精彩的思路、观点和语言表述，某些规范性提法，各项专门知识的重点、要点，某些格言警句，等等。此外，还要注意积累以下几方面的资料：一是本地区基本情况，包括历史沿革、人文典故、重大历史事件、行政区划、人口资源等；二是本地本单位工作运行情况，综合部门要掌握"面"上情况，专业部门要掌握"线"上情况，包括战略决策、目标任务、主要政策措施、落实效果、特色特点、存在的问题以及有关定性定量指标的完成情况等；三是实际工作中涌现的各种典型和新鲜经验；四是个人在学习思考中突然得到的某种感悟、突然爆发的某种灵感、突然捕捉到的某个精彩观点或佳句，或者在与干部群众、各界人士交往中偶尔听到的好故事、好经验、好点子及生动的群众语言；五是领导同志的关注点、兴奋点，他在日常交谈中突然冒出来的新颖思路、独特见解和精彩的个性化语言等。所有这些都是教科书上找不到的，却是在写作中需要用到或可能用到的。比如起草某份文件要用到某组数据，起草某份讲话稿要用到某个典型经验，提出某个观点要以某个事例作为印证，分析某个问题需引用某种行之有效的解决办法，表达某层意思需引用某句群众语言等等，如果我们平时注意积累，就可信手拈来，使写作效率大大提高。

积累资料，我们这代人当秘书时用的是土办法：或用笔记本，一个本子积累一个方面的资料，以便查阅；或用卡片，随时摘抄，归类存放；或剪刀加浆糊，整理成为报刊辑要、佳句集锦之类的东西。如今科技发达了，这些土办法或许已经过时，网络上的海量知识信息，微信、QQ的无障碍交流，"收藏"的大容量储存，都为我们学习积累提供了非常快捷、方便的条件，关键是把它们用好、用活，做到融会贯通，使之成为对写作有用、可用的源头活水。

有意识地培养过硬的记忆力，无疑是积累知识的极好方法。有资料说，人的大脑记忆力相当于1500亿台电脑，只要开发利用得好，能够存储海量信息。这说法未免有点儿玄乎，但具有超强记忆力的"高人"的确大有人在。据说文学巨匠茅盾能将《红楼梦》倒背如流，学界泰斗钱锺书看书一遍即能成诵，列宁能准确记住国民经济统计资料的繁杂数据，列夫·托尔斯泰看了两遍就能一字不差地说出某饭店的 400 多道菜名。古今秘书界也有不少博览群书、过目不忘的奇人。如我们党的优秀秘书田家英,据说能背诵贾谊所写《过秦论》这样长篇的古文,对许多诗词名作也能信手拈来。有一次毛主席突然深夜叫他查找"雪满山中高士卧,月明林下美人来"这句诗的出处,他凭着良好的记忆力,一下就查出是出自明代高启的《梅花》九诗之一。每当读到这些故事,我们总是惊叹、艳羡不已。

记忆力是可以通过训练、开发而得到强化和提高的。至于如何提高记忆力,这属于心理学和脑部科学的范畴,专家们有很多的权威说法,更有营养学家开出了多吃牛奶、花生米、鱼、鸡蛋之类食物的"灵丹妙方"。仅从我和秘书同行们的实践来看,至少这样几条是可以努力做到的:

一是兴趣记忆法。兴趣是最好的老师,也是记忆力最亲密的"恋人"。也许你对那些深奥的理论、生硬的法律政策条文、陌生的专业知识和枯燥的数字本来毫无兴趣,但是没办法,既然你干了秘书这一行,就必须努力培养对它们的兴趣,迫使自己去认识它们、了解它们,然后拥有和利用它们。说起来这真的有点"残酷"。我们开始看这些东西时,看得眼花缭乱、迷迷糊糊的,有时翻来覆去看几遍也没记住说的是什么,这时就给自己下死命令,不记住就不准吃饭、不准睡觉!同时努力钻进去,把它们与工作所需紧密联系起来,并将某些枯燥抽象的东西形象化、通俗化,使之变得"可爱"、易接受。时间一长,慢慢习惯了,特别是写稿需要时突然想起了它们,觉得它们原来是那样的重要那样的"给力",于是没有兴趣也变得有兴趣了。兴趣一来,就容易记住。

二是理解记忆法。不言而喻,自己理解的东西就容易记住,不理解的东西就难以记住。但实际上,即使学历再高的秘书,也不可能对所有的知识都理解。党政综合部门的工作涉及领导科学、管理科学、政治经济学等多门学科,还涉及各行各业、各条战线的工作特点、规律、规则和流程等等,光靠死记硬背是难以记住的,即使记住一时也难以记住久远,只有下苦功夫去啃、去钻、去弄懂它们,才能真正记在心里、运用到写作上。所以说秘书岗位很累人,也很锻炼人,这也是一个重要方面。一些秘书正是经过这样的长期锻炼,才成长为学识渊博的"通才"和"杂家"。

三是重复记忆法。音乐创作中有一句行话,叫作"重复就是力量",意思是指某些乐句在全曲中反复出现，能起到突出主旋律的作用，让人容易记住和传唱。提高记忆力同样离不开重复。德国著名心理学家艾宾浩斯经过长期反复实验，绘出一条记忆遗忘曲线。该曲线表明：遗忘的规律是先快后慢，第一天的遗忘速度最快，达 66.3%，以后遗忘速度越来越慢，一个月以后遗忘量为 78.1%。他还在学生中做了一个实验，结果表明：学到的东西如不复习，一天后记忆率仅为 36%，一周后只剩 13%，再往后就彻底遗忘了。所以要提高记忆力，就离不开重复，即通过复习加固记忆。毛主席一生中多次精读《资治通鉴》和《二十四史》，并且与其他史书对比着读，直到临终前还在读，正是这种多次重复带来的深刻记忆，使他能够明辨史实真伪、熟谙替兴规律，从而批判性地继承优秀历史遗产，为中国革命和建设的现实服务。在公文写作和其他一些服务性工作中，有些经常需要用到的规范性论述、政策法规条文和当地基本情况、重要数据等，也是需要不断重复才能记牢的。

四是重点记忆法。无论记忆力多好的人，也不可能把所有学到、看到的东西都记住，所以要突出重点、抓住要点。即根据实用、管用的原则，把那些你认为重要的、经常要用到而你又不太熟悉的东西，如关键观点、关键内容、关键段落和关键词等牢牢记住，其他实用价值不大和你基本熟悉的东西，一目十行地浏览一遍即可，这样既节省精力，又提高效率。

此外，还有一些记忆的方法，比如把互不关联的东西编成歌诀，把松散零碎的材料理出条理，把杂乱无章的数字按规律排序，等等，都有助于加深记忆。

无论采用哪种方法积累知识，都要有海绵吸水一样的态度、钉子一样锲而不舍的精神，要有积跬步以至千里、集小流以成江海的耐心和韧劲，做到"四博"：博览群书，博闻强记，博采众长，最终达到博学多才。有道是"读书破万卷，下笔如有神"，不"厚积"则无以"薄发"。我见过一些久经历练的"大手笔"，他们好像什么都知道，什么东西都装在脑子里，写作时基本不用查找任何书本和资料，仅凭一支笔、一本稿纸行云流水般写下去，这与长期的学习积累肯定是分不开的。这也启示我们，每一个有志成才的文秘人员，首要的任务是通过学习和积累，努力使自己成为"知识的富翁"。

第三诀：思——学而不思则罔

思考是思维的一种探索性活动，养成良好的思考力和思维能力，同样是秘书的必修课。它与学习、积累、消化吸收各类知识不可分割，与公文写作当然也是密切相关。光有良好的思维能力而没有过硬的文字功底，你可以去当领导或干点别的什么，而未必能当秘书；反之，光有过硬的文字功底而没有良好的思维能力，就不能全面、正确地认识问题和分析问题，写作中就可能出错出偏，你也不会是一个优秀的秘书。这就是说，文字秘书只有同时具备这两种能力，才能胜任本职。常听人说：选一个县长、局长、科长并不难，要选一个优秀的文字秘书有时却很难很难。这话不无道理。这当然不是说秘书比他们都高明，而是由其工作性质和特点所要求、所决定的。

这里只说思维能力的问题。起草文稿的过程其实就是思维的过程，思维能力强还是弱，思维方式对头还是不对头，直接影响着文稿的质量。比如起草讲话稿和文件，虽然领导交代了思路和观点，虽然手头有大量的资料（或素材）可供利用，但文章还得靠调动自己的思维去完成，包括观点怎样提炼，道理怎样阐释，素材怎样选用，形势怎样分析，任务和要求怎样提出等等。也就是说，一旦进入构思和写作过程，秘书的思维活动也就进入了一个广阔的发挥空间。在有些人看来，当秘书的似乎永远只能当秘书，因为他天天吃饱饭就只晓得埋头搬弄文字，还能干得了别的什么？持这种看法的人不知道，文字正是从思维活动中"搬弄"来的，没有一定的思维能力，哪来的文字？尤其是那些高质量的文稿，不正是反映着起草者良好的思维能力和较高的认识水平吗？舍此，领导的意图再正确，也不可能成为一篇高质量的文章。

接下来的问题就是：文字秘书应具备怎样的思维能力？形成怎样的思维方式？我认为，除了布局谋篇、组织文字本身所需的思维能力之外，更重要的，就是分析问题和认识问题的能力，包括看问题的高度、深度和准确程度以及所提出的解决问题的办法是否符合实际、科学可行等等。具体要把握以下几方面：

一是要全面、客观地看问题，防止片面性和主观随意性。不管我们喜欢不喜欢、承认不承认，事物总是客观存在的，只有尊重客观，一切从实际出发，才能找到解决问题的办法，才能使文稿贴近实践需求并起到指导和推动作用。假如片面地看问题，只看到一个侧面而看不到另一个侧面，只看到有利的一面而看不到不利的一面，就容易得出错误的结论。比如写作中常常需要分析经济形势，如果只看到成绩而看不到问题，就会使人们滋长盲目乐观情绪，影响今后的发展；反过来，如果只看到问题而看不到成绩，又会使人们丧失信心，同样会影响今后的发展。只有既看到成绩又看到问题，既看到困难又看到希望，才能使人们正确认识形势，从而以成绩为起点，化压力为动力，朝着既定的目标奋勇前进。

二是要辩证地看问题，纠正和防止"非此即彼"的思维方式。"非此即彼"是过去"左"的路线影响下形成的一种思维误区，它无视事物发展的内在联系和对立统一规律，好就是绝对的好，差就是绝对的差，不是甲就是乙，不是乙就是甲，绝对化，走极端。时至今日，这种思维方式虽然在很大程度上得到了纠正，但在一些同志头脑中仍未绝迹。比如，一讲简化政府审批权限，就放松管理，对坑蒙拐骗、假冒伪劣和黄赌毒等丑恶现象听之任之；一讲加强管理，就又卡又压，铁板一块，把企业和干部群众的手脚捆得死死的；一讲加快发展速度，就不切实际地强逼硬赶，片面追求 GDP、财政收入，忽视发展方式转变，甚至以牺牲生态环境为代价换取一时的速度；一讲提高发展质量，就慢吞吞、懒洋洋，连能够争取的快速度也不去争取。特别是在当前全面从严治党的新形势下，一些同志顾虑重重，抱着"宁可不干事，只求不出事"的心态，该做的事情不敢放手去做了，该碰的难题不敢大胆去碰了，本来可以争取的资金、项目也不去积极争取了，连政策、法律允许的某些灵活措施也不敢施行了，形成一种不作为、慢作为的惰性，一定程度上制约了发展。所有这些，都是因为缺乏辩证思维所致，于决策、于发展都十分不利，不仅领导者要注意防止，文字秘书也应注意防止。

三是看问题要深刻，善于透过现象看本质，防止被表面现象所迷惑。表现在文稿写作中，就是要把话说透，把问题点准，把带有规律性和根本性的东西揭示出来，而不能浮光掠影，流于表面。比如讲到某些干部作风不实、守纪不严、为政不廉的问题，仅仅罗列现象是不够的，仅仅从外部环境找原因也是不够的，而要从理想信仰、世界观人生观价值观方面抓要害、挖根源。又如讲到有些地方盲目搞建设、造成环境污染严重的问题，仅仅归咎于工作方法不当是不够的，而要从政绩观方面查找原因。类似这样的问题，起草文稿时经常会碰到，所以一定要深入思考，想清楚了、想透彻了再下笔。当然，更重要的是，平常就要注意养成这样的思维习惯，使自己的眼光多一些洞察力、穿透力。

四是注重对实际问题的系统性思考，防止就事论事、见子打子。人们的社会实践活动是具体而复杂的，每时每地都涌现着大量的新情况、新问题。机关文稿要起到推动社会实践的作用，就不能局限于某一具体的事物，头痛医头，脚痛医脚，而要善于推理和判断，抓住事物的本质，从特殊中发现一般，从个性中抽出共性，从理性的高度提出解决问题的办法。比如某些农村地区社会风气不好，封建迷信活动盛行，宗派活动屡禁不止，民事纠纷时有发生，干群关系紧张，产生这些问题，虽然各有各的原因，但必有一种带共性、根本性的原因在起作用。比如：基层党组织缺乏战斗力和凝聚力，党员干部先锋模范作用发挥不够，思想政治工作薄弱。找准了这个原因，就可以牵一发而动全身，实行标本兼治，着重治本，通过加强基层组织建设和思想政治工作，从根本上把这些问题解决好。

五是要处理好"被动思考"和"主动思考"的关系。"被动思考"这个提法不一定准确，我所指的是：文稿起草过程中的思维活动通常是按照领导意图和一定的文章规范进行的，这当然也是秘书工作的性质所决定的，不可能由个人海阔天空地胡思乱想。但这种"被动"并不像有些同志所理解的那样，只能把思路死死地"框"在领导意图之内，领导说怎么写就怎么写，领导的思路想到哪儿就写到哪儿，不敢有任何发挥。其实，这种"被动"当中也可以有，而且应该有"主动"，这就是说，在基本遵循领导意图的前提下，调动自己的知识积累和思维能力进行扩展、延伸和完善，尤其在起草那些领导意图交代得不明确、不具体的文稿时，在根据调查研究提出决策建议时，"主动思考"更显得必需。由此又可以说，文字秘书的思维活动应该有点"不安分"的劲儿，应该有点儿记者的敏锐、哲学家的深刻、文学家的灵动，应该开阔而不是狭窄，应该新颖而不是守旧，应该生动活泼而不是死水一潭。

与此相关，还应注重"超前思考"。凡事预则立，不预则废。起草决策部署性文件、工作计划、领导讲话很多时候都涉及"预"，即把握事物发展规律和趋势，通过超前思考提出战略性、长远性的奋斗目标和工作任务，同时对可能出现的情况进行分析预判，提出有针对性的应对措施，供领导决策参考。

总之，作为文字秘书，要勤于思考，凡事多问几个为什么，而不能漫不经心，不动脑筋；要敢于思考，既要掌握"已知"，更要探求"未知"，而不能停留在现成的经验和答案上；要善于思考，见人之所未见，言人之所未言，而不能泛泛而谈，人云亦云；要敏于思考，做到见微知著，举一反三，审时度势，成竹在胸，而不能麻木不仁，反应迟钝。一句话，植下"多思"之树，方能收获硕果。

第四诀：悟——善"悟"者方成大器

悟，即悟性。按规范的解释，悟性就是对事物的理解力和认知能力。其实这也属于思维能力的范畴。在佛教中，尤其是禅宗，特别讲究顿悟，禅师一般很少跟人讲法，而是给你显示一个动作，或者只说一句禅语，这就是考察你的悟性是高还是低。悟性高就是闻一知百、触类旁通，可以很快理解、感悟某一抽象的道理。传说，印度龙树菩萨就是一个悟性极高的奇人，释迦牟尼佛四十九年所讲的一切佛法，他只用三个月时间就学习圆满了。换成别人，恐怕几辈子还学不完、悟不透呢！

清代秦笃辉所著《平书·文艺下》有云："读书作文，以领悟为上。无所领悟，虽十年八年归于无益；有所领悟，虽一刻两刻可以有功。"说的就是这个道理。毫无疑问，较强的写作能力离不开较强的悟性，具体表现为这样几方面：

接受新生事物快，吸收知识的能力强，学到的东西能及时消化并运用到写作实践中。如果学而不用，食而不化，就是悟性不强。

思维敏捷，反应迅速，响鼓不用重锤敲，稍加点拨就能心领神会，并能触类旁通。如果反应迟钝，指一下动一下，甚至三番四次还弄不明白，就是悟性不强。

善于总结经验教训，经验得以不断发扬和完善，教训亦能转化为正确的先导，每一次写作都较过去有新的提高。如果没有进步，水平依旧，甚至一再重犯过去的失误，就是悟性不强。

富有主动性和创造性，善于把上级大政方针与本地实际结合起来，把原则性与灵活性结合起来，把贯彻领导意图与发挥个人的主观能动性结合起来，提出切合实际、富有创意的思路和办法。如果墨守成规，拘谨刻板，只知依葫芦画瓢，就是悟性不强。

举个例子来说。某领导交代写作意图时提出：要积极探索精准帮扶城镇困难群众的新路子。这里的核心是"精准"二字。那么在构思时就要想清楚：什么叫"精准"呢？顺着领导的思路想下去，他针对的当然是帮扶工作中存在的一般号召、无的放矢、效果不显等"不精准"的问题，要做到"精准"就必须精准摸底、精准施策，解决好帮谁、谁帮、帮什么、怎么帮等实际问题，使帮扶工作达到"一把钥匙开一把锁"的效果。能够想到这一层，就是悟性强的表现，写出来的稿子就能符合领导要求。

可见，悟性并不是神秘莫测、高不可攀的东西，关键要多动脑筋，勤于思考，刻苦钻研，努力适应，素心培养，悟性就会从无到有、从弱到强。当然，也有少数同志虽然从事秘书工作多年，但悟性仍然不太强，写出来的东西总是缺乏一种灵性和活气，如果排除用心不专的原因，那就与个人的素质有关了。不过这也并不奇怪，十个手指尚有长短，我们不可能强求所有秘书的悟性都达到同一个水平，而应允许有些人"悟"得快一些、深一些，有些人"悟"得慢一些、浅一些。基于这种差别，在布置写作任务时就可因人而异：让悟性强一些的人去写难度较大、需要发挥和创造的材料，让悟性差一点的人去写难度较小、属于总结和汇报之类的材料，这也叫量才而用吧。同时也要看到，悟性并不是一成不变的。正如《中庸》所言："人一能之，己百之；人十能之，己千之"，不怕暂时悟性低，只要勤于磨炼，早晚终能成就。同时，秘书部门负责人对这些同志要多压担子，多加指点，把他们的悟性充分发掘和利用起来。如果对他们另眼相看，总是抱着一种"稀泥糊不上壁""榆木脑瓜不开窍"的成见，就会使他们的悟性和工作积极性受到挫伤。

第五诀：践——纸上得来终觉浅

践，即实践。首先要弄清楚参与社会实践、掌握实践知识对机关文秘工作有何意义。从前有人说"秀才不出门，能知天下事"，如果仅从字面上理解，这根本不可能，除非他是神仙。从现实看也是这样，有些文稿之所以写得空洞无物、脱离实际，就是因为"不出门"，不接触实际、不了解基层情况、不懂得实践所需的基本常识、不明白基层干部和广大群众有什么想法和需求。有的同志以为读了很多书、积累了很多资料、上级精神也都记得滚瓜烂熟了，起草文稿已经够用了，还要实践知识干什么？不，仅凭这些还远远不够。起草文稿是用于解决实际问题的，而不是就写作而写作、摆摆架子做做样子的，要解决问题就必须切合实际，要切合实际就要懂得必要的实践知识。比如讲到实施乡村振兴战略，它的目标、任务、实施原则和措施要求在党的十九大报告上、有关文件上都讲得很清楚了，但你光知道这些还不够，还必须从本地实际出发提出具体的实施方案，包括总体思路、工作重点、责任分解、组织领导和实施的方法步骤等，使之科学可行，便于操作。而要做到这一点，就必须懂得一定的实践知识，否则，哪怕你写得天花乱坠，也是一纸空文。有诗言道："纸上得来终觉浅，绝知此事要躬行。"说的就是不能光啃书本和文件，还要注重实践。书本知识加上实践知识，才是全面的、实在的、管用的知识。

有些同志说：我并不否认实践的重要性，但整天忙于应付各种材料，不是看就是写，哪有时间和条件去参与实践呢？这就要看各人参与实践的主动性和方式方法如何了。事实上，文字秘书参与实践和了解实践知识的机会是很多的，比如：

有目的地介入某项工作，了解掌握该项工作的性质、特点及相关操作知识。你对企业改革不太熟悉，可以到一个企业去了解改制方案如何制订和施行；你对招商引资不太熟悉，可以去参与某个项目从洽谈、签约到落地投产的全过程。此外，到贫困村挂职、蹲点，到工业园区跟班学习，都是很好的学习锻炼方法。总之，可以针对自己的知识和能力缺陷，采取缺什么补什么的办法，多介入、多了解，也就慢慢熟悉了。

通过调查研究，既掌握第一手资料，又从中获取实践知识。调查研究的对象本来就是基层改革发展实践中出现的新情况、新典型、新课题，是人们各个方面、各种形式的实践活动，成绩与不足、经验与教训、意见与建议，无不包含着大量的知识信息，只要多留心、善捕捉、勤思考，调查研究的过程也可以成为丰富实践知识的过程。

利用接近领导和参加各种会议的机会获取实践知识。领导者既是指挥者又是实践者，其领导经验既来自实践又指导实践，包括某个问题怎么处理、某项重大活动怎么组织、某项决策怎么形成等等，实际上都是一种实践，其中有很多知识值得我们学习。另外，参加决策性的会议、部门的专业性会议和有关的研讨会、论证会等，听领导讲话，听典型发言，包括不同意见的争论，都是掌握实践知识的极好机会。

多向专家学者和实际工作者请教，以人之长补己之短。客观上，由于文字秘书毕竟不是直接从事改革与发展第一线的工作，主动介入实践的机会也十分有限，因而大量的实践知识要以间接方式获得，向人请教也不失为一种有效的方法。专家学者和实际工作者一般在一个或几个方面有较深的造诣或较丰富的实践经验，多向他们请教，哪个方面不懂就向哪个方面的行家请教，必定大受裨益。关键是要放得下架子，甘当小学生，虚怀若谷，不懂就问，积少成多，集腋成裘，千万不能不懂装懂，似懂非懂，自己糊弄自己。

实践是一部无字大书，要读懂它，绝非一日之功，惟有持之以恒，锲而不舍，方能日益长进。很多文字秘书都曾有过这样的困惑：我写的材料为什么总是对不上领导的"胃口"呢？为什么总是被视为不实在、不管用呢？其实主要的原因之一，就是与领导者的信息不对称。领导者身处改革发展的风口浪尖，每天接触和处理大量实际问题，他的信息量当然就大。而秘书接触实际少，来自实践的信息当然就少。这也说明，一方面，秘书要经常地、主动地察"下情"、接"地气"；另一方面，单位领导也要从爱惜人才和培养人才出发，有意识地安排文字秘书尽量多接触实践，包括安排他们下基层调研、挂职锻炼、随同参加有关活动等，使之能经常接受实践知识的辐射和熏陶，从而开阔眼界，增长才干。

第六诀：谋——身在兵位，胸为帅谋

谋，即谋划、计划、出主意。这跟秘书写作有关吗？当然有。

我认为这里首先要解决一个观念上的问题，即机关文秘工作的职责定位是不是以文辅政？回答当然是肯定的。"政"者，决策、治理也；"辅"者，参谋、协助也。古人说"国之废兴，在于政事；政事得失，由乎辅佐"，这就是辅政人员的职责所在；古人又说"文可载道，以用为贵"，这就是文字工作的意义和价值所在。有些同志说，搞文秘工作不就是抄抄写写、玩玩文字游戏吗？有什么大不了的？听那口气，写文章好像比吃豆腐还容易似的。

旁人怎么看其实用不着太在意，因为他们多半是由于对文秘工作的特点和难度缺乏了解，或者了解得不多、不深。关键还在于我们自己怎么看和怎么做。如果抱着应付差事的态度，不动脑筋，不求质量，东拼西凑，写完就算，这样的文章当然谈不上辅政，相反还可能成为起不了任何作用的文字垃圾。只有着眼于辅政，敢谋、能谋、善谋，文字工作才会有价值。事实上，机关文字工作从来是和辅政紧密联系在一起的。在讲话稿中体现和完善领导意图，在文件中准确表达重大决策，在调研报告中总结实践经验并提出决策建议，这些难道不是辅政，而只是玩文字游戏吗？是简单的抄抄写写所能做得到的吗？

历史上有很多以文辅政的范例。一大批既具有家国情怀、又多谋善虑的辅政人士，以自己的智慧之作为治国理政作出了重要贡献。如担任过秦王嬴政的侍郎、长史（相当于秘书和秘书长）之职的李斯，以一篇只有短短七百字的《谏逐客书》，力劝秦王从统一天下的大业出发广纳人才、用好来自他国的人才，使秦王看后深受触动，取消了逐客令，为建立强盛的秦王朝打下了人才基础。明代开国皇帝朱元璋的主要谋士、担任过御史中丞和太史令（相当于秘书）等职的刘基，以进献和推动实施《时务十八策》，为协助朱元璋完成统一中国大业立下汗马功劳。他们的文章之所以能发挥如此重要的作用，首先就是出于善谋，并且是可用之谋。

时代发展到今天，随着国家治理体系及文秘工作制度的不断发展完善，以文辅政的要求更加迫切、作用更加明显。当我们研读那些闪耀着思想光辉、体现着务实创新精神、指引着前进方向、推动着事业发展的党代会报告、政府工作报告、重大决策部署性文件、领导讲话、发展规划时，所感受到的不只是领导者的雄才大略、远见卓识，也还有执笔起草者付出的艰苦劳动和智慧谋略。这种"谋"虽然不是带主导性的，却是扩展、完善、补充和准确表达决策内容所不可缺少的。也就是说，起草者善不善"谋"、能不能充分发挥"外脑"作用，很大程度上决定着文稿质量的优劣、辅政作用的大小。

认识到这一点，接下来就是如何以文辅政的问题，即写作中怎样"谋"的问题。我认为要做到以下几点：

一是胸怀全局而"谋"。不谋全局者，不足以谋一域；不谋大势者，不足以谋一时。辅政必先"知政"，即吃透"上情"，了解"下情"，掌握领导决策意图、目标取向和各项工作运行情况，做到心中有数。辅政还须心系国计民生，紧贴时代脉搏，善于审时度势，做到眼界宽、境界高、见识广。这样，辅政才有坚实的基础，才能真正谋到点子上。

二是换位思考而"谋"。俗话说"不在其位，不谋其政"，几乎所有职业的所有岗位都遵循着这一千年铁律，唯独秘书岗位却是"不在其位，而谋其政"，也就是"兵位帅谋"，这也是辅政的职责所决定的。要做到这一点，就要主动与领导换位思考，即站在领导的角度思考问题和分析问题，经常想一想：如果我是领导，这项决策应该如何制定？这个问题应该怎样处理？这个重大活动应该如何组织实施？养成这种习惯，就能提高站位，形成"领导思维"，从而更好地发挥辅政作用。

三是主动参与而"谋"。秘书虽然不是决策者，但其工作性质实际上决定了他们必须成为决策的协助者和参与者，而他们的工作水平又或大或小、或多或少地影响着领导决策的科学性、可行性以及决策表达的全面性、准确性和可操作性。举个例子来说：市委常委会议就贯彻落实省委省政府关于推进生态文明建设的决策部署进行研究，布置秘书起草一个文件。秘书在起草文件时如果只是照抄照搬上级文件精神，或者不认真、不善于将常委会研究的贯彻意见进行归纳、完善和发挥，不加入自己对于本地生态环境现状的认识和思考，那么写出来的文件就肯定过不了关。这就是说，秘书在起草决策性文件、领导讲话、调研报告这类文稿时应该意识到：写文章也就是写思路、写办法，写文章也是对领导决策和改革与建设实践的一种参与方式，写文章也是一种探索和创造，而这一切都离不开"谋"。反之，如果老是让自己游离于服务决策和社会实践之外，只是被动地做做"遵命文章"，不发挥自己的主观能动性，那当然谈不上发挥辅政作用了。

四是注重质量而"谋"。很显然，以文辅政必然要求文字和内容要有较高的质量，粗制滥造的文章当然发挥不了辅政的作用。有的同志以为，所谓质量指的就是结构的严谨、文字的精彩以及语法修辞上的无懈可击，于是不惜花费大量时间和精力左推敲、右琢磨，这当然是需要的，但绝不是质量的全部。从以文辅政的要求来看，还必须有鲜明的观点、精辟的见解，必须对决策有帮助、对实践有指导意义，否则文字再漂亮也没用。甚至可以说，即使文字粗糙一点，只要实在管用，也更符合质量要求，更容易得到领导认可。所以我们既要"谋"文字，更要"谋"对实际工作的实用价值，这样，以文辅政的目的才能达到。

第七诀：练——梅花香自苦寒来

练，即磨练。任何一个从事文秘写作的人，只要他是热爱这项工作的，都想成为令人仰慕的"大手笔"。有这种愿望是好的，也是难能可贵的，但要打牢基础，掌握方法，不断探索，逐步提高，其中最核心的就是一个字：练、练、练！

"大手笔"从来不是生成的，而是练成的。

所谓"大手笔"，古时是指有名的文章家或作品。如今，凡笔力雄健、功底深厚的大作家、大理论家、大著述家、大记者及规模和名气较大的作品，均可称为"大手笔"。人们常说的"如椽之笔"，指的也是这个意思。不过在习惯上，人们把那些写作能力较强的人都称为"大手笔"，我这里所指的正是其中的一类：各级党政机关和各部门、各单位中那些才华横溢、出类拔萃的文字秘书。他们默默无闻地干着轰轰烈烈的事业，并从艰苦的磨砺中获得了超人的智慧与才华。他们之所以被称为"大手笔",是因为——

有较丰富的知识,博览群书,博学多才,古今中外、党政财文等各方面的知识均有所涉猎,并在某一个或几个方面有较深造诣;

有较扎实的文字功底,熟悉谋篇布局、审题立意等各种要领,通晓机关文稿写作规律、特点、常识并能娴熟运用;不仅能出色完成自身的写作任务,还常常担任改稿、统稿任务,发挥"龙头"作用。

有较敏锐的洞察力和较强的思维能力,能够用正确的立场、观点、方法分析问题和处理问题,善于以文辅政,为领导出谋献策;

有较丰富的阅历,熟悉基层情况,有一定实践经验,见识广,悟性强,起草的文稿合乎实际,实用价值高。

笔者就曾见识过数位令人敬仰的"大手笔"。其中一位,地委主管文字工作的副秘书长,从事"爬格子"事业20余年,可谓"识途老马",笔头功夫着实厉害。厉害到什么程度?一般不动手,动手不一般,碰上领导对某篇文稿不满意、要求推翻重写并且应急赶用时,他只好亲自上阵,一支烟、一支笔,几乎不假思索、行云流水般写下去,每写完一张就送往打字室,然后校对、改正、装订,一番紧张的"流水作业"之后,一篇高质量的稿子很快就出"炉"了。碰上更急的情况时,他干脆连笔都不用,直接坐在打字室,一边吞云吐雾一边口授文字,小姑娘那灵巧的手指往往还赶不上他流畅的表达,而且稿子打出来还基本不用修改。他修改别人的稿子也是让人觉得不可思议:把撰稿人叫到一旁,一边解释为什么要这样改,一边信手改去,看上去毫不费力,实际上字字精确、句句到位,不多工夫就把一篇本来毛病百出的稿子改得漂漂亮亮。正因为他有如此功力,所以只要稿子出自他的笔下,领导从来极少改动,只管照念或签发就是了。有时候,有关部门代为起草的文件或讲话稿直接送到了地委书记手上,书记首先一句话就是"××秘书长看过没有?"他若看过,书记就原封不动照用;他若没看过,书记看都不看,直接就签给他审改。后来他不幸病逝,书记哀痛不已,亲笔撰写了一副挽联:"锦绣文章,字里行间展才智;笔墨人生,呕心沥血见精神。"

类似这种才华出众的"大手笔",真可谓人才难得,难怪要被人们所看重。领导者看重他们,是因为他们用起来得心应手,在上传下达、部署工作、协助决策和处理问题等方面都起着不可替代的重要作用;基层干部看重他们,是因为他们写出来的文章耐看，合乎实际，针对性、指导性较强；同行们看重他们，是因为他们经验丰富，堪为人师，自己的进步离不开他们的传、帮、带。一句话，"大手笔"是领导的得力助手，是秘书界的优秀代表，是保证机关工作正常运转的中坚力量。

然而又有多少人知道：他们之所以能成为"大手笔"，吃过多少苦？付出过多少心血？经受过多少挫折和失败？"宝剑锋从磨砺出，梅花香自苦寒来。"年轻秘书向"大手笔"学习，不仅要学其经验，还要学其精神，在磨练中进步，在失败中成长。

在失败中成长，这话听起来有点吓人，其实这是一种必然，一种客观规律。任何新上岗的文秘人员，哪怕有再好的文字功底，拿大稿子毕竟还差火候，还是要老老实实、认认真真地从写"豆腐块"开始，比如通知、信息、简报等，由易而难，由浅而深，反复练习，一次不行两次，两次不行三次，久而久之就摸出其中的门道了。

在练习过程中，保持良好的心态很重要。要做到"三不"，即不怕失败，不故步自封，不心浮气躁。不怕失败，是指在初学写作阶段，要有一股子"初生牛犊不怕虎"的锐气和"丑媳妇不怕见公婆"的勇气，大胆地写，刻苦地练，成功了固然好，失败了也不要紧。事实上，这个阶段往往是失败之作居多，但正是这一次次的失败，成为一步步通向成功的阶梯。有的同志缺乏这种心理素质，好胜心太强，太爱面子，生怕写出来通不过、遭人笑，所以写起来缩手缩脚，老半天憋不出几行字，这样反而成问题。还有的同志看到自己写的稿子被"枪毙"了，或者被改得面目全非了，就垂头丧气，妄自菲薄，这种心理也是很要不得的。不故步自封，即不满足于一时之得、一尺之进，而要不断自我加压，朝着更高的目标努力。有的同志刚刚摸到一些门道，就自以为了不起了，学习放松了，口气也大起来了，甚至搞起"文人相轻"那套东西来，这种自满情绪必然成为前进的绊脚石。只有永远把成绩当作新的起跑线，才能不断有新的进步、新的突破。不心浮气躁，就是要克服和防止急于求成心理，稳扎稳打，循序渐进。现在有些年轻同志什么都想"快"，看名著要看"精简版"，学知识只报"速成班"，写作呢？当然是想求"速成术"了。追求快节奏、高效率本身并没有错，但要看是什么情况什么事，有些事情欲速则不达，心急吃不了热豆腐，写作这事儿尤其是这样。

我曾把写作能力的造就过程划分为三重境界，或许能说得更明白些：

第一重境界是"路漫漫其修远兮，吾将上下而求索"。初上秘书岗位，面对繁重的写作任务，必然有一个从不适应到适应、从不熟练到熟练的过程。这就需要有不畏艰难、不怕失败的求索精神，通过发奋学习、刻苦磨炼，逐步掌握写作要领。

第二重境界是"山重水复疑无路，柳暗花明又一村"。工作一段时间后，情况基本熟悉了，写作套路也基本掌握了，各种材料基本能够应付，但质量、档次还是不高，总觉得还差点"火候"，"过得去"而达不到"过得硬"。这时就需要有不甘满足、迎难而上的韧性和狠劲，找准原因，选准路径，于"山重水复"中寻求"柳暗花明"的转机。

第三重境界是"会当凌绝顶，一览众山小"。这时候就进入了较为成熟的阶段，思想水平、政策水平、观察问题处理问题的能力都有了显著提高，起草的文稿不仅结构严谨、文字流畅、表达准确，而且立意高远、观点鲜明、实在管用。能达到这种境界，当然是那些出类拔萃、令人仰望的"大手笔"了。当然，没有最好，只有更好，仍需继续努力，攀登不止，追求卓越。

这就是说，写作能力和水平的提高，始终离不开"练"。通过勤练——勤于练笔、打牢基础，苦练——不畏艰难、潜心钻研，巧练——摸清门道、掌握技巧，逐步达到熟练——功底扎实、轻松应对，老练——经验丰富、笔到功成。

第八诀：静——宁静方能致远

掌握了前面所说"学、积、思、悟、践、谋、练"七诀，是否就能写好机关文稿了呢？不，还有很重要、很关键的一诀，这就是"静"。静，就是不受外在滋扰而坚守本色、秉持初心，就是"宁静致远"，就是始终保持爱岗敬业的耐力、定力。可想而知，如果"静"不下来，怎能写出高质量的稿子呢？又怎能成为一名优秀的"大手笔"呢？

而现实情况是：如今一些年轻同志不愿写材料、怕写材料、烦写材料、躲写材料、应付式地写材料，以致写作水平长期得不到提高。其原因固然是多方面的，最根本的原因还是缺少"静"。所以，一定要苦练"静"功。

其一，待"苦"以静，不静则怠。大家知道，当文字秘书就得一天到晚"爬格子"，"爬格子"当然是"苦差事"。只一个"爬"字，形象地道出了其中艰辛。我曾编过这样一段顺口溜：

> 一沓稿纸桌上摆，
> 低头弓背爬呀爬！
> 爬呀爬——
> 字是脚印密密摆，
> 句似长路步步跨，
> 字字句句皆心血，
> 好比上坡攀山崖；
> 爬呀爬——
> 咬碎笔帽捻断须，
> 尝遍酸甜苦又辣，
> 顾不得眼角起皱纹，
> 顾不得青丝变白发，
> 顾不得近视驼背又秃顶，
> 顾不得积劳成疾体质差；
> 爬呀爬！爬呀爬！
> 抽了多少烟，喝了多少茶，
> 流了多少汗，熬了多少夜，
> 顾了公家忘了"小家"，
> 怎不气坏了孩子妈！

这话多少有些调侃的味道，但说的也是大实话，同行们大概都有过这种体验的。怕苦就别来当秘书，当了秘书就不能怕吃苦，要甘于吃苦，善于吃苦，苦中求乐，以苦为荣。笔墨伴人生，甘苦寸心知，每一个繁忙的白昼都有一串鲜为人知的动人故事，每一个灯火通明的不眠之夜都有一支激越的进行曲无声地奏响，它们的主题就是：静。

其二，待"名"以静，不静则躁。同样是"爬格子"，作家、理论家和其他许许多多爱好写作的人，文章写成后可以署上自己的名字，文章发表后可以拿到稿酬，可谓"名利双收"。但秘书不能，除非你瞅空子搞"业余"，只要你是起草机关文稿，哪怕你写得再多、再漂亮，永远只能署上某个领导或某个集体的名字。这没有办法，这是你的工作性质和职责所决定的。这还不算，当你绞尽脑汁终于完成一篇"大作"之后，你可千万不要自鸣得意，还得忐忑不安地等待你的领导和领导的领导层层审改把关，只有当稿纸头上终于出现"同意"二字时，你才可以松一口气。这两个字也就是付给你的最高"奖赏"了。有人说过：起草文稿就是为他人作嫁衣裳，这话当然不对，但当秘书要甘当无名英雄却是千真万确的事实，不"静"能行吗？

其三，待"利"以静，不静则浮。有人说干秘书这一行的是"政治上的红人，工作上的忙人，经济上的穷人"，这话有一定的道理。说到"穷"，当然不是穷到缺吃少穿，而是生活上相对清苦一些，没有稿酬可拿，没有"外快"可捞，只靠几个硬工资，连抽烟、喝茶也要自己掏钱，比某些所谓"实权"部门的工作人员可就寒酸多了。在这种情况下，要做到不搞攀比，不畏清苦，不计较个人得失，当然离不开"心静"。

其四，待"位"以静，不静则乱。当了秘书，谁都会追求政治上的进步，这固然可以理解，但必须面对这样的现实：领导机关挑选秘书的条件通常都比较高，又要思想品质好，又要笔杆子过得硬，一旦选中了你，用顺了手，有些领导是不舍得放的，非要搞个三年五载再说，甚至过了三年五载还不肯放。这倒不是领导不关心你，而是太关心了，关心得离不开了，因为千军易得，笔杆子难求呀！这样就会出现一种情况：有些不会写材料或者压根没写过材料的人倒是提拔了，或调到较为轻松实惠的岗位去了，而你还在那儿吭哧吭哧"爬格子"，有的甚至"爬"了几十年还在没完没了地"爬"。没办法，因为你会写材料呀！有的人也许还会说：因为你只会写材料呀！这时候你的家人也许会怪你没出息，你的朋友也许会笑你太迂腐，你的同事也许会为你抱不平，那么你作何感想？一边是个人得失，一边是工作需要，如果缺乏"静"的心态，工作积极性就必然受到影响。

总之，由于机关文秘工作是一种高强度脑力劳动，由于苦乐不均的现象在机关不同程度地存在，又由于改革开放后人们的思想观念发生了深刻而复杂的变化，在这种情况下，能否始终保持"心静"，就成为文字秘书所面临的严峻考验。有些同志开始几年干得不错，吃苦、上进精神很强，但时间一长，慢慢就变了，稿子质量下降了，出工不出力的情况多了，甚至牢骚话也多了，究其原因，就是心没有"静"下来。不"静"就不可能树立正确的价值观和苦乐观，就不能正确对待个人的荣辱得失，就会被安逸、金钱、名位所诱惑，由此，初学写作的人就不会奋发努力、力求上进，正在上进的人就会止步不前、安于现状，连已经成熟了的"大手笔"也会心灰意冷，有力不出、有才不用。似这样，工作怎能不受影响呢？

要做到"静"，关键是培养和树立强烈的奉献精神，也就是习近平总书记对办公室工作人员所要求的"坚持无怨无悔的奉献精神"。奉献虽然是一种付出，但同时也是一种获得。获得什么呢？获得了进步的压力与动力。大凡有奉献精神的人，必定对事业专一，敬业精神较强，实现自我价值的意识也较强，这样就会自然而然地自我加压，自求奋进，也可以叫作自讨"苦"吃，自找"麻烦"，但最终，知识丰富了，水平提高了，也就在奉献的同时造就了自己，成为有用之材。当我们能够驾轻就熟地谋篇作文的时候，当我们的决策建议被领导采纳的时候，当我们用心血换来的劳动成果在实践中得到运用的时候，不也可以享受到收获的喜悦吗？反过来讲，如果患得患失，斤斤计较，不思长进，不学无术，即使赢得了轻松安逸，或者当了个一官半职，又有什么值得骄傲的呢？

印度大诗人泰戈尔有这样一段名言："鲜花的事业是美丽的，果实的事业是尊贵的，但是，让我做一片绿叶吧——绿叶的事业是默默地垂着绿荫的。"我觉得用"绿叶的事业"来形容秘书的事业是再恰当不过的。为了祖国大地鲜花盛开、硕果累累，让我们乐于做一片宁静而谦逊的绿叶吧！

第二章　常用应用文稿写作浅谈

　　文稿的魅力其实不在文字本身，而在它所具备的功能与实用价值。当我们画下最后一个句号、从稿纸堆里疲惫地抬起头来的时候，期盼的不只是"同意"二字，还有实践的认可。

讲完基本功方面的内容，接下来我们就来具体探讨写作方面的问题。机关文稿种类很多，有"大块头"的，有"小块头"的，有格式化的，有非格式化的，有较容易掌握的，有较难掌握的。为便于读者循序渐进、由浅入深地认识和把握写作规律，以下各节内容也基本上是按照由易到难的顺序排列的。当然，"难"与"易"没有绝对的界限，只是相对而言。

第一节　信息——不好对付的"小个头"

在所有机关应用文中，信息是典型的"小个头"，多则几百上千字，少则几十字，寥寥数行，相对于调研文章、领导讲话等"身高马大"的"大块头"，简直毫不起眼。所以，编写信息这活儿一般都是由年轻新手们干的。但是，如果你认为这活儿是"小菜一碟"，那就大错特错了。小个头，大能量，若不下点功夫，还很难对付呢！

一、信息的种类和作用

我们已经进入信息时代和市场经济时代。市场经济是竞争经济、效益经济，同时也是信息经济，加上市场经济条件下人们的思想空前活跃、工作的自主权大大增加，在此情况下，领导者要准确决策、生产经营者要实现利润最大化，就不能不重视信息。信息可以使人耳聪目明，可以带来机遇和效益；谁掌握的信息越多、越及时，就越能赢得工作的主动权。一位成功人士说过："我全部的诀窍就是比别人快半步，快一步不行，怕出轨，风险也太大；和别人齐步走也不行，不可能在竞争中获胜；只有快半步才恰到好处，既稳当，又能抢得先机。"这种"快半步"靠的就是信息灵、反应快，要不然他想快也快不了。

信息按作用分，有决策信息、技术信息、动态信息、经验信息、理论信息、学术信息等；按领域分，有党务信息、政务信息、部门信息、市场信息、企业信息等；按传播方式分，有纸质信息、声像信息、网络信息等。这里只讨论党政机关和部门的文字信息。

信息，是以其见事快、篇幅短、时效性强的特点而显示出其重要地位和作用的。有时它是"千里眼""顺风耳"，通过它能迅速、准确、全面地了解情况，通晓全局；有时它是"晴雨表""温度计"，通过它能观察时势变化、政事得失，掌握社情民意；有时它是"喉舌""传声筒"，通过它把上级的决策部署和领导的指示精神及时传达给基层；有时它是"桥梁"和"纽带"，通过它沟通上下左右的联系，交流情况，反映工作成效和经验；有时它还是"啄木鸟"，通过反映和揭露问题，引起人们重视并着手解决。

信息的诸多作用中，当首推对于决策的辅助作用。如今各级党政和部门都有专门的信息刊物，有关重要信息还会以"信息摘要""信息专报""今日要情"等形式及时摆放在领导同志案头。很多领导同志每天上班第一件事情就是把这些信息浏览一遍。这是因为，领导决策离不开信息，信息量越大，反映的情况越及时、越全面、越准确，对决策的辅助作用就越大。也的确有不少信息帮了领导的大忙，比如反映群体事件苗头的信息，可以让领导及时采取措施予以防范；反映典型经验的信息，可以让领导引起重视并予以总结推广；反映发展机遇的信息，可以让领导及时决策、赢得主动。

二、信息的选题

信息的价值首先在于选题。并不是所有的素材都可以成为有用的信息，要经过精心筛选才行。怎样筛选？总体上说，就是通过对各类信息资源的分析研判，选取经济社会发展中的重大问题，人民群众所关注的热点、难点、疑点问题，领导决策所需要了解的问题进行编写和反映。主要有以下几方面：

（1）大事，即对领导决策和全局工作有着重要影响的事情，比如国际国内形势变化、重大发展机遇、重大方针政策的出台、上级决策部署的制定及落实情况、涉及人民群众切身利益的重大事项、社会重要动向等；

（2）好事，即能让领导层高兴或感兴趣的事，如本地本单位出现某方面的先进典型、某种具有推广意义的成功经验，某个难题被破解、某项工作获得上级表彰、某个重要工作目标得以实现、某项重大技术难关得以突破等；

（3）坏事，即需要引起领导重视并迅速处理的事，如干部腐败案件、重大刑事治安案件，群体上访、天灾人祸、重要设施被毁坏等突发性事件；

（4）难事，即实践中遇到的新情况、新矛盾、新问题，如下岗职工再就业问题、农民增产不增收的问题、环保与发展的矛盾问题、政府债务风险问题等；

（5）新鲜事，即实践中出现的新生事物，如一个有争议的典型、一项带有试验和探索意义的改革举措、一条有创意的决策建议等；

（6）敏感事，即根据分析或预测可能发生的事，如某种重大隐患、某个带苗头性倾向性的问题，某种政策走向、某种发展趋势等。

总之，只要对领导决策有帮助、对推动工作有价值，都是信息的筛选对象。

这里就涉及如何拓宽信息源的问题。坦率地说，现在不少领导机关的信息源太窄，掌握的信息太少，仅凭下级机关报来的信息和其他材料编来编去，还能编出多少值得领导重视的信息来？连信息工作者自己都耳目闭塞，还搞什么信息？应当明确，信息工作为领导服务、为实践服务，绝不仅仅是编信息和报信息，更重要的是通过多种渠道搜集到有价值的信息。下级机关报送的材料固然是一条重要渠道，但还有其他一些渠道可以运用，比如实地调查、开会座谈、个别走访、网络查询等。

实践证明，明察暗访是掌握重要信息的一种有效手段。因为基层很多真实情况都是办公室里听不到、材料上看不到的，只有下到第一线去、到群众中去搞调查，才能掌握得到。当年毛主席他老人家每天看的材料、听的汇报还会少吗？但他还嫌不够，每逢身边的工作人员回乡探亲，他都要交代他们搞点调查研究，如实反映基层情况。还有，有的领导喜欢"微服私访"，有的媒体记者经常搞"暗访"，为的也是"真实"二字。当然，我们提倡明察暗访，并不是不相信基层干部，有意找他们的"岔子"，而是为了掌握生动、丰富、实在的第一手资料，从中找到有价值的信息素材。

三、"垃圾信息"没人喜欢看

"垃圾信息"指没用的信息。有人评价说：这类信息通常只有两个半人会看：一个是作者自己，一个是当事人，还有半个是打字员，因为她只管打字而不往心里去，所以是半个。这话说得有点刻薄和夸张，但又像是那么回事。辛辛苦苦编写出来的信息没人喜欢看，这不能不说是一种悲哀。问题出在哪儿呢？

一类是夸夸其谈的"思路信息"。每逢班子换届、干部履新、新年开局，谈思路、谈打算方面的信息就比较多。信息当然可以而且应该反映工作思路，好的思路可以供人学习借鉴，但有些思路档次不高，比如：有的热衷于编数字，什么千百万计划、34689 行动，让人眼花缭乱；有的喜欢喊口号，动不动就是几大工程、几大战役、几大决战，貌似气魄很大，实则文字游戏；有的明显是说大话空话，什么翻番、超越、50 年不落后等，牛皮哄哄的，问题是实现不了。老把这种东西塞进信息刊物去，谁看？

一类是报喜不报忧的"政绩信息"。今天是这个地方粮食增了产，明天是那个地方财政增了收，后天又是哪个地方搞了个什么工程，反正是"到处莺歌燕舞"。同样的，信息应该反映各地各部门的工作成绩，但是，第一，要有所选择，不能不分轻重大小，一概照登；第二，要坚持实事求是，不能把信息刊物办成了"政绩簿"。因为有的基层干部的确存在这样的思想：出了问题生怕上面会知道，做出点成绩又生怕上面不知道，于是天天上报的信息都是"形势大好"，简直提前进入共产主义社会了。如果你老不采用人家的信息，人家还可能派专人来"拜访"你呢！好了，你用多了这个地方的"喜信息"，其他地方的同志心里平衡得了吗？于是也天天给你报"喜信息"，也派人来"拜访"，于是你的信息就变成"政绩簿"了。所以千万别小看了你编出来的信息刊物，在一些同志看来，其作用兴许不亚于组织部的干部考察材料呢！

一类是没有实际意义的"赞歌信息"。一会儿某书记轻车简从深入基层体察民情，一会儿某市长在某个会议上发表了非常重要非常正确非常有指导意义的讲话，一会儿又是某主任亲切看望农村孤寡老人和留守儿童。信息反映领导活动当然也是需要的，但要看是哪种活动，是不是带导向性的、有重大意义的活动，一般动态性的活动就不宜过多反映，更不宜带着颂扬、奉承的语调去反映。

一类是编写质量不高的"劣质信息"，这里可能存在多种情况：或者是材料一般化，缺乏普遍指导意义；或者是内容过于庞杂，重点不突出；或者是标题平淡，吸引不了读者的注意力；或者是叙述方法不当，言不达意、拖沓冗长、层次混乱，等等。

出现上述情况，既有思想观念上的原因，也有选题、立意、结构、表述等写作方法上的原因。要通过勤于磨炼、不断改进，尽量减少"垃圾信息"，力求每一篇信息都能发挥应有的作用。

四、给信息安一个好题目

制作信息题目本身就是一个大题目、难题目，可以说，没有哪种文章的题目像它这么难做，这么让人费心劳神。为什么呢？第一，它的概括性要强，让人一看就明白下面要说什么内容，甚至题目本身就说明了一切；第二，它的吸引力要强，让人一看就会被"抓"住，不得不接着往下看；第三，它的技巧性要强，角度要选准，文字要节约，语言要朴实，意思要明确。由此可见，题目做得好，这条信息也就成功了一大半；题目做得不好，下边写得再好也是枉然。打个不太恰当的比方：题目就像女人的脸蛋，脸蛋漂亮才会招人喜欢。具体要掌握新、精、巧、实等几个要领：

新，指的是角度要新。同样的工作，从不同的角度去做题目，效果肯定不一样，这同新闻记者找视角是同样的道理。我们常常会遇到这种情况：同一项工作的信息去年也报，今年也报，甚至一年还报好几次，题目怎么做呢？比如反映企业改革情况，你总不能老是在《××市把企业改革作为重中之重来抓》《××市举全市之力推进企业改革》这样几个题目上打转转吧？实践本身就是日新月异的，我们做题目还愁找不到新的角度？关键还是要向实践找角度，新的思路、新的侧重点也就是新的角度。比如《××市"组大建强"走活企业改革一盘棋》《××县通过外资嫁接使一批企业起死回生》，这就是从不同的角度出了"新"。还有一种情况是，下面报送的工作情况平铺直叙，没有反映出独特的东西来，这就要靠我们帮他找角度。比如材料中包含了改革、管理、技改等多项内容，我们就要分析一下：哪方面的内容更具体、更有特色、更有利用价值？如果是技改，那就抓住这方面来做题目。

精，即精炼。精炼不仅仅指句子简短，还包括概括性要强，能把下面的内容"拎"起来，否则句子再简短也没用。比如这样的题目《××县狠抓林产加工业、钨钼制品加工业、绿色食品工业和电力工业促进工业经济大发展》，句子太拖沓，而且不必这样具体，显然没有达到简短的要求。如果把它改成《××县力促工业经济大发展》，句子是短了，但又显得太笼统，把它改成《××县主攻四大支柱力促工业经济大发展》，这样才符合精炼的要求。这里就涉及怎么概括的问题，概括就是把内容中的重点、精华浓缩到题目上，但内容不展开，只是一种提示。

巧，即巧妙，运用多种方法把题目做出特色。这有点像搞产品包装，货是一样的，但不同的包装可以导致不同的销售效果。巧，说得直白点就是搞点文字技巧，包括句式、用词、风格等方面都有窍门可找。这里列举几种方法：（1）比喻法，如《××市农业产业化巧打"特色牌"》，打牌是一种比喻，这就比《××市农业产业化力创特色》更具形象感；（2）修饰法，如《××县出狠招治理环境污染》，"狠"是形容词，用以修饰"招"的程度，这就比《××县认真治理环境污染》显得更有动感和力度感；（3）悬念法，如《××系统治理公款吃喝顽症有良方》，什么良方？吸引读者往下看，这就比《××系统狠刹公款吃喝风》更有吸引力；（4）渲染法，如《电子游戏室坑害青少年已经到了非整治不可的时候了》，一看题目读者就会紧张起来，这又比《电子游戏室坑害青少年应予整治》更有鼓动性和紧迫感。除此四种，还有什么方法？聪明的你，一定可以想到更多。

实，即朴实、实在。我们强调题目要讲究技巧，绝不意味着可以堆砌辞藻、故弄玄虚。对于信息来说，最通俗、最自然的题目往往也是最精彩的题目，虽然它包含了技巧，但要不着痕迹；同时，由于信息一般没有专门的导语（开头语），很多情况下题目本身就承担了导语的任务，所以必须朴实自然、明白易懂才行。比如这样的题目《××市大张旗鼓破釜沉舟搞改革成绩斐然》，很漂亮，很有气魄，但太虚，光是堆砌形容词，还不如《××市大刀阔斧搞改革成效显著》更实在些；又如《××县委一班人以"三严三实"学习教育为动力呕心沥血殚精竭虑谋发展》，同样是华而不实，看样子县委一班人为了发展连命都不要了，还不如《××县委一班人以"三严三实"学习教育为动力专心致志谋发展》更可信。也许你的水平很高，有满肚子的华章丽句用不完，但千万别在信息头上打主意，否则就是浪费表情。

五、信息的结构和语言

正因为信息"个头"小，所以结构和语言也有相当的难度。

先说结构。信息的结构包括题目和主体，没有结尾。题目已在前面说过了，需要探讨的是主体部分。首先一个问题：怎样开头？当然不能像其他文稿那样也搞个"帽子"部分，"帽子"一戴就没有"身体"的位置了。必须开门见山，直截了当。常见的方法有：（1）不用开头，即连接题目的意思，直接展开内容。这种情况下，题目本身就相当于导语。如题目是《××市采取三大举措加大主攻工业力度》，紧接着就是内容："一是制定了 36 条优惠政策，帮助企业降低成本、提高效益；二是建立领导和科技人员挂钩帮扶企业制度，对 120 家骨干企业进行重点扶持；三是建立高新技术开发引导基金，鼓励企业技术创新。"这时如果在题目后面又搞个导语，就显得多余了。（2）铺垫式开头，即题目的导语作用不明显，需要铺垫一下再展开。如《××市简化行政审批程序》，开头一句话作铺垫："今年在各区县推行'一站式'办公审批"，把时间、范围、方法交代清楚了，它对于题目是具体化，对于后面的具体内容是导语。（3）归纳式开头，即在题目不具导语作用的情况下，用开头一句话"拎"起后面的内容。如《××市加强基础设施建设优化经济发展硬环境》，开头一句话是"计划用 3 年时间建设六大工程"。（4）过渡式开头，即用一句话把题目和内容连接起来，使语气和意思相连贯。如《××县实施培养年轻干部"五个一批"计划》，接着以"具体做法是"带起具体内容。

第二个问题：怎样摆布具体内容？依据内容表达需要，可以用纵向式、横向式、归纳式等多种摆布方法，只要能把事情说清楚就行。由于信息的结构空间很小，不管采用哪种方法，最重要的是遵循紧凑的原则。整体不紧凑，就会把篇幅拉得太长；部分不紧凑，就会挤占其他部分的空间。所谓紧凑，就是做到内容与题目"咬"得紧、层次与层次之间"粘"得紧、句子与句子之间"跟"得紧，词与词之间"勾"得紧，容不得半点松散和前后颠倒重复。如这样一条短信息，题目是《××县××中学发生厕所坍塌事故》，正文是"时间为今日 13：20 分，已造成 7 名学生伤亡。县有关领导和有关部门人员已赴现场处理。原因正在调查之中"。这样就显得既紧凑，又明白。

再说语言。同样因为信息"个头"小，所以说出来的话要力求精短，短到不肯多说一句话、不肯多用一个字，力图用最简约的语言把事情说清楚。句式也力求简练，多用短句、单句，少用长句、复合句。比如你说"××县委县政府全体领导成员以强烈的责任感和紧迫感认真抓好精神文明建设各项任务的落实"，到了它笔下可能变成"××县党政班子力促精神文明建设上台阶"；你说"之所以派出干部到基层去挂职锻炼，是因为他们长期待在机关，缺乏基层工作经验"，它说的可能是"派机关干部下去挂职，以积累基层工作经验"。长话短说，干净利落，这是它的第一个特点。

第二，它说话习惯于抓重点，说一句像一句，句句说到点子上。道理很简单：篇幅不允许它面面俱到什么都说，它的作用也不允许它唠唠叨叨净说一些鸡毛蒜皮的事情。比如反映某个系统重视做好干部职工的思想政治工作，它不会从摆正位置到加强领导、从工作内容到具体方式方法全过程反映，而只会抓住关键性的措施和重点解决的问题来说，比如关键性措施是因人施教、寓教于乐，重点解决的问题是爱岗敬业精神不强、纪律涣散、个人主义严重等，它说到这些就可以了。

第三，它说话力求准确、直接，不含含糊糊、模棱两可。这是因为，凡写进信息的东西，必须是现实中客观存在的东西。如果是反映事件，时间、地点、人物要清楚；如果是反映工作情况，或成绩，或问题，或经验，或教训，都要明白清楚，准确无误；如果是判定某事物的性质或程度，要力求精确，不宜使用模糊语言。

第四，它说话朴实无华，不事雕饰。信息的根本任务就是客观反映事实，不需议论，不能掺杂个人感情色彩，不宜使用文学语言。

六、坚持说真话、报实况

这既是提高信息上稿率的最有效方法，更是信息工作的基本原则。不说真话、报实况，那还要信息干什么？但大家都明白：话好说，要做到却难，难就难在"喜"信息想上不容易上，"忧"信息好上又不敢随便上。情况是明摆着的：作为上级信息部门来说，当然很看重"忧"信息，因为它有利于领导掌握真实情况，同时也能增强信息的可读性；但作为下级信息部门，对"忧"信息的感觉就像"猴子捡到一片姜"，想吃又怕辣，想丢又觉得可惜，惟恐报多了"忧"信息会让领导不高兴。于是,有的文秘人员宁可放弃上稿率,编写一些连自己都觉得意义不大的"喜"信息,也不敢在"忧"信息方面打主意。这种看法其实是片面的:第一,有些"忧"信息并不涉及领导人的"形象"和本地本部门的影响问题,如天灾人祸、刑事案件、由外部环境导致的问题等;第二,领导同志也并不是全都喜欢报"喜"而不准报"忧",有不少领导还是注重实事求是的,他们只是埋头做好自己的工作,对外界怎么评价并不是太在乎;第三,报"忧"信息还有个方法问题,不同的方法可以导致不同的结果。

编写"忧"信息至少要注意以下几个问题:

一是收集情况要全、要准。由于"忧"信息太重要也太敏感,所以一定要把事实搞得准而又准,认定确凿无误后再编写。道听途说,偏听偏信,肯定要惹出大麻烦。

二是表述要力求严谨、准确。比起编写其他信息来,编写"忧"信息尤应做到斟词酌句,一丝不苟,字字句句经得起推敲,不能马虎。一句话说错,可能以偏概全;一个词、一个字用错,可能失之千里。

三是要注重"忧"信息的社会效应,把握好"度"。报"忧"信息绝不是单纯为了上稿率,更不能单纯为了猎奇、制造轰动效应,根本的目的还是在于解决问题、推动工作。偏离了这个目的,难免要出问题。所以在构思和编写"忧"信息的时候,眼光不能局限于问题本身,有时还要反映它的前因后果;有些重大突发事件的上报有时限要求,那么在上报之后,还要续报问题是怎么解决的。怕的只是就问题写问题,今天是问题明天又是问题后天还是问题,换上你是领导,你会高兴吗?

四是要建立健全报"忧"信息的审查把关制度。上报之前一定要按程序进行核稿审查,重要的还需经党政领导同意,以防出现偏差。另外,当相关职能部门同时上报某"忧"信息时,事先要通气商量,核准事实,防止各说一套,造成信息失真。

【写作实例】

　　××县创新返贫责任保险制度巩固脱贫成效。一是政府主导。由县财政出资，按每人每年 16 元的标准，将 2014—2017 年已脱贫的建档立卡贫困人口全部纳入返贫责任保险对象，脱贫户因疾病、突发意外或自然灾害等因素造成返贫时，可获得保险理赔，实现稳定脱贫。二是政企合作。与县人保财险公司合力研究制定实施简便高效的返贫责任保险服务细则，为贫困户脱贫筑起安全有效的"保护墙"。三是强化督查。开展返贫责任保险制度实施专项督查，对不履行或者不正确履行工作职责、损害群众利益的，依规严肃处理。制度运行半年来，已有 6 户脱贫户获得共计 111790 元返贫保险理赔。

建议我省加大车用天然气加气站建设力度。天然气是一种能够替代成品油的高效、清洁、低成本能源。当前，我省车用天然气发展存在以下问题：一是发展滞后，车用天然气加气站建设不足。据统计，目前全国已有近 30 个省、市、自治区的 100 多个城市推广使用车用天然气，其中安徽已有 170 座、湖南 100 座、湖北 155 座在营加气站。而目前我省仅有 41 座在营加气站，相较其他省份来说总数偏少、发展滞后，无法满足车用天然气消费需求。二是手续繁琐，项目建设报批耗时长。加气站建设从取得批复到建成投产需经安监、环保、规划、国土、消防、发改、质监、气象、城管等近 20 个部门办理逾 30 项审批手续，且大部分手续环环相扣，不能平行办理，办理完全部手续按常规流程一般用时长达一年半。三是车用天然气因市场限制，利润空间进一步压缩。主要问题表现在液化天然气市场尚未完全开发，政府部门出台政策优惠条件少，自身发展面临大规模用户少、市场竞争激烈等诸多问题。

"谢师宴"变味走样现象需重视。近年来，我省高考"谢师宴"大操大办虽有所收敛，但依然存在变味、走样乱象。一是"谢师宴"变"攀比宴"。讲排场、比阔气，考虑的不是答谢师恩，而是酒店档次、来宾多少、礼金是否丰厚等。尤其是考取名校的某些学生及其家长出手大方，认为"金榜题名"光宗耀祖，多花点钱无所谓。二是"谢师宴"变"商家盛宴"。每逢暑期，餐饮行业抓住"谢师宴""升学宴"这一"商机"，用价格谐音、菜谱名称吸引消费人群，助长"天价谢师宴"。如××市××酒店最便宜的"宏图展翅宴"一桌 788 元，最贵的"金榜题名宴"一桌 2688 元；××区"谢师宴"每桌价格从 899~1899 元不等；很多商家还打着"谢师宴"的旗号，把宴请喜庆活动延伸到酒吧、歌厅、舞厅。三是"谢师宴"变"敛财宴"。有的家长以谢师宴为名收礼钱，特别是少数公职人员借子女升学收取服务对象的钱财，通过"化整为零"逃避纪检部门监管。2017 年，××市查处 3 起领导干部借操办升学宴违规收受礼金的典型案例。在执纪高压震慑下，一些宴请转入地下，有的委托亲友出面操办，有的变集中宴请为分批请客，或是通过微信、支付宝等电子方式收受礼金。

评 析：这三篇依次为经验类、建议类、问题类信息。其共同特点是：标题醒目，主旨鲜明；开门见山，直陈事实；言简意赅，篇幅短小。信息的写作特点由此可见。

第二节 工作计划——精心设计明天

工作计划是一个地方或单位对未来一个时期的工作安排。凡事预则立，不预则废。通过对工作的预先谋划和安排布置，可以增强工作的计划性、目的性，促进任务职责的落实和各环节、各岗位协调运行，提高工作效率，确保目标实现。

工作计划从时间上有短期、中期、长期之分，从形式上有工作安排、工作要点、工作规划、工作方案之分。一般来说，工作安排、工作要点是指短期工作安排，如《中共××省委常委会 2017 年工作要点》《××省水利厅下半年工作安排》；工作方案是指短期内开展的某一专项活动安排，如《××省农业厅关于集中整治农业面源污染的行动方案》；工作规划则是指较长时期的工作安排，如《××省总工会基层组织建设三年规划》《××市工业结构调整规划》，更大的还有《××省国民经济和社会发展第十三个五年规划纲要》等。

各种工作计划的写作有一些共性要求：（一）贯彻中央大政方针和上级决策部署，紧密联系实际，创造性地谋划工作；（二）深入调查研究，吸纳各方意见，确保计划安排周密、严谨、科学可行；（三）目标明确，任务明确，职责明确，措施方法明确，便于操作执行；（四）结构严谨，文字朴实，一般不需谈理论认识问题，不需鼓动号召性语言，只需把计划安排的内容实实在在地表述清楚即可。

具体说来，各种工作计划又有其不同的写作要求和特点：

一、工作安排

一般用于单位或系统内部安排布置工作，时间或一个月，或一个季度，或半年，或一年，一般不会超过一年。其结构比较简单，题目下仅几句话引入正文，如："各处室：现将我厅一季度工作安排如下"，或者用一段导语说明背景、依据、缘由、总体要求，然后一项一项列下去，列完为止，一般不需结束语。其写作要求：一是内容要全面，既然是安排机关或系统内部工作，那么无论重要的还是次要的、业务方面的还是管理方面的，方方面面都要提到。比如某市委办公室安排一年的工作，文秘、调研、信息、督查、保密机要、行政事务、队伍建设等各个方面都要安排到，漏掉哪一方面都不行。当然也需要突出重点，可以通过排序先后和详写略写来体现。二是任务和要求要明确。即每项工作要达到什么目标，要提出具体要求，能够量化的则量化，不能量化的也要有质的要求；每项工作由哪个部门或岗位负责，何时完成，也要一一予以细化。比如前面这个例子，办公室各方面的工作都提到了，但要达到哪些具体目标呢？这就要分项明确。比如信息要上多少条、打字差错率要控制在什么幅度以内、文字综合工作要达到什么水平、机要保密工作要做到何种程度，等等，这样才便于执行和考核。如果只是笼统地提几句话，那就不好操作，人们不明白具体目标和要求是什么，该朝什么方向努力，工作质量和效率就必然受到影响。

二、工作要点

所谓要点，即主要的、关键的工作内容，实际上它是"工作安排"的简化。"简"掉的是什么呢？是每项工作的具体措施和要求。它只需概要性地、粗线条地明确未来一段时间主要抓哪些事、达到什么目标，也就是说清楚"做什么"，而不需要具体说明"怎么做"。"怎么做"是执行机关考虑的事情，而不是"要点"的任务。比如一级党委常委会提出某年度工作要点，其内容包括经济建设、民主法治建设、精神文明建设、党的建设等方方面面，它只是着眼于全局和战略层面，纲目性地提出工作重点和目标任务，而不涉及操作层面的内容。其结构也较为简单，开头部分阐明背景、动机、总体要求等，然后分项、并列式排列工作内容，列完为止，一般不需结束语。

三、工作方案

它是就某项重大活动或专项行动的开展作出安排部署。相对于"工作安排"，它针对"单项"而不是"全面"；相对于"工作要点"，它不是粗线条而是具体化。比如某省人大常委会部署开展"道路交通安全法"执法检查，首先需要制订一个全面、具体、周密、可操作的检查方案，包括目的意义，检查的内容、时间、地点、人员组成、步骤方法和具体要求等，以便参与单位和受检查单位周知并执行，从而达到掌握情况、发现问题、促进工作的目的。其结构方法，开头说明制订方案的缘由，主体部分陈述目的意义和相关具体安排，一般也不用结尾。

四、工作规划

相对前三者，它的分量要重一些、体量也大一些。因为它是就一个地区全面工作或某一重要工作作出长远性、战略性谋划和部署，因而立点要高，思路要宽，目标要明确，决策要稳妥，方法步骤要科学。比如一个省、一个市的经济社会发展五年规划，它需要对发展目标、重大建设项目、生产力布局和国民经济主要比例关系等作出谋划安排，为经济和社会发展远景指明方向和路径。所以在写作上需要把握：一是因为时间跨度大，需要着眼长远，深谋远虑，使之具有前瞻性和预见性；二是精准领会和表达决策意图，使之充分体现规划的引领、指导作用。在结构上，标题和开头说明规划制作单位、规划内容和规划时限；正文部分一般包括形势分析和总体要求、基本原则，总体目标和主要任务，政策措施和实施保障等；结尾部分以简短有力的语言展望前景、发出号召。当然，相对于全面工作远景规划，专项工作规划的内容和结构要简单、明快一些，但也要讲清楚"为什么""做什么"和"怎么做"。

大手笔 是怎样炼成的（精华版）

【写作实例】

中共××市市委常委会 2018 年工作要点（提纲）

（市委常委会会议 2018 年 1 月 26 日通过）

2018 年是贯彻党的十九大精神的开局之年，是改革开放 40 周年，是决胜全面建成小康社会、实施"十三五"规划承上启下的关键一年。总的工作要求是：紧密团结在以习近平同志为核心的党中央周围，高举中国特色社会主义伟大旗帜，深入学习贯彻习近平新时代中国特色社会主义思想和党的十九大精神，坚持以人民为中心的发展思想，坚持稳中求进工作总基调，坚持新发展理念，围绕统筹推进"五位一体"总体布局和协调推进"四个全面"战略布局，着力抓重点、补短板、强弱项，奋力迈出全面建成小康社会、各项事业持续协调发展新步伐。

一、把学习宣传贯彻党的十九大精神作为首要政治任务

1. 加强思想武装。不忘初心，牢记使命，坚定理想信念，强化政治责任，努力增强本领，扎实改进作风，把党中央和省委各项决策部署落到实处。

2. 增强"四个意识"。严守党的政治纪律和政治规矩，更加坚定自觉地在思想上政治上行动上同以习近平同志为核心的党中央保持高度一致。

二、加快构建具有地方特色的现代化经济体系

3. 进一步做强做优实体经济。

4. 坚持以创新驱动发展。

5. 大力实施乡村振兴战略。

6. 促进区域经济协调发展。

7. 构建全面开放新格局。

8. 坚决打好防范化解重大风险攻坚战。

三、纵深推进全面深化改革

9. 加强党对改革的集中统一领导。

10. 深化供给侧结构性改革。

11. 抓好"放管服"改革。

12. 打造国企改革新样板。

13. 推进产权制度改革。

14. 推动金融体制改革。

15. 加强农业农村改革。

四、深入推进生态文明建设

16. 抓好生态环境综合治理。

17. 加快推进绿色发展。

18. 完善生态文明制度。

五、提高保障和改善民生水平

19. 坚决打好脱贫攻坚战。

20. 深入推进就业创业。

21. 完善社会保障体系。

六、维护国家安全和社会和谐稳定

22. 切实维护国家安全。

23. 深入推进依法治市。

24. 加强和创新社会治理。

七、推进社会主义民主政治建设

25. 支持和保证人大依法行使职权。

26. 推进人民政协协商民主建设。

八、加强思想舆论工作和文化建设

27. 打好意识形态工作主动仗。

28. 培育和践行社会主义核心价值观。

29. 推动文化繁荣兴盛。

九、推动全面从严治党向纵深发展

30. 坚持把党的政治建设放在首位。

31. 建设高素质专业化干部队伍。

32. 加强党的基层组织建设。

33. 持续建设风清气正的政治生态。

十、加强市委常委会自身建设

34. 带头牢固树立"四个意识"。

35. 带头大兴调查研究之风。

36. 带头履行好管党治党主体责任，坚持廉洁自律。

评　析：本要点安排一年的全面工作，总揽全局，内容周详，体现了党对一切工作的领导；写法上，简明扼要，重点突出，层次分明。

第三节　会议纪要——刻下理政的足迹

会议纪要是对某次会议情况及议定事项的文字记载，也是传达政令、解决问题、推动工作的重要文种之一。但它与文件不同。为什么呢？我们先来看看什么样的情况下要发会议纪要：（1）一级党政组织召开会议就有关问题进行研究，将议题及议定事项印发下级组织周知并执行，如党委常委会议纪要、政府常务会议纪要、厅长办公会议纪要等。（2）某项工作的开展涉及多个部门，包括职责的划分、政策的衔接、人员的使用等，需要通过协调会议予以明确并形成会议纪要，以便各有关方面有所遵循，避免出现相互推诿扯皮和相互矛盾的现象。（3）某项决策实施过程中，出现了一些不好解决的问题，包括需要细化、调整、规范的事项等，这种情况下再下文件显然不合适，通过一定的会议明确下来并形成会议纪要，作为对决策的补充和完善，便于下级执行。（4）某些专项议事决策会议，如资金调度会、生产调度会、现场办公会等，其议定的事项比较具体，涉及各有关方面，为便于执行和落实，需形成会议纪要。（5）有些由领导出面召开的联席会、领导小组会，其内容既有情况的交流、对工作的探讨，又有需要明确并要求下级执行的事项，这种情况下也需要形成会议纪要。

综上，各种会议纪要可概括为办公会议纪要、工作会议纪要、协调会议纪要等几大类。凡无须下达文件、但又需要下级掌握和执行的事项，有关涉及多个部门和多个方面、需要沟通和协调的事项，领导通过一定的会议进行了研究确定，都可以用会议纪要这一形式予以明确、记载和传达。所以，它虽然不是文件，但也具有一定的行政效力。

会议纪要的结构包括开头、主体、结尾3个部分。开头部分要交代清楚会议召开的时间、主题及主持人。主体部分即记载会议的内容，包括讨论形成的一致意见及议定的具体事项。层次划分一般采用先"虚"后"实"的方法。"虚"，即与会人员就某一个或几个事项形成的一致意见和看法，通常以"会议认为""会议指出""会议强调"等句式开头，分别予以表达；"实"，即会议确定的具体事项，包括某个问题怎么处理、由谁负责、有关具体要求等，用"会议明确""会议要求""会议议定"等句式开头，条目化地表述清楚。结尾部分为落款，注明会议出席、到席人员。

要写好一份会议纪要，关键在于主体部分，要把握纪实性、提要性、条理性，做到记述清楚、表达准确。对于初学写作者，要注意防止三方面的不足：

一是不善于概括、归纳，使内容杂乱零散。凡这类会议，一般都是围绕一个或几个议题，与会者先充分发表意见，经过讨论甚至是争论，最后达成共识。如果没有达成共识，就意味着会议无效，当然这种情况一般不会出现。这就是说，不能把纪要等同于会议记录，要把讨论的意见予以梳理归纳，使之集中、明朗并加以条理化，一个问题一个问题说明白，而不能东一句、西一句，搞得杂乱无章。有的同志以为，议定的具体事项才是实质性的内容，其他都是虚的，写得好不好都无关紧要，这种看法是不对的。某些问题正因为有争议才需要达成共识，达成了共识才有了解决具体问题的思想基础。如果只是干巴巴地写几条具体意见，这样的纪要就是不完整的。

二是把纪要与文件混为一谈，搞得不伦不类。如有些纪要在记述会议内容的时候，也像文件那样一本正经地制作小标题，又是提高认识又是注意方法又是加强领导，看上去很规范、很严谨，其实就不像纪要的样子了。必须明确，所谓纪要，只是通过梳理、归纳，把会议讨论的内容和确定的事项原原本本地记载下来，不需要创造和发挥，也不需要用到太多的技巧。比如表达对某一问题的看法，用"会议认为""会议指出"就可以了；表述议定的具体事项，用纪实方法一条一条表述清楚就可以了。

三是记述不具体、不准确。这是会议纪要之大忌。有的同志不懂这一点，或者是出于马虎，把纪要写得太简单、太笼统，甚至变成了议题记录单。这当然是不行的。召开会议的根本目的是解决问题，特别是当某个问题涉及多个部门的时候，各部门分别承担什么责任、要达到什么要求等，或者涉及项目的确定、资金的安排等，都要一一确定，纪要就要全面、具体、准确地把这些内容记述下来。如果笼笼统统、含含糊糊，会后各部门就不好操作，就会失去执行的依据，弄不好还会打起"架"来。这样，纪要就起不到它应有的作用。

四是不恰当地突出领导讲话内容，使纪要成为主要传达领导讲话的工具。这类会议上领导人肯定要发表讲话，有些是归纳大家的意见，有些是个人意见，大多是带有拍板定夺性质的讲话。但在记述的时候，要把它作为与会者共同认可的意见来写，而不宜写成领导个人的意见。如果通篇或者大部分篇幅都是领导讲话，人家会说：那你当领导的发话不就得了，还开什么会、搞什么沟通协调？当然，领导讲话也不能不提到，可以在"帽子"部分带一句"某某领导在会上作了讲话"。

【写作实例】

市政府四届第24次常务会议纪要（摘要）

2018年5月30日上午，市长×××同志主持召开市政府四届第24次常务会议。会议传达学习了上级有关文件和省委省政府领导批示精神，研究了贯彻意见和有关具体工作。现纪要如下：

一、会议传达学习了《中共中央办公厅国务院办公厅关于印发〈地方党政领导干部安全生产责任制规定〉的通知》

会议指出，安全生产是经济社会发展的底线要求，也是必须坚持的基本原则，全市各级领导干部尤其是主要领导干部要高度重视安全生产工作。会议强调：1.要切实提高政治站位。各地各部门主要领导一定要把安全生产工作抓在手上、放在心上、责任扛在肩上，分管领导要具体抓好落实；2.要落实安全生产责任制。坚持党政同责、一岗双责、齐抓共管、失职追责，坚持管行业必须管安全、管生产必须管安全、管经营必须管安全，做到安全生产责任全覆盖；3.要全面排查安全生产隐患。隐患就是未来的事故，做好安全生产工作关键是抓好问题排查，特别是主管和分管安全生产工作的同志要做到心中有数；4.要严格执法，铁腕整改。对达不到安全生产要求的企业，要依法依规整顿关停，发生问题一律严肃追责。

二、会议传达学习了省委书记××同志、常务副省长××同志关于环保工作的批示

会议指出，打好污染防治攻坚战时间紧、任务重、难度大，是一场大仗、硬仗、苦仗，各级政府主要领导是本行政区域生态环境保护的第一责任人，各相关部门要履行好生态环境保护职责，做到守土有责、守土尽责，对损害生态环境的领导干部要真追责、敢追责、严追责，终身追责。会议强调：1. 思想上要真正重视，认真领会和深入贯彻落实省委省政府领导批示精神，从战略高度提高对环保工作的认识；2. 责任上要真正落实，要建立主要领导亲自抓、分管领导具体抓、各有关部门齐抓共管的责任体系，一级对一级负责；3. 整改要真正到位，发现问题要立行立改、真抓实干，建立台账、逐个销号，不得弄虚作假、被动应付。

三、会议审议了《关于进一步优化营商环境的实施意见》

会议指出，营商环境是一个地方发展的核心竞争力，优化营商环境是构建现代经济体系、推动高质量发展的内在要求，制定出台该实施意见很有必要。会议原则同意该实施意见，由市发改委根据会议研究意见修改完善后，提交市委常委会议研究。

四、会议审议了《关于促进开发区改革和创新发展的实施意见》

会议指出，开发区改革和创新发展，有利于进一步释放发展活力，不断增强经济创新力和竞争力，促进经济高质量发展。会议原则同意该实施意见，由市发改委根据会议研究意见修改完善后，提交市委常委会议研究。

五、会议审议了《××市工业园区企业用工暂行办法（送审稿）》

会议明确，请××同志牵头，××同志具体负责，抓紧提出适合市本级工业园区企业用工的指导性意见，各县（区）可参照执行或自行制定相关意见。

六、会议听取了《全市扫黑除恶专项斗争情况汇报》

会议指出，扫黑除恶专项斗争是习近平总书记亲自倡导和部署的重大战略任务，是巩固政权建设、保护人民群众生命财产安全、促进社会长治久安的关键举措。为进一步贯彻落实好上级部署要求，会议要求：1. 各级各部门领导干部要站在讲政治的高度落实好各自职责；2. 抓好线索排查，明确打击重点；3. 严查黑恶势力"保护伞"，依法依纪严肃处理；4. 各部门要相互支

持，密切配合政法机关对黑恶势力进行重拳出击。

出席：（略）

列席：（略）

评　析：纪要写作的纪实性、概括性、条理性和一般结构安排、表述方法，在这份纪要中得到了较全面的体现。

第四节　通报——告知与鞭策

通报是一种周知性文体。领导机关认为需要让基层单位和广大干部知晓的事项，就用通报来发布。不过这里所说的事项是有范围限制的，通常指的是先进典型、重大案件或重大事件、有关重要工作情况，也就是说，要么是"报喜"，表彰先进，鼓舞士气，号召人们向先进看齐；要么是"报忧"，披露问题，指出危害，教育人们引以为戒；要么不"喜"也不"忧"，或有"喜"也有"忧"，某些情况或要求需要让下级知道和掌握。下面分几种类型来谈谈结构和写作方法：

（一）表彰性的通报，即用于公布创优争先活动评比结果、表扬先进集体或先进个人，宣扬其事迹与精神。如《××市委、市人民政府关于县城经济竞赛考评情况的通报》《××市委组织部关于"十佳"公仆评选结果的通报》《共青团××县委关于授予×××等8名同志"新长征突击手"称号的通报》。这类通报的结构比较简单，开头说明评选表彰的背景、由来、依据，然后公布表彰对象名单（如名单较多则附于文后），接着概括性陈述先进事迹和经验（有时也不用），最后希望获得先进称号者戒骄戒躁、再接再厉，号召大家向先进学习。另外需注意，这种"通报"往往与"决定"混用，其实还是有区别的。因为"决定"是针对重要奖惩事项，它所表彰事项的分量比"通报"要重一些，还须用一定篇幅揭示典型意义及精神内涵。

（二）批评性的通报，即披露有关案件、重大事件，或对某地、某单位的工作办公室、市政府办公室提出批评。如《××市纪委关于××局集体贪污案件处理情况的通报》《××市委关于××县发生重大群体上访事件的通报》《××市安全生产委员会关于××煤矿发生瓦斯爆炸事故的通报》。这类通报的结构稍微复杂一些，常见的有：开头部分概括性地点明通报什么事，相当于导语；或者不用导语，直接陈述事实。主体部分分为两个层次，首先是介绍事情的概况，指出其性质和危害，分析原因，宣布处理结果，然后从汲取教训的角度提出若干要求，目的在于教育人们引以为戒，举一反三，加强防范，免蹈覆辙。分析原因、提出要求要多动点脑筋，立意要深刻，观点要鲜明，语言要泼辣，针对性、警示性要强。如通报某领导干部腐败案件，重要的不在于介绍案情本身，而在于分析其根源是什么，应该让各级干部从哪些方面汲取教训。比如：理想信念缺失，放松世界观的改造；平常不注意防微杜渐，以致在错误的道路上越走越远；挣不脱"关系网"、抵不住"说情风"，缺乏自我约束能力；不自觉接受党内监督，听不进批评意见，等等。对类似这样的内容，可以采用两种写法，一种是既分析当事人违纪违法的原因，又对党员干部提出相应的告诫，二者结合起来写；一种是先集中分析原因、总结教训，然后从正面提要求。

（三）情况通报，即根据工作需要，将有关重要情况通报给所属单位和各级干部知道，以利推动工作。如《××市人民政府关于上半年经济形势的通报》《××省林业厅关于林权改革进展情况的通报》。这类通报通常分为两个部分：前一部分是情况，包括取得的成绩、存在的问题；后一部分是意见，下一步应该怎么做，需注意什么问题。如通报经济形势，除了肯定成绩，还要针对存在的问题提出下步工作指导性意见，如财政支大于收的问题怎么解决、农产品滞销的问题怎么解决、重点工程建设速度缓慢的问题怎么解决等等，总之要让各方面看到差距，增补措施，确保既定目标的实现。

通报的写作还需注意几个具体问题：一是通过通报的事实要真实、全面、客观，防止出现虚假、偏差。二是语言要朴实、简洁、准确。三是要注意通报与通知、通告、简报等文种的区别，其中最根本的区别是：通知是告诉人们干什么和怎么干，通告是有普通约束力、公开发布或张贴的文件，简报多为会议讨论情况的记录或某项活动的动态性反映，而通报则是通过告知有关典型事例或重要情况，教育、引导各级干部的内部文件。

【写作实例】

中共××市委总值班室 ××市人民政府应急管理办公室

关于××县迟报"9·1"中毒事件信息的情况通报

各县（区）委办公室、县（区）人民政府办公室，高新区党政办，市委各部门、市直各单位：

2013年9月1日下午16：30分左右，××铜业有限公司发生一起员工因接触废铜泥原材料致苯胺中毒事件，造成12人中毒，6人留院观察。事情发生后，××县委办、县政府办信息报送工作滞后，迟迟没有上报有关情况，直到当晚11：20分左右市委总值班室、市政府应急办去电查询此事，才于第二天凌晨1：20分左右以电子邮件的形式分别上报了有关情况，给市委、市政府领导掌握情况、处置问题造成了被动。

此次信息迟报事件的发生，直接原因是相关企业、乡镇未及时上报有关情况，但也暴露了××县应急值班工作存在着制度不健全、责任不到位等问题。为吸取教训、严肃纪律，根据应急值班工作的相关规定，对此信息迟报事件予以通报，并责成××县委办、县政府办深刻查找原因并提出整改措施。希望各县（区）委办、政府办及市直各单位引以为戒、举一反三，严格按照紧急信息的报送要求和相关规定，及时、准确地向市委、市政府上报有关信息，坚决杜绝迟报、谎报、瞒报、漏报现象发生。

一、加强领导，健全制度。进一步提高对紧急信息报送工作重要性的认识，切实加强应急值班工作，坚持24小时值班制度和节假日领导带班制度，尤其在重大活动、重要节假日和敏感时段，要每天向市委总值班室、市政府应急办报告当日情况，严格做到"有事报情况、无事报平安"。

二、明确程序，畅通信息。凡发生在辖区范围内的紧急突发性事件，要严格按照有关报送要求，在事发后1小时内报市委总值班室、市政府应急办。重大突发性事件要在事发后半小时内先电话快报事实，后书面续报原因。对于要素不全或某些要素难以立即核准的信息，要边报告，边核实。对一时难以预判后果的信息，也要先报告，后跟踪核实续报。

三、严明纪律，落实责任。市委总值班室、市政府应急办将不定期对各地、各部门的应急值班工作进行抽查，对应急值守坚持较好、信息报送及时准确的给予通报表扬，对应急值守漏岗、脱岗和信息迟报、漏报、瞒报的将通报批评问责，造成严重后果的，将严肃追究有关人员责任。

评　析：此为问题通报，按照"陈述事实→分析原因→公布处理决定→提出整改意见"的顺序展开，层次分明，语言洗练，措辞严正，要求明确，有较强的教育、警示、促进作用。

第五节　决议——民主决策的强音

决议和纪要都是会议的产物，都是用于记载、传达会议讨论决定的事项，以便下属单位遵照执行。但二者也有很大区别：

1. 会议的性质、档次不同。纪要来自协调会、座谈会、现场办公会等小型会议，由参会人员议决有关事项；决议来自党代会、人代会、职代会等严肃、庄重的大型例会，是由多个主体民主表决所作出的决定。

2. 记载的内容不同。纪要记载的是属于需要沟通、协调、明确的具体事项，决议记载的是就某些重大问题、重大决策形成的一致意见。

3. 执行主体和效力不同。纪要记述的事项由参会人员掌握并分头执行，属于内部决断事项、交办任务、明确职责；决议表述的事项则需特定的群体、阶层共同遵照执行，带有明显的权威性和指导性。

4. 印发范围不同。纪要只需印发相关单位和人员，决议则要印发会议代表及所属各地各单位，有些还要通过媒体向社会公布。

从内容上分，决议主要有两种类型，其写法也各有不同：

一种是就某一重大问题或某项重要工作形成的决策性决议。它先有初稿，经大会审议、修改、通过后下发执行。如《中共××省委关于加强和改进思想政治工作的决议》，文中有基本原则、目标任务、措施与方法，有小标题、有序号，其主体部分与某些决定、意见的写法是一致的。结尾部分通常有一段号召式语言，有时也不用。

一种是就会议所作工作报告和有关事项形成的批准性决议。它根据大会审议讨论情况而产生，带有明显的法定性、程序性，写作上格式化较强。如某市几届几次人民代表大会听取了政府工作报告，人大常委会工作报告和人民法院、人民检察院工作报告，国民经济计划执行情况和财政预算执行情况的报告，经代表们审议后，都要分别形成决议，对报告内容和过去一年所做工作予以评价、认可，作出批准这个报告的决定，然后概括性地提出要求和希望。写作上与前一种决议就有很大不同，其篇幅较为短小，一般不需要小标题和序号，而较多用到"会议认为""会议强调""会议号召"等，这一点与纪要的写法又有相同之处。

此外还有对某些重大问题作出定论的阐述性决议、对法律法规予以批准的公布性决议等，这里不赘述。

决议的特定性质和作用，决定了写作上必须体现民主性，善于归纳、概括，集中民主意志；必须体现法定性，文体、格式、表述合乎法定规范；行文要力求严谨、庄重、准确、朴实无华。

【写作实例】

××省人民代表大会常务委员会关于推动人民法院解决
执行难的决议（摘要）

（2017 年 5 月 25 日××省第十二届人民代表大会
常务委员会第三十三次会议通过）

在十二届全国人大四次会议上，最高人民法院提出用两到三年时间基本解决执行难问题。为进一步加强我省人民法院执行工作，切实解决执行难，根据《中华人民共和国宪法》《中华人民共和国各级人民代表大会常务委员会监督法》《中华人民共和国民事诉讼法》和《中华人民共和国行政诉讼法》等法律和有关规定，特作如下决议：

一、进一步提高对解决执行难重要性的认识

人民法院依法执行生效判决、裁定和其他法律文书，是维护宪法法律权威的重要内容，是实现人民群众合法权益的基本职能，是保障社会公正、促进社会诚信、维护社会秩序的关键环节。生效法律文书必须得到及时有效的执行。

国家机关、企业事业单位、社会组织和个人应当自觉履行生效法律文书确定的义务，负有法定协助执行义务的单位、组织和个人应当依法及时支持、协助人民法院执行工作。

各级领导干部应当带头遵守宪法法律，维护司法权威，支持人民法院依法行使执行权，不得干预司法活动、插手具体执行案件的处理。

二、充分发挥人民法院解决执行难的主体作用

人民法院执行工作应当遵循依法、公正、高效、廉洁的原则。建立健全上下一体、内外联动、规范高效、反应快捷的执行指挥体系，强化全省法院统一管理、统一指挥、统一协调的执行工作管理体制，深化异地执行协作机制，提高执行案件实际执结率。

人民法院应当完善被执行人财产调查制度。通过网络查控、悬赏执行、律师调查令、强制审计等措施，查明被执行人财产状况。被执行人有履行能力而拒不履行生效法律文书确定义务，协助执行人不依法协助、配合执行的，人民法院可以根据情节轻重，依法对责任人或者直接责任人予以罚款、拘留；构成犯罪的，依法追究刑事责任。

人民法院应当加强立案、审判与执行工作的协调配合。在立案阶段强化执行风险告知和保全、先予执行申请提示，在财产保全中引进保险担保机制。在审判阶段注重裁判的可执行性，充分发挥律师和人民调解组织的作用，加大调解力度，提高调解案件的自动履行率。

人民法院应当加强执行队伍建设，充实执行力量，按照规定的比例配备执行人员，不断强化教育培训，建设一支信念坚定、执法为民、敢于担当、清正廉洁的执行队伍。

三、形成解决执行难的工作合力

各级人民政府应当积极支持人民法院执行工作，带头执行人民法院生效法律文书，禁止地方和部门保护主义，并将各部门依法履行生效法律文书、支持人民法院执行工作情况纳入法治政府建设考核内容。进一步完善公共信用信息平台建设，将失信被执行人名单信息应用情况纳入社会信用体系建设

工作考核。强化执行宣传工作，将执行工作作为法治宣传的重要内容，加强法治宣传引导。

公安、民政、国土资源、住房城乡建设、税务、工商和市场监督管理、银行监管、证券监管、保险监管、通信管理等部门，应当加强与人民法院的执行联动，依法提供人民法院执行工作所需的全部信息数据，支持、配合人民法院建立健全覆盖本地区被执行人财产和身份信息的网络执行查控系统。在人民法院办理查询、查封、扣押、冻结、划拨等手续以及查询相关档案时，及时履行法定协助执行义务。

负有信用惩戒职能的相关部门应当完善与省公共信用信息平台的对接，主动将人民法院发布的失信被执行人名单信息嵌入本单位的管理、审批工作系统中，实现对失信被执行人名单信息的自动比对、自动监督，并在职能范围内对失信被执行人实施信用监督、警示和惩戒。

公安机关、检察机关、人民法院应当加强协调配合，建立常态化打击拒不执行生效判决、裁定犯罪行为的工作机制。

民政、教育、人力资源社会保障、财政等部门应当加强与人民法院执行救助工作的衔接，保障特困群众基本生活。

四、加强对人民法院执行工作的支持和监督

各级人民代表大会及其常务委员会应当加强对同级人民法院执行工作的监督，通过听取和审议人民法院执行工作专项工作报告、开展执法检查、作出决议决定、视察调研、组织人大代表参与重大执行案件听证等形式，依法支持和监督人民法院开展执行工作。对人民法院报告的执行工作中的重大问题或者重要事项，督促有关机关依法处理。

各级检察机关应当按照法律规定履行监督职责，加强对民事行政执行活动的法律监督，支持人民法院依法行使执行权。

各级人民法院应当增强主动接受监督的意识，积极回应社会各界对执行工作提出的意见和建议，依法及时纠正确有错误的执行案件，实现内部纠错与外部监督的良性互动，确保执行权依法正确行使。

新闻媒体和网络媒体应当加大对人民法院执行工作的宣传力度，通过报道典型案例、直播执行现场、拍摄影视作品、发布公益广告等形式，为解决执行难营造良好舆论氛围。

评　析："执行难"，老大难。通过人大决议来推动此项工作，其意义和作用不言而喻。此文首先阐述认识，然后提出若干原则性要求，语气严正，表述准确，充分体现了"决议"的严肃性、权威性。

第六节　干部考察材料——辨识真正的"千里马"

干部考察材料是反映和评价某干部德才表现、优点缺点的常用文体，是组织上决定其可否提拔任用的依据。它不需要开头和结束语，直接用若干段落评价考察对象德、能、勤、绩、廉各方面表现，然后指出存在的问题与不足，最后写明民主测评和个别谈话情况。这种层次安排大家都懂，关键是评价要做到全面、客观，特别是"准"。不"准"，则有可能导致用人失察、失误。从一些考察材料看，要注意克服和防止以下问题：

一是对考察对象政治表现的表述概念化、雷同化。评价某人政治上行不行，开头几乎千篇一律："该同志能认真贯彻执行党的十一届三中全会以来的路线、方针、政策，认真学习马列主义、毛泽东思想、邓小平理论、'三个代表'重要思想、科学发展观，在思想上政治上行动上自觉与党中央保持高度一致……"看一个干部能不能任用，政治表现当然是重要的甚至是首要的，但完全不必拘泥于某一种模式化的表述方法，完全可以用多种方法、从多个角度来表述，比如"该同志理想信念坚定，政治上坚定、可靠，关键时刻经得住考验""该同志政治意识、大局意识、核心意识、看齐意识强，能用党员领导干部的标准严格要求自己"，这样既避免了千人一面地说套话，又简明扼要，而且政治表现也显得更为清晰、具体。

二是对考察对象综合素质的评价失准、失真。评价一个干部，除政治表现外，还有工作态度和工作能力、主要业绩、廉洁守纪等方面固然都要涉及，但写法上要有所讲究。这方面常见的毛病有：（1）空洞，不具体，说服力不强。如这样的评价："能认真履行职责，任劳任怨，埋头苦干，积极完成各项工作任务""能认真学习政治理论和业务知识，不断提高自己的工作能力和水平"，下面却没有实际内容，等于只给该同志脸上贴了些标签，叫人如何信服？（2）抓不住重点，面面俱到，反映不出一个人的主要特点。这与上面说的情况正好相反，写得太具体、太琐碎了，比如"能自觉遵守各项规章制度，不迟到，不早退，有时还主动加班加点"，能做到这一点的人还多着呢，难道就该同志一人够得上提拔？又如"待人和气，平易近人，基层的同志来办事、群众来上访，他都能做到笑脸相迎，让座、敬烟、倒茶水……"看来该同志的确是个难得的好人，但没有必要写这么具体。评价一个干部好不好，主要是看他的综合素质与拟任的职务是否相适应，比如分析问题和解决问题的能力、决策能力和组织协调能力等，并列举其主要事例和业绩予以印证。（3）语意模糊，描述欠准，反映不出真实面貌。一般来说，通过考察材料，应能大致看出考察对象的特质与个性，适应何种工作岗位。比如，他（她）属于开拓创新型的，还是谨慎稳妥型的？是善于决策驾驭型的，还是辅助操作型的？是适应搞经济工作，还是适应搞党务工作？有些材料看不出这些东西，反正人人的面孔都差不多，无法准确识别。

三是对考察对象的不足之处缺乏恰如其分的判断和表述。任何人都会有缺点，考察干部更应找准他的缺点，看其性质、程度、表现形式如何，以此作为考虑任用的重要依据。但如今不少考察材料写到缺点时，要么轻描淡写，如"学习不够""下基层较少"；要么在缺点前面加限制词，如"有时工作不够大胆""有时不注意工作方法"；还有不少考察材料几乎都有这样一句："性子较急，批评人不注意方式方法。"好像大家都吃了炸药，一天到晚都在那里吹胡子瞪眼睛似的。性子急说缺点也是缺点，说优点也是优点，有些工作不急一点、快一点，怎么能搞得上去呢？难道凡事慢吞吞、懒洋洋，左请示、右汇报反倒是优点了吗？当然，性子急并不都好，它有不同的表现：工作快节奏、办事讲效率是一种"急"，这当然很好；盲目冲动、急于求成也是一种"急"，这肯定不好。这就要求表述上要恰当，要分清是哪一种"急"，不能笼而统之地把"性子急"认定为缺点。同样的道理，有些材料指出某考察对象的缺点是"有傲气"，这也要分清是哪一种情况，如果是目中无人、自以为是的"傲"，当然是很严重的缺点；如果是那种有主见、有骨气、敢担当、不入流俗、不惟书惟上的"傲"，那当然不是缺点，反而是优点，而恰恰又是这种优点容易被某些同志视为缺点。

由此看来，考察材料写得好不好，不只是写作水平的问题，更重要的还是对考察对象看得准不准的问题。用得准基于写得准，写得准基于看得准，这样的材料才是真正管用的、有价值的任用依据。

【写作实例】

×××同志考察材料

政治素质好。能认真贯彻执行党的十八大精神和上级决策部署，并结合实际创造性地开展工作。政治敏锐性较强，敢于与违反党的政治纪律的言行作坚决斗争。勤于学习，知识面较宽，有较高的政策理论水平。在"三严三实"学习教育活动中，能正确对待群众意见，积极进行整改。

事业心和责任感强。工作要求严，标准高。作风扎实，经常深入基层调查研究，多次搞现场办公，帮助基层和群众解决了大量实际问题。工作抓得紧，对布置的事情能抓好落实。注重为企业办实事，搞服务。为解决××铁路建设的征地拆迁问题，一年多的时间里先后进行了十几次协调，圆满完成了任务，受到建设单位好评。

组织领导和综合协调能力强。任副县长时间较长，有较丰富的领导工作经验，对经济工作较熟悉。考虑问题比较全面，看问题有主见，有深度，处事比较老练。思想解放，作风泼辣，敢作敢为，工作中点子办法较多。先后分管过工业、财税、社会保障、城市规划建设等工作，均取得了较好的成绩。在企业改革发展方面，大胆推行所有制结构和产业结构的调整，转换经营机制和用人机制，争取上级财政的贴息支持，为机电、食品加工企业连续三年较大幅度减亏和恢复性增长奠定了良好基础。在财税工作中，组织财税部门努力开拓税源，科学征管，保证了全县地方财政收入实现稳定增长，连续两年被评为全市第一名。在组织实施社会保障体系建设中，想方设法，调整支出，筹措资金，建立了城镇居民最低生活保障线、国有下岗职工最低生活保障线、企业离退休人员社会养老最低保障线，同时有效推进了再就业工作。在近两年的城市规划建设工作中，坚持高起点规划，高标准建设，专业化招标，国家一级企业施工，提高了质量，节约了资金，城市面貌得到较大改观。

组织纪律性强，有大局意识。维护班子团结，执行集体决定，支持、配合县委、县政府主要领导的工作，积极出主意、想办法，当好参谋助手。为人正派，待人坦诚。对自己要求严格，能模范遵守廉洁自律各项规定。

不足之处：工作中与其他副职沟通较少，导致产生一些误解和矛盾；有时不太注意工作方法，缺乏耐心，有急于求成情绪。

民主推荐情况：2014 年 10 月 10 日，××县 120 名科级以上干部推荐县长人选，该同志得 91 票，列第一。考察中共找 32 名县级干部个别谈话，其中 29 人推荐其任县长职务。

评　析：这份材料运用写实的办法反映该考察对象的全貌，既有综合评价又有具体事实，既有明显的优点又有具体的不足，其性格、特点、气质也跃然纸上。我们所需要看到的正是这样一个有血有肉的活生生的形象。另外，考察材料的层次如何安排，内容应包括哪些方面，这份材料也为我们提供了范例。

第七节　汇报材料——实践的回声

工作汇报材料是下级组织向上级组织报告工作的一个文种，通常是上级以会议或文件形式作出某项决策部署之后，要求下级用书面汇报贯彻落实情况，以便综合、总结，供领导掌握。除此之外，平常工作中取得重要成果或经验、遇到重大问题，即使上级没有布置也应主动汇报。

汇报材料与工作总结有相同之处，即都是用于反映工作情况，不过汇报材料比工作总结简单一些，所反映的是某一方面或某项活动的开展情况。它的结构包括这样几部分：（1）由头，即开头点明是贯彻上级哪份文件、哪次会议精神或哪项工作部署的情况。（2）主体，即贯彻落实情况，包括采取的措施、取得的效果及存在的不足。（3）结尾，简要谈谈下一步打算。也有的材料会提出意见与建议，要求上级予以答复、支持，如果没有这方面的意见则不写。收尾一句话通常是："以上汇报当否，请指示。"

起草汇报材料的基本要求是：层次分明，事实清楚，简明扼要，实话实说。这些也许不需要多讲，在此只谈写作实践中要注意的三个问题：

少讲过程性的东西，多讲实质性的东西。常见一些汇报材料用相当大的篇幅反映开了多少个会进行传达、组织了多少次学习讨论、开展了多大声势的宣传活动等等，看了半天还见不到实质性的内容，等看到实质性内容时已经快结束了。其实，过程性的东西根本没有必要多讲，顶多几句话带过去就行了，重点要放在你这个地方或单位究竟是怎么贯彻的，做了哪些实际工作，取得了哪些成绩。如果情况不明，就要通过各种渠道去了解。老是开会呀、学习呀、讨论呀，你不说上面也知道，还用得着什么汇报材料？

少讲空话、套话和恭维话，多讲上面想听的真话和实话。有些汇报材料老在那里围绕上级某项工作部署谈认识，本来上级文件和领导讲话已经讲得清清楚楚了，他又搬过来唠叨一遍；有的则是大段大段地评价上级某项决策如何如何英明正确，如何如何必要和及时，又是如何如何切合本地本部门实际情况，简直把上级捧到天上去了。但上级不喜欢"天上"，只需要"地上"的实实在在的情况，你为什么不着重反映呢？

少讲一般性的贯彻情况，多讲重点的、有特色的贯彻情况。有些汇报材料看起来写得很具体、很实在，但面面俱到，繁杂琐碎，看完不能让人留下深刻印象。全面反映情况是对的，但要分清楚哪些详写、哪些略写，把重点、亮点显现出来。应当看到，虽然同是贯彻上级部署，但各地有各地的做法，各有各的重点和特色，我们在写材料时要把笔墨重点放在这上头，尤其要把那些从实际出发创造性地开展工作的好举措、好经验反映上去，而这也是上级领导最需要了解的。

其实，上级对我们的要求同我们对下级的要求是一样的。当我们自己在综合下级送来的汇报材料时，对上述三个要点就会看得非常清楚。没有谁会对那些过程性的、空洞的、一般化的东西感兴趣，而只会选取那些实在的、新鲜的、有价值的东西，并且画上记号，作为综合的重点内容。的确，被我们奉为至宝的应该是务实和创新，而不是空洞与平庸。无论写材料还是做工作，对空洞与平庸的态度应该是：删掉！坚决删掉！

【写作实例】

关于我县推进生态管护员制度创新实践的情况汇报

市委、市政府：

自市委市政府作出加强生态治理和管护的决策部署以来，我县结合本地实际认真贯彻落实，在省内率先推行"多员合一"的生态管护员制度，彻底改变原来农村生态管理"铁路警察各管一段"的混乱局面，探索形成了"力量精干化、资源集约化、管护全域化、效益多元化"的新路子。现将具体情况汇报如下：

一、从"九龙治水"到"全域管控"，筑牢绿色发展新基石

始终坚持"生态立县"理念，紧紧围绕"山水林田湖草是一个生命共同体"总要求来审视和统领生态管护工作。

一是精心打造专业队伍。本着"依事定员"原则，按照农村服务人口2‰~3‰的比例，全面整合原有分散的、季节性的、收入低的护林员、养路员、保洁员、河流巡查员等队伍，转化为集中的、全季性的、收入相对合理的专业队伍，实现"一人一岗、一岗多责"。全县生态管护队伍力量由整合前的2219人精减至800人，同时通过集中培训与分片指导方式，全面提高生态管护员的水平和能力。

二是科学划定管护区域。将全县森林资源、河道溪流、乡村公路、基本农田、秀美农村、园林绿化等生产生活生态统一纳入一个立体空间，综合考虑山林面积、公路里程、河流长度、村庄数量等因素，合理划分为若干个管护区域。同时，成立县乡两级农村生态环境管护领导小组，建立联席会议制度，强化统筹管理。

三是完善资金统筹机制。按照"谁受益、谁出资"的原则，整合原护林员、保洁员补助和乡村公路养护费等，设立县生态环境管护专项资金，实行专账管理、专款专用。其中，财政统筹、乡镇自筹、群众有偿服务按8:1:1比例分摊。另外，县财政还统一安排生态环境管理考核奖励资金160万元，用于对乡镇的考核奖励。通过系列整合，管护员收入有了大幅增长，每年最高可达2万元，有效提高了管护员工作热情。

二、从"头痛医头"到"标本兼治",开创污染防治新局面

按照打大仗、打硬仗、打持久战的要求,管护人员弘扬战天斗地精神,全身心投入到污染防治主战场。

一是争当"主人翁"。严格执行"林长制",坚持常态化巡山,人均管护森林面积3000亩以上,平均每两天巡山一次,对于发现森林质量的问题,积极开展造林绿化,提高植绿、补绿时效性和针对性。全面落实"河长制",坚持常态化巡水,对全县15条50平方公里以上河流的河道进行检查管控,深入推进农村面源污染防治,清理河道垃圾及其他废弃物、堆积物,维护湖区渔业秩序。围绕"垃圾不落地",在常态化保洁的基础上,生态管护员全面参与农村环境综合整治行动,聚焦220国道、305省道两条美丽示范风景线打造,助力提升乡村"颜值"、涵养"气质"。2018年以来,重点实施抓点、连线、带面"齐步走",拆除乱搭乱建2697间8.5万平方米,拆除铁皮棚1053处3.5万平方米,拆除破损牌匾广告602处,清理垃圾死角3797处。

二是打好"组合拳"。整合前的生态管护仅仅停留于举报和反映问题,对破坏环境的违法行为无法及时有效予以制止。为破解这一难题,我县健全公安、环保、林业、水利、国土等多部门联动执法机制,充实"生态警"力量,加大对环境污染违法案件的综合惩处力度。有了坚强后盾,生态管护员的底气更足了。2017年,全县生态管护员及时制止乱砍滥伐林木25起、违规用火18起、乱挖滥采砂石和占用河道行为32起,非法排污违法行为10起,制止非法捕鱼61起、私自拦网36起。

三是用好"指挥棒"。为切实防止生态管护不力问题,我县建立了生态管护员工作档案,利用手机定位等科技手段,对管护员履职情况实行网格化的监督管理。同时,开展"月巡查、季评比、半年考核、年终总考评"的常态化考核管理,实行效益工资奖励制度,对年度考核优秀及合格者,按比例发放效益工资;对考核不合格者,除扣效益工资外,不再予以续聘;对工作不负责任、玩忽职守、导致生态环境遭受严重破坏的,严格依法追究责任。

三、从"提升颜值"到"内外兼修",展现秀外慧中新魅力

生态管护制度的建立,不仅让城乡有了光鲜亮丽的"面子",还给了广大群众美好生活的"里子"。

一是生态品质实现新提升。全县森林覆盖率提高到74.06%，境内大小河流603条水质常年保持在国家二级标准以上，农村面貌焕然一新，人居环境持续提升。2017年，我县被列为全国33个生态保护与建设典型示范区之一，获评"全国百佳深呼吸小城""中国天然氧吧""全国森林旅游示范县"等多块"国字号"招牌。

二是脱贫攻坚走出新路子。生态管护岗位优先吸纳有劳动能力的贫困人口，目前已有143名贫困群众就地就近就业，实现了一人就业、全家脱贫。不少贫困户还积极参与到生态保护、修复工程建设和发展生态产业等项目中，提高了收入水平。

三是乡村振兴取得新进展。全县多地成立了以生态管护员为主体的"乡里和解室"，2017年全年协助村"两委"调处化解矛盾纠纷2315起，乡风民俗在潜移默化中持续向好。同时，积极开展生态管护政策宣传，树立生态理念，传递生态知识，传播生态成果，引导村民积极参与到"全国文明城市"创建中来，变"要我保护"为"我要保护"。广大群众积极投身于生态产业和乡村旅游发展，在家门口实现发家致富，一幅"产业兴旺、生态宜居、乡风文明、治理有效、生活富裕"的美丽乡村画卷已初具雏形。

我县生态管护制度创新取得了明显成效，但只是初步的。今后还需巩固成果，不断深化完善，把生态文明建设搞得更好。

以上汇报当否，请指示。

中共××县委

××县人民政府

2018年×月×日

评　析：这份汇报材料围绕生态管护制度创新展开叙述，内容翔实，文字简洁，不说空话废话，做法与成效一目了然，读来令人信服。

第八节　经验介绍材料——亮出你的"高颜值"

某个党政组织或某位领导被上级指定在某个会议或某个刊物上介绍工作经验，这当然是一件令人愉快的事情。但介绍的经验能否引起读者和听众的兴趣，能否被别的地方或单位借鉴推广，那就要看材料的质量如何了。如果质量不行，有再好的经验也表达不出来，那就等于白辛苦一场，人家还会说："原来这样呀，不过如此嘛！"

要把经验介绍材料写好，关键要把握 16 个字：特色明显，生动感人，说服力强，简洁明了。

特色明显，是最基本也是最关键的标准。凡有特色的材料，让人一看题目和小标题就有新风扑面之感，马上被吸引住了。所谓特色，就是人无你有、人有你新的东西，就是你这个地方工作出成效、出经验的奥秘所在。比如同样面临建设资金紧缺的困难，人家一时没有找到可行的办法，还在那里依赖上级拨款和银行贷款，而你这个地方却走出了一条通过激活民间资本搞建设的好路子，这就是你的特色；如果人家也想到了你这样的办法，那就不是你的特色。凡有特色的东西你尽可浓墨重彩去写，不是特色的东西就点到为止，或干脆不写。我们有些同志不懂得也不善于抓特色，所反映的做法都是人家早就做过了的或大家都在做的，一看就让人觉得陈旧，那还有什么吸引力可言？还有一种情况是，作者找到了特色，但没有把它作为重点来展开，而是与其他一般化的措施混在一起写，这就等于把好端端的特色给埋没掉了、浪费掉了，多可惜呢？

生动感人，才能使材料具有较强的可听性、可读性。与调研报告、文件、工作总结不同，经验介绍材料不仅要做到条理分明、事实充分，还特别要讲究"生动"二字。即使材料抓住了特色，写得生动不生动，效果也还是不一样。为什么？因为你的经验是要用于打动人、启发人的，写得生动才能让人觉得亲切可信，才能有感染力和吸引力，用于会上介绍的材料那更是这样。如果材料写得干巴巴的，也像文件和总结那样"严肃"，那还有谁会喜欢？要写得生动感人，关键是三条：一条是，适当地举些例子，用活生生的事实说明问题。比如你介绍的是转变干部作风、密切干群关系的工作经验，其中写到："扶贫工作组离村时，群众都依依不舍。"这样就显得平淡、刻板了一些，如果把后一句改成："全村群众依依不舍地送了一程又一程，一边挥手一边喊：'以后常回来看看呀！'"这样效果就大不相同了，特别是"回来"二字，说明群众真的把干部当成自己人了，这种感情还能不感人至深吗？另一条是，语言要力戒陈旧、平淡，尽可能多用些新颖、鲜活的句子。比如这样的句子："实践使我们体会到：发展县域经济必须高度重视创特色，惟有创出特色才能加快发展，才能在激烈的市场竞争中稳操胜券。"换成另一种说法是："实践告诉我们：发展县域经济必须咬住'特'字做文章，以特见长，以特取胜；有特色才能有起色，有起色才能出色。"两种说法是一个意思，但后一种说法明显生动、鲜活得多。再一条是，力戒官腔、书生腔，给人以亲切感。介绍经验通常用的是第一人称，所以要适当运用口头语言，轻松自然，娓娓道来，就像和人谈话一样，人家才听得进去。

说服力强，才能使工作经验令人信服并体现借鉴推广价值。人们看一个典型好不好，就看它有没有较强的说服力。而说服力强不强，关键就看你所反映的经验能不能站得住脚、能不能对人有所启发和帮助。你说"以诚招商，一招就灵"，这是你的经验，那么依据何在呢？你得用事实来说明，比如你通过制止"三乱"、主动服务、简化办事程序、与客商建立深厚的感情，吸引了大批外商前来投资办厂，这条经验也就立住了。经验还特别需要用成效来证明。有些材料在介绍成效时说得太笼统或者不确切，这就使说服力大打折扣。如有的材料在介绍完做法之后，接着只说一句"取得了显著成效"，"显著"在哪儿呢？材料上看不出来，人家就很难相信。要让人相信，就得说具体点，能用数据的要用数据，没有数据的要用事实来说话。而且，这种成效还必须比别人的更明显、更突出，要让人感到佩服和羡慕才行，要不也会缺乏说服力。

简洁明了，即篇幅简短，语言精练，通俗易懂。特别是用于会上口头介绍的材料尤应注意这一点。因为会议一般都有时间控制，往往是那些质量又高，时间又把握得好的发言最受欢迎。但有的材料篇幅过长，到了规定时间还念不完，或者泛泛而谈、空话连篇，或者语言艰涩、不知所云，那么效果肯定好不到哪儿去，甚至令人厌烦。写短、写精、写明白，发言才能产生好效果。此外还应注意，谈成绩、谈经验语言上要把握好"度"，不要说得太满，避免给人以骄满之感。

对于初学写作者，还要弄清楚经验介绍材料怎样结构。它一般包括三部分：（1）开头，亮出主题，概括性地介绍取得的主要成效。（2）主体，详细介绍做法与体会。做法与体会有两种写法：一种是用夹叙夹议的方法糅合在一起，做法中有体会，体会中有做法，把某项工作是怎么做的、碰到问题是怎么解决的、成效是怎么取得的讲清楚就行了；一种是分开两段来写，先写做法，再写体会。（3）结尾，一般是先说几句谦虚的话，如"我们的工作虽然取得了一定的成绩，但与上级要求比，与兄弟单位比，还有很大差距"，接着简要谈几句今后打算。有些也不用结尾语。

【写作实例】

呼应群众诉求　加强源头治理　促进和谐稳定

多年来，我区坚定不移地贯彻中央指示精神和省、市委的部署要求，坚持系统治理、依法治理、综合治理、源头治理，在加强和创新社会治理工作领域做了有益的探索。实践中我们发现，当前的社会矛盾大多源于人民群众的利益诉求。为此，我们围绕真正搞清楚"四个什么"，呼应群众诉求，加强源头治理，促进和谐稳定，取得了一定成效。主要体会和做法是：

一、必须找准支点，搞清楚人民群众"信什么"

实践告诉我们，在加强源头治理、化解重大社会矛盾的过程中，信任是撬动群众对我们工作理解、支持和配合的有力支点。群众信"说"更信"做"，对待群众，说得多不如做得多，说得快不如做得快，说得好不如做得好。去年10月，我区与兄弟单位一起展开了自2011年"5.27"重大群体性事件以来停工已达5年多的"锡东垃圾电厂"复工准备工作，面对错综复杂的历史矛盾和深刻教训、面对部分群众的对立情绪、面对不同群体的不同诉求、面对无成功先例可循的客观现实，怎么办？通过深入细致的调研并基于平时工作的经验，我们清醒地认识到，只有取得群众信任，才能顺利开展工作。那么，怎样才能取得群众的信任呢？我们首先根据平时掌握的群众诉求，全面系统地考虑好应该为群众做什么，并且细化路径设计，确保从操作层面可以做到位，然后根据不同的对象，采取不同的方法，利用不同的渠道，把握不同的节奏，反复、耐心地向群众去"说"，让群众有一个接收、消化、认知和理解的过程。具体而言，从工作的逻辑上做到信守历史承诺，说到做到；从工作的理念上做到站在法理的制高点，道义的制高点；从工作的立点上做到对群众将心比心、发自内心、一片爱心、无愧于心；在呼应群众诉求上做到坚持标准、消除疑虑、兼顾诉求、体现共享、全力惠民。通过艰苦细致的工作，电厂复工逐步取得村民的信任和认同，正式展开工作后一天内认同率超过75%，两天内超过90%，最终认同率达到99.7%，为电厂顺利复工和投运奠定了良好的基础。

二、必须聚焦痛点，搞清楚人民群众"怕什么"

在多年来走访群众的过程中，我们曾多次和群众聊起"怕什么"的话题。不少群众直言，最怕生病，尤其怕生大病。普通群众家庭一旦有人生大病，就很容易因病致贫，也很可能陷入深度贫困的境地。这些群众大多生活在"贫困线"，甚至是挣扎在"生死线"，客观上已经成为全区最弱势的群体，因病致贫已经成为群众生活中的痛点。为此，早在2009年，我区就在全省率先建立了支出型深度贫困家庭救助机制，对深度贫困家庭救助工作提出了"病者"保医疗、保生活，"学者"保学业、促就业的目标要求，力求让深度贫困家庭生活有保障、精神有依托、家庭有希望。至目前，我区已建立总额达4.5亿元的特困帮扶基金，从机制上保证了救助资金的固定来源。开展深度贫困救助以来，全区累计为6400余户深度贫困家庭发放帮扶资金8000余万元，去年单户最高救助金额达到20万元。同时，为从根本上帮助特困家庭脱困，我们建立了深度贫困家庭子女及孤儿就学就业数据库和爱心企业数据库，对贫困家庭子女实施就学就业帮扶，增强贫困家庭的"造血"功能。目前，加入区爱心企业数据库的企业已超过1000家，获得就业帮扶的应届生达到85人，深度贫困家庭子女无一人因上学费用问题而辍学。

三、必须关注热点，搞清楚人民群众"怨什么"

机关效能作风上存在的"慢作为、不作为、乱作为""门难进、脸难看"现象以及发生在基层群众身边的侵害群众利益的不正之风和腐败现象，是群众感觉最直接、感受最强烈、埋怨最多甚至是怨恨最深的热点问题。这些现象虽然是个别的、极少数的和苗头性的，但是如果不从源头上进行治理，必然会积累群众的不满情绪，影响党委政府的形象，成为社会和谐的隐患。为此，我们大力整治"中梗阻"，建立健全问题的发现机制、查核机制、问责机制和长效机制，近两年共对15人实施了效能责任追究。积极整治和查处侵害群众利益的不正之风和腐败问题，聚焦涉农资金、征地拆迁等方面，全力查处"微腐败"，去年以来全区立案查处"苍蝇式"腐败21人。通过持续整治，机关干部的作风更好了，基层干部队伍的风气更正了，群众的怨气越来越少了、心气也越来越顺了。

四、必须抓住重点，搞清楚人民群众"盼什么"

只有搞清楚人民群众"盼什么"，才能在源头上理清楚应该为人民群众做什么。习近平总书记指出，"人民对美好生活的向往，就是我们的奋斗目标。"人民群众最大最多的盼望，就是过上美好的生活。就一个区来讲，如果全区群众总体上都能过上美好的生活，就能从社会治理的源头上奠定社会和谐的基础。人民群众对美好生活的追求不是抽象的而是具体的、不是单一的而是多样的。多年的工作中特别是这次大走访中，我们清楚地了解到，群众对美好生活的追求起码应该是：工作好、收入好、身体好、住房好、医疗好、教育好、环境好、保障好、秩序好。多年来，我们顺应群众期盼，扎实办好民生实事，取得了明显成效。2010年以来城镇新增就业累计达10.3万人，扶持自主创业9300余人，创业带动就业4.6万人；城乡居民人均可支配收入年均分别增长9.1%和11.3%；累计建成各类城乡道路300余公里、建成安置房近700万平方米；累计新建改建医疗卫生机构10余家，总投资达14亿元，按照"1+N"模式组建的医联体正式成立；累计新建改建学校和幼儿园30余所，总投资达18亿元，获评全国义务教育发展基本均衡区；累计整治区镇村三级河道700余条，全区1371个村庄整治实现全覆盖；连续七年获评全省社会治安安全区。

下阶段，我们将按照这次会议的部署要求，借鉴先进地区的宝贵经验，进一步加强和创新社会治理，更加努力地解决民生诉求，从源头上预防和化解社会矛盾，确保全区社会大局和谐稳定。

（作者：无锡市锡山区委书记 陆志坚，来源：荔枝网）

评　析：此文紧紧围绕解决民生诉求、从源头上预防和化解矛盾、保持稳定介绍做法经验，主题集中，事例充分，"执政为民"情怀跃然纸上。写作方法上，没有沿用先做法、后体会的写法，而是夹叙夹议、水乳交融，显得实在而又富有理性；小标题别致新颖、引人注目，文笔简练、流畅。

第九节　考察报告——借他山之石以攻玉

外出学习考察，是各级党政和部门领导开阔思路、增长见识、借鉴经验、促进工作的一项重要活动，起草考察报告的任务自然不可推卸地落在了随行的"笔杆子"们头上。学习考察活动成功不成功，能不能真正起到"借他山之石以攻玉"的作用，与考察报告写得好不好有着密切关系。

考察报告一般分为引言、考察收获、启示与意见三个部分。引言部分陈述考察目的、主题及总体情况，收获部分介绍对方做法、成效与经验，启示与意见部分谈如何借鉴对方经验、做好自身工作，也有的把启示与概括对方经验结合在一起写。写作中，关键是以下两个方面要把握好：

一是，怎样总结反映对方的工作经验？最关键的是要突出针对性和实用性。对方的经验可能有很多条，要着重总结与自己的工作对得上号的、有借鉴意义的、能够学得到的东西，也就是一切以实用为原则。当然，为了全面反映对方的情况，对于暂时学不到而又确实令人叹服的经验，也应予以总结和反映，但不宜展得太开，重点要放在反映应该学而且可以学到的经验上。为此，在考察过程中就要注意：凡对自己有用的经验可以了解得全面、具体一些，包括把有关文字材料和典型事例搞到手，材料越丰富越好，起草时就能做到重点突出。如果本来就是对口考察，那更好办，比如我是山区贫困县，你也是山区贫困县，自然条件、经济基础都差不多，但你这几年发展比我快、变化比我大，那么你的经验肯定对我都有用，我就可以全盘总结。有些同志不注意把握这种区别，不管对方的经验对自己有没有借鉴价值，像帮助对方写工作总结那样，什么东西都罗列上去，又是叙述又是议论，又是观点又是例子，这样就会把篇幅拉得很长，更重要的是缺乏针对性，使读者弄不清究竟要学什么。另外，总结对方经验还要注意抓特色、抓亮点，以概括性、点睛式的语言予以表达，达到引人注目、印象深刻的效果。

二是，怎样借鉴和吸收对方的经验，提出自己的工作意见？这里就需要结合自身实际深入分析思考，真正达到借"石"以攻"玉"的目的。明白一点说就是：某项工作原来我不懂得怎么做、或做得不怎么好，通过这次学习考察，我开窍了，明白该怎么做了，具体是哪几条。写法上要注意三点：一是要与考察主题和前面反映的经验相衔接，按照"考察的根本目的是什么——别人是怎么做的——下一步我应该怎么做"这样一条主线连贯起来，千万不能脱离前面的内容，像平常写领导讲话或文件那样一、二、三、四地说上一大堆，搞得文不对题。要是这样写的话，那还用得着什么考察？二是要从当地实际出发学习别人的经验。虽然我们着重反映的是对自己有用的经验，但并不意味着可以盲目照抄照搬，还是要立足实际来提思路、提办法。对方的经验，有的可以全盘借鉴利用，有的可以部分借鉴利用，有些方面还可以依据对方的经验进行完善、创新。一句话，"依葫芦画瓢"的写法和做法都是不可取的。三是观点和语言表达上要力求新颖、确切。有些材料在写意见部分时，思路平庸，语言陈旧，跟平常写的材料差不多，这就体现不出考察的收获究竟在哪儿。比如对方经验中有重视解放思想这一条，在意见部分提的也是"要进一步解放思想"，就那么笼笼统统几句话，不去考察也能想得到，这样写有什么意思？如果要写到这一条，那就要根据对方的经验和本地本单位的实际情况，赋予解放思想以新的、实实在在的内容，提出如何进一步解放思想，突出解决哪几个问题，这样才会有较强的针对性。

【写作实例】

对标先进经验　强化改革创新
奋力当好"大运城"建设排头兵
——长三角地区高质量发展学习考察报告

此次长三角地区高质量发展学习考察，是市委深入学习贯彻习近平新时代中国特色社会主义思想的生动实践，是"大运城"加快转型、实现高质量发展的有力举措，是我们对科技创新、人才资源在现代产业体系构建中强大支撑力量的一次亲身触摸，是我们解放思想、更新观念，既仰望天空、又脚踏实地的一次作风转变的深刻洗礼。6天5市30场活动，一路震撼一路思考，一路感动一路对接，震撼的是产业集群长三角、数字集群长三角的发展成就，思考的是河津在"大运城"建设中如何实现高质量的发展，感动的是在外游子回报桑梓的拳拳之心，对接的是河津转型发展亟需的项目人才。可以说是开阔了视野、更新了观念，了解了前沿、找到了差距，明确了方向、坚定了信念。

一、主要感受

一是发展成果让人深感震撼。长三角是我国三大核心经济圈之一，地域面积虽仅占全国的1/26，但经济总量占到全国的近1/4。考察中，我们听到、看到、接触到的都是"谋发展、促发展、求发展、比发展"的浓厚氛围，城市规划、智能制造、园区建设、乡村振兴等发展成果令人震撼。

二是思想差距让人深感压力。长三角的干部群众和企业家，始终保持一种抢抓机遇、锐意进取的精神，同他们相比，我们压力倍增，让我们思想上有了更加强烈的紧迫感、危机感和使命感。

三是标杆在前让人深受激励。长三角的今天就是运城的明天。这里就是标杆，就是样板。通过学习考察，深深感到市委提出的"大运城"建设、"一区五带"布局、"三个发展计划"等一系列新战略新目标新路径，完全符合党的十九大精神，符合高质量发展要求，符合运城发展实际。只要我们"一张蓝图绘到底"，持之以恒干下去，就一定能够实现高质量的发展。

四是合作深化让人深受鼓舞。考察中我们利用各种机会，大力宣传推介"大运城"的区位、资源和发展优势，为进一步加强对外合作，全面提升开放型经济水平创造了条件。

二、启示思考

一是党建统领的力度决定事业发展的维度。浙江是习总书记工作过的地方，也是习总书记治国理政新思想形成的地方。在农村党旗飘扬，我们看到了以党建推动乡村振兴的生动实践；在企业党徽高悬，我们看到了以党建引领创新发展的巨大能量。辉煌的成就让我们强烈感受到了习近平新时代中国特色社会主义思想强大的真理力量和实践力量。这些启示我们：必须坚定"四个自信"，增强"四个意识"，牢固树立"抓好党建就是最大政绩"的理念，确保党建工作"两个走在前"。

二是改革开放的广度决定地区发展的高度。长三角始终坚持开放图强、海纳百川，已经走在了时代前列。上海自贸区改革开放实现了从 1.0 到 3.0 的转变，以 1/50 的面积创造了全市 1/4 的 GDP。这启示我们：解放思想、改革开放是全面发展的关键一招，只有脚踏实地、埋头苦干，才能早日实现"大运城"的腾飞超越。

三是科技创新的程度决定产业转型的速度。长三角处处洋溢着科技创新和人才集聚的深厚氛围。苏州工业园区坚持"抓创新就是抓发展、谋人才就是谋未来"，集聚中科院院士团队 43 个，园区人才总量保持全国第一。亨通集团把创新作为发展之魂，行业标准的 69% 由他们来制定。这启示我们：谁牵住了科技创新这个牛鼻子，谁形成了集聚人才的新高地，谁就能抢占先机、领跑未来。

四是创优环境的精度决定招商引智的宽度。纵观长三角发展，无一不是以良好的营商环境作保障。苏州工业园区"一枚印章管审批，一支队伍管执法，一个部门管市场，一个平台管信用，一张网络管服务"的"五个一"治理架构，上海自贸区的"一窗受理、受办分离、集成服务"的行政审批模式，都让人民真正享受到了改革的红利。这启示我们：必须千方百计创优环境，加快推进放管服改革，种好梧桐树，才能引来金凤凰。

五是规划引领的深度决定城市发展的气度。杭州城市的品质生活与自然生态的高度融合，苏州工业园的产业发展与园区建设的高度统一，充分证明了规划引领、多规合一的重要作用。这启示我们：规划科学是最大的效益，我们必须按照"规划至上、生态宜居、精致建设、特色鲜明、片区开发、管理上档"的理念，高起点规划，高标准建设，高水平管理，不断提升城市发展质量。

六是生态环保的强度决定未来发展的亮度。被授予全国唯一县级最佳人居环境奖的浙江省安吉县，"美丽乡村"建设模式已成为国家标准和示范样板，他们始终坚持产业生态化、生态产业化，走出了一条乡村振兴的绿色发展之路。这启示我们：必须牢固树立"绿水青山就是金山银山"的理念，宁肯牺牲一些 GDP，也要把生态环境建设好、保护好。

三、下步打算

我们河津市将以这次学习考察为契机，紧紧围绕"大运城"建设这个新目标、新动能、新路径、新战略，思想再解放，改革再出发，开放再扩大，全力建设"大运城"北部的副中心。

一要在产业转型中提升质量，打造转型示范区。立足汾河经济带，出台 3 类 75 条真金白银举措支持"三个发展计划"，总投资 150.3 亿元的 80 项重点工程全面开工启动，争取全省煤电铝材一体化试点，推动工业化与信息化深度融合。着力体制机制求突破、创新氛围求突破、人才集聚求突破，力争 5 年打造千亿产业集群。

二要在改革开放中先行先试，再造发展新优势。2 个月内实现行政审批"两集中两到位"。依托"凤还巢"计划，开展"长三角专家教授河津行"活动，分批组织干部企业家外出考察、挂职锻炼，全力打造内陆地区县域经济对外开放新高地。

三要在城市发展中对标一流，建设区域副中心。推动"多规合一"，既抓硬件建设，更抓软件管理，投资 12.8 亿元的 17 个基础设施项目全部落地；以智慧交通、数字城管为突破建设智慧城市，以片区开发的理念打造河津新城。

四要在乡村振兴中补齐短板，拓宽增收新路径。打造美丽乡村试点 8 个；实施"一企帮一村"，确保年内集体收入 5 万元以上的村达到 70%，农村居民人均可支配收入增长 7%。

五要在生态环保中持续攻坚，还人民碧水蓝天。坚决落实全国生态环境保护大会精神，投入 20 亿元，强力推进焦化、钢铁等行业综合治理，汾河生态修复和 54 个农村生活污水处理工程 6 月份全面开工。

六要在全面从严治党中扛主责、走在前。深入学习贯彻习近平总书记视察山西重要讲话精神，认真贯彻中办《关于进一步激励广大干部新时代新担当新作为的意见》，转变干部作风，激励担当作为，坚决兑现承诺，倾力打造"两河强市、中原名城、华夏铝都、开放高地"，奋力当好"大运城"建设的排头兵。

（作者：运城市委常委、河津市委书记鞠振，来源：河津发布。引用时略有改动）

评 析： 从这份考察报告可以看出作者是带着问题和目的在看、在悟、在思考、在谋划，其强烈的事业心和进取精神溢于言表。整篇报告意蕴丰富，简洁流畅，鲜活生动，切合实际，值得一读。

第十节 工作总结——把昨天留住

一、工作总结的作用

工作总结指的是对某一时段的工作进行回顾、总结、分析，它包括季度总结、半年总结、年度总结或某一专项活动的总结等，是一种常用应用文体。现在不少秘书同志对起草工作总结感到厌烦，认为写来写去都是大家知道的、做过的，写出来也没多少人会认真看，何必浪费精力呢？要写，就马马虎虎应付一下，甚至把以前写过的总结翻出来稍微改造一下，交了稿子就拉倒。这种看法和态度显然是不对的。

首先需要搞清楚：工作总结到底有什么作用？

第一，明鉴既往，有利将来。我们从昨天走来，向明天走去，但要走得一天比一天好，就要看看昨天是怎么走过来的，走得顺不顺，有没有走弯路、走错路，明白这一点，今后就可以走得更顺、更快。如果忽视这一点，走到哪里算哪里，连怎么走过来的也稀里糊涂，那就不可能走得比昨天好，甚至可能更糟。

第二，通报情况，沟通信息。上级机关要掌握下级机关工作的开展和完成情况，了解某方面决策部署的贯彻执行情况，除了通过平常搞调查、听汇报、看报表等渠道外，看下级报来的工作总结，是一条重要的、必不可少的渠道。因为工作总结带有全面性、系统性，看完就会有一个完整的印象，所以上级机关总结工作、领导同志发表讲话、秘书们起草材料，经常都会用到它。反过来，作为一级组织向上反映自己所做工作的情况、成效，也离不开工作总结，总结得好不好、全面不全面，往往影响着上级对本地本单位工作的评价。

第三，发现典型，推动全面。各项工作中都会出现搞得好的典型，推动全局工作需要典型。而很多典型都是从工作总结中发现的。比如单项工作总结，它集中反映某项工作的完成情况，从中往往能发现具有推广价值的典型经验。全面工作总结中反映出来的好思路、好做法，也往往能对上级领导决策起到启发和辅助作用。

第四，以备存查，昭示后人。特别是年度综合性工作总结具有这种价值，它的作用不亚于大事记，它比较翔实、清晰地反映着该地区、该单位事业发展的轨迹。以史为镜，可以知兴替。你可别以为工作总结存了档就完成了它的使命，说不定将来的若干个时刻，人们还要把你的大作翻出来仔细阅读呢！

二、工作总结的内容与结构

工作总结包括情况和体会这两大块。情况就是做的什么工作、怎么做的、取得了什么效果、还存在什么问题和不足；体会有时也叫启示，其实就是工作中取得的经验。有些工作总结后面会带上一段概括性的今后打算作为结尾，一般都较为简短。

在结构上，首先用一段话概括总体情况和成效，定好基调，做好铺垫，然后展开谈具体情况和工作体会。也有一些总结没有专门的体会部分，合并在情况部分写，或最后挂一小段简写。具体的结构方法有三种：

一种是纵式结构法。即按照工作进展的过程来写，从交代背景到工作展开的步骤、方法、成效、体会一路写来，这种方法常用于单项工作总结。如某市卫生局《关于开展行风建设和评议活动的总结》，首先在开头部分交代：根据市委、市政府《关于七大"窗口"单位开展行风建设和评议活动的工作方案》开展这一活动，概括性地说明取得了什么效果；然后在主体部分展开工作情况：分为制订方案、宣传发动、查摆问题、听取群众意见、集中整改等几个步骤进行，采取了挂牌服务、设立举报电话和举报箱、派出人员暗访、强化督查等项措施，发现和查处了一批违法乱纪的人和事、促进了医德医风建设、提高了服务水平和质量、改善了医疗单位的形象，最后归纳几条工作体会。这种结构比较简单，只要按事情发展过程、前因后果讲清楚就行，就能达到层次分明、脉络清楚的效果。

一种是横式结构法。即不是按过程而是按不同内容和特点来安排层次，它们之间是并列关系。这种方法常见于综合性工作总结。所谓综合性，即一个地方或单位的全面工作同时总结，故不宜用纵式结构法。如某县政府年终工作总结，开头部分：概括全年工作，作出总体自我评价；情况部分：首先列举国民经济和社会发展主要指标完成情况，然后分项列举农业、工业、第三产业、招商引资、保障和改善民生、财政金融、社会发展事业等方面取得的具体成效；体会部分：陈述工作做法与特点，如突出发展重点、加强宏观调控、优化发展环境等。这种结构通常是"中间大，两头小"，即开头部分简写，情况部分详写，体会部分又较简练。因为数项工作内容同时展开，在排列顺序、叙述方法上要有所讲究，做到布局合理、主次分明。

再一种是交叉结构法，即数项工作同时总结，体会不单独作为一个部分，而分别附着于各项工作之中，这种办法也只有综合性工作总结才会用到。如某市外经贸局的年终工作总结，主体部分的第一层次是"外贸出口降幅回落，走出低谷"，第二层次是"优化环境，利用外资氛围更浓，效果更好"，第三层次是"拓展市场，对外经济技术合作加快发展"，第四层次是"注重学习锻炼，队伍建设不断加强，综合素质得到提高"，每一层次既讲做了什么，怎么做，又讲特点和体会。这种结构方法的难点主要在于，每一层次的情况和体会要做到夹叙夹议，有机交融，而不能机械地划分为两段式，否则就会给人以拼凑之感。

不管采用何种方法，工作总结的谋篇布局需遵循三条原则：一是全面。工作总结所要反映的是全局工作或某项工作的全貌，所以在内容安排上要考虑到方方面面，是全局工作就不能遗漏了哪个方面，是单项工作就不能遗漏了哪个环节，否则就会影响工作总结的客观性和全面性。二是紧凑。即材料安排要环环相扣，富有条理性和逻辑性，避免零乱无序；谈工作体会要扣紧材料，根据材料进行提炼和升华，避免相互脱离。三是精练。与任何机关文稿一样，工作总结也要力求简短精练。同时要正确处理好精练与全面的关系，既不能因为片面追求精练而削足适履，把该写到的东西漏掉，也不能因为片面追求全面而毫无节制，把篇幅拉得太长。在全面的基础上力求精练，二者不可偏废。

三、起草之前要做的准备工作

起草工作总结的准备工作，最关键的一条，就是要详尽地占有材料。起草讲话稿和贯彻上级精神的文件，有上级领导讲话和文件作为参照，有领导意图作为依据，而工作总结没有其他东西可参照，全靠事实说话，没有事实就无以形成工作总结，凭空捏造不行，真假混杂也不行，只有老老实实地、原原本本地把材料抓到手。

第一，掌握材料的渠道要宽。有些同志以为，材料嘛，有各地各部门交来的工作总结，还有平常送交的信息、简报、报表等，把它们收集起来，凑一凑、理一理，不就得了？这种看法是不对的。当然，凭这些材料形成一份工作总结，也许并不困难，但它们毕竟是纸面上的东西，只是材料的一个方面，而不是全部。收集材料还有一些重要渠道不可忽视，如：实地调查，掌握第一手资料；听取群众意见，收集社会反映；查阅有关综合部门的动态分析材料，尤其是反映问题和不足方面的材料；注意掌握领导同志对工作情况的分析和对工作成效的评价，尤其是分管某项工作的领导，他所掌握的情况更详细，看法也更带权威性。只有多渠道了解情况，才能使材料全面、具体、丰富。即使有些材料不一定能成为题材，也要注意收集，因为从把握事物发展全过程、总面貌的需要来看，任何材料都不会显得多余，更何况，有的材料看起来不重要，写作时说不定又需要用到它呢！

第二，事实要搞准。实事求是地反映情况，是起草工作总结的起码要求。我们常说统计数字要注意打假防假，其实对工作总结也要注意打假防假，因为工作总结也反映政绩，如果搞假数字、假典型、假经验，同样贻害不浅，不仅使自己的工作情况和效果失真，更有害的是使上级对该地区该部门的工作评价失真，甚至会给领导决策提供错误依据。为什么我们不能仅凭下级送交的工作总结来了解情况呢？道理也在于此。应该说，多数地区和单位是会实事求是地总结自己的工作的，但的确有的工作总结与事实有较大出入，有一定的水分，没做的说成做了，做得一般的说成做得很好，还出了这样那样的经验，说得天花乱坠，到那里仔细一看，根本不是那么回事。如果我们仅听这一面之词，就容易出偏差。所以一定要十分注重材料的真实可靠性，对重要的材料要认真核实。尤其在需要列举典型事例时，要搞清楚这个典型是否真有那么好，能不能站得住脚，写上去人家服不服气。列举数字同样要注意这一点，不能想当然，不能统计加估计。如某市的造林绿化工作总结就曾出过这样的问题，按各县市总结上报的数字，6 年累计全市新增造林面积 284 万亩，已经超出本市的山地面积了，这不是跑到别的地区山上造林去了吗？当然不可能，数字有假。于是要各县市重报，结果降到 197 万亩。总结上报到省林业厅，省厅领导还是不敢相信有如此"辉煌"的成就，搞了架飞机到该市上空转了几圈，遥感仪显示的数字是：新林老林加起来才 140 余万亩！结果该市林业局局长不仅没领到奖，还受到省厅通报批评。这个例子就说明：工作总结列举数字一定要真实，要搞准。

第三，对来自各方面的材料要进行综合分析，从总体上、宏观上把握事物发展的态势和特征，从而得出正确的结论。上一级的工作总结，毕竟不是下一级工作总结的简单相加，而要从中找出带共性、规律性的东西，由此体现全局工作的总体面貌。比如经济工作，各基层单位各有各的举措和特点，成效、体会都不一样，那么从全局来看又是一种什么状况？是喜大于忧还是忧大于喜？是富有特色还是流于一般化？又如开展某项阶段性活动，虽然各基层单位在步骤、方法上都是按上级统一部署进行，但做法、效果肯定不是整齐划一，那么从总体上看又是怎样呢？有没有达到预期的目标？哪些问题解决了、哪些问题还没有解决？所有这些，首先要在综合分析的基础上作出总体判断。如某市政府年终工作总结，开篇就是："2016 年是实施'十三五'计划的起步之年，是我市经济社会发展在新常态下取得新进步、新突破的一年。按照稳中求进、进中求好、好中求快的总体思路，各级干部开拓进取，扎实苦干，难中求胜，圆满完成了年初预定的各项任务。"这样的判断就来自综合分析，它等于给全年的工作成效定了"调子"，也为具体内容的展开提供了依据。没有这种判断，整个材料就成了没有"主帅"的"散兵游勇"，变成零碎的情况罗列，这样的工作总结必然是不成功的。可见，在起草总结之前，对情况的透彻分析和总体把握是必不可少、至关重要的。

四、情况部分写作需注意的问题

情况部分是工作总结的主体，是让读者了解工作全貌的要害部位，写作上要达到的基本要求是：客观全面，层次分明，事实清楚，表述得当。这同起草工作报告的回顾总结部分要求是一样的。这里只谈容易出现的几种常见毛病：

一要防止平淡，即平铺直叙，面面俱到，看不出特色和重点。这也正是某些总结不招人喜欢的原因所在。任何一个地方或单位所做的各项工作，必有一至几项是"重头戏"，把它们写足、写准、写精彩，才能把主要的工作业绩展现出来。比如某市政府当年经济工作的重点是推进创新驱动发展、生态文明建设和民生工程，效果也很明显，那当然要作为重点来写，使人一看就明白你主要做了什么事、效果如何。如果作为一般工作轻描淡写，就等于把主要业绩淹没了、淡化了。事实上，上级看下级工作总结写得好不好，乃至评价你这个地方工作做得行不行，主要就看有什么特色和亮点。所以对这一点要予以特别注意。

二要防止层次不顺，排序混乱。或者先重点后一般，或者先做法后成效，只要顺当、清晰，都是可以的。这里还需注意，党委的工作总结中涉及经济工作的内容如何排序的问题。一方面，经济工作是全党的中心，党的一切工作都要围绕这个中心来进行；另一方面，党是领导一切的，党委所做的一切工作都要得到全面、准确的反映。由此，一般的排序方法是：第一层次谈经济工作成就，但要高度概括，不像政府工作总结那样展开谈，然后再排列思想文化建设、民主法制建设、党的建设等层次。政府工作总结涉及经济社会事业的方方面面，哪些放在前面写、哪些放在后面写，哪些详写、哪些略写，都要科学把握好。

三要防止小标题的老旧、呆板。小标题不仅标示内容的层次性，而且还是每一层次的"纲"，必须精心制作，力求新颖、准确。根据内容的不同，制作方法也可多种多样。比如以下几种：一种是任务式的小标题，如某市人大常委会工作总结中的"以推行执法责任制为重点，全面加强执法监督；深入调研，掌握实情，有针对性地开展对'一府两院'的工作监督；加强联系指导，充分发挥人民代表的作用；服务'中心'，积极完成市委交办的各项任务"，这4个小标题包含的都是工作任务，由此可以看出你主要做了哪些事情。一种是措施式的小标题，如某县关于减轻企业负担工作总结中的"深入开展宣传教育，增强基层干部的政策法律观念；认真开展自查自纠，取消擅自出台的收费、罚款项目；加强督查，发现问题及时解决，确保'减负'政策落到实处；建章立制，充分发挥制度的约束力"，这 4 个小标题包含的都是工作措施，单项工作总结较多采用这种小标题。三是效果式的小标题，如某市委办公室工作总结中的"文秘工作实现快捷、优质、高效运转；综合调研工作较好地发挥了以文辅政的作用；信息服务更加及时、全面、准确；督查工作水平有新的提高；机要工作确保了通讯畅通和密码安全；机关行政事务工作开创了新局面"，这 6 个小标题包含的都是工作效果。四是特点式的小标题，如某县县委宣传部工作总结中的"理论研究工作突出了一个'实'字，新闻报道工作突出了一个'深'字，精神文明建设工作突出了一个'新'字，社会宣传工作突出了一个'广'字"，这 4 个小标题都是体现了工作特点。

　　除上述方面，还需要防止概括性不强，记流水账；防止对工作成效的评价过高或不足，导致失准失真；防止谈成绩不谈问题，或者对问题轻描淡写一笔带过，等等。

五、工作体会部分的写作

　　前面说到，工作总结有的会写体会，有的不写体会，有的详写，有的略写。如果领导交代要将体会单独作为一个部分来写，那就需要认真对待，因为它比罗列工作情况有更大难度，起草者常常为此而煞费苦心。

　　所谓体会，其实就是总结经验，即通过回顾工作，进行必要的理性思考，从中找出带指导性、规律性的东西。很显然，它的作用就是既回顾以往，又启示今后，告诉人们凡是经实践证明行之有效的做法，今后还要坚持这样做。由此可知，凡分量较重的综合性工作总结、带有创新突破性工作的总结，如果能把体会部分谈深谈透，会使总结显得更全面、更厚重。所谓总结，既"总"，又"结"，"总"反映全面，"结"还带有概括、深化、提升的意义。

　　怎样写好体会？首先一个问题是，要与客观实际相符合，要依据事实进行提炼、概括，上升为理性的东西。有些同志把体会看得很玄，一想就想到大道理上面去了，于是空对空地发一通议论，什么这个理论那个概念的，说了半天还是与事实脱了节。其实，所谓体会，就是从工作实践中悟出的成功之道。比如你这个地方经济发展快，为什么快呢？因为找准了路子、抓住了重点、用好了人才，这就是体会。体会是很朴素、很实在的东西，它只能来自实践，而不是来自主观臆想。

　　其次，体会要有自己独特的、有实用价值的东西，力戒一般化。有些工作总结中，情况部分内容充实，分量很足，而体会部分空洞浮泛，拾人牙慧，一眼看得出作者是在那里穷对付。比如这样的句子："实践证明，加快发展，必须坚持以邓小平理论为指导，坚持党的基本路线一百年不动摇；加快发展，必须坚持解放思想、实事求是的思想路线；加快发展，必须始终坚持发展是硬道理，形成方方面面抓改革、促发展的强大合力。"这能叫体会吗？话当然都很正确，但这样的话大家都想得到，放在任何场合都可以说，而作为一个地方的工作体会，则显得过于拔高、笼统、抽象，缺乏实质性的、独到的东西。同样是经济工作，各个地方有不同的思路和方法，其体会也必然各不相同，关键要靠我们去发现和把握，从中找到独特的"这一个"。

　　再次，体会在写法上要做到有理有据，有骨有肉，同时要合理摆布材料，防止前后重复。有些工作总结的体会部分只是干巴巴的几段议论，观点下面没有事实、没有分析，这样就很难说明得了问题。那么，怎样把事实和体会糅合起来呢？有时我们会碰到这样的问题：情况部分摆的是事实，体会部分又要摆事实，怎样避免重复？这的确需要区别开来。最基本的区别是，前者是用事实说明情况，后者是用事实印证观点；前者回答做了什么，后者回答这样做使人认识到什么。基于这种区别，我们可将材料进行分工，哪些放在体会部分去写，哪些放在情况部分去写，比如情况部分只说成效，把做法留给体会部分写；有些材料既可归于情况部分又可归于体会部分，那就二者居其一，避免两边都用到。

　　以上谈的是体会作为单独一个部分写，如果只是作为一个段落放在回顾工作之后写，那就相对简单一些。但也要注意精准概括、科学提炼，使之富有深意、新意，切不可应付式地拼凑几句，搞成一个平淡无味、可有可无的"尾巴"，那还不如不写这段好。

【写作实例】

中共××市委组织部 2015 年工作总结（提纲）

　　2015 年，在市委的坚强领导和省委组织部的精心指导下，我们坚持党要管党、从严治党，围绕中心、服务大局，以创新精神抓好基层组织、干部队伍、人才工作和自身建设，较好实现了组织工作与经济社会事业同频共振、相谐发展。主要做了以下几项工作：

一、"三严三实"专题教育扎实推进

按照中央和省委部署要求，以严肃认真的态度扎实抓好"三严三实"专题教育，专题党课、学习研讨、边学边改、建章立制等工作有力有序有效开展。

一是以身边典型案例为警示，深入剖析"不严不实"问题根源。

二是以"四进四联四帮"为载体，推动"三严三实"成为自觉行动。

三是以"六项专项整治"为抓手，推动"不严不实"突出问题整改到位。

四是以"党员行为规范"为标尺，推动"三严三实"以制度形式固化定格。

二、从严治吏务实高效

（一）创新干部教育培训机制。一是以学习习近平总书记系列重要讲话精神为重点，加强领导干部思想政治建设。二是以主体培训形式为基础，加强领导干部党性党风教育。三是以专题培训为抓手，加强领导干部业务知识培训。四是以选学为补充，加强领导干部多方面能力培养。

（二）深化干部人事制度改革。一是严把干部任免审批关。二是继续推行市直机关干部内部定期轮岗制度。三是完善军转干部安置。四是做好乡镇科级非领导职务设置管理工作。

（三）从严监督管理干部。一是扎实开展选人用人"一报告三评议"工作。二是做好档案专项审核工作。三是扎实推进消化超职数配备干部专项整治工作。四是组织开展对跑官要官、说情打招呼歪风的专项整治工作。五是进一步做好领导干部个人有关事项报告工作。

三、基层党建取得新成绩

（一）圆满完成村级"两委"换届工作。

（二）统筹推进各领域党建。

（三）全面推进以"四级平台、两个闭环"为主要内容的农村服务型党组织建设。

（四）加强和改进党员队伍建设。

四、人才工作创新求进

（一）人才培养工作更加规范。一方面，企业家培养制度形成常态化。另一方面，人才工作者培训方法形成定期化。

（二）人才创业平台建设更具特色。一是打造出一批具有产业特色的人才创新样板。二是打造出促进高科技发展的人才创新平台。三是打造出具有优势的园区人才创新品牌。

（三）各类引才揽才活动成果更加明显。

（四）人才工作政策激励机制更加完善。一是完善人才目标责任制考核机制。二是完善人才激励扶持机制。三是完善人才投入保障机制。四是完善齐抓共管工作机制。

五、自身建设抓得更紧更实

（一）学习教育提素质。

（二）各项工作上水平。

（三）深入基层转作风。

（四）从严管理树形象。

回顾一年来的工作，我们深切体会到：只有坚持"三严三实"，才能扎实有效推进各项工作，妥善解决党的建设中存在的实际问题；只有坚持改革创新，才能不断增强组织工作生机与活力；只有坚持固本强基，才能夯实基层基础，不断开创基层党建新局面；只有持之以恒抓好自身建设，才能树立组织部门新形象，充分调动组工干部积极性和创造性。

一年来，我部各项工作虽然取得新成效，但与上级的要求相比，尚有一定差距。主要是：一些地方对不"严"不"实"的问题整改不到位，部分农村、社区基层组织建设仍较薄弱，消化超职数配备干部任务尚未完成。下一步，我们将继续以严的标准、严的措施、严的纪律抓好"三严三实"专题教育，统筹推进党的建设和组织工作，为全市经济社会发展提供更有力的组织保障。

评　析：从这份提纲可以看出工作总结写作的一般要求和特点：内容全面，各项工作开展情况均得到反映；在回顾工作的基础上，简明扼要谈工作体会；条理分明，结构完整。

第十一节　调研文章——思想者的果实

没有调查就没有发言权，更没有决策权——这已成为当今各级干部的共识。而调查之后能否形成一篇高质量的调研文章，又决定着调查对于决策实用价值的大小。相对于一般的机关应用文，调研文章体量较大、写作难度也较大，对起草者思想水平和思维能力的要求也较高，也正是因为如此，更需要我们去认识它、熟悉它、熟练驾驭它。

一、调研文章的种类和作用

所谓调研文章，即通过调查研究而形成的、汇聚调研成果的文字材料。它的作用，从总体上来说，就是通过反映现实生活中某些方面的情况以及作者分析思考所得出的对策或意见建议，为实现一定的目标服务。具体来说，不同类型的调研文章又有其不同的作用：

总结经验的调研文章。即通过调查了解某地、某单位工作情况，对其做法、成效和经验予以总结，供人们学习借鉴。通常在某项工作由试点向面上推开的时候，在人们对某项工作普遍感到难度很大、需要示范引导的时候，或者实践中出现了某个新生事物和某方面的突出典型、需要扶持和宣扬的时候，就需要这类调研文章。如《××县率先实现垃圾无害化处理的调查与启示》《介绍一个创新发展的好典型》，从题目上就可看出它的作用是什么。

揭示问题的调研文章。即通过反映现实生活中某种带倾向性、苗头性的负面问题，暴露其真相，找准其根源，分析其危害，提出解决的办法，以期引起有关党政组织、有关部门或全社会的重视，促成问题的解决。如《关于我市青少年犯罪问题的调查与对策思考》《部分乡镇"买税、引税"导致财政虚增现象值得重视》。这类调研文章往往能促人警觉，并迅速采取应对措施予以解决。

工作研讨性的调研文章。即通过对某项工作或全面工作的分析探讨，明确思路，提出对策，指明努力方向。如《关于县域经济发展的成效、问题及对策思考》《脱贫攻坚的关键在于"精准"——来自××县的启示》《防范政府债务风险必须综合施策》。这类文章，有的是用于自我总结、自我提示，有的是用于向领导机关或有关主管部门建言献策，有的是用于呼吁社会各方面给予关注和支持。

直接作为决策依据的调研文章。即通过调查研究，掌握有关情况，直接为决策提供依据。这类文章一般形成于某项决策形成之前，领导觉得某个问题需要决策，但由于情况不明一时下不了决心，需要在弄清情况的基础上权衡利弊，再作决断，于是亲自出马或指派有关人员进行调查分析，而后以文字形成决策依据。如《关于建立高铁经济区的可行性分析》《融入"一带一路"：机遇与挑战》《农村土地规模经营目前不宜大范围推行》。这类文章通常影响着某件事情决策不决策、决策后是否科学可行。

调查研究实际上是一种基于实践的理性思考，而调研文章则是它的外在表现形式。不过，再优秀的调研文章，如果不付诸实践，也发挥不了作用。据传，当年美国派兵入侵朝鲜之前，该国著名的研究机构——兰德公司经分析论证认为：不宜出兵，出兵必败！依据何在呢？该公司称：除非军方拿150万美元来买，否则该研究报告永远保密。政府和军方都不肯相信，悍然出兵朝鲜，直到惨败回国，这才想起向兰德公司讨教失败的原因。不料那份研究报告只有一句话："中国将出兵援朝！"寥寥数字，足见研究成果的作用之大。

我们党历来重视调查研究。毛泽东同志早年在调查研究基础上形成的《中国社会各阶级的分析》《湖南农民运动考察报告》《寻乌调查》《兴国调查》等，都成为指导中国革命胜利前进的伟大马克思主义文献，正如他所强调指出的"调查研究是马列主义普遍真理与中国革命具体实践相结合的中心环节"。习近平总书记带头大兴调查研究之风，视调查研究为"谋事之基、成事之道"。可以说，党的事业的每一次进步与成功，无不伴随着调研成果的运用。时代发展到今天，改革开放和现代化建设正向纵深推进，新时代中国特色社会主义事业方兴未艾，实现中华民族伟大复兴中国梦任重道远，机遇与挑战并存，困难与希望同在，大量的新情况、新课题需要我们去研究，大量的热点、难点问题需要我们去探索和解决。这就要求我们，要把高昂的热情与科学的态度结合起来，十分重视调查研究和调研成果的运用。光有热情而没有理性思考，那只是一种浮躁，而失误往往是浮躁的产物。作为机关文秘人员来说，无论是为领导同志起草调研文章，还是根据工作需要自己进行调研活动，都要十分注重调研和调研文章的质量，有较高质量，才能起作用。

二、选题与拟制提纲

要想写出一篇高质量的调研文章，首先要把准备工作做扎实、做充分。这里主要是指选准题目、精心拟制调查提纲和写作提纲。

（一）先说选题。毫无疑问，题目选得好不好，直接决定调研文章的优劣。选题有几种情况：一种是领导直接出题，这比较好办，按其意图去做就是了；一种是在办理"两代表一委员"提出的建议、提案过程中，领导觉得某些问题需经调研再决定是否采纳，选题方向也较为明确；再一种是秘书班子或有关研究机构出于辅政需要自行选题，这就需要在自由度和准确度之间科学把握，否则就有可能做无用功。当然，无论哪一种情况的选题，在大方向明确的前提下，还要力求精准、贴切、管用。

选题要准。准，就是要抓住人们普遍关心的问题、现实生活中迫切需要解决的问题和某些尚未引起人们注意但又需要提醒的带倾向性、苗头性的问题。现实生活多姿多彩，千变万化，需要探讨和解决的问题不计其数，但其中必有一部分是重要的、急切需要解决的、人们共同关注的，一部分是次要的、可以逐步解决的、人们并不共同关注的。当然，在不同的地区、不同的行业、不同的领域，情况又会有所不同。面对纷繁复杂的社会现象，我们的目光要瞄准重点，而不能舍重求轻。比如在一个欠发达地区，政府债务包袱沉重，财政入不敷出，拖欠干部职工工资、群众生活保障不足、学校教学条件差等等问题都存在，你选哪一个问题进行调研？从根本上说，当然是加快发展、培植财力显得最为迫切，因为这个问题一解决，其他问题也就迎刃而解。可见，选题也像上项目、出产品必须适应市场需求一样，必须根据实践需求来选，否则也会出现"滞销"。

选题要新。新，即新颖独特，以自己独到的眼光发现和分析问题，并提出解决问题的办法。而且这个问题是必须引起重视并加以解决的问题，这样就显得有见地、有价值。比如前些年受沿海发达地区产业升级、部分企业关停并转的影响，大批打工人员因下岗失业而返回内地，继而带来就业、治安等一系列社会问题，而这些问题多数人一时并未察觉到，或虽然察觉到了但一时想不出解决的办法，这时候你若抓住"引导返乡打工人员就地创业"这个题目进行调研，很可能是抓对了。有的同志不动脑筋，为调研而调研，或者跟在别人后面搞重复调研，写出来的东西毫无新意、创意可言，当然不会有多少实用价值了。

选题要实。实，即坚持从实际出发，围绕实际需要来选题。不实则空，空则无用。有的同志在选题时，不是从实践中去选，不是贴紧现实需求来选，而是坐在办公室里"想当然"地选，不着边际地选，这样当然选不出好题目了。比如上级要求推进产业结构的战略性调整，有的同志连门也未出就在那里"选"起题目来了：关于调整产业结构之我见、关于建立支柱产业的战略构想、关于提高高新技术产业比重的对策思考，如此等等，然后根据平常掌握的情况和材料上反映的情况分析、探讨一番，一篇"大作"就问世了。但这些所谓构想、对策是否对路呢？那只有作者自己知道了。所以说，选题一定要从实处着眼，从领导有什么需求、群众有什么愿望、实践有什么需要等方面入手，才能抓住根本，保证质量。

选题要集中。集中，即抓住某一个或某一方面的问题来说事，而不能把题目所涉事项搞得太庞杂。有的同志喜欢抓大题目，这本身不能说有错，甚至还是需要的，比如某些带宏观性、战略性的调研报告就很"大"，但"大"要大得实在、丰满，而不是装腔作势、空洞无物的"大"，也不是包罗万象、面面俱到的"大"。比如某市就新的一年工作部署进行先期调研，它涉及党、政、财、文诸多方面，如果把所有工作都包括进去，那就不是调研，而变成了一般性的工作计划安排。既然是调研，就应围绕思路、目标、重点工作来展开，才能达到预期的效果。

（二）选题确定之后，接下来就是拟制调研提纲。有些同志对此有所忽视，以为既然题目选定了，搞不搞调研提纲无所谓，直接下去调研不就得了？其实这是不对的。无论领导出题还是自行选题，调研之前都应该认真构思，把各种要素、环节考虑周全，这叫"磨刀不误砍柴工"。其意义在于：明确调研方向，使调研活动始终围绕主题进行，不发生偏离；明确调研的范围、对象、内容以及有关要求，使调查得来的情况尽可能全面、真实、准确，为下一步研究问题和写好文稿打下扎实基础；明确调研的方法步骤，使调研人员和调查对象有章可循，密切配合，不打乱仗，提高调研效率。实际上，搞不搞调研提纲，体现的是调研者的责任心和工作态度；调研提纲是否精细、可操作，反映的是调研者考虑和分析问题是否具有前瞻性、科学性、逻辑性；调研提纲是否得到严格施行，决定的是调研活动和调研文章的成败。

具体来说，调研提纲一般包括以下几方面：（1）调研主题及目的意义；（2）调研内容，即需要了解哪些方面的情况，如做法、成效、存在问题，意见与建议等；（3）调研范围及对象，明确去哪些地方或单位，找哪些人了解情况；（4）调研方法，包括听汇报、看现场、座谈交流、明察暗访、登门走访、问卷调查等；（5）调研分工及实施步骤；（6）有关要求。

当然，凡属课题重大、涉及面广、参与人数较多的调研活动，才需要拟制详尽周密的调研提纲。一般的小型调研活动则无须搞得如此复杂，但也要预先把框架设计好，调研什么、怎么调研、可能碰到哪些问题，脑子里先有个大致的轮廓，以免调研活动走弯路、吃"夹生饭"。

（三）调研活动结束之后，就进入了起草调研文章的程序，其中第一道工序当然是拟制写作提纲。其重要性同样不言而喻：一份思路清晰、层次分明、逻辑严密、布局得当的提纲，是写好文章的前提和基础。但是请注意：就执笔者而言，分析思考与拟制提纲差不多是同步进行的，包括怎样选取材料、怎样提炼观点、怎样提出对策建议等，都在形成提纲的构思范围之内，或者先思考再写提纲，或者边写提纲边思考。

这里只说提纲。提纲是结构的具体化，包括开头、主体、结尾和大小标题、内容安排等。关于提纲的制作方法，有关书刊上有许多经验之谈，各有各的道理。其实提纲并无固定模式，哪种方法写起来顺当、自然，能把调研成果准确反映出来，就采用哪种制作方法。常见的层次顺序是：调研概况（简述背景、动机和调研主题、范围、对象等）──具体情况（包括成绩、典型经验、问题与不足、有关事例和数据等）──分析思考（即依据材料进行理性思考，予以概括升华，提出相应对策建议）。至于具体划分为几个层次，是两段式好，还是三段式、四段式好，可以依据不同的表述需要而定。也有一些文章不是按这种顺序安排，而是按类型、内容及个人风格爱好的不同而富于变化。但无论怎么变、都要扣紧主题，做到形散而神不散。

三、精心选取材料

选材如同厨师做菜，首先"食材"要好，做出的"菜"才能对人胃口。具体要注意以下几点：

（一）选材要贴紧主题。调查得来的材料是大量的、具体的，甚至是零乱的，有些重要有些不重要，有些有用有些未必有用，有些是真实的，有些是不真实的，那么在分析材料的时候就要认真筛选，把那些有用的、重要的、真实的、与主题关系密切的材料留下来，其他的材料则应去掉。一些有经验的同志，在调查阶段就在边记录边筛选着，凡符合主题的材料包括重要的观点、事例、数据和意见建议等都画上着重号，这样就为分析材料提供了便利，节省了时间。在选材问题上，有的同志往往被众多的原始材料搞得眼花缭乱，这也舍不得，那也舍不得，把与主题无关或关系不够密切的某些材料也硬搭上去，结果是冲淡或淹没了主题，文章变成了大杂烩。比如一篇总结某县抓农村精神文明建设成功做法和经验的调研文章，所选的材料包括开展社会主义核心价值观教育、反对个人主义和利己主义、破除封建迷信、抵制邪教渗透、重视家教家风、党员干部模范带头等等，本来是够用了，但作者又用了相当篇幅反映兴办公益事业、拓宽农民增收渠道和关爱留守儿童等情况。也许作者是为了体现"精神变物质"，本来在"物质"方面概括性地讲讲总体发展面貌也是可以的，但篇幅不宜过大、事例不宜太多，否则就与主题不符了。如果要全面反映该县的发展变化，那就要换一个容量更大的主题，才能涵盖得了。

（二）材料要充分、准确。调研文章是用事实说话的，这就要求充分地占有材料，包括事例、数据等都要齐全、具体、实在，使之足够说明某一个问题，否则就会使文章流于空洞，难以使人信服，甚至给人留下强词夺理的印象。一般来说，掌握材料是在调查阶段就要完成的，但有时也有例外，即在分析材料时发现材料不够用，或者只有间接材料而没有第一手材料，或者只有粗略的材料而没有具体的材料，或者只有"面"的材料而没有"点"的材料，这种情况下就要返回去补课。有的同志不是这样做，而是仅凭手中的材料，再加上一些苍白无力的议论，硬凑成一篇文章。比如一篇以《加快我市小城镇发展的调查与思考》为题的稿子，名为调查，实际上只有一些面上的情况和数据，然后就是作者本人关于加快小城镇建设重要性必要性的论述以及规划、政策、投入等方面的一系列"思考"，人们从中无法看出该市小城镇建设的全貌、存在的具体问题和发展趋势，也看不出所提的对策有多少事实依据。这样写法，作为议论文也许还勉强说得过去，但作为调研文章，就显得空泛了。

（三）注重材料的典型性。调查研究的目的既然是服务现实、推动工作，那么在选取材料时就要注意观察事物的内部联系，找出带规律性的东西，使之具有典型的、普遍的指导意义，这样写出来的文章也才会有针对性。写总结经验性的调研文章更应注意这一点。如某调研组就"精准扶贫"课题深入部分贫困村开展调研，调查中发现，村民们的自我脱贫能力虽然总体偏弱，但"能人经济"出现好的发展势头，一批果业大户、养殖大户不仅率先富了起来，而且带动了周围一些缺技术、缺资金的贫困户一起搞规模种养；由此还发现，在引导农民开拓致富门路的问题上，能人带动比行政推动往往要顺利得多、效果也好得多，比那种单纯送钱送物的"输血式扶贫"更是高明得多。于是以此为例，把实行"能人结对带动"作为精准扶贫的对策建议之一。很显然，这样的材料就是具有普遍指导意义的。

总之，毛泽东同志在《实践论》中所说："将丰富的感觉材料加以去粗取精、去伪存真、由此及彼、由表及里的改造制作功夫"，就是选取材料的要领所在。

四、防止和克服重"调"轻"研"

重"调"轻"研"指的是文章只罗列了情况和现象，而没有上升到理性的高度进行分析提炼并在此基础上提出解决问题的办法。这种现象的确存在。比如有一篇探讨青少年犯罪问题的调研文章，通篇谈的是面上的情况，包括发案率、不同年龄段所占比例、有关案例和作案特点等，这本来也是不错的，但接下去只是呼吁社会给予关注，而没有分析原因、揭示本质，没有提出具体的、有针对性的应对措施，这便是典型的重"调"轻"研"，这样的文章当然不是合格的调研文章。不过出现这种现象应属少数，因为稍有写作常识的人都知道，有"调"必应有"研"，怕的是虽然有"研"但"研"得不准、不深、不透，等于无"研"。比如：轻描淡写，泛泛而谈；空发议论，不切实际；人云亦云，缺乏创意，这些都是轻"研"的表现。

"研"的方法有如下几点：

（一）抓住事物的本质。所谓本质，即事物本来的品质和特性，它通常被事物的外象所掩盖，但又决定事物的发展方向。正如列宁所说，人们对事物的认识过程是"从现象到本质，从不甚深刻的本质到更深刻的本质的深化的无限过程"。对事物本质的把握看似玄妙，其实也并不玄妙：在对调查材料进行分析时，眼光不要局限于观察表象，不要停留于对表面现象的罗列，而要刨根究底，把表象包含着的"内核"找出来。比如某县有关部门对企业乱收费、乱摊派、乱罚款等"三乱"行为屡禁不止，群众反映强烈，领导派你去搞个调查。调查中你发现："三乱"的确严重，表现五花八门，但在形成文章时，是不是把这些现象及带来的后果罗列一下就可以了呢？当然不可以。你还得分析探讨一下：造成这种现象的根源是什么，究竟是什么东西在里边作怪。这时你可能会发现：这种作怪的东西原来是部门利益驱动，为了部门利益而不顾大局利益、不顾企业死活，这就是这一现象的本质所在了。这是一层意思，即不能被表象所迷惑。还有一层意思是，不能被假象所迷惑。假象是对事物本质的歪曲和颠倒，它比表象更带有欺骗性；制造假象，目的就在于掩盖事物的本质，转移别人的注意力，从而更顺当、更堂而皇之地达到自己的目的。仍以上面这个例子来分析：你在查究"三乱"根源时，有些部门可能压根儿不承认这是"三乱"，而是正常的行政执法，是出于加强管理、提供有偿服务，而绝不是有意加重企业负担。这样听起来似乎很有道理，简直不应批评而应给予表扬了，但你必须深入分析一下：某项收费和罚款是否有政策法律依据？所谓的"有偿服务"，企业是不是自愿接受？这样一深入下去，"马脚"就露出来了。

（二）注意定性分析与定量分析相结合。定性分析是就事物的性质、特点、走向进行分析研究，从中找出有规律性的东西；定量分析则是通过典型数据来摆事实、讲道理，是用数量关系揭示事物的根本特征。这两种分析方法缺一不可，只有定性分析而没有定量分析，就会显得抽象而空泛；反之，只有定量分析而没有定性分析，就会显得繁琐而枯燥。举例来说：某调研小组就"我县群众生活离小康有多远"这个题目进行调研，其中必然涉及大量数据，包括人均 GDP 占有量、住房面积、恩格尔系数、受教育程度等，但光有这一大堆数据还不行。如果不是经常跟数字打交道的人，看上去未必能得出清晰的印象，甚至会觉得眼花缭乱、莫名所以。因此要在定量分析的同时，运用阐释、归纳、对比等方法进行定性分析，比如规定的小康目标是什么标准、我们的差距有多大、为什么会存在这些差距以及怎样缩小差距等等，这样，人们一看就明白是怎么回事了。这说明，把两种分析方法有机结合起来，才能增强说服力，才能从理论与实际相结合、宏观与微观相结合的层面上说明问题。当然，也有一些调研文章无须涉及过多量的分析，主要靠摆事实并进行定性分析就可说明问题，那又另当别论了。

（三）辩证、全面、准确地看问题和分析问题。也就是说，分析材料要力戒片面性，防止因一叶而障目，既要看到正的一面，又要看到反的一面，既要看到相矛盾的一面，又要看到相统一的一面，既要看到主流的一面，又要看到非主流的一面，这样，才能在分析研究的基础上得出正确的结论。这一点，对于以总结新鲜经验、探讨有争议的问题、把握形势和谋划对策为目的的调研活动尤为重要。比如某次调查中发现，某乡大力发展"订单农业"，组织农户通过与客商签订购销合同来确定种什么和种多少，由此减少了农产品的市场风险，同时还带动了规模种植，这当然是一项值得总结和推广的好做法、好经验了。但调查中还发现：有的基层干部认为，有了"订单农业"就可以甩手不管了，农业生产没问题了；有的客商不认真履行合同，产品畅销就来调货，产品滞销就不来调货，导致农户利益受损；有的农户不懂技术偏又想一口吃成个大胖子，结果钱没赚到反而亏大本。面对这种情况，作者在总结、肯定发展"订单农业"这一新鲜经验的同时，运用辩证、全面分析的方法，尖锐地指出了几个问题："订单农业"不等于自发农业，还需基层干部适时加以组织引导；"订单农业"不等于效益农业，还要让农民掌握必要的科学技术知识；"订单农业"不等于保险农业，还要教育农民学会用法律手段维护自己的正当利益。这样一来，读者既能从典型身上学到经验、受到启发，又能提前防范可能出现的问题，从而制订科学、周密的政策措施，使"订单农业"既快又好地发展起来，那么这篇调研文章就真的是"功不可没"了。设想一下，作者如果不是全面地分析问题，而是只肯定成绩、总结经验，不指出存在的问题，不提出应对的办法，撇开文章的质量不说，更要紧的是，它将给读者产生怎样的误导呢？

总起来说，"研究"就是用实事求是的态度和一丝不苟的作风分析材料，就是正确地认识问题并找到解决问题的可行办法。研究的质量如何，决定着整个调研活动的成败，当然也决定着调研文章的优劣。所以一定要克服和防止重"调"轻"研"的偏向，在研究这道工序把功夫下足，把问题搞深搞透。

五、决策建议要力求"对路"

机关文秘人员起草的调研文章，绝大多数是直接为领导决策服务的。这也是文秘人员发挥参谋辅政作用的重要形式之一，所以起草者大多非常努力，竭尽所能想把文章写好，以使自己的调研成果能得到领导重视，能为决策所采纳，从中得到几分成功的喜悦。但有些时候总是事与愿违，领导随便翻翻就丢在了一边，你的调研成果未被重视和采纳，折腾老半天等于白费劲。这的确是令人沮丧的事情。为什么会这样呢？可能是题目抓得不对，也可能题目虽然抓对了但研究质量不高，也可能是别的什么原因，不管怎么说，多数情况下还是与所提决策建议不对路有关。现在我们就来探讨一下如何使决策建议"对路"的问题。

要坚持问题导向和目标导向，力戒形式主义。调查研究是为了解决问题，决策建议就是解决问题的具体思路、措施和方法。离开"问题"，一切都是空谈。如果只是为调研而调研，做做样子摆摆谱，坐着车子转，隔着玻璃看，不深入实际，不接触群众，不了解矛盾和问题，不作深入细致的分析思考，这样当然写不出高质量的文章，提不出对路、管用的决策建议。当然，坚持"问题导向"，同时还要坚持"目标导向"，即最终的落脚点要放在真正解决问题上，实现动机、过程与目标相统一。如果只重视动机的正确、过程的周密而忽视目标的实现，这样的决策建议也有可能是不对路的。

要善于换位思考，摸准领导的决策意图。领导者每天接触和处理着大量实际问题，思考和谋划着下一步乃至更长时期的发展，也就是说，每天的思维和实践活动都与决策有关。同时，由于其阅历、经验、胆识的差异，各人决策的重点、力度、方法也会有所不同。这就要求我们，提决策建议要围绕领导的关注点来进行，以求"一拍即合"；或者站在领导的角度来想问题，以求"不谋而合"。举个例子：某一段时间，某市市长多次往困难企业跑，平常在会议上、闲谈中经常提到如何帮助企业摆脱困境的问题，这时候，市长的关注点和决策意向就十分明显了，如果你能通过调查研究提出可行的意见和建议，市长当然会采纳。

要十分注重决策建议的实用性和可操作性。决策是用于指导和推动工作的，它不仅要就某项工作提思路、交任务、定目标，还要提出与之相配套的政策措施和具体办法，否则这项决策就是空的，下级会觉得不好操作，难以执行。比如你在调研文章中提出"鼓励社会力量办学"这样一条建议，光有这个题目是不够的，仅仅停留于论述它的意义和作用也是不够的。"社会力量"包括哪些方面？如何"鼓励"？要放宽哪些限制、给予哪些方面的优惠政策？要注意哪些具体问题？这些方面都要考虑到、设计好，才有可能引起领导的重视。如果不是这样的话，也许领导会觉得这个题目虽然很好，但时机和条件还不成熟，暂缓考虑，你的建议就"搁浅"了。

要力求依据充分、科学可行。决策无小事，直接关系事业成败。一项错误的决策，可能给事业带来无可挽回的严重损失。所以领导人在考虑某件事是否拍板时，一般是慎之又慎的。有些时候，领导觉得某件事需要决策，但由于情况不明、基层干部群众的态度不明，或者由于缺乏这方面的成功先例和实践经验，所以一时下不了决心。这种情况下，我们主动介入，把实际情况摸清楚，把利害关系讲清楚，而后提出该项决策是否可行的建议，供领导参考。比如，某领导发觉部分乡镇规模过小，不利于小城镇建设和培植主导产业，也不利于精简机构、分流人员，想作出撤并部分乡镇的决策。但鉴于涉及面太广、可能出现的具体问题很多，不敢贸然拍板。这时我们就可以深入调查分析：分流人员的出路何在？债权债务怎么处理？被撤并乡镇的干部群众可能作何反应？邮政、电力、教育、医疗等公益事业怎么摆布？是利大于弊还是弊大于利？在此基础上再提出可行或不可行的决策建议，领导就好下决心了。

要力求新颖独到、富有创意。从本质上说，决策本身就是一种创造，思路和方法不同，其效果也必然不同。比如，同样就"推进供给侧结构性改革"进行决策，由于各地实际情况千差万别，有的重点抓清除"僵尸企业"、化解过剩产能，有的重点抓降低实体经济成本，有的重点抓生产要素向新供给、新动能产业转移，各有侧重，各显特色。这就提示我们：提决策建议一定要从当地实际出发，从务实、创新的角度来考虑问题，从比较鉴别、扬长避短的角度来出谋献策。有的调研文章看上去说得头头是道，对策、思考一大堆，但细细一看，多半是抄袭上级和人家的东西，或重复自己过去有过的东西，领导怎么可能感兴趣呢？

要善于审时度势，超前谋划。形势和任务不断变化，新情况、新问题、新挑战层出不穷，所以提决策建议也有一个抓机遇的问题。领导决策有相当一部分是基于对事物发展趋势的敏感反应、科学预判而作出的，决策快，就能赢得主动；决策慢，就可能陷入被动。所以我们搞调研工作的同志就要努力做到见事早、反应快，抓住决策机遇和决策需求来提出决策建议。比如中央提出"一带一路"倡议，正当领导同志开始考虑如何贯彻实施的时候，我们就可以对当地的区位、资源、交通物流等进行分析，进而提出如何融入、如何实施的意见建议，只要提得及时、可行，就可能被采纳。

要坚持求真务实，敢于和善于说真话实话。应当承认，领导同志站得高、看得远，决策能力肯定要比我们强得多，但由于种种原因，有时也会出现决策依据明显不足、决策指向有所偏差的情况，一旦拍了板，失误就不可避免了。在这种时候，如果我们通过调查研究，有足够的依据说明某项决策不宜作出或应予以重大修正，就要敢于直言，向领导解释清楚。事实上，多数领导都会重视不同意见，会对自己的决策意图进行再次斟酌，至少不会因为你说了几句实话就给你"颜色"看。怕的是我们自己谨小慎微，明知自己的意见有道理，领导一说不行，就吓得"缩"了回去。如果由于决策失误造成了某种损失，事实证明原来的决策建议是正确的，那我们又该作何感想呢？

六、"点子"式调研文章的写作

所谓"点子"式，指的是那种一事一议、一策一谋的精短文章。它有这样几个特点：（1）题目所选的"切口"较小，仅就某一件具体事情进行调查分析，指向性很明显，针对性较强；（2）在进行理性思考时，不讲过多的大道理，不注重思辨色彩，仅就这件事情如何解决提出具体的、实在的意见或建议；（3）行文干净利落，篇幅不长，言简意赅，只求把意思讲明白就行。举个例子来看。有篇调研文章的题目叫作《清理违章占道经营与发展个体私营经济的矛盾急需解决》，开篇就说："最近调查发现，城管部门为落实创建卫生城市的要求，对所有占道经营的个体户进行了清理。这本是一件好事，但个体户意见纷纷，因为他们当中不少是下岗职工和无其他经济来源的居民，这样一来，生意没得做了。日子过不下去了……"文章接下去列举了一些具体事例，同时反映了城管部门的意见和理由，然后分析说："不清理占道经营不行，创建卫生城的目标难以达到；但是不解决这些人的饭碗问题也不行，他们生活无着落，令人于心不忍，同时也不利于缓解就业压力和发展个体私营经济。所以，建议政府分管领导尽快召集城管、工商、建设部门负责人进行研究，提出解决办法。"然后提出了"划出地段让其集中经营""建立固定摊点招租经营""加强管理与加强教育引导相结合"等几条对策建议。全文不到 2000 字，很快得到领导采纳，使问题得以妥善解决。这篇文章就充分体现了前面所说的三个特点。

为什么这种"点子式"的调研文章受欢迎呢？第一，现代社会是快节奏的社会，很多人（尤其是日理万机的领导者）没有时间去"啃"那些"大块头"文章，而这种文章几分钟就看完了，省时又省力；第二，文章开门见山，简洁明快，不拘形式，生动自然，符合大多数读者的口味，是一种值得倡导的文风；第三，更重要的是，文章所提的意见和建议针对性、可操作性强，容易被领导决策所采纳。此外还有一点，就基层领导来说，他们所要决策的事项相对要微观一些、直接一些，无论解决发展中的实际问题，还是为群众办好事实事，都要从具体问题抓起，也就特别需要这种"短、平、快"式的意见建议。

至于说"点子"式文章怎样写作，其实只要掌握了上述三个基本特点，就明白了。不过要特别强调两点：一是，选题的角度不要太大。不要摆出大学者、大谋士的架势，动不动就是《关于推进我市"五位一体"总体布局之我见》《关于促进经济高质量发展的若干战略思考》之类，把题目搞得这么大，写起来你想"小"也小不了，所谓的"我见""思考"也未必派得上用场。二是，提意见和建议不能流于空洞，要力戒一般化，拿出真正管用的"点子"。我们常说的想办法、出点子，点子是具体的而不是抽象的，是应该一用就灵的而不是毫无用处的。比如前面提到的清理占道经营和发展个体私营经济的矛盾，问题摆出来之后，如果只是抽象地议论一番解决这个矛盾的重要性、紧迫性，然后呼吁领导和有关部门引起重视、抓紧解决，这样的话谁都会说，道理大家都懂，说了等于白说。关键的问题是：矛盾究竟怎么解决？文章后面的几点建议实在而又便于操作，这个"点子"也就管用了。

当然，"点子式"文章也并不是一好百好，它的弱点是不宜用于研究重大的或较复杂的问题，因为它的容量毕竟有限。在这方面，大题材的调研文章又显出它的优势来了，带宏观性、长远性、综合性的大型调研理所当然要由它来承担。这就是说，我们既需要简洁明快的"点子"式文章，也需要涵盖面较广、分量较重的战略探讨式文章，二者不可偏废。

七、调研文章也要讲究可读性

所谓可读性，就是文章有欣赏价值、能够吸引人家看下去。目前各级机关调研文章不计其数，包括各种汇编、精选、获奖文集等，其中固然不乏上乘之作，但实事求是说，可读性强的并不多。有时候，阅读某些调研文章简直是一件令人痛苦的事情，读吧，看了半天弄不清说了些什么，毫无吸引力可言；不读吧，人家毕竟动了脑筋、付出了心血，浪费了多可惜，对人家的劳动成果不尊重。那么，为何会出现这种情况呢？缺乏可读性又表现在哪些方面呢？下面我们来看看：

在结构方面，不管选题大小和内容多少，都要按惯用的"三段式"结构方法大肆铺排，人为地把短文章拉成了长文章。比如某县通过大力发展庭院经济，农民收入大幅度增长，其经验可通过调研文章予以总结推广。这篇文章的结构本来很简单，第一部分介绍做法和成效，第二部分概括几条经验和启示就可以了，但作者可能嫌这样结构还不够规范、大气，后面又挂拖斗似的加上一个部分"对策思考与建议"，其实又没有多少话要说了，说来说去与第二部分的内容差不多，反而使文章显得长而空了。完全没有必要这样"小题大作"。

在议论方面，不管是否需要，都像写论说文那样从论点到论据再到论证，分析得很严密、很透彻，看起来雄辩有力、逻辑性很强，但有时候纯属多余，反而使文章显得沉闷、老气。比如有篇文章介绍某市实行"小政府、大社会"改革的做法及成效，其中谈到"发展市场经济必须做到有所为有所不为"，这个观点是对的，但怎样说明这个道理呢？本来，作为调研文章，主要应依据调查得来的事实进行分析论证，把道理讲清楚就行了，但作者似乎还嫌这些事实不够用，又大段大段地将历史上的"无为而治"和西方发达国家搞市场经济的某些做法搬过来作证，论据的确很充分，论证也的确很严密，但作为调研文章，是否有这个必要呢？

在建言献策方面，不管是否对路，是否有充分的材料依据，都在题目上戴上"对策""方略""战略构想"之类的漂亮的大帽子。当然，如果文章的确够分量、思想容量的确较大、决策建议的确够水平，戴这样的帽子不但可以，而且应该。但有些文章，仅就某一件具体事情"叙"和"议"，戴这样的帽子就不太合适。比如某篇文章反映部分中学生辍学打工的问题，呼吁学校、家长、主管部门予以重视和解决，难道非要冠之以《关于制止中学生辍学打工的对策构想》吗？有的作者在构思文章时，首先考虑的不是内在的东西，而是外在的东西，不是决策建议的分量与质量，而是形式上的表现，如对策之一、对策之二、对策之三等等，好像有满肚子的对策用不完，细细一看却不过如此。其实，只要内在的质量过得硬，冠什么名称并不是太重要。

还有一些文章喜欢拼凑，什么这个关系那个关系，这个结合那个结合，比如处理好深与浅的关系、重与轻的关系、点与面的关系，实行领导与群众相结合、传承与创新相结合、重点突破与兼顾一般相结合等等，看似博大精深，实则毫无新意，看不出对决策对实践有多大用处。实实在在地说，简洁明快地说，不是更简单、更管用吗？

在语言表达方面，不管自然不自然、生动不生动，总是很认真地、像绣花一样细致地推敲文字，好像生怕哪一个提法不合规范，哪一个句子不合语法，哪一个词用得不准确。这种一丝不苟的精神固然可贵，但如果因此而使文章变成文绉绉、干巴巴的书生腔，读者根本不愿意看，那还有什么价值可言呢？比如这样一段话："优化农业结构，亟须引导农民充分认识传统农业结构的种种弊端，充分认识发展效益农业的巨大潜力和光明前景，充分认识优化结构对于提高农民收入的重要现实意义，藉此调动农民的积极性。"这段话在语法上找不出任何毛病，但看上去给人以咬文嚼字、死气沉沉的感觉。如果换一种说法："调整农业结构，要引导农民算好三笔账：传统农业与现代农业的'对比账'，优化农业结构的'效益账'，发展高效农业的'致富账'，使农民受到启发和鼓舞。"这样一说，就显得生动多了。这里还必须指出：在衡量调研文章可读性的诸要素中，语言起着很重要的作用，有时甚至是决定性的作用。毛主席的《寻乌调研》《兴国调查》等篇章，为什么直到现在人们还喜欢看？其中一个重要方面，就是语言生动鲜活、朴实自然，有人物、有故事、有群众语言，所以有很强的可读性。由此看来，我们真的用不着把过多精力放在咬文嚼字方面，用不着刻意把它做成一篇"高大上"的文章，放松一些、自然一些，效果可能会更好，根据调研主题和内容表达的需要，可以适当运用一些群众语言，增加一点"泥土味"；可以运用有关典型事例或精彩故事，增强一点生动性；可以运用自己喜欢的语言、说真话实话，增加一点新鲜感和个性色彩。下面这篇例文，就说明了这一点。

【写作实例】

感动，触动，行动（摘要）
——"问"出来的思与行

为了更进一步问干部作风方面的差距、问困难群众的诉求、问为民服务的举措、问加快发展的良策，我到离县城40多公里的大柳乡大柳树村，吃农家饭、住农家屋、拉农家话，并以该村为标本，对全县农村问题进行解剖。通过与群众和干部零距离接触，我深切感到，农村有些情况，就像寓言故事中的《小马过河》，河水既没有老牛说的那么浅，也没有松鼠说的那么深。听过、看过、亲身经历过，才会知道，这里面有感动、有触动，也必须加快行动。

感动，缘于一种境界！

感动之一：树梢树枝树根根，亲山亲水有亲人

群众究竟如何看待现在的干部？还有没有血肉联系、鱼水深情？是不是真像有些声音那样说得隔心隔肚？带着这个问题，我每到一户农家，都迫不及待地先问他们关于这方面的想法。可在村里走了一圈之后，这个最令人忐忑的问题成了最不是问题的问题。

听听群众的声音：刘先科说，我们怎么会恨你们干部，我过去是要饭过来的，想想过去啃树皮的时光，共产党对老百姓的恩德真是太大了；詹德军说，过去是老百姓向国家缴东西，现在国家一分钱不要，种粮给补贴，养猪有保险，房子坏了补钱盖，老了还发养老钱，现在政策就是好；魏发友说，胡书记，你不要一直责备自己看我们少，县里的事很多，分不开身很正常。就是我们自己娃子，一年到头也回来看不了我们几回。你能来看我们，我们高兴都来不及。

看看群众的举止：在村里面走访，我还没到门口，老老少少都迎了出来；走进村民家，我想和他们说句话不容易，因为他们一直忙着要给我烧鸡蛋茶；临走了，拉着我的手久久不放，再三要求，这几天一定要到家里喝一杯，实在不行，下次来一定要兑现；还有，我给住宿费、生活费，推来让去，说啥也不要。

这就是最基层的群众！有这样的群众、有这样的支持，我不知道我们还有什么委屈不能忍受、什么困难不能克服、什么事情不能办到。

感动之二：不独亲其亲，不独子其子

在村民黎学友家座谈，当我问他有什么困难、什么问题需要帮助解决时，黎学友的一席话令人感慨。

他说，我自己三个孩子都已长大成人，生活过得去，没有什么劳你费心。就是我们组上秦天华一家，本人残疾，50多岁，前几年才组合了一个家庭，夫妻俩带两孩子多年来一直住在别人家的房子里，现在不能住了，想自己盖房，可手里只有一万多元，看政府能不能帮帮忙。

还有一个令人难忘的家庭。在高高的草虎垭山上，住着80岁老汉陈烈才和他的侄儿媳程良梅。陈烈才一生无儿无女，老伴死后，在城里打工的侄儿陈克友想把他接到城里赡养，但他不习惯；想把他送去福利院，他又不肯。陈克友咬咬牙，硬是让妻子辞去了一年几万元收入的工作，回到山里照顾老人。当我对程良梅一家的举动表示赞扬和敬佩时，程良梅笑着说：大养小，小送老，这都是应该的事。

大柳乡福利院，是全县的模范。我揣摩着院里资金每年应该有些缺口，便问院长王成海有什么需要帮助。谁料王成海说出的话，同样令人意外。他说，最近我想做一些尺把见方的水泥板，院民们去世以后，每人坟前立一块碑、刻上名字，对我们来说是个念想，一旦有他们的后人想去烧张纸，也是个点儿。这事不落实，在心里是个疙瘩；落实吧，又怕触犯点啥，胡书记你看行不行？

这些质朴的老百姓，这些善良的举动和愿望，让我想起托马斯·哈代的一句话：金钱比起一分纯洁的良心来，又算什么呢？

感动之三：钱少事杂多受气，村里干部不容易

交谈中，我同村干部开玩笑说：对你们，我们不说也不是，说也不是。不说，总感觉工作离要求还有差距；说吧，你们也真不容易。这真是不打不解气，打着又心痛。

之所以说这话，主要是村干部的工作环境和待遇确实一般。比如在薪酬上，虽然这几年我们尽力提高了不少，但毕竟财力有限、基础较差，实际情况依然说不上好。以大柳树村为例，村党支部书记、村主任、村会计、村治保主任，4个人一年工资加起来只有3.2万元，这基本上只是一个人的打工收入。而村干部面临的现状是，上面千条线，下面一根针，所有工作最终都要落到村里。掰指头算算，他们承担上面对口下来的主要任务达20多项，每年对上对下处理大大小小的事应该过千件。

农村有句俗话，米面的夫妻，没有物质基础做保证，村干部的家属也是怨声不断。出门在外工作压力大，回到家里唠叨声音大，里外受气作难。靠一种信念工作，对一些人、在某一个阶段来说不是不行，但要长时间坚持，就不是一件容易事。现在的村干部，普遍是村里的能人，能站出来把担子搁到自己肩上，已经很不容易。批狠了，人跑了，不干了，重新去选干部，也很不好选。

触动，缘于一些见证

触动之一：走一走，转一转，矛盾化解一大半

在大柳树村调研，我最大的一个感受就是，当基层干部，不能嘴勤屁股懒，要经常到群众家里去看、去听、去问、去说。走一走，转一转，很多矛盾就成不了矛盾，即使真有问题也能得到很好的化解。

比如，我在走访群众时，村民周光林说，他们组的会计现在没当了在外打工，但前几年退耕还林补贴有三年没给群众兑现。问明情况，我请村里一个星期之内先垫钱把群众的账结了，再去追偿。

村民任时清说，组里原有一处土坯房，通过公开竞争自己以4.2万元拍到了手，但组长又反悔了，现在拖了好几年，想盖房盖不成。我表态半个月之内一定把事解决了。

60岁的退伍老党员吴顺均，因为年龄在前后两代身份证上不一致，造成现在仍然拿不到养老金。我把这情况和大柳派出所沟通后，他们请老吴第二天就把证件带过去修改。

村教学点的学生上厕所要经过一段土场子，下雨下雪几岁的孩子常摔跤。我现场用电话和县教育部门商量，先筹措点钱硬化了……

就这样，一路走，一路听，一路解决问题，等到后来开党员群众座谈会，再问大家有什么难题、有什么解不开的疙瘩时，大家都兴高采烈，连连摆手说没有了没有了，气氛和谐融洽得就像一家人。

触动之二：一碗饭，一杯茶，群众眼里泪花花

为了让全县的干部弄明白"什么样的语言群众能接受、什么样的工作方式群众能认可、什么样的干部是群众心中的好干部"，在今年的群众路线教育实践活动中，我们请基层群众"上课"。

在一次讲课中，一位基层群众说，要想让老百姓尊重你、亲近你，就不要出门拿杯子、坐凳垫垫子、接烟看牌子、吃饭擦筷子。通过大柳树驻点，我对这句话有了更深的理解。

几天在村里调研，走到哪里，不论家境好与差，不看凳子脏和净，只管一屁股坐下来；群众递上一支烟，不论什么牌子都起身接过来，主人如果抽烟，坚持先给他亲手点着；群众递上一杯水，不论什么杯子什么水，都双手接来当面喝一口；不论群众的手有没有泥巴，只要拉着我的手不放，我就不先放。

在村民陈克明家里吃午饭时，我听到几个妇女悄悄在厨房里说，这个县委书记一点架子没有，说话客气得很，刚才给他那杯茶，端到他跟前时才发现有渣渣，人家也没说就喝了。从村民魏发友的家里走时，他拉着我的手一直颤抖，眼眶里含着热泪，嘴里反复说，你这么大的领导来我们家，是瞧得起我、心里头有我们老百姓呐！

后来聊起这些事，大柳树村党支部书记任少勇说，人都是这样的，现在老百姓多数不缺吃不缺穿，不在乎你当干部给他多少东西，最在意你是不是打心眼里重视他、瞧得起他。

群众热心待你，你若讲讲究究，其实是脱离群众的一种表现，骨子里保不准有嫌弃的成分。灰沾到屁股上，拍一拍就掉了，可让老百姓的心里有了"疙瘩"，再化解就难了。

触动之三：解决了关键少数，就团结了绝大多数

在解决联系服务群众"最后一公里"的问题上，村干部是"关键少数"。

对村干部，我们建立健全了岗位目标责任制、绩效考核机制、激励保障机制、优胜劣汰机制，实行"三定"（定岗位职责、定任期目标、定年度计划）、"三评"（基层组织自评、党员群众测评、上级组织考评）、"三挂钩"（考核结果与经济报酬挂钩、政治待遇挂钩、退岗保障挂钩），有效破解了村干部责任不清、目标不明、考核不严、落实不力、待遇不高、动力不足以及能上不能下的问题。

同时，我们还借鉴老百姓的智慧，向村干部提出要经常用"四看"来衡量自己：一看自己的亲戚朋友是否享受了低保和困难补助等不该享受的政策，二看落实党的优惠政策是否走了人情、听了招呼、接了条子，三看自己亲友违纪违规是否依法依规处理到位，四看自己平时对弱势群体的态度。

以此为标准，时时将心比心、以心换心，老百姓的气顺了、心齐了，基层工作也好开展了。

在大柳树村蹲点时，我撇开村干部暗访了一些村民。基本上没人说村干部的坏话，都说干部一碗水端得平，群众都很服气，说啥事大家都相信都拥护。尽管这不能代表全部，但至少表明，我们这几年抓住关键少数、团结绝大多数的做法是对的，也见到了实实在在的效果。

行动，缘于一肩使命

行动之一：建一本账

通过蹲点调研，我深切感受到，凡事要做到胸中有数，不能坐而论道。

为掌握大柳树村的情况，我设计了一张调查表，设置栏目包括对每户家庭的人员构成、政治面貌、受教育程度、健康状况、从业情况、享受国家惠农政策情况、家庭财产、存在的困难、主要诉求、将来打算以及对干部的意见建议等二十多项。

尽管登记工作量比较大，但一册在手，情况了然于胸，再稍加整理，主要矛盾、问题的脉络已非常清楚。我把这种做法在全县推广，利用一个月时间，把全县每家每户的基本情况摸清楚，并以纸质和电子两种形式建成台账。定思路、做决策，以此为参考，我想我们的决策一定会站到绝大多数人的立场上，代表绝大多数人的利益。

行动之二：发一张卡

为了更好地联系群众、服务群众，我在大柳树村蹲点时，给每家农户制发了一张党群连心卡，上面写明，发卡是为了让我们的党员干部"扎根基层连民心、建强堡垒聚民心、回应诉求顺民心、铭记宗旨暖民心、同步小康固民心"。

在卡上，我们将包村乡镇干部、村干部的职务、联系方式，以及财政所、派出所、卫生院、中心学校、供电所等基层服务单位的电话全部录入，并明确规定，电话号码不得随意更换，个人电话必须24小时畅通。如果有人员调动、单位变迁等特殊情况，必须在一个星期内进行变更告知。

刚发下去，就得到了群众的正面回应，说过去找村里乡里办点事，山高路远，找人不方便，跑了不少冤枉路，现在有这张卡方便多了，按卡上的电话打过去，人在就去，人不在就不去，省了不少事。

制一张卡，花费二三毛钱，却把干部和群众紧紧联系在了一起。我把这张卡普及到全县每家每户，通过小小连心卡，联系你我他。

行动之三：结一门亲

大柳树村共有23名残疾人、484名贫困人口；从全县初步统计的情况看，我县还有痴呆傻残人口5万多人，贫困人口将近20万，贫困面相当大。解决这一部分群众的生产生活问题，除了必要的政策兜底外，一个有效的办法就是发动干部职工的智慧和力量进行帮扶。

我们全县有一万多名干部职工，在前期摸底的基础上，按照"认人认亲、扶智扶贫"的思路，以领导干部包2至3户、一般干部职工包1户的标准，将贫困户帮扶任务分配给了每一名干部职工，并且一定7年不变，直到2020年与全国同步迈入小康。随后，干部职工纷纷上门入户、认了穷亲，还有的同志甚至双休日干脆带着家人到穷亲家里过，社会反响很好。

行动之四：解一些难

在大柳树村蹲点中发现，群众反映最多、最强烈的问题，就是路和水。

路，虽说公路通到了村部，但只是通到了行政村，很多自然村落依然是泥巴路。路不通，盖房子拉料"豆腐盘成肉价钱"，发展产业东西又不好卖，勉勉强强是"赔本赚吆喝"。

水，全村人原来吃水都是吃井水、泉水、河水。前几年村里一位在外创业成功人士回家钻了水井、建了水塔，辐射了村部附近607人，但还有一半人吃水状况依旧，遇到天旱，人畜饮水非常困难。即使吃上水的户，铺设管道每户得投入500元，吃水每月缴12元钱包底费用、多了再缴，这对农村家庭来说，也是一笔不小的开支。

再去其他村、其他乡镇走访，情况一样，诉求最多的还是路路路、水水水。路、水之所以成为老大难，是因为投资较大，每年上级部门的建设指标有限，县里财政也只能每年安排一部分。

按照从群众最关注事情改起的思路，县委、县政府很快形成了决议，今年4月底以前，由县交通运输局、水电局、各乡镇共同把每个村的路、水情况摸清楚，拿出详细的工作方案，整合相关资金，按轻重缓急分年度实施，力争在5年之内将全县路、水问题全部解决。

行动之五：找一条路

解决农村的贫困问题，"雪中送炭"固然需要，但更重要的是帮群众找到一条可持续管长久的发家致富之路，让群众"自己身上长肉"。

大柳树村山场面积达30790亩，每户平均下来有百把亩，山上植被茂密，盛产各种药材。山下土地多且肥沃，而且因为是高山气候，种植出来的玉米口感良好、营养丰富，畅销省内外。

我当时给村民们建议，只要紧扣住"种养采"三字，就一定能快速富起来。种，就是在地里大面积种植良种玉米；养，就是利用山场优势大规模养殖黄牛、山羊和郧阳黑猪；采，就是平时多上山采药卖。算盘珠扒扒账面清，煤油灯挑挑眼前明，一合计，很多群众都觉得有道理，有两户正准备外出打工的一听不出去了，立刻开始着手买猪、牛养殖。

推而广之，郧县位于南水北调中线工程核心水源区，是山区县、农业大县，要想让发展和环保双赢，就必须坚持生态立县，高举绿色大旗，发展特色产业。

这几年，我们在促进农民致富的问题上，大力整合各方面的涉农资金，围绕"蔬果畜药茶"大做文章，建成了近百万亩的产业基地，初步形成了以十堰农产品加工园为龙头的农产品深加工业，促进农民人均因此增收 1500 元以上。

下一步，要结合各乡镇各村实际情况，围绕县定特色主导产业，进一步组织动员群众投身产业建设，使全县现代农业的规模更大、档次更高、链条更长、效益更好。照这样的路发展，我相信，郧县在不久的将来，一定呈现出农业强、农村美、农民富的喜人图景。

（作者：胡玖明，时任湖北省十堰市郧县县委书记，来源于 2014 年 4 月 8 日《十堰日报》，引用时有删节，副标题为编者所加）

　　评　析：这是一篇结构、语言有点"另类"但又很值得一读的调研文章。作者边调查、边思考、边解决问题，真挚的情感、浓郁的地气、散文式的笔调、朴实而生动鲜活的语言，读来令人深受感动和教育。这种文风值得提倡，这种摸实情、说实话、谋实策、求实效的工作作风更值得点赞和学习。

第十二节　决策部署性文件——行动的指南

决策部署性文件，指的是各级党政机关和业务主管部门用于表述决策、传达政令、部署安排工作的下行文，包括决定、决议、意见、通知、命令等。其中决定、意见、通知是使用频次最高的文种。由于这三者既有关联又有区别，写作方法上亦有异同，所以合并在一起来分析探讨。

一、作用与特点

关于三个文种的作用，2016 年中办、国办印发的《党政机关公文处理工作条例》有明确界定："决定。适用于对重要事项作出决策和部署、奖惩有关单位和人员、变更或者撤销下级机关不适当的决定事项"；"意见。适用于对重要问题提出见解和处理办法"；"通知。适用于发布、传达要求下级机关执行和有关单位周知或者执行的事项，批转、转发公文"。具体可以这样来理解：

决定，这里只讲对重要事项作出决策部署的决定，它带有较强的战略性、政策性和严肃性，这从"决定"二字的含义就可看得出来。"决"即决断，"定"即确定，决定既出，必须严格执行。比如《中共中央关于全面深化改革若干重大问题的决定》《中共中央关于全面推进依法治国若干重大问题的决定》，表述治国理政重大战略举措，其重要性不言而喻。通常情况下，人们一看文件上有"决定"二字，就知道非同小可，有"大动作"出台了。另外，"决定"一般是就较长时期的工作进行部署，比如管一年、两年或更长时间，短时期的工作一般不宜用"决定"。

意见，同样用于部署重要工作，但相对而言，它不是重大决策而是就某项重要工作作出安排、提出见解和要求，时效可长可短。比如《关于加强社会治安综合治理的意见》《关于推进生态文明建设的意见》；此外还有就贯彻上级某项工作部署提出意见，如《关于贯彻省委十届十次全会精神的若干意见》《关于贯彻省教育厅〈关于推进素质教育的意见〉的实施意见》。需要指出的是，"意见"的刚性虽不如"决定"，但并不意味着不重要、可执行可不执行。事实上，地方各级党委政府部署工作用得较多的还是"意见"而不是"决定"。

工作通知，有用于向下级布置工作的通知，有用于转发上级文件的通知，有用于印发某项工作方案的通知，有用于批转、转发下级或平级机关工作意见的通知。这里只说前一种，用于向下级布置工作的通知。它所布置的工作一般比较具体，多指某一件急需要办的事，随机性较强。如《关于坚决制止公路"三乱"的通知》《关于做好当前防汛工作的紧急通知》。相对于"决定""意见"，"通知"显得灵活一些，内容可多可少，篇幅可长可短。

这三个文种虽然都用于部署工作，但不可随意混用。特别是"决定"混用不得。有些领导同志和秘书人员知道"决定"的分量，知道某项工作一旦作为"决定"下发，下面就会更重视、更认真执行，所以不管什么工作，都希望用"决定"。这种负责精神诚然可嘉，但这样做显然是不妥的。比如某县就早稻防病灭虫工作进行布置，如果下达一份《关于做好早稻防病灭虫工作的决定》，岂不是用高射炮打麻雀了吗？类似这样的工作，只宜用"通知"，连"意见"都不宜用。反之，该用"决定"的也不能用"通知"，比如部署机构改革和人事制度改革，事关重大，政策性强，就不宜用"通知"，因为"通知"承受不了这项工作的"重量"，应该用"决定"或"意见"。"意见"和"通知"同样不可混用，如果布置的是某一项具体工作，就不宜用"意见"，而只宜用"通知"。比如《关于做好生猪定点屠宰工作的意见》，就显得有点不相称了。反过来，如果是相对宏观的、涉及面较广的工作，又不宜用"通知"而只宜用"意见"，比如《关于大力推进农业产业化经营的通知》，同样显得不相称。

为了说得更明白些，我们还可以概括性地大致区分一下：从层次上看，"决定"属宏观，"意见"属中观，"通知"属微观；从作用上看，"决定"的战略性、政策性强一些，"意见"侧重于突出指导性，"通知"则是就事论事；从时效上看，"决定"长一些，"意见"长也行短也可，"通知"原则上只管当前要做的事。

不管怎么区分，这三个文种的共同点又是显而易见的，表现为共同的性质、共同的任务、共同的作用。

共同的性质指的是，它们都是领导意图和领导机关决策的载体。领导人或领导集体要对工作进行组织指挥，要将自己的意图和决策传达给下级，除了会议讲话、现场拍板，就靠决策部署性文件了。为什么各级机关这类文件很多，也就是这个道理。没有这些文件，领导决策就无法实施，很多工作就无法运转。

共同的任务指的是，它们都负有承上启下、推动工作的重大职责。承上，不仅指传达本级领导决策，还包括贯彻上级决策部署和指示精神；启下，不仅指提出工作任务和措施，还要与实际情况相符合。为此，文件制作要有较高质量，质量不佳，必然影响决策部署的准确表达和有效实施。

共同的作用指的是，它们都直接影响着决策执行者的行动，影响着某一全局或局部工作的运行。具体表现有三：一是指导作用，哪一阶段该做什么工作、怎么做，目标任务和具体的措施、要求有哪些，一一交代明白，使执行者有所遵循；二是依据作用，我们常说某个提法、某项政策有没有依据，有文件就有依据，不仅供执行时使用，包括检查实施情况、事后总结和查阅，都可能会用到，文件存档的意义也就在这里；三是激励和约束作用，该干什么，不该干什么，干好了怎么样，没干好怎么样，通过文件予以明确，以调动干部群众的积极性，实现工作目标。

二、架构和内容安排

从大致上说，这三种文件的架构均分为三大块：引言+主体+结尾。"引言"即开头，说明下达这份文件的背景、依据、缘由和目的等。如"为了……，现就××工作作如下决定""根据……，现就××工作提出如下意见""为进一步加强……，现就有关事项作如下通知"。"主体"即文件的主要内容，包括目的意义、目标任务、政策措施、具体要求等。结尾，有时是一段号召式语言，有时是用简单几句话要求认真贯彻，有的文件也不用结束语。

关键是主体部分的架构设计和内容安排。这里要把握几点：

（一）条理要清楚。条理性强，是文件的显著特点之一，而且它还体现为条目化，用序号较多，这也是与领导讲话、调研文章等文件不同的地方。用序号的好处是能使文件眉目清朗，层次分明，读者一看就明白。有些同志写出来的文件像文章，黑压压、密匝匝一大片，段落拉得很长，让人读起来觉得费劲。不过用序号也需注意：一是要灵活运用，不拘泥某一种用法。如《中共中央关于全面推进依法治国若干重大问题的决定》，全文分为七大板块，各板块中有时有序号，有时不用序号；而《中共中央关于全面深化改革若干重大问题的决定》则分为十六个板块共60条，每一层次都用序号。二者用法不同，但都达到了层次分明的效果。这两种用法在"决定"中较为常见，"意见"中用得较少，"通知"则不宜用。因为"决定"在涉及事项较多、较复杂的情况下，这种用法更能凸显其条理性、连贯性。二是序号也不能乱用、滥用，否则就变成了开中药铺。该用的时候要用，可用可不用的则尽量少用。比如，同一段落中如果表述多层意思，有时可用分号，有时可用排比句式，有时可用关联词连接下去；相关联的段落可用并列式或破折号，一个段落只表达一层意思。这些方法，同样能达到层次分明的效果。

（二）逻辑要严密。即先说什么、后说什么要安排妥当，各部分、各层次之间要环环相扣，有机衔接。以中办印发的《关于推进"两学一做"学习教育常态化制度化的意见》为例，引言部分简述背景和发文目的，第一部分"从讲政治的高度充分认识推进'两学一做'学习常态化制度化的重大意义"，即首先讲清楚"为什么"；第二部分"明确基本目标要求"，即提出总体原则和努力方向，告诉人们"做什么"；第三部分"精心安排学习内容"；第四部分"引导党员做到'四个合格'"；第五部分"联系思想工作实际经常查找解决问题"；第六部分"坚持领导机关、领导干部率先垂范"；第七部分"把'两学一做'学习教育纳入党支部'三会一课'等基本制度"，这几部分都是推进常态化制度化的具体内容和要求，即告诉人们"怎么做"；第八部分"层层推动工作落实"，即提出保障措施，告诉人们怎样抓好贯彻实施，确保目标任务的实现。全文的架构首尾呼应，层层推进，衔接自然，显得紧凑而严密。这就启示我们，无论起草哪种文件，架构设计一定要充分考虑各层次、各环节、各要素之间的内在联系，把不同内容按逻辑关系放在合理的地方，切忌前后颠倒、主次不明、散乱无序。

（三）有关要素需合理运用。这三种文件虽然都是用于部署安排工作，都要提出任务、措施和要求，但有些要素应视文种需要而用，不可通用、混用。比如大家熟知的指导思想、总体思路、基本原则、总体目标等，一般是"决定""意见"中常常用到，而"通知"则较少用。理由很简单：前二者属于"重量级"，后者属于"短平快"，在要素运用方面当然要有所区别。

有的同志在这一点上吃不准，结果写出来的文件变成了"三不像"。比如某省直单位宣传处起草一份《关于加强本系统宣传报道工作的通知》，首先是指导思想，"以……为指针，以……为主线，突出……四个重点，把握……五个关键，为实现……目标而努力奋斗！"接着是坚持四条原则，"团结鼓劲原则、实事求是原则、面向基层服务群众原则、围绕中心服务大局原则"，然后再说具体工作："统一认识、把握宣传重点、提高质量和上稿率、加强报道队伍建设、创造良好工作条件"等。就这么一件具体事，写得如此气势宏大，犯得着吗？有必要吗？

还有认识问题也是如此。有些同志考虑架构时习惯于首先谈认识，谈认识本身并没有错，但这并不意味着每种文件都非谈认识不可，或者非要写到洋洋洒洒一大堆不可。一般来说，凡有重大决策部署出台，或者创新性工作安排，在人们对此不大了解或者了解不多、不深的情况下，的确需要首先从理论上、认识上阐述清楚，以统一人们的思想和行动，使文件精神能顺利落实下去。而某些年年在抓的、大家都了解的常规性工作，则不一定需要专门拿出一大块篇幅来谈认识，要谈也可点到为止，主要告诉人们下一步做什么、怎么做就可以了。

（四）要充分考虑文件的可操作性。工作思路、目标任务提出之后，怎样操作和落实下去？职责如何明确？方法步骤和措施要求如何提出？保障机制如何建立？要注意哪些问题？这些都是考虑架构和内容时应当予以重视的。有些文件看起来"高大上"，什么毛病都没有，唯独不好操作、不好执行，结果成为一纸空文。

当然，并不是所有的文件都要把操作层面的具体事项全部包容进去，得看具体情况而定。比如"决定"、某些分量较重的"意见"，其所表述的是某项重大决策部署或主要工作安排，当然要相对宏观一些，但为了便于贯彻执行，一般都会另外下达具体的实施方案，或者要求下级自行制订实施方案；有些不需要另搞实施方案，但会在每项任务后面用括号注明责任单位或者牵头单位、参与单位等。相对于"决定""意见"，"通知"则主要是表述具体事项及操作层面的东西，特别是以"通知"印发的某些重大活动、专项行动工作方案，要把目的意义、主要任务、实施时间及步骤安排、责任分解、有关要求等都考虑进去。如某省总工会《关于开展工会干部"进园区、强基层、惠职工、促发展"专项行动工作方案》，其架构如下：

1. 目的意义：贯彻落实中央、省委群团改革工作部署，转变工作方法和工作作风，夯实基层基础，服务职工，促进发展。

2. 主要任务：着力解决工业园区工会组织缺人员、缺经费、缺活动场所问题；提高园区企业工会组建率和职工入会率；促进企业实行厂务公开和民主管理；为困难职工办一批好事、实事。

3. 时间及步骤安排：3月份为调研阶段；4—11月份为实施阶段，其间6月份和9月份分别开展一次督导活动；12月份为检查总结阶段，召开一次流动观摩总结会，对成绩优异者予以表彰。

4. 责任分工：省总班子成员各带领一个调研督导组，分别挂钩一个省级以上工业园区，负责各项任务的落实。

5. 有关要求：加强组织领导；注重解决实际问题；争取当地党委政府支持；加强督促检查；严守工作纪律。

这个架构就体现了可操作性，让人一看就明白该怎么做。许多地方流行一种说法和做法，叫"项目化、时间表、责任人"，其实就是对决策部署性文件提出的目标、任务、重点工作进行细化、量化，是抓落实的一种有效操作机制。有些同志在考虑文件架构时想不到这些问题，或者虽然想到了但深入不下去，一个重要原因是缺少实践、不懂操作，这说明加强实践锻炼对于文秘人员是必不可少的。

三、起草文件需把握的几个基本问题

除了合理谋篇布局、科学搭建架构，在起草前、起草中和修改阶段还要把握好以下几个问题：

（一）吃透上级文件精神，把握写作方向。下级组织出台的重要文件，一般都是以上级文件为依据的，如贯彻意见、实施意见或实施方案等；有时虽然没有上级文件依据，但也有上级一定时期的总方针、总政策、总部署管着，所以也带有贯彻的性质。由此，起草者就必须把学习领会上级精神作为"头道工序"，特别是带方向性、原则性的东西，如新思路、新目标、新观点、新论断、新提法等，这些都是我们写作的基本遵循和指南，当然要学透弄通。否则，不仅文件写不好，还可能犯政治上的错误。比如领导布置你起草一份关于全面深化改革的实施意见，你能不把中央的《决定》原原本本、认认真真地学上几遍？这一点或许无须多说，道理大家都懂，关键是能不能做到认真学、深学、精学、联系实际学，不同的学法导致不同的理解和把握程度，对写作的指导作用也是不一样的。

（二）摸清本地本部门实际情况，提出有针对性的贯彻实施意见。光吃透"上情"而不了解"下情"，写作还是无从下手，即使勉强写出来也是废纸一堆。这就要求我们，在起草之前要通过调查研究、查阅资料、分析有关数据等，把相关工作的现状搞清楚，然后把"上情"与"下情"结合起来，找到贯彻实施的路径和方法措施。仍以全面深化改革为例，中央的《决定》是面向全国的，具体到某一个地方应怎样贯彻实施？这就需要把本地经济运行体制、行政管理体制、市场体系、政治体制、文化体制等方面的情况特别是矛盾和弊端了解清楚，这样才能提出切合实际的、有针对性的贯彻意见。也就是说，既要从总体上按"规定动作"办，又要有切实可行的"自选动作"。

（三）准确理解和善于表达领导决策。文件如何表达领导决策，是一件十分严肃的事情。因为文件一经下达，下属各单位就要贯彻执行，所以领导决

策表达得好不好，不仅影响人们对决策水平的评价，更重要的是关系到文件能不能发挥应有的作用、能不能指导和推动实践并达到预定的目标。这就要求我们，在文件起草过程中，一定要细心领会决策内容，严肃认真地、一丝不苟地把决策内容组织好、表达好。

一般说来，领导要解决某个重大问题、部署某项重要工作并进行决策，都要经过集体讨论，有些特别重大的决策还要通过召开座谈会、征询专家学者意见、搞民意调查等形式广泛征求意见，最后再召开班子会议拍板决定。凡经过这些环节形成的决策，大多比较严谨、周密，目标任务、政策措施考虑得比较全面。这种情况下，我们只需把决策内容原原本本地记下来，然后进行梳理、调整，加以文字组织，使之成为文件。这时需要注意的是，表达决策内容要力求全面、准确。全面，就是领导决策时所考虑到的各个方面都要如实反映出来，不能疏忽遗漏，更不能自作主张，把自以为不太重要的内容丢掉；准确，就是忠实于决策意图，把握住决策的核心内容、关键举措和目标取向，在表达上做到不偏颇、不含糊。

如果决策内容全面、周密，表达时比较好办，如果不全面、不周密怎么办呢？就是说，领导在形成决策时，只是就主要方面作出了决定，而次要的方面、相联系相配套的方面并没有考虑进去，或虽然考虑了但不具体、不确定，这种情况下怎么表达？如果仅仅把决策的主要内容写进文稿，显然不能成为文件，这就要靠我们根据主要内容进行延伸、发挥和完善，使之全面、周密、配套起来。比如某市市委常委会议讨论决定：2016年作为全市"优化发展环境年"，活动内容是：落实优惠政策，降低企业生产成本，减少办事环节，提供优质服务，为实体经济创造一个宽松的发展环境。具体目标和任务是什么？整个活动分几个阶段进行？要采取哪些措施、解决哪些主要问题？如果领导没有具体授意，或者授意不够完整、明确，起草者就应该主动思考，把这些方面想周全、写清楚，经领导认可也便成了领导意图，这项决策才完整、配套，下级才好执行。

（四）要有实质性内容。无论决策者还是执行者，对文件有没有实质性内容都十分关注，事实上这也是衡量文件质量高不高、能不能发挥实际作用的根本标准。所谓实质性内容，不仅包括清晰的思路、明确的目标，还包括可行的政策、有效的办法、得力的措施、有力的保障等方面，一句话，要让执行者觉得实在、管用，能够解决实际问题。比如某省人民政府发文部署在全省工业园区开展"降成本、优环境"专项行动，文中明确了省级班子成员分别挂钩联系 2—3 个工业园区、组织机关干部下企业帮扶、组织专家团队精准服务等措施，还制定出台了 100 多条帮助企业降成本、增效益的帮扶政策。文件实施后，园区企业生产成本大幅降低，经济效益明显提升，干部职工普遍认为省政府看得准、抓得实，这样的文件就是管用的，有效的。

与此相反就是缺少实质性内容，即文件看上去写得头头是道、规范严谨，但照抄照搬、空话套话、泛泛而谈等"虚"的东西太多。这正是目前不少文件存在的"通病"。比如党中央作出全面深化改革的决定后，省市县各级都制定下发贯彻实施意见，这当然是必需的，但有些文件停留于层层照搬照套，切合自身实际的办法措施并不多；有的甚至以为文件写得越长、越多就越是体现了"保持一致"，搞所谓"1+N"，即一个主体文件，十几个甚至几十个多个配套文件，为了凑足数目，把本来不属于改革范畴的常规工作也贴上改革的标签塞进去，结果文件搞了一大摞，让人看得头晕眼花，却起不了多少实际作用。其他一些文件也存在类似的问题。何以如此？从决策者方面来看，有的同志习惯于"以文件落实文件"，以为某项工作下了文就算完成了任务，而没有在如何有效落实方面作具体深入的思考；或者本身作风飘浮，心中无数，提不出务实管用的办法措施。从起草者方面来看，有的同志责任心不强，抱着应付了事的态度；或者对文件写作要领掌握不够，明明领导作了交代、有实际的东西可写，但表述不清晰、不准确，写来写去还是那种生拼硬凑、装腔作势、华而不实的书生腔、八股调。由此可见，无论决策者还是起草者，对文件的制定出台一定要有强烈的务实、求实精神。

（五）要注意政策措施和关键性提法的准确性、协调性。既然是决策部署性文件，这两方面都必然经常涉及，甚至还是文件的重点所在，所以要予以足够的重视，不可随意为之。所谓准确性，即符合上级大政策方针和有关政策法规，特别是带有原则性、关键性的观点、提法、规定，还需依据原文，不能偏离。所谓协调性，即注意党政之间、各部门之间、上下级之间相关文件的协调一致，避免政策措施方面出现各自为政、互相"打架"的现象；同时还要注意新文件与老文件的衔接，老文件中提出的关键性政策措施如果没有停止执行，新文件就不能随意推翻更改，另搞一套。

比如，近年来为推进"大众创业、万众创新"，各地都出台文件，提出一系列扶持促进的政策措施，其中不少都涉及税收减免优惠问题。这个出发点无疑是对的，但我们在起草时就要考虑到：税收是法定的，是有严肃性的，如果上级没有明文规定，或者税务部门没有明确意见，就不能在文件中乱提减免哪种税、优惠到什么程度，否则不仅实施不了，严格说来还是违法的。又如，近年来党中央一直强调经济工作要把握"稳中求进"总基调，这是经济新常态下事关发展全局的重大原则问题、方向问题，各级都应严格遵照执行。但有些欠发达地区的党委政府文件中，还频频出现片面追求 GDP 和财政收入"翻番""赶超"之类的提法，或者空喊"弯道超车""变道超车"之类的口号，这就显得不合时宜了。

（六）要精心构思和准确表达指导思想、工作思路、目标任务。这三方面内容是决策部署性文件尤其是"决定""意见"中经常用到的。它们各自独立而又相互关联：指导思想是工作思路、目标任务的"统帅"，要写得鲜明、凝练，具有概括性和指导性；工作思路依据指导思想而展开，要写得切合实际，科学可行；目标任务又是依据指导思想和工作思路而提出，要写得准确、具体，指明努力方向。具体如何写法，要注意哪些问题，因为文件、领导讲话、工作报告等都涉及，后面有关章节将专门谈到。

（七）要有好的文风。人们习惯于把文件称为"红头文件"，文件后面还盖着鲜红大印，这当然就意味着严肃性和权威性。由此也决定着文件应有的"形象"：一是严肃庄重，不"嬉皮笑脸"；二是朴素大方，不"花里胡哨"；三是简洁凝练，不"婆婆妈妈"；四是干脆实在，不"花言巧语"。在这里，尤其在语言、语气等方面要注意与其他文种区别开来。关于这一点，后面有关章节也将具体谈到。

【写作实例】

中共××市委　××市人民政府
关于提高行政效能优化发展环境的决定（摘要）

为深入贯彻落实市第三次党代会精神，切实解决影响发展环境的突出问题，现就全市提高行政效能、优化发展环境作出如下决定。

一、充分认识提高行政效能、优化发展环境的重要性

1. 发展环境是核心竞争力。发展环境是发展的命脉，谁能创造更好的发展环境，谁就能掌握发展的主动权。要抢占发展先机，实现经济社会又好又快发展，必须牢固树立"经济发展环境是核心竞争力"的理念，增强创优发展环境的责任感和紧迫感，解放思想，转变观念，变"管"为"帮"，变"卡"为"扶"，为经济发展提供优越环境、优质服务、优良秩序。

2. 解决发展环境问题是当务之急。近年来，通过加强机关效能建设，我市经济发展环境得到一定的改善，但还存在着诸多薄弱环节。一些部门行政效率低下，办事拖拉、推诿扯皮、吃拿卡要；企业和群众诉求得不到及时解决；乱收费、乱罚款、乱摊派、乱检查的"四乱"行为屡禁不止；执法不公和随意执法时有发生；少数部门片面追求狭隘利益，有令不行、有禁不止，损害了经济发展环境。

3. 优化发展环境是加快发展的必然要求。要着眼创建"审批项目最少、收费标准最低、办事效率最快、服务态度最优"的政务服务环境，把各级行政服务中心真正办成为民的窗口、政府的形象，让服务对象在行政审批上感到舒心，在行政收费上感到省心，在行政服务上感到称心，在投资创业上感到放心。

二、全面实施"十推行、十严禁"重要举措

1. 深化行政审批体制机制改革。除规划、安全生产、环保等少数几项行政审批事项外，市级行政审批事项，依法可以下放的，一律下放县（区）；依法可以委托的，一律委托县（区）。

2. 推行集中审批，严禁厅外循环。全面推行"两集中、两到位"改革，做到"四个100%"：审批单位100%进厅（行政服务中心办事大厅和分中心办事厅）、审批人员100%到位、审批事项100%上线、审批系统100%运行。

3. 推行特事特办，严禁推诿扯皮。建立重大项目绿色通道，推行无偿代办制、服务承诺制、并联审批制、限时办结制、超时默认制、缺席默认制等服务措施，对重大项目和重点企业实行特事特办。

4. 推行政务公开，严禁暗箱操作。推行行政决策公开，把公众参与、专家论证、风险评估、合法性审查和集体讨论决定作为必经程序加以规范；推

行行政权力公开透明运行，明确行使权力的主体、依据、运行程序和监督措施，进一步规范自由裁量权；推行行政审批公开，公开审批项目、办理程序、办理结果，强化过程监控；建立健全市、县（区）两级电子政务网络，完善门户网站功能，扩大网上办事范围。

5. 推行最低收费，严禁自立标准。所有行政事业性收费项目全部按收费标准的下限收取；凡列入已取消的行政审批许可和非行政审批许可事项的所有证、照、牌等制作工本费，坚决不得收取；必须严格实行《收费许可证》制度，亮证收费，禁止在《收费许可证》之外擅自设立各种名目的收费项目和擅自提高收费标准。

6. 推行备案制度，严禁擅自检查。实行涉企检查（调研）备案制度，除国家安全、安全生产、环境保护、侦办案件等法律法规规定的检查外，其他部门和单位一律不得擅自进企业检查。

7. 推行文明执法，严禁以罚代管。严格落实行政执法人员持证上岗制度，行政执法中做到语言文明、态度和蔼、礼貌待人、行为规范、服务优先。

8. 推行无偿服务，严禁索拿卡要。在招商引资和项目建设过程中，推行无偿服务、优质服务。任何单位不得以任何理由举办向企业收取费用的各种评比、表彰、达标、排序、授牌等活动；不得强迫企业加入各种协会、学会、研究会等社团性组织；不得向企业拉赞助、拉捐赠、收会费和向企业摊派各种培训、研讨、办班、接待、广告公示等费用；不得强行要求企业征订报刊等。

9. 推行中介市场化，严禁强迫代理。推行中介组织（行业协会）市场化运作机制，所有行政机关和司法机关必须与所属中介代理机构（行业协会）彻底脱钩，所有行政机关和司法机关工作人员不准在行业协会、市场中介组织中兼职、领取报酬。严格禁止任何中介代理机构（行业协会）未经政府依法授权而行使政府职能及代办相关事务；严格禁止利用职权和影响，要求、强迫或变相强迫企业接受中介代理服务。

10. 推行务实作风，严禁办事拖拉。倡导求真务实、真抓实干的良好作风，力戒官僚主义、形式主义和办事拖拉的工作作风。特别要倡导简练、快捷、朴实的文风政风，快节奏办文办事，提高工作效率，切实做到少开会，开短会，开有效的会；少讲空话套话，讲真话短话，讲管用的话；少发文，发短文，发有"干货"的文。集中精力抓大事，下决心减少迎来送往和各种琐碎事务，做到简约而不繁琐，不增加县（区）基层负担。

三、建立健全落实领导责任的长效保障机制

1. 实行优化发展环境"一把手"负责制。要把优化发展环境作为全市各地各部门"一把手工程"来抓，实行党政"一把手"负责制。

2. 推行单位挂点帮扶企业制度。市、县（区）直每个机关要挂点帮扶一个重点企业，实行"一把手"挂点帮扶责任制，并确定一名分管领导和2~3名工作人员，定期不定期上门为企业服务。

3. 健全发展环境监测制度。加强发展环境监测点建设，建立全面覆盖、布局合理、多层监管的发展环境监测网络。完善市、县（区）动态监测、及时反馈、直查快办、结果通报等监测工作机制。

4. 完善发展环境考评制度。加大发展环境和政风行风评议力度，每年至少开展两次问卷调查和一次民主评议，对行政执法部门和窗口单位进行测评。

5. 推行效能廉勤预警制度。科学设置效能廉勤预警指数，将行政机关、事业单位、公共服务部门及其工作人员廉政勤政和效能建设情况全部纳入预警评价范围。

6. 落实损害发展环境责任追究制度。加大对发展环境明察暗访的力度，畅通诉求渠道，认真受理效能投诉。各级纪检监察机关要严肃查处影响和损害发展环境的人和事，对典型案例要通报批评，予以曝光。

本决定自公布之日起执行。市委、市政府原有的规定凡与本规定不一致的，按本规定执行。

评 析： 抓住重大问题作出决策部署，阐明目的意义，提出具体任务要求，明确保障措施，充分体现了"决定"这一文种的重要作用。全文立意鲜明，结构严谨，层次清晰，措施办法务实管用，对实际工作有很强的实用价值。

第十三节　规范性文件——立规矩须先明"规矩"

一说到起草规范性文件，有些同志就皱起了眉头。的确，它既不是法律法规又不是其他的机关应用文，虽然不是法律法规但又必须依法按程序制定，如果不熟悉的话，还真有点难度呢。但很多机关、部门履行职能有时又需要用到规范性文件，这样，文秘人员不懂点这方面的写作知识还不行。不过也没有多么神秘多么难，多"磨"几回就慢慢熟悉了。

一、关于定义与作用

从广义上说，规范性文件是指属于法律范畴的合法性文件和除此之外的非立法性文件之和；从狭义上说，是指法律范畴以外其他具有普遍约束力的非法律性文件，即行政机关及法律法规授权的具有公共事务管理职能的组织，在法定权限范围内依照法定程序制定并公开发布的行政规范文件的总称。我们这里要讨论的是后者，其具体名称包括办法、通告、规定、细则等，如《××省女职工劳动保护特别规定》《××省山林纠纷调处暂行办法》《××市禁止燃放烟花爆竹通告》等。其特点是：内容上，它针对不特定的多数人和特定事项，涉及公民、法人或其他组织共同的权利与义务；效力上，在本行政区域或其管理范围内具有普遍约束力，所有管理对象都必须遵照执行；时效上，在一定时期内保持稳定性和连续性，除因情况变化或者有关特殊原因需要修订或终止执行外，不得更改，反复适用。

目前，我国法律对于规范性文件的涵义、制作主体、制发程序及审查机制等尚无统一规定，学界亦存在一定争议，但各地通过实践探索，形成了从立项到起草、听证、审查、备案等一套较为完备的程序和制度，一些地区已初步实现了规范化管理。随着全面依法治国的不断推进，规范性文件在强化行政管理、维护公共利益和公民合法权益、维护社会秩序等方面正发挥着不可替代的重要作用。尤其在行政立法滞后于行政管理需求时，或者是上位法缺失带来"法律真空"时，规范性文件为基层组织处理大量实际问题提供了有力依据。

由于规范性文件数量多、涉及面广，往往还体现着行政管理权和行政强制力，所以对它的法律监督也在逐步加强，比如下级制定的规范性文件须报上一级立法机关或政府备案审查，就是监督形式之一。其中除了对文件本身的合法性审查外，还包括对制定机关动机和目的的审查。因为这类文件的制定主体非常多，包括各级党组织、人民政府及其所属工作部门，人民团体、公共管理和服务机构等，虽然多数都是出于工作需要而制定，但不排除有的部门和单位出于自身利益驱动而制定，所以必须加强监督。2018 年，国务院办公厅印发《关于加强行政规范性文件制定和监督管理工作的通知》，为此提供了制度遵循。

二、关于文种区别

写作实践中，不少初学者很容易把规范性文件与法律法规混为一谈，弄不清区别在哪里。其实，最直观、简单的办法，就是从文件制作机关来区分。根据我国《立法法》规定，法律和地方性法规由各级国家权力机关（即全国人大及其常委会和地方有立法权的人大及其常委会）制定，全国性行政法规由国务院制定，部门规章由国务院部委制定，地方性规章由各省市自治区政府以及设区的市政府制定，除此之外各级政府及相关部门均可根据需要依法制定规范性文件。人大及其常委会不制定规范性文件，但有权审查。根据上述界定，就可基本认清文种区别了。不过在习惯上，人们把地方政府规章也归于规范性文件一类，因为二者很难完全区分开来。

这里还需弄清楚规范性文件与决策部署性文件的区别。它们虽然都是一种组织行为、都要求管理对象遵照执行，但是：（1）制定程序不同，前者需按法定程序制定，而后者则经过有关会议或领导班子集体研究即可；（2）约束力不同，前者带有强制性，不仅规定要怎么做，还规定不这样做就要受到某种处理，而后者侧重于方向性、指导性，告诉人们应该做什么、怎么做；（3）时效不同，前者在一个较长时期内有效，后者则根据不同时期、不同阶段上级决策部署和形势任务的不同而有所调整和变化。

三、关于写作中的几个具体问题

（一）依据与目的。出台规范性文件，当然要有依据，或法律依据，或事实依据；同时要有目的，为了什么、要求什么、解决什么、要达到什么目标。这二者都需开门见山予以说明。

（二）文件名称。名称需依据管理对象、管理内容而定，或规定，或办法，或细则，或规程等等，"对号入座"，不可混用、乱用。另外，如果属于探索性、试验性的文件，后面还应注明"试行""暂行"等字眼。

（三）内容设计与制发程序。由于规范性文件的特殊性质和作用，起草时要严格按照法定权限表述内容，坚持法定职责必须为、法无授权不可为。特别是行政规范性文件，不得擅自增加法律法规规定之外的行政权力事项或者减少法定职责，不得设定行政许可、行政处罚、行政强制等事项，不得违法减损公民、法人和其他组织的合法权益或者增加其义务，不得超越职权规定应由市场调节、企业和社会自律、公民自我管理的事项，等等。否则就是越权发文、违法行政，必须坚决克服和防止。为确保文件合法有效，必须严格制发程序，重要的文件还须经过评估论证、公开征求意见、合法性审核、集体审议决定、向社会公开发布等程序。

（四）结构与层次。规范性文件如何结构，需看内容表述需要而定。一般来说，凡内容比较单一的，则结构也较为简单，采用条项式，一条一条、一项一项排列下去。凡内容比较复杂、涉及具体事项较多的，则采用章条式，按"章→节→条→款→项→目"排列。无论哪一种，都遵循着"总则→分则→附则"的顺序展开，与法律法规结构框架相类似。总则是全文的纲领，需明确出台该文件的依据、宗旨、原则、实施范围和实施主体等；分则是对总则的具体化，是对各有关主体、客体、行为、事项作出具体规定，包括支持什么、保护什么、禁止什么，以及相关的处理办法等；附则即补充性、说明性内容，包括有关名词术语解释、授予某机关解释权和施行日期等。但并不是所有文件都要出现总则、分则、附则的标题，如采用条项式结构的，一般在帽子段或前几条陈述总则的内容，中间部分为分则的内容，最后一条一般为附则的内容。另外在内容表述上，前后排列要有序，要有逻辑性，不能颠倒混杂；归类要科学，属于哪一类的事项就放在哪一个章节之下，不得跨

"界"；条理要分明，条、款、项、目一目了然，每个自然段、每个句子只说一层意思，不能缠夹不清。

（五）语言表达。鉴于规范性文件的严肃性、权威性，也必然要求表达方式和语言运用要与之相匹配。文字要精练、简明，不用修饰性语言和模糊语言，不说空话废话；表达要清晰，同一概念不得用多种语言表达，做到措辞精准、确定、无歧义。另外还须特别注意词语运用与其他应用文的不同，比如同样是要求管理对象怎么做，规范性文件用的是"应当"，其他应用文则用"要""必须"；同样是指称有关组织或事物，规范性文件一般用全称，其他应用文有时用简称；同样有表述角度，规范性文件采用第三人称，其他应用文则可用"我们""你们"，等等。正因如此，起草规范性文件要十分注重斟词酌句、修改打磨，力求字字句句经得起挑剔和检验。为什么人们在讨论审议这种文件时总是一丝不苟、反复推敲，连标点符号都不放过，有时还争得脸红脖子粗，原因就在这里。

【写作实例】

××省女职工劳动保护特别规定（摘要）

第一条　为了减少和解决女职工在劳动中因生理特点造成的特殊困难，保护女职工健康，根据国务院《女职工劳动保护特别规定》以及有关法律、法规，结合本省实际，制定本规定。

第二条　本省行政区域内的国家机关、企业、事业单位、社会团体、个体经济组织以及其他社会组织等用人单位及其女职工，适用本规定。

第三条　用人单位应当根据女职工的生理特点和所从事工作的职业特点，建立健全女职工劳动保护和安全生产制度，采取措施改善女职工劳动安全卫生条件，对女职工进行劳动安全卫生知识培训，依法开展女职工劳动保护工作。

第四条　用人单位应当在与女职工订立劳动合同或者聘用合同时，以书面形式告知本单位属于女职工禁忌从事劳动范围的岗位。（略）

第五条　用人单位不得在劳动合同或者聘用合同中与女职工约定限制其

结婚、生育等合法权益的内容。

（略）

第六条　女职工人数达到用人单位职工总人数10%以上的，参加集体合同协商代表中应当有女职工代表。签订的集体合同应当明确女职工劳动保护的内容。（略）

第七条　用人单位不得因女职工结婚、怀孕、生育、哺乳对其实施下列行为：

（一）降低其工资和福利待遇；

（二）限制其晋职晋级、评奖、评定专业技术（职业技能）职称（资格）；

（三）予以辞退；

（略）

第八条　对从事低温、冷水、野外流动、建筑作业和三级以上高处作业、三级以上体力劳动强度作业的女职工，用人单位在其月经期间应当调整安排其他劳动或者安排休息二至三天。在月经期休息期间，工资和福利待遇不变。

其他工种的女职工在月经期间坚持劳动有困难的，用人单位应当给予照顾。

第九条　用人单位应当对在职女职工按照每人每月不低于三十元的标准发放经期护理费或者护理用品，机关事业单位按照现行负担政策列支，企业可以在职工福利费中列支。（略）

第十条　用人单位应当给予孕期女职工下列劳动保护：

（一）不安排其从事国家规定的孕期禁忌从事的劳动；

（二）在孕期不能适应原劳动的，根据医疗机构的证明，用人单位应当予以减轻劳动量；或者经本人提出，为其安排其他能够适应的劳动岗位；

（略）

第十一条　女职工有先兆流产症状或者有习惯性流产史，本人提出保胎休息的，用人单位应当根据医疗机构证明和单位实际情况适当安排。

（略）

第十二条　女职工生育或者妊娠终止，用人单位应当给予下列劳动保护：

（一）正常分娩的，休产假九十八天，其中产前可以休假十五天；

（二）符合《××省人口与计划生育条例》规定生育的夫妻，除享受前项规定的假期外，增加产假六十天；

（三）难产或者实施剖宫产手术分娩的，增加产假十五天；

（四）生育多胞胎的，每多生育一个婴儿，增加产假十五天；

（略）

第十三条　女职工产假期间的生育津贴，对已参加生育保险的，按照用人单位上年度职工月平均工资的标准由生育保险基金支付；对未参加生育保险的，按照女职工产假前十二个月平均工资的标准由用人单位支付。

（略）

第十四条　女职工产假期满，经本人申请，用人单位批准，可以请假至婴儿满一周岁，请假期间的待遇由双方协商确定。产假期满上班的，用人单位应当给予一至二周的适应时间。

第十五条　对哺乳未满一周岁婴儿的女职工，用人单位应当给予下列劳动保护：

（一）不得延长其劳动时间，不安排其夜班劳动；

（二）有劳动定额的，减轻相应的劳动量；

（略）

第十六条　对接受节育绝育或者复通手术的女职工，用人单位应当给予下列劳动保护：

（一）放置宫内节育器的，休假三天，七天内不安排重体力劳动；

（二）取出宫内节育器的，休假一天；

（略）

第十七条　女职工比较多的用人单位应当根据女职工的需要，为怀孕、哺乳女职工提供休息、哺乳用房和必要设施。

用人单位应当采取措施妥善解决从事流动性或者分散性工作的女职工在生理卫生、哺乳方面的困难。

鼓励、引导相邻的用人单位联合为怀孕、哺乳女职工提供休息、哺乳用房和必要设施。

第十八条　女职工更年期综合症征状严重不能适应原岗位工作时，经本人申请，用人单位可以根据医疗机构的证明和当事人的实际情况，适当减轻其劳动量或者合理调整其工作岗位。

第十九条　用人单位应当每一至二年安排女职工进行一次妇科疾病检查，检查时间计入劳动时间，检查费用由用人单位承担。鼓励有条件的用人单位定期组织女职工进行乳腺癌、宫颈癌筛查。

第二十条　用人单位应当结合本单位工作、生产特点，采取有效措施，预防和制止在工作场所对女职工的性骚扰，并及时报告有关部门依法处置。

第二十一条　县级以上人民政府应当加强对女职工劳动保护工作的领导，将女职工劳动保护工作纳入地方妇女发展规划，督促有关部门履行女职工劳动保护监督检查职责，将用人单位履行女职工劳动保护职责情况纳入社会信用体系。

（略）

第二十二条　用人单位违反本规定第十条第三项、第十二条、第十五条第一款第一项规定的，由县级以上人民政府人力资源和社会保障部门责令限期改正，按照受侵害女职工每人一千元以上五千元以下的标准计算，处以罚款。

第二十三条　用人单位违反国家《女职工禁忌从事的劳动范围》第一条、第二条规定的，由县级以上人民政府安全生产监督管理部门责令限期改正，按照受侵害女职工每人一千元以上五千元以下的标准计算，处以罚款。（略）

第二十四条　用人单位违反本规定，侵害女职工合法权益的，女职工可以依法投诉、举报、申诉，依法向劳动人事争议调解仲裁机构申请仲裁，对仲裁裁决不服的，可以向人民法院提起诉讼。

（略）

第二十五条　用人单位违反本规定，侵害女职工合法权益，造成女职工损害的，依法给予赔偿；用人单位及其直接负责的主管人员和其他直接责任人员构成犯罪的，依法追究刑事责任。

第二十六条　本规定自 2017 年 7 月 1 日起施行。××省人民政府 1989 年 11 月 26 日发布的《××省女职工劳动保护实施办法》同时废止。

评　析：本文采用条项式结构依次排列，其中第一条至第三条为总则，即制定依据、适用范围和总体原则；第四条至第二十五条为分则，就相关内容作出明确、具体规定；第二十六条为附则，明确施行日期和相关事项。全文层次清楚，表述严谨，用词规范，体现了规范性文件的特点。

第十四节　党课讲稿——让初心照亮人心

人们通常以为讲党课只是党校老师的事情。的确，党校作为对党员干部进行培训教育的主阵地，党校老师讲党课当然责无旁贷，而且也是他们的"拿手好戏"。但在党政机关和企事业单位，党员领导干部同样有讲党课的任务。尤其是在全面从严治党的新形势下，上级要求各级党组织负责人，包括党委书记、党组书记、支部书记都要带头上党课，一些地方还专门建立制度，规定各级书记每年要上几堂课。于是，起草党课讲稿也便成为领导机关一项经常性的工作。它有时是由领导同志亲自起草，或者拟好提纲交由文秘人员扩充、完善；有时是领导授意，全部由文秘人员起草；有时也由文秘人员根据讲课主题先写初稿，完后交领导修改审定。

先谈谈党课讲稿的结构。它一般包括引言、阐释、实证、结语等几个层次。"引言"即导语，介绍背景、依据，亮明主题；"阐释"即围绕主题展开分析论述，包括需领会和把握的重点、要求以及目的意义等，从理论上讲清楚"是什么""为什么"，以统一人们的思想认识；"实证"即联系实际，引用有关实况或事例印证主题和观点，以增强说服力；"结语"不是简单的结束语，而是对上述分析论证进行概括归纳，并提示实践中应如何掌握和运用。当然，上述层次划分并不是固定的模式，根据不同的主题、内容和受众，可以采取不同的方法。

说实话，党课讲稿比较难写。难就难在：内容和表达方式难于把握，容易与其他应用文稿特别是领导讲话、政论文章跨边越界；虚实难于把握，讲得太虚人家不喜欢听，讲得太实又不像上党课；严肃性与生动性难于把握，"严肃"是肯定的、必需的，但如果过于一本正经而缺少鲜活生动，又达不到预期的效果。看到这几"难"，其实也就看到了党课讲稿的最基本特征。具体要把握以下"四性"：

一、政治性

既然是党课，当然首先要讲政治，而且是我们中国共产党的政治，而不是别的任何政治，即通常所说的"党课姓党"。这就要求讲稿要自觉遵循和贯彻党章、党纪党规和全面从严治党各项部署要求，而不可稍有偏离，否则就可能犯极大的政治错误。道理很明白：讲党课当然要站在党的立场说话，以爱党、护党、兴党的崇高责任感表达见解和主张，从而达到教育党员干部的目的。前些年，有的党校老师讲课时片面追求所谓的"可听性""言论自由"，违背"党课姓党"的原则，偏离主题，信口开河，发表一些与党的路线方针政策不相符的言论，这当然是不允许的、必须坚决反对的。作为党的领导干部讲党课，更应坚决防止这一点。

二、针对性

所谓针对性，即突出问题导向，着眼于解决党的建设和党员干部思想、工作、作风中的实际问题。党中央先后部署开展的先进性教育活动、党的群众路线教育实践活动和"三严三实""两学一做"专题学习教育活动，从总体安排到阶段性安排，都有明确的问题指向，对存在哪些问题和如何解决这些问题，都有具体的要求，这就突出了针对性。讲党课同样，它的功能既然是教育，就不能停留于那种只谈理论和认识问题的抽象笼统的"说教式"教育，而应把理论与实际结合起来，通过找准问题、分析危害、指明路径，使之成为能够解疑释惑、判别是非、统一思想、推动实践的有血有肉、有理有据的实在管用的教育。比如某领导以贯彻落实《中国共产党纪律处分条例》为主题讲党课，讲稿中除了要阐明条例出台的背景、目的、意义和主要内容，还要通过分析本地本单位党员干部队伍思想作风方面的问题和不足，乃至引用有关典型案例，来阐述执行该条例的必要性、重要性，从而提高人们遵规守纪、严以律己的自觉性、坚定性。

三、启迪性

启迪者，开导、启发也。这里特别要弄清楚党课讲稿与领导讲话稿的区别。领导讲话除了讲思想认识问题，更多是要求人们做什么、怎么做，包括思路、目标、方法措施等等，党课讲稿则着重讲某件事情为什么要这么做，道理在哪儿，做了有什么益处，不做有什么危害，对具体工作则不宜过多涉及，给人们留下思考的空间。有些起草者分不清这种区别，起草党课讲稿也像起草领导讲话那样，以主要篇幅谈具体工作，要怎么样，务必怎么样，这就搞混淆了。应当明确，讲党课者不仅是以领导者的身份、同时也应以老师和普通党员的身份出现，是讲课而不是布置工作，是启发教育而不是发号施令。比如某领导以"不忘初心"为主题讲党课，他必然着重阐述什么是初心、为什么要保持初心、从实际情况看如何保持初心，即着重解决党员干部理想信念、精神状态及世界观、人生观、价值观层面的问题，让受众结合实际去思考、去领悟。至于具体怎么做，保持初心应体现在哪些工作上，作为党课讲稿就不宜展开细说了。

四、可听性

"可听"即让人愿听、爱听、喜欢听、听了还想听。要做到这一点，非常不容易，这也正是让众多起草者犯难的地方。是呀，党课党课，党的教育课程，这么一张严肃的"面孔"，几乎一点"笑容"都没有，如何叫人喜欢呢？我们观察一些党课现场，有的秩序井然，鸦雀无声，大家听得入神；有的乱糟糟，说闲话、发短信、打瞌睡的什么都有，这就是由这堂课是否有可听性所决定的。要有可听性，关键是不能把"严肃"与"可听"对立起来，"严肃"不等于引经据典抽象说教，"可听"不等于插科打诨引人发笑。严肃而又可听，指的是既严谨庄重、正气浩然，又能打动人心、引发共鸣。打个比方，《国歌》《国际歌》严不严肃？大型交响乐《红旗颂》严不严肃？都很严肃，但它们气壮山河，经久不衰，每当旋律响起，人们就禁不住热血沸腾，充满力量。讲党课的效果固然不能与其类比，但只要把握得好，一定的可听性是可以达到的，办法也是有的。比如：把自己摆进去，以普通党员的身份和口吻谈自己的所得所悟、切身感受，展示自己的真情实感，拉近与听众的心理距离；力戒照抄照搬，除了必须引用的原文和有关论断、提法外，某些理论和认识问题不能"本本"上怎么说也原原本本跟着怎么说，而要善于把它变成自己的话来说，让听众感觉到这是从你自己心里流出来的东西；不说空话套话，多说真话实话，在重大原则问题上立场坚定，态度鲜明，展示自信、担当和定力，不模棱两可；语言力求朴素、鲜活、生动，不打官腔，力戒书生腔，恰到好处地引用相关名言警句和群众语言。

上述几方面归结起来就是：党课讲稿既要讲政治，又要讲艺术；既要会讲道理，又要会讲故事；既要严正庄重，又要入耳入心；既要讲好"普通话"，又要讲好接地气的"地方话"。

最后谈谈几个相关的具体问题。第一，准备工作要充分、细致。讲清楚的前提是写清楚，写清楚的前提是想清楚，即起草之前要通过深入思考、调查分析，找准讲课的切入点，从形势与任务的要求和听众的需求来确立讲课主题，防止被动应付式地搞形式、放空炮。第二，提倡领导干部自己备课。因为党课所表达的更多是领导者本人的思想见解，自己备课就可以讲得更真实、更准确、更符合自己的风格，由秘书代笔则难以达到这种效果。同时还因为，自己准备的东西会记得更牢，到了讲课时不需要全部照稿念，可以边讲边观察听众的情绪反应，加上表情、肢体语言的配合，现场效果肯定比一字不漏埋头念稿要好得多。当然，某些情况下，由秘书代笔写稿也是可以的，但领导同志首先要经过周密思考，把意图交代清楚，最好自己定好写作提纲，由秘书发挥、完善。第三，注意对不同对象、范围的适应性。党课有时是大课，有时是小课，有时在党员干部大会上讲，有时在党支部、党小组会上讲，有时对机关党员讲，有时对农村、企事业单位党员讲，参与听课的人数及其职业、文化程度、工作和思想状况等各不相同。这就要求讲课的主题、内容、篇幅、语言语气、表达风格也要因对象、场合、范围而异，不宜千篇一律地唱同一个"调"。第四，把握与党校老师讲党课的区别。最大的区别之一就是，党校老师讲课较为注重学术价值和科研含量，对讲课质量的评价有着明确的学术标准、专业标准、业务标准。领导干部讲党课则无须搞得这么"正式"，侧重于从现实需要出发，突出针对性、指导性。

【写作实例】

做一个永葆初心的党员干部（摘要）
——××同志在市委机关党员大会上的党课讲稿

在建党 95 周年之际，习近平总书记发表了重要讲话，号召全党在回顾历史中增强开拓进取的勇气和力量，在面向未来中坚持不忘初心，继续前进。讲话立意高远，大气恢宏，催人奋进、令人鼓舞，是指导中国共产党担负起历史使命的行动指南，同时又为我们当前的"两学一做"学习教育提供了强大的精神武器。下面我就如何保持初心、当一名合格的党员干部，谈点个人的学习体会。

一、把握"初心"的要义

什么叫"初心"？佛教经典《华严经》里有一句名言"不忘初心，方得始终"，本意是指坚守最初的信条，才能功德圆满。引申开来，就是始终坚持最初的理想信念，才能达到最终的目标。我们党的"初心"就是为中国人民谋幸福，为中华民族谋复兴。具体到党员干部个人的思想作风和行动上，我们的"初心"应该是什么呢？

所谓"初心"，就是坚定理想信念，为实现党的最高纲领而奋斗的赤诚之心。入了共产党，就是党的人，就必须始终保持忧党之心、恪尽兴党之责，就像入党誓词里面说的，为共产主义奋斗终身。但要做到并不容易。毛泽东、朱德、周恩来、刘少奇、邓小平等许许多多老一辈无产阶级革命家做到了，他们开创了建党、建军、建国大业，一辈子为党工作，为党奋斗，立下不朽功勋；焦裕禄、孔繁森、杨善洲等许许多多先进英模人物做到了，他们为党和人民的事业鞠躬尽瘁、死而后已，受到人民的敬仰和爱戴。

所谓"初心"，就是不计个人得失，为党的事业流血牺牲、无私奉献的耿耿忠心。在这一点上无数革命先烈为我们作出了榜样。他们提着脑袋干革命，面对枪林弹雨、面对流血牺牲、面对敌人的严刑拷打，始终坚贞不屈，慷慨赴难。方志敏、江姐、赵一曼就是其中的杰出代表。中国共产党正是因为有了这样一大批坚守"初心""砍头不要紧，只要主义真"的铮铮铁汉，才打下了今天的壮丽江山。

所谓"初心"，就是全心全意为人民谋利益的赤子之心。在革命战争年代，中国共产党为劳苦大众翻身解放打天下，得到了人民的拥护；中华人民共和国成立后，开展社会主义建设，特别是改革开放以来，解放和发展生产力，大力实施民生工程，使人民生活水平不断提高。历史经验反复证明，作为中国共产党的"初心"，全心全意为人民服务的宗旨任何时候都不能丢，失去了人民，我们就将一事无成。

所谓"初心"，就是攻坚克难、干事创业的进取之心。无论是新民主主义革命的一个又一个伟大胜利，还是社会主义建设尤其是改革开放的一项又一项辉煌成就，都是靠一代又一代共产党人艰苦奋斗、无私奉献而得来的。在推进中国特色社会主义事业、实现中华民族伟大复兴中国梦的新征程中，作为一名共产党员，只有爱岗敬业、恪尽职守，努力完成党交给的各项工作任务，才能无愧于共产党员的光荣称号。

所谓"初心"，就是保持党的优良传统和作风，永葆共产党人本色的质朴之心。我们党之所以能够一路走到今天，其中很重要的原因就是与人民群众同呼吸共命运，在长期的革命斗争中形成了理论联系实际、密切联系群众、批评和自我批评的优良作风。在物质条件极大改善的今天，仍然要坚持这些优良的传统和作风。失去这些，我们党就将失去先进性和纯洁性，共产党员也将丢失本色。

所谓"初心"，就是敬畏法纪、敬畏权力、敬畏人民的律己之心。我们党从成立之初就特别重视纪律约束，从"三大纪律八项注意"到延安整风，都是鲜明的例证。我们党执政后更需要严明纪律、健全法治。十八大以来党中央推进全面从严治党，全面依法治国，都是顺应时代要求采取的重大战略举措。共产党人只有严于律己、清正廉洁，才能维护党的形象，党的执政地位才能得到巩固。

二、保持"初心"需要定力

保持"初心"，说来容易，做到很难。应该说，绝大多数同志在入党之初，都是对党忠诚的，是想按照入党誓词去做的，但时间一长，为什么有些党员变了？甚至做出玷污共产党员称号、损害党的形象的事了？我认为有以下几点原因：

一是随着环境的改变，"初心"容易被淡忘。革命战争年代，生活艰苦，环境险恶，共产党人的思想高度统一，"初心"不易动摇。现在环境变了，生活条件相对好了，人们的思想难免会发生一些变化，尤其是改革开放以后，随着物质财富的增加、生活水平的改善，一些党员变得追求安乐、贪图舒适，没有了过去那种坚强意志和思想境界，"初心"就慢慢被淡忘了。

二是随着地位的改变，"初心"容易被扭曲。大多数党员走上领导岗位后，能够不忘"初心"，用手中权力为人民谋利益。但是不可否认，相当一部分党员走上领导岗位后，由于手中权力大了、吹喇叭抬轿子的人多了、面对的种种诱惑多了，就慢慢把"初心"丢到了脑后，不是为人民掌权，而是把权力当作谋取私利的工具，最终走上了不归路。这就是丧失"初心"而付出的惨痛代价。

三是随着思想观念的变化，"初心"容易受冲击。当代社会，网络媒体迅速兴起，各种意识形态迅速传播，各种思想观念激烈碰撞，其间既有先进文化的交流，也有腐朽落后意识的渗透，给人们的思想带来极大的冲击，使一些党员干部的"初心"产生了动摇，患上了"缺钙症"。还有"潜规则"的影响和危害也不可低估，它让不少党员干部思想行为患上了"亚健康"疾病，离党的要求越来越远。

四是随着个人命运的变化，"初心"容易被迷失。顺境逆境，荣辱得失，任何人都会遇到。当一个人处于顺境时，多半会感恩党、感恩人民，发奋工作，无私奉献，"初心"容易保持。但一旦处于逆境之中呢？那就难说了。比如有的同志因为职务没有得到提拔、某种要求没有得到满足，或者因为被误解、受委屈，就消极悲观，牢骚满腹，甚至自暴自弃，"初心"也就随之动摇了、迷失了。

以上是我个人的分析，未必全面准确。我认为，要保持"初心"，不仅需要觉悟，还需要定力，就像一个人对待父母的孝心，对待美好爱情的真心，要经得起考验，任何情况下不能多心、变心、三心二意。

三、在本职工作中如何坚守"初心"

我们市委机关300多号人，绝大多数是共产党员，其中不少还是领导干部。从总体上看，这支队伍的素质是很好的，大家兢兢业业、勤奋工作，为保证机关工作正常运转、推动市委决策部署顺利实施作出了积极贡献。但少数同志也存在理想信念不坚定、政治意识不强、工作作风不实等问题。作为领导机关的党员干部，要履行好各自的职责，要解决好存在的问题，毫无疑问离不开保持"初心"。怎么保持呢？要求是多方面的，总体上就是要自觉践行入党誓词，落实"两学一做"，真正做一名合格的共产党员。联系到我们的工作和思想作风实际来说，我认为具体要做到保持"四心"：

首先是感恩心。我们要感恩党、感恩人民，没有党和人民的培养，没有无数革命先烈的流血牺牲，就没有我们的今天。当一个人把感恩当成一种习惯、一种自觉的时候，就不会把拥有的一切视为理所当然，更不会因为某种欲望没有达到而怨天尤人。感恩能使人心地纯洁，始终充满爱岗敬业、奋发进取、建功立业、无私奉献的正能量。

其次是平常心。我们在座各位都来自老百姓，将来也要回归老百姓，所以不能忘本，要把身段放低，低调做人、踏实做事，时时刻刻保持一颗平常心。任何时候都要牢记：习惯低处的站位，反而显高；习惯高处的站位，反而显低。更何况，我们的根本职责就是为人民服务，不断满足人民群众对美好生活的新期待，确保全面小康路上一个都不掉队，没有这种"平常心"是不可能做到的。

第三是律己心。任何时候都要做到清廉自守，严于律己，不做放纵自己、葬送自己的傻事蠢事。在座的领导干部都掌握着一定的权力，即使是一般干部，由于岗位特殊，也有着某些便利条件。所以无论是谁，都要从维护党的形象、市委机关的形象出发，讲政治，守规矩，正品行，确保廉洁上不出问题。大量事实证明，一个人最大的敌人不是别人而是自己，一个人最大的悲剧不是被别人打倒而是被自己打倒。始终保持律己心，才能使自己永远立于不败之地。

第四是进取心。一心一意干事业，把全部精力放在工作上，就能够减少私心杂念，就不会因为种种诱惑而分心走神，就能够从干事创业中体会到成就感和满足感。特别是当前新形势下，改革发展的任务很重，加强党的建设任务也很重，我们更应以务实的作风、扎实的举措把各项工作做好，不断开创工作新局面。

总之，通过学习习总书记"七一"讲话和"两学一做"教育，我们每一个党员干部都要自觉做到"不忘初心，继续前进"，让"初心"在思想作风、实际行动和工作业绩中得到体现。我们要懂得，迷迷糊糊辨不清方向，轻轻松松长不了本领，舒舒服服干不成大事，浑浑噩噩守不住底线。还要懂得，人生没有草稿，写完今天这一张就不再会有相同的另一张。复杂的环境、艰巨的使命，不会给我们的人生太多打草稿的机会，每一笔下去都无法再更改。只有始终秉持"初心"走好每一步、做好每件事，才能在人生的稿纸上，写出一页页更新更美的文字，向党和人民交出一张张更新更美的答卷。

评　析：鲜明的主题，透彻的分析，理论联系实际的表述，生动而实在的语言——的确是一堂极有教育指导意义的党课。

第十五节　工作报告——回首征程再出发

这里所指工作报告，不是以上行文形式向上级汇报工作的报告，而是一级组织按照有关法律或章程的规定，向法定会议和对象汇报工作的报告。各级党的代表大会上的工作报告，人民代表大会上的政府工作报告和人大常委会、人民法院、人民检察院工作报告，政协委员大会上的工作报告，群团组织例会的工作报告，都属于这一类。同领导讲话稿一样，工作报告也是一种使用频率较高的文种，换届大会、年度例会、半年总结会等都会用到它。报告的起草虽然是一项常规性、程序性工作，且有一定的模式可循，但也有诸多问题需认真把握和解决。

一、作用和特点

工作报告的作用主要体现在两方面：一是通过回顾总结前一阶段的全面工作，让与会者了解"做了什么"；二是通过提出今后工作安排意见，让与会者了解下阶段"要做什么"。报告一经会议审议通过，即成为民主意志，产生法定效力，各有关组织、团体及其成员须共同遵照执行。

由上可知工作报告的几个主要特点：

一是法定性。它依据法定会议而产生，又依据法定程序接受审议讨论，最后由大会作出决议获得批准通过。同样是安排部署工作，决策部署性文件、领导讲话则不具备这种法定性。

二是民主性。任何一篇工作报告都不可能、也不应该是领导者个人意志的产物，而是经过班子集体讨论并征求基层单位、干部群众和专家学者意见所形成的集体意志的产物。当然，领导班子特别是主要领导的意见无疑起着担纲定向的重要作用，但必须认真对待和采纳各方面的有益意见建议，在此基础上形成报告审议稿。到了会上，作报告者更多是以"报告人"的口吻说话，开头一句就是"我代表……作工作报告，请代表们予以审议"，体现的是对与会者的尊重，即民主意识。对审议讨论中与会者提出的修改意见还须认真记录、梳理、归纳，并据此对报告进行修改，这同样是民主意识的体现。"会前拿初稿，会上无定稿，会后出正稿"，这也是工作报告区别于其他文种的一个显著特点。

三是规范性。工作报告特定的性质和作用，决定了其谋篇布局、语言风格、表达方式必须合乎一定的规范，体现严肃、庄重的特色。特别在语言上，要注意把握与讲话稿的区别。二者虽然同为口语体文稿，但语言风格有着明显差别：工作报告的语言更接近书面体，准确、严谨、朴实、得体，而讲话稿则可放得开一些，修饰语、口头语、个性化语言和格言警句均可视表达需要而适当运用。如果工作报告也运用这种语言，那就显得极不严肃了。

二、结构安排

工作报告的结构一般由引言、主体、结束语组成。引言仅为一句话，即代表何种组织作报告，请予审议，有些报告会在开头亮出会议主题。主体分为两大部分，即回顾总结前阶段工作、提出下一阶段工作意见。结束语一般为一段号召性语言，动员大家为实现某种目标而共同奋斗。这里要讨论的是主体部分，其内部结构是富于变化的：

"回顾"部分。一般是先有一段概括性表述，包括背景、依据、总体成效等，然后分项列举各项工作任务完成情况（包括做法、成效和有关数据等），再然后是一段致敬、感谢语，最后分析存在的问题与不足。有些工作报告在回顾工作之后专门拿出一部分具体表述工作体会，有的只在"回顾"部分末尾附带性、扼要性地予以表述。

"意见"部分。一般是在简要分析形势之后提出下一步工作总体构想，包括指导思想（或总体要求）、总体目标、基本原则等，然后分项提出工作安排意见，最后是加强自身建设的打算。也有的报告把分析形势与总体构想单独列为一大部分，具体安排作为一大部分。还有的报告在单列总体构想后，把具体安排拆散开来，各项重点工作分别作为一大部分，自身建设也单独作为一大部分，这样整个"意见"就变成了并列式的多个部分。

无论内部构造怎么变，总体作为两大部分还是没有变。至于具体采取哪种方法，要依据实际情况和表达需要而定。有时是为了避免结构陈旧、体现新鲜感而变，有时是为突出某些重点内容而变，有时是因面临重大转折、部署重大任务而变。如党的十九大报告，它是在我们党领导的中国特色社会主义事业进入新时代、面临许多新情况新课题新挑战的关键时刻产生的，它需要对党的十八大以来以习近平同志为核心的党中央治国理政实践作出新的理论概括，需要对我们党当前和今后一个时期的主要任务、重点工作作出战略性安排，所以它在第一部分回顾过去五年的工作和历史性变革之后，以第二部分总结概括党的历史经验、提出新时代中国共产党的历史使命，以第三部分明确今后工作的指导思想和策略，即新时代中国特色社会主义思想和基本方略，以第四至第十三部分共十个方面提出任务要求。各层次内容是并列式的，整个报告的结构脉络清晰、有机衔接、浑然一体、气势宏伟，形散而神不散。

三、主题的提炼

主题即主旨、核心，是全篇的统帅和灵魂。它通常出现在报告的开头，如"这次大会的主题是……"，告诉人们大会的中心思想、主要任务是什么，报告内容特别是部署工作部分都依据它而展开。不过，开头亮出主题的方法多为党代会和工、青、妇等群团组织换届大会的工作报告所采用，因为这类会议的召开时间跨度较长，其间的形势与任务发生了重大变化，所以要以不同的主题来统领全篇。凡年度例会，如"一府两院"和政协工作报告一般不在开头出现大会主题的表述，只在部署工作部分的开头出现"指导思想"或"总体要求"，与主题有点类似。

确立主题是一项很重要、很关键的基础性工作，领导者和起草者常常为此而煞费苦心，反复推敲，因为找到了一个好的主题，整篇报告就能"拎"得起来，起草也会顺当得多。这里以党的十九大的主题作一分析：

> 大会的主题是：不忘初心，牢记使命，高举中国特色社会主义伟大旗帜，决胜全面建成小康社会，夺取新时代中国特色社会主义伟大胜利，为实现中华民族伟大复兴的中国梦而不懈奋斗。

这个主题，开宗明义地宣示我们党要举什么旗、走什么路、保持什么样的精神状态、担负什么样的历史使命、实现什么样的奋斗目标，让我们眼睛为之一亮、精神为之一振，立刻明白整个报告的核心所在。它启示我们，主题的提炼至少要把握以下几点：

第一，立意要高，即高屋建瓴，思想性强。中国共产党人的初心和使命，就是为中国人民谋幸福，为中华民族谋复兴；中国共产党人高举的旗帜，就是中国特色社会主义的伟大旗帜。这一表述，体现了党的纲领和宗旨，主旨鲜明，内涵厚重，立场坚定。立意高，方能纲举目张，登高致远。

第二，目标要明确，即指明努力方向。全面建成小康社会，实现中华民族伟大复兴的中国梦，就是当代中国共产党人的神圣使命和奋斗目标。目标明确，就能凝聚人心，统一思想和行动，给人以信心和力量。

第三，概括性要强，力求高度凝练。主题的表述最不宜拖泥带水，而应简洁明快，惜字如金。这个主题仅短短 75 个字，但内容全面，逻辑严密，内在容量很大，给人以广阔的想象空间。

第四，遣词造句要有动感、力度感和号召力。句子平淡、语气乏力，是主题表述所应努力避免的。十九大主题可谓句句精辟、字字珠玑，"牢记""决胜""不懈奋斗"等一连串坚决有力的措辞，有如雄浑激越的进军号角，聚合起千军万马奋勇向前的磅礴力量。

顺便要提及主题与报告题目的关系问题。凡"一府两院"工作报告，无论用于换届还是年度例会，一般不需另取题目，冠以某省、某市"政府工作报告"或"人民法院工作报告""人民检察院工作报告"即可；而党代会等换届大会工作报告则需另取题目，后附副题，说明在哪次会议上所作。而题目与主题有时是密不可分的，一般来说，前者是后者的浓缩，后者是前者的展开。如党的十九大报告题目《决胜全面建成小康社会，夺取新时代中国特色社会主义伟大胜利》，就是大会主题的高度浓缩，主题中的关键词、关键表述在题目上都体现出来了。我们在写作实践中，既要防止题目与主题相冲突、相脱离，又要避免句式松散拖沓，把题目拉得太长。

四、写作中需要把握的几个原则

工作报告的写作虽然有一定的模式可循，但写什么、怎样写又是千变万化的。关键要把握好几条原则：

实事求是的原则。既然是向与会者报告工作，当然要坚持一切从实际出发，说真话，说实话。特别在回顾总结部分，谈成绩要恰如其分，是怎样就怎样，既不夸大，也不缩小，定性、定量表述要准确。"定量"一般问题不大，比如报告经济指标完成情况，把有关数据、增长幅度、比例核对准确就可以，而"定性"则需准确把握。如"快速发展"与"较快发展"，"明显成效"与"显著成效"，"新进步"与"新突破"等，虽然说的是同一回事，但有着程度上的差异，说得不足不行，说过了头也不行。分析存在的问题和不足也是这样，应该一是一，二是二，坦诚相告，毫不掩饰。有的同志起草时把这部分当作无足轻重的"尾巴"，含混、抽象、轻描淡写、一笔带过。殊不知，与会者对这一段恰恰是十分关注的，把问题与不足写实、写准，反而能体现报告人的气度、胸怀和实事求是品格，赢得听众的信服与尊重。

突出重点原则。无论回顾工作还是布置工作。涉及的内容很多，如果面面俱到、平铺直叙、那肯定不可取，既没有必要，也浪费篇幅。这就需要突出重点。怎样突出重点？一是在内容布局上，主要工作详写，非主要工作略写。比如政府工作报告，它所报告的内容当然是经济社会发展的主要成效和下一步主要工作安排，如工业、农业、基础设施建设、保障民生、生态文明建设等，其他如档案、史志、民族宗教、外事、侨务、国防和预备役等工作带上几句就可以了。二是在表述方法上，关键性内容突出写，其他内容一般性地写。如情况回顾部分，某项工作带有创造性、突破性，出了重大典型、重要经验，获得全国、全省或上级主管部门表彰奖励，这当然要写足说够；布置工作部分，凡带有战略性、创新性的理念、思路和重点工作应摆在突出位置展开写，如"加大改革攻坚力度，进一步增强内生发展动力""以新发展理念为先导，着力推进高质量发展""实施创新驱动战略，努力建立现代经济体系"，这都是涉及长远发展的重大问题，当然要写明白、写透彻。其他常规性工作内容则无须说得太多。三是在层次安排上，全局性工作单独写，相关的局部性工作合并写。如党代会工作报告，党的建设当然事关全局，须单独作为一个部分写，而某些性质相近的局部性工作，如宣传、新闻、文化、出版等，则可集中为一个部分写，既突出重点，又节省篇幅。

虚实结合的原则。这里所说的"虚"，当然不是空洞、空虚那种"虚"，而是指那些带有理性思考、分析判断性质的表述。比如某些报告中总结经验体会的层次，是在回顾工作的基础上进行抽象式的理性升华，总结出某些带规律性、启示性的东西。详写好还是略写好？要视内容多少而定。如果没有那么多经验体会可谈，宁可放在回顾工作之后略写，而不必单独列为一个部分。如果单独作为一个部分写，就有点难度。关键是，不仅要有几个立得住的观点，还要做到观点与事实高度吻合，观点来自事实，事实支持观点，虚实要有机结合，不能搞成"两张皮"，不能脱离所回顾的工作内容海阔天空、东拉西扯地谈体会。也就是说，要根据事物的变化和实践的启示，捕捉、概括出最能揭示本质、反映规律、说明问题的那几个观点，这样的经验体会才能令人信服，并给人以教益和促动。

有些工作报告在部署安排工作之前用一定篇幅分析面临的形势，相对来说也属于"虚"的部分。它同样要同"实"相结合，即立足于"不谋全局者不足谋一域"，通过分析时代背景、外部形势、发展趋势，让人们看到优势与差距、机遇与挑战、有利条件和不利条件，从而保持清醒头脑，认准努力方向，坚定必胜信心。这就要求起草者首先要善于审时度势，精细分析，准确研判，为后面展开思路、部署工作打好伏笔、定好基调。需要防止的是，海阔天空，不着边际，研判失准、失真，与后面的内容"粘"不到一块。

科学可行的原则。这主要指安排工作部分，无论指导思想、总体思路还是奋斗目标、重点工作，都要切合实际，科学可行。比如提出发展目标，一定要坚持按客观规律办事，既尽力而为，又量力而行，既昂扬奋进，又保持理性，切不可无视基础条件和现实可能，一味喊空口号、定高指标，否则将误导人们的思想和行动，给工作带来不利影响，给党和政府的公信力带来损害。在当前强调"稳中求进""实现高质量发展"的形势下，这一点尤应注意。又如部署重点工作，各地实际情况千差万别，发展基础和资源、区位、交通等方面条件各不相同，所以也应从自身实际出发确定自己的工作重点，不可盲目跟风，把一时难以做到的事也列为重点，导致实际工作中难以实行。

【写作实例】

××省人大常委会工作报告（摘要）

——2017 年 1 月 18 日在××省第十二届人民代表大会第七次会议上

各位代表：

　　受省人大常委会委托，我向大会报告工作，请予审议。

　　一、一年来主要工作及启示

　　2016 年，在中共××省委领导下，常委会认真学习贯彻党的十八大及十八届三中、四中、五中、六中全会精神，深入学习贯彻习近平总书记系列重要讲话精神，全面履行宪法法律赋予的职责，各项工作取得新进展。全年共制定修改法规 16 件，批准法规 8 件；听取审议专项工作报告 10 项，开展专题询问、工作评议和特定问题调查各 1 项，作出重大事项决定决议 11 项，开展专题调研 71 项，对 282 件规范性文件依法备案审查；办理代表建议 602 件，依法任免国家机关工作人员 97 人次。

　　（一）全力推进决战同步全面小康

　　——助推发展改革。关注全省经济运行态势，定期召开经济形势分析会，听取审议计划、预算报告，审查批准省级预算调整方案和地方政府债务限额，促进经济平稳健康运行。首次审查批准国有资本经营决算，实现对政府全口径预决算审查监督。首次印发《政府预算解读》，为审查预算提供更好服务。作出进一步加强审计工作监督的决定，加大审计整改督办力度。适应简政放权需要，修改实施煤炭法办法和文物保护条例。制定税收保障条例，修订水资源条例，推动依法治税和水资源管理改革。

　　——聚焦脱贫攻坚。听取审议扶贫开发情况报告，推进脱贫攻坚措施落实。以"乡村旅游与旅游扶贫"为主题，省市县人大联动，助推旅游强省建设，推动建立乡村旅游扶贫工作数据库。就涉农专项资金整合开展问卷调查，听取审议专项报告，推动财政部门强化考核评价，进一步提高涉农扶贫资金使用效率。听取审议新农村建设情况报告，督促出台新农村建设行动规划。

　　——力促民生改善。首次启动特定问题调查，就食品小作坊小餐饮小食杂店小摊贩食品安全问题开展拉网式调查，制定法规、作出决议，全方位保障群众"舌尖上的安全"。围绕反映强烈的城市管理问题，开展重点调研，听取审议专项报告，开展专题询问，得到省内外媒体和群众普遍关注。及时修改人口与计划生育条例，确保"全面两孩"政策在我省较早平稳落地。针对军人军属和老年人权益保障制定地方性法规，对工会法实施办法、职业教育法实施情况进行检查，多领域保障民生改善。

（二）助力生态文明建设

——依法呵护蓝天白云。顺应人民群众迫切愿望，为蓝天白云而立法，制定大气污染防治条例。开展机动车排气污染防治条例执法检查，着力推动解决黄标车和老旧车淘汰等难题，严防严治机动车排气污染。

——从严守护一湖清水。重点关注我省水库水环境整治情况，扎实开展专题调研，听取审议专项报告，督促完善执法协作机制，加大专项整治力度。开展"河长制"和清河行动落实情况专题调研，督促各级各部门探索长效化管理机制。开展生活垃圾分类处理调研，提出可操作性对策。制定河道采砂管理条例，规范采砂活动，保护河道生态环境。

——持续关注农村生态。聚焦农业面源污染防治，对发现的重点环境污染问题开展"回头看"。制定全国首部传统村落保护省级地方性法规，推动打造美丽乡村建设升级版。出台自然保护区条例，进一步强化森林生态系统自然保护区的保护和管理。

（三）着力推进民主法治建设

——保障市县乡人大换届有序进行。始终将坚持党的领导、充分发扬民主、严格依法办事贯穿换届选举全过程，严肃换届纪律，确保风清气正。适时修改相关法规，依法决定有关换届选举的重大事项，保障换届选举工作有序开展。

——推进法治建设深入实施。牢牢把握法治建设重点环节，修订立法条例，打牢人大立法的法制根基。听取审议省法院、省检察院关于推进司法公开情况报告，督促健全司法公开制度机制，推动司法机关以公开促公正。结合重点督办"加强青少年禁毒工作"代表建议，开展禁毒戒毒工作专题调研，推动省政府启动禁毒条例立法。作出第七个五年法治宣传教育决议，推动全体公民自觉尊法学法守法用法。

各位代表，坚持和完善人民代表大会制度，做好新形势下人大工作，是党和人民赋予的光荣使命。常委会以更高要求履行职责，以更大勇气推动创新，以更好作为展现新风貌，实现工作有突破、创新有特色、全国有位置。对此，五点体会尤为深刻：

一是唯有坚持党的领导，才能确保人大工作正确政治方向。坚持人大工作正确政治方向，最根本的是坚持党的领导、人民当家做主、依法治国有机统一，核心是党的领导。实践证明，人大常委会坚持党的领导，充分发挥职能作用，有利于统筹推进全省经济社会发展和民主法治建设大局，更好实现党对国家事务的领导。

二是唯有以人民之心为心，才能激发人大工作的源动力。自觉践行"以人民之心为心"理念，乃是人大作为国家权力机关的本质属性。实践证明，只有代表最广大人民群众的根本利益，切实做到为人民用权、为人民履职、为人民服务，人大工作才有其存在的意义和生命力。

三是唯有推进改革创新，才能最大限度调动发挥人大履职积极性。人民代表大会制度是党领导人民创造的产物，具有与生俱来的创新属性。近几年，常委会对宪法和法律赋予的职责、人大所处历史地位进行再审视，积极稳妥推进工作创新，有些做法在全国属于首创。实践证明，唯有敢为人先、勇于创新，切实做到讲程序不拘泥、讲形式不教条、讲惯例不硬套，才能充分发挥人民代表大会制度优越性。

四是唯有紧紧扭住"务求实效"不放，才能推动人大工作落实落实再落实。解决问题、增强实效，是人大监督工作关键中的关键。实践证明，这种一抓到底，不见成效不收手的监督做法，不仅增强了人大工作的实效，也有效提升了人大工作的针对性，树立了人大监督的权威性和公信力。

五是唯有坚持自我充实与自我提高，才能筑牢人大工作的根本之基。常委会始终把思想政治建设放在首位，加强自身建设。实践证明，只有坚持自我提高、自我扬弃，让自身"强起来"、形象"树起来"，才能更好地履行宪法法律赋予的职责，真正成为"有为有位"的地方国家权力机关。

各位代表！上述成绩的取得，得益于省委正确领导，得益于"一府两院"积极配合，得益于全体代表和各级人大常委会共同努力。对此，表示衷心感谢和崇高敬意！

同时，也要清醒地认识到，常委会工作与时代发展要求、人民群众期待、宪法法律赋予职责还有差距。主要是：立法引领作用尚未充分发挥，监督工作实效有待进一步增强，代表建议督办工作仍需改进，常委会及机关建设还存在一些薄弱环节。常委会将在今后工作中，自觉接受人民监督，虚心听取代表意见，切实加强和改进各项工作。

二、2017 年工作总体安排

2017 年是实施"十三五"规划的重要一年，是本届常委会任期的最后一年。今年常委会工作总体要求是：全面贯彻落实党的十八大，十八届三中、四中、五中、六中全会精神，以邓小平理论、"三个代表"重要思想、科学发展观为指导，深入贯彻习近平总书记系列重要讲话和治国理政新理念新思想新战略，坚持党的领导、人民当家做主、依法治国有机统一，按照省第十四次党代会部署，依法行使职权，积极开展工作，充分发挥地方国家权力机关的作用，以优异成绩迎接党的十九大召开。

（一）突出提高立法质量，加强和改进地方立法。坚持党对立法工作的领导，充分发挥常委会立法主导作用，不断拓展公民有序参与立法途径，增强立法公开性和透明度，完善立法工作机制。今年重点抓好以下立法项目：继续审议农业生态环境保护和交通建设工程质量安全监督管理条例，修改征兵工作、安全生产、道路运输、特种设备安全监察、林木种子管理条例，制定禁毒、湖泊保护、社会科学普及、工会劳动法律监督条例，做好慈善法实施办法制定前期工作。

（二）突出发展和民生主题，加强和改进监督工作。全年安排听取审议专项工作报告 9 项，重点围绕电子商务发展、工业园区发展，加强经济工作监督；坚持"监督为民"理念，围绕扶贫专项资金管理使用、绿色生态农业发展、深化医改工作等方面，加大监督力度；围绕法院执行工作、生态检察工作，加强对"两院"工作的监督。加强对法律法规实施情况监督。继续做好计划、预决算审查监督。加强和改进人大监督方式，进一步完善监督工作机制。改进常委会组成人员调研方式，提高审议质量，强化审议意见落实情况监督，确保人大监督不走过场、富有成效。

（三）突出代表与人民群众联系，加强和改进代表工作。落实加强省人大代表与人民群众联系意见，加快推进省人大代表联系人民群众的网络平台建设，全面推开代表联系人民群众实体站（室）建设。提高代表闭会期间活动质量，组织代表有针对性开展专题调研和集中视察，鼓励代表开展领题调研。改进代表建议督办工作，切实增强办理实效。加大代表培训力度，适时举办以代表履职、人大工作为专题的全员培训。

（四）突出增强创新能力，加强和改进自身建设。把坚持党的领导贯穿人大工作全过程，牢固树立"四个意识"，始终保持人大工作正确政治方向。坚定"四个自信"，特别是坚定人民代表大会制度自信。以改革创新精神、法治思维方式推动人大工作，让人大工作始终聚焦中心、保持活力。落实全面从严治党政治责任，坚持把纪律和规矩挺在前面，深入开展党风廉政建设和反腐败斗争，全面推进机关干部队伍建设。

各位代表！大江流日夜，慷慨歌未央。我们要更加紧密地团结在以习近平同志为核心的党中央周围，在省委正确领导下，以时不我待的紧迫感和责任感推进人大工作创新发展，为决胜全面建成小康社会而努力奋斗！

评　析：回顾工作全面客观，条理分明；工作体会概括性强，寓意深刻；工作安排思路清晰，重点突出；结构严谨，文字简练；突出"创新"，富有特色。

第十六节　领导讲话稿——时代舞台上的激情"演唱"

讲话稿是机关应用文稿中使用频率最高的文种，是形式最活、变化最多、最难驾驭的文种，因而又是秘书们为之付出最多心血的文种之一。难怪有人说："天不怕，地不怕，就怕给领导写讲话"，还有人说："只要学会写讲话，当了领导不会差"，都是开玩笑，但都不无道理。正因如此，其写作要领需要我们认真探讨和把握。

一、类型和基本特征

讲话稿的类型有多种，按用途分，大致可分为以下几类：

一类是部署动员性讲话。就某项重大决策的出台实施、某个重大专项活动的开展进行宣传动员，如全面深化改革动员大会上的讲话、创建国家卫生城市动员大会上的讲话等，阐明目的意义，指明努力方向，下达工作任务，用以统一干部群众的思想行动，为实现既定目标而共同奋斗。

一类是用于布置日常工作的讲话。如党建工作会议上的讲话，经济工作会议上的讲话以及财税、政法、宣传、教育等各类工作会议上的讲话。其内容是就某一阶段的工作进行安排部署，提出目标任务和措施要求。

一类是用于总结工作、表彰先进的讲话。如年度总结会议、某项工作或某项活动总结会议和各种表彰会、庆功会上的讲话。其内容是回顾工作、总结经验、激励先进，并提出今后的努力方向。

一类是用于沟通思想、交换看法、凝聚共识的讲话。如研讨会、务虚会、论证会、座谈会开始或结束时的讲话，根据会议内容讲明目的意义并发表个人的观点、看法，给与会者以启发和指导。

一类是用于直接指导基层工作的讲话。如领导听取下级工作汇报或检查调研基层工作后的讲话，应邀出席某地、某部门工作会议所作的讲话。这类讲话一般首先肯定该地该部门的工作成绩，指出存在的问题，而后提出有针对性的工作意见。

一类是应景礼仪式的讲话。如重要节日纪念大会上的讲话、有关庆典仪式上的讲话，一般是阐述某一事件的意义和作用，给人们以某种启示和激励，带有较强的鼓动性和号召性。此外还有对外交往场合的礼仪性讲话，也属于这一类。

上述各种类型中，用得最多的是部署安排和指导工作的讲话。其基本特征，我们可以这样来看：第一，它是领导者进行领导活动、行使领导职能的一种重要方式，是领导集体或领导者个人思想和意志的书面体现。第二，它具有鲜明的倾向性和针对性，是为实现一定的目标任务、为解决一定的矛盾和问题服务的，因而带有较强的政治色彩和价值追求。第三，它具有一定的行政效力，包括号召力、说服力、推动力、约束力，所表达的思想、观点和所提出的任务、要求，不管听众的理解程度如何，原则上都应接受并执行。以下我们所探讨的，主要是这类讲话稿的一般写作要领。

二、起草讲话稿的基本要求

因为讲话稿有多种类型，而不同的类型写法上也不尽相同，所以这里只能概括地讲讲带共性的要求。具体有以下几点：

（1）要符合党的路线、方针、政策和上级决策部署。任何一个地方和单位的工作都是在党的统一领导下进行的，所以讲话稿中必须坚决贯彻党的路线、方针、政策，现阶段特别要牢固树立"四个意识"，坚决贯彻习近平新时代中国特色社会主义思想和党的十九大精神，同时贯彻上级党委、政府的决策部署和工作要求，以此为依据来表达观点和见解，提出任务和要求，而不能相违背。

（2）要贯彻和符合领导意图。讲话是领导者的讲话，而不是起草者的讲话，所以要按领导的意图包括思路、观点和提示去写，发挥、创造也要依据领导意图来进行，而不能自己想怎么写就怎么写。这是因为，无论党政领导也好，部门领导也好，主要领导也好，分管领导也好，他对所管辖的范围和担负的工作负有责任，他看问题有自己的高度和角度，做工作有自己的思路和办法，甚至在文字表述上、语言风格上还有自己的独特要求，更何况多数领导的思想水平、政策理论水平毕竟要比我们文秘人员高，如果写稿时脱离领导意图，就可能做"无用功"，吃力不讨好。

（3）要有较强的针对性和说服力。所谓针对性，就是紧扣会议主题，该解决什么问题就讲什么问题，讲深、讲透、讲到点子上，不要不着边际地泛泛而谈。所谓说服力，就是在提出某个观点、布置某项任务、要求解决某个问题时，要有理论依据、政策依据和事实依据，讲清道理，以理服人，使听众能够理解和接受。

（4）要切合本地本部门的工作实际。无论谈思路、提观点，还是交任务、提要求，都要坚持从实际出发，着眼于解决实际问题，千万不能照抄照搬、人云亦云，使讲话稿变成一堆没有任何实际意义的空话、废话。

（5）要有简洁、朴实的文风。"简洁"就是篇幅要合理控制，有话则长，无话则短，不要动不动洋洋万言，像懒婆娘的裹脚布一样又长又臭。"朴实"就是文字要质朴、通俗，使听众一听就懂，这也是讲话稿与其他文稿语言风格上不同的地方。

（6）要精心组织文字，追求高质量。这主要包括：结构要严谨、和谐，立意要新颖、深刻，观点要鲜明、确切，句子要凝练、明快，用词要准确、得当，还包括层次要分明、逻辑要严密、起承转合要紧凑，等等。

以上各点，因为后面还将涉及，这里就不展开细说了。

三、起草之前需做好的准备工作

起草讲话稿要坚持"不打无准备之仗"，把准备工作做充分再动笔。主要有以下几项：

一是把领导意图搞清楚，了解领导同志想说什么、怎么说。

二是吃透上级精神。根据会议主题和讲话内容，先把上级有关文件、领导讲话和媒体上有关重要文章找来看一遍，搞清楚上级对该项工作有什么要求、什么政策措施、什么新的提法等，重要部分还要画上记号或摘抄下来。但是要明确，所谓"吃透"，不是叫你照抄一遍，而是要理解，要消化，以供写作时运用。

三是摸清下情。领导讲话必然涉及本地本部门的实际情况，或对政治、经济形势和社会动态进行分析判断，或引用有关数据和典型事例，或宣扬某项工作经验，或揭露批评某种不良现象，所有这些，都离不开对"下情"的掌握，而且掌握得越多、越详细、越准确越好。因此，起草之前要根据会议内容认真想一想：这篇讲话要涉及哪方面的实际情况？对这些情况我清楚不清楚？如果不清楚，赶快把有关工作汇报、总结材料、信息和报表找来看一看，如果还不清楚，就利用通信工具把有关情况"调"过来，或到实地去调查了解。特别对有关的重要典型、重要数据等，要认真核实，使之经得起检验和推敲，以防引用了假典型、假数字。情况集中之后，还要进行比较、筛选，把最有价值、最能说明问题的部分保留下来，视需要而引用。

四是调动"积累"。平时所作的知识积累、资料积累，这时候就派上用场了，根据讲话主题和内容，你感到哪个问题不好把握，哪个提法不太准确，或者哪个地方需要引用一段史实、一段经典论述、一段格言警句，如果平常注意了这方面积累的话，就可以把它们"调"出来加以利用。当然，并不是每写一篇讲话稿都要去翻阅"积累"，要根据需要而定。有些人平常注意学习，加上记忆力好、理解能力强，虽然不翻"积累"，但不知不觉中也用上了。

五是进行框架设计。就像设计一幢房屋考虑内部构造，包括竖几根柱子、用什么材料、呈什么形状，预先要想清楚，文章设计同样，要考虑讲几个什么问题、立几个什么观点、用什么素材、如何展开论述等，通过列提纲把框架搭起来，也就是通常所说的"搭架子"。"架子"搭得稳，写起来就顺当；搭得不稳，就可能瞎折腾。

四、准确领会和完整表达领导意图

大凡领导者将要在某个会议上发表讲话，都会把有关文秘人员找来"面授机宜"，即把意图交代清楚，如讲几个什么观点、着重强调什么和解决什么问题等等。这时候你必须认真听，认真理解，最好把领导的话一字不漏地记下来。因为这里边可能有两种情况，一种是：领导事先经过缜密思考，打好了腹稿，讲出来的思路已经很成熟、成系统，稍加整理就成为很理想的文章框架了，所以你当然要全盘记下，这样写起来就会省事得多。另一种情况是，领导虽然事先作了认真思考，但说出来时可能不够连贯、不成系统，甚至可能是零零碎碎、重重复复，即使这样你也要全部记下来，而后经过加工使之连贯、顺畅起来。

领导的意图很明确、很完整那好办，如果不太明确、不太完整怎么办呢？这种情况我们常常会碰到。领导同志由于工作太忙，有时来不及作系统周密的思考，所交代的只是一个模糊的轮廓、一个粗略的想法，或者只点到现象而没有形成观点，或者只提到观点而没有串成一条清晰的思路，或者连点到的现象和提到的观点本身也未必准确。这种情况下，秘书同样要把领导的原话记录下来，然后认真琢磨：领导心里想的是什么？他说的那些话想表达的是什么意思？还有什么话想说而没有说出来？琢磨清楚后再加以梳理、完善和发挥，使领导的思路由不清晰到清晰，由不完整到完整。从这方面说，秘书的头脑应该是领导的头脑的扩张，秘书的思维应该是领导的思维的延伸。举个例子：某领导想就工业园区发展问题作一篇讲话，他交代意图时只讲到有些项目质量不高、有些产品技术含量太低、有些园区至今没有建起排污设施等问题。这些话看起来零散、平淡，如果加以整理归纳，就可以完善为"以转变发展方式为抓手，着力推进企业科技进步，着力提高项目质量，着力抓好绿色环保型发展"，这样就显得完整、集中，而且易懂易记。

还有一种情况比较难办，就是领导事先没有交代写作意图，叫你先列出提纲来再说。这里有几种可能：或者领导的确腾不出时间来考虑，或者他有意发挥秘书的主观能动性，考考你的能力和水平，或者他相信秘书的能力和水平，认为无须多作交代。这种时候怎么办呢？把握住两条：一条是，根据会议主题和上级有关要求、本地本部门实际情况，揣摩和推测领导可能要讲什么。另一条是，根据该领导历次讲话的特点和平常与领导的接触，弄清楚领导喜欢讲什么。把这两方面捏合起来，再加上自己的知识积累和分析思考，就有可能八九不离十，容易得到领导认可。当然，要做到这一点并不容易，需要一个较长的摸索和适应过程。

这里还涉及一个问题：所谓领会领导意图，不只是起草讲话稿之前，包括平时也要多加留意。与领导交谈，陪同领导参加各种活动或下基层调查研究，听领导在一些场合的即席讲话，都是捕捉领导意图的极好机会。因为一般来说，领导在考虑什么问题，对什么事情感兴趣，对当前和下步工作有何打算，不仅在正式场合，平时也会在言谈和行动上有所表现，特别是那些脱口而出的话，往往是他真实思想的表露，其中不乏真知灼见、妙语佳句。把这些看似零散的东西记录下来、集中起来，加以综合分析，就不难发现领导的"关注点""兴奋点"，不难把握领导的思想脉络和思维习惯。这样，即使领导没有交代写作意图，也能做到临阵不慌了。

应当注意的是，领会领导意图，并不是绝对的"奉命行事"，领导说怎么写就一定怎么写，哪怕说得不对也坚决照办，不能有丝毫更改。实际上，有些时候领导同志也会以商量的口吻交代意图，这时候秘书固然要认真听、认真记，如果发现有什么不妥，有什么疏漏，也可以而且应该大胆提出，只要领导认可，也便成了领导意图。即使领导不是以商量的口吻交代意图，也要敢于发表个人意见，只要你讲得有道理，领导还是会采纳的。这其实也是秘书发挥参谋助手作用的一个很重要的方面。如果唯唯诺诺，见误不纠，看似尊重领导，实际上是对领导、对工作的不负责任。

五、讲话稿的结构

所谓结构，即文章的组织方式和内部构造，是围绕讲话主题的需要，通过层次与段落对题材进行合理的组织与安排，使各层次与段落之间紧密衔接、彼此呼应，共同为主题服务。结构的方法因讲话稿类型的不同而不同，特别是用于布置工作的各类讲话稿的结构方法没有固定格式，因会议的主题、内容、对象而异，甚至因讲话者的兴趣、习惯、风格而异，所以结构方法也最为灵活多样。在这里，关键要把握以下几点：

第一，以内容定结构。当我们接到起草任务时，首先要考虑清楚的是：这篇讲话的主题是什么？根据主题，要写进哪些内容？大致讲几个什么问题？考虑清楚后再进行结构设计。这就是说，内容是起决定作用的，是内容决定结构，而不是结构决定内容，结构是为内容服务的。举个例子来说，某篇讲话只讲财政预算问题，篇幅限制在 3000 字左右，如果也像写大块头文章一样，一二三四五地拉上个庞大的架子，就很难把文章写短、写实，就会像瘦个子穿宽大衣服一样显得空荡荡。反过来讲，如果讲话涉及党政财文各个方面，而"架子"设计过于狭小，那么内容就会铺展不开，就会像大胖子穿紧身衣一样显得别扭。所以，内容与结构的关系就像身材与衣服的关系，必须合身、得体才好看，离开内容考虑结构，往往弄巧成拙。

第二，不固守"模式"。因为这类讲话稿的结构不需要也不应该有某种模式，一旦形成固定模式，就造成结构雷同，显得呆板和僵化了。这就好比做房子，如果所有的房子都是一样高矮、一种模式，当然不能给人以新鲜感和美感。现在有些讲话稿的结构就存在雷同的问题，比如大家熟知的"三段式"：第一段是提高认识统一思想，第二段是任务和措施，第三段是加强领导，以至于与会者一听念到"加强领导"，就知道快要讲完了。如果整篇讲话讲得太长，与会者听得不耐烦，又巴不得领导快点念到"加强领导"。当然，"三段式"并不是绝对不可以用，但如果每篇讲话都这样结构，就难免给人以陈旧之感。说起来，"三"真是一个神奇的数字，三足鼎立、事不过三、三思而行、三生有幸、三顾茅庐、三缄其口、三人行必有我师等，都与"三"有关，于是有些同志写讲话稿也总是三个问题，每个问题里边又是三个小问题，每个小问题里面又是三小点。为什么一定要讲三个问题？讲两个问题、一个问题或四个以上问题不可以吗？当然可以。关键还是要从内容出发，当讲几个问题就讲几个问题，既不要削足适履，也不要生拼硬凑，从头至尾"三"个没完，"三"得令人生厌。

第三，力求紧凑、集中。这里指的是文章的内部构造要严谨、周密，使各部分之间形成有机的紧密联系，从而使整篇文章有一种整体感、和谐美，把主题烘托出来。不紧凑、不集中，必然使结构松弛散乱，进而导致文章的失败。现在有些讲话稿的结构就存在这方面的欠缺：（1）内容设计不集中，有些方面是为主题服务的，有些方面则偏离了主题。比如某篇讲话的主题是"建设风清气正的政治生态"，下边设计了"深刻认识建设良好政治生态的重大意义；重要的问题在于涵养良好政治文化；严肃党内政治生活；加强对权力运行的监督和制约；切实提高党员发展质量"等5个小标题。很明显，前4个小标题扣紧了主题，后一个小标题虽然与主题有关，但黏合度不紧，因为政治生态指的是各类政治主体生存发展的环境和状态，是政治制度、政治文化、政治生活等要素相互作用的结果，而不是指党的建设的某一具体工作。（2）所设计的内容虽然与主题相吻合，但各内容之间缺乏有机联系，显得杂乱无章。比如一篇以"加强学习型干部队伍建设"为主题的讲话，所设计的内容和排列顺序是"1. 加强学习型干部队伍建设势在必行；2. 不重视、不善于学习的干部就不是一个合格的干部；3. 建立健全学习制度，加强检查考核，强化学习效果；4. 发扬理论联系实际的良好学风。这里有两个问题：一是次序不顺，应该把第3点作为第4点，显得更合乎逻辑，写起来也更顺手；二是内容布局缺乏科学性，第2点写起来会与第1点重复交叉，因为谈的都是学习的重要性，不如将二者合并。（3）内容设计贪大求全，什么问题都想讲到，实际上什么问题都不可能讲清楚，导致主题迷失。比如谈到加强党的建设问题，它所包含的内容很多，本应依据不同阶段的实际情况突出不同的侧重点，但有些讲话稿几乎每次都是面面俱到、无所不包，看起来考虑很周全，但只能使听众眼花缭乱，灌了满脑子东西还闹不清究竟要抓什么。这就需要首先从结构上把好关，该讲的内容就重点讲、突出讲、讲透彻，不该讲的和可讲可不讲的宁可不讲，或者采取一笔带过的方法。

第四，合理安排段落和层次。段落是文章的基本组成单位，是为划分层次服务的；层次分明，就能使文章脉络清楚，便于听众理解。怎样才能使层次分明呢？直白一点说，就是哪个问题先讲、哪个问题后讲，要按逻辑关系、按轻重缓急进行排序，不能错乱，不能颠倒。常见的排序方法有：

（1）并列式排序法，即各层次是"平起平坐"的，都是直接对主题负责，常见于安排全面工作。比如一篇布置经济工作的讲话，第一部分谈农业；第二部分谈工业；第三部分谈商贸物流；第四部分谈财政，四者就是一种并列的关系。

（2）关联式排序法，即各层次之间互为依存，按其逻辑关系渐进式地铺展开来，常见于布置某方面工作。比如一篇谈创新发展的讲话，第一部分谈为什么要创新发展；第二部分谈怎样创新发展；第三部分谈创新发展需采取哪些保障措施，这三者之间的关系就是关联式的。

（3）主从式排序法，即抓住关键，突出重点，做到主次分明。比如一篇布置农业和农村工作的讲话，优化农业产业结构、推进农业科技进步、推进精准扶贫脱贫是当前的重点，作为主要层次摆在前面，其他工作内容作为从属层次摆在后面。

（4）统分结合式排序法，即有些内容分开说，有些内容集中起来说。比如某篇讲话部署国有企业、民营企业和农业产业化龙头企业的发展问题，其中各类企业当然各有各的实际情况，任务和要求也各有侧重，但都涉及健全经营机制、推进科技进步和搞活产品销售等方面的具体措施，这种情况下，对每一类企业都分别提出这些要求显然不合适，只能作为共性要求集中起来写，以免重复累赘。

第五，避免结构雷同。这里所说的雷同，是指同一个会议上两位领导讲话的重复、相似现象。从道理上讲，一个会议上不宜有多个领导讲话，否则必然出现重复，弄得下边不知贯彻谁的讲话好。但实际上这种情况有时又很难避免，这就需要从结构和内容上进行合理安排。通常有以下几种情况：

一种情况是，党政主要领导先后讲话，都是就某一项或几项工作进行部署。这种情况下需要特别注意的，就是避免内容和结构的雷同。雷同就是浪费，就是不讲效率，就会影响会议效果。而现实中这种情况比比皆是，两个领导所讲的内容基本相同，无非在层次安排、观点和提法上有些差异，这样给人的印象就是重重复复，颠三倒四，无端浪费时间，还不如由一个人集中讲更好。如何避免这种现象呢？如果两个领导都非讲不可的话，那么首先要从内容和结构上有所区别、有所侧重，撰稿者事先要通好气，作好分工。比如综合性经济工作会议，党委领导可以讲得宏观一些，突出重点，具体的问题不过多涉及，或着重在为经济建设提供组织、思想保证和舆论支持以及协调各方形成合力等方面提出要求；政府领导则可讲得微观一些，就经济工作的各个方面提出具体要求和措施，这样就可以区别开来。

另一种情况是，一正一副同时在一个会议上讲话，这样就必然要有个主次之分，包括从内容上、角度上、语气上都要有所区别。比如宣传思想工作会议，分管领导可以讲具体的任务和要求，而主要领导则可站得更高一些，从改革、发展、稳定的全局对宣传思想工作提出要求，这样就不至于太多重复，而且可以相互补充，相得益彰。

再一种情况是，同一个会议上两个领导讲话，一个作主体报告，一个作会议总结。这里同样要力戒雷同和重复。需要指出的是，有些会议总结根本不像总结，主体报告中已经讲得明明白白的事情，它还要啰里啰嗦地讲上一大通，生怕人家不明白，甚至比主体报告讲得还要长，以至喧宾夺主，主次颠倒。所谓会议总结，顾名思义，就是概括会议情况和会议收获，解答与会者在讨论中提出的问题，在此基础上提出工作意见。但这种工作意见不是叫你去重复主体报告讲过的东西，而是主要就如何贯彻主体报告和会议精神提出要求，对主体报告中没有提到而工作中必须注意的事项进行"拾遗补缺"。这样，两篇讲话就可达到"异曲同工"的效果。

六、精心制作题目

取题目是一道重要工序，一般在考虑结构和列提纲时完成。有些讲话稿不需要另取题目，直接标明用途就行了，如"××同志在省委十届三次全会上的讲话""××同志在全市财税工作会议上的讲话""××同志在全县经济工作会议结束时的讲话"等。有些讲话稿则有专门的题目，什么情况下需要取题目呢？通常是：（1）部署重要工作，通过题目亮出主题，指明方向，如"深入开展'三严三实'学习教育，建设高素质党员干部队伍"；（2）就某项重大活动进行动员，在题目上体现鼓动性和号召性，如"全市人民行动起来，为创建国家文明城市而奋斗"；（3）面临重大转折，包括班子换届、行政区划调整、部署新一年工作等有关会议上的讲话，通过题目表达某种新的主张和信念，如："不负人民重望，把本届政府建设成为廉洁高效的政府""以撤地设市为契机，加速新型工业化、城镇化进程"。无论面对何种情况，有了一个好的题目，一篇讲话就有了旗帜，有了统帅，有了主旨，就能把整篇文章

"拎"起来；好的题目也常常能给人以耳目一新的感觉，产生鼓舞人心、振奋士气的效果。

但制作题目绝不是一件轻而易举的事，马虎了事、随意为之，决然找不到好题目。人们常常为找一个好题目而冥思苦想，反复推敲，这是应该的，也是值得的。这里需要注意几点：

第一，要恰切、准确，与主题和内容相吻合。这就好比做帽子，尺寸必须与脑袋大小相一致，尺寸大脑袋小不行，尺寸小脑袋大也不行。比如讲话内容仅为加强党的思想政治建设，题目上就不能冠以"党的建设"，因为党的建设除了思想政治建设还有组织建设、作风建设、制度建设、能力建设；反之，如果讲话内容包含了党的建设各个方面，题目上就不能局限于某一方面的建设。

第二，立意要高，即高屋建瓴，主旨鲜明，思想性强。比如部署新一年的农业和农村工作，稳定粮食生产、发展高效种养业、推广普及良种良法、推进农业产业化建设、提高农民收入等方面都要提到，那么取一个什么样的题目为好呢？按照一般的写法，以"发展农村经济，做好农村工作"为题，当然未尝不可，但显得平淡了一些，如果换成"以转变发展方式为突破口，再夺农业农村工作新丰收"，工作重点有了，工作目标有了，立意自然就高深得多。

第三，要精巧、精炼，讲究艺术性。有些讲话稿的题目太长、太拖沓，如"高举中国特色社会主义伟大旗帜，进一步解放思想，开拓创新，踏实苦干，努力把我市经济社会各项事业发展推上一个新台阶"，意思当然没有错，但严格地说，这不像题目，而是几句凑在一起的话，或者说更像一句口号，看上去给人以"散"和"乱"的感觉。一个好的题目，除了句子精炼之外，在技巧上还须把握：（1）节奏美，即句子富有节奏感，双音词和单音词合理搭配。如"抓管理，强内功，打好企业扭亏增盈攻坚战"，节奏感就很强，听起来也舒服。如果把后一句改成"打好企业扭亏增盈攻坚战役"，仅多一个"役"字，节奏感就不强了。（2）句式美，即讲究句子的匀称、整齐和长短句科学组合。如前边这个例子，"抓管理，强内功"，是一对字数相等、结构相同的短句，再加上"打好企业扭亏增盈攻坚战"这个长句，有点像宋词的长短句，朗朗上口，浑然天成。如果都改成短句，如"抓管理，强内功，扭亏增盈，提高效益"，味道就差得多了。（3）气势美，即句子要有气魄和力度，富有鼓动性和号召力。仍用前边的例子，把"抓管理，强内功"改为"加强管理，苦练内功"行不行？当然也行，但"抓"较之于"加强"，"强"较之于"苦练"，显得更有动感和力度。后边一句同样道理，其中"攻坚战"三个字，既体现了工作难度，又体现出一种迎难而上、务求必胜的气概。如果把这句改成"做好企业扭亏增盈工作"，意思当然也说得过去，但气势上就明显不如前者。（4）逻辑美，即题目中各句之间的"粘"性要强，要合乎逻辑，不能前言不搭后语。像前面这个句子，"抓管理，强内功"，是指要做的工作，"打好企业扭亏增盈攻坚战"，既是内容又是目标，前后意思紧密相连，逻辑严密。如果把它改成"抓管理，强内功，加快工业经济发展步伐"，后半句的内涵扩大了，前后的关联度就不大紧密了。

第四，要新颖，要别致，忌雷同，忌平淡。题目有新意，首先就能吸引听众的注意力；题目没有新意，人家一听又是老调调，首先就没了兴趣。有些讲话稿的题目正是存在这个问题，讲经济工作，说来说去离不开解放思想，真抓实干，为实现什么什么目标而奋斗那几句；讲党建工作，说来说去离不开加强思想作风建设，为经济建设提供强有力的组织保证那几句。这样取题目不是不可以，但重复的次数多了，人家听起来就烦。如同人的面目千差万别一样，文章的题目也应是千姿百态的，这就需要从技法上求新，灵活善变。可以从角度上求新，如"落实政策，强化服务，促进开放型经济大发展""进一步优化发展环境，力促开放型经济再上新台阶"，两个题目意思一样，但角度不同；可以从句式上求新，或长句，或短句，或排比句，或散式句，如"树立新发展理念，努力实现高质量发展""变理念，转方式，努力提高发展质量和水平"，意思也差不多，但句式富于变化；还可以从语言上求新，如"领导干部要带头对着'明镜'正'衣冠'""领导干部要做自查自纠的模范"，意思也相近，但前一个题目显得更为生动形象。

第五，要朴实、自然，忌忸怩做作。追求题目的精巧、新颖，并不等于刻意咬文嚼字，牵强附会，而要力求"清水出芙蓉，天然去雕饰"那种效果。很多情况下，那种直截了当、朴实自然的题目反而是好题目，如毛泽东同志的《反对自由主义》《为人民服务》《改造我们的学习》等，习近平同志的《实干才能梦想成真》《改革开放只有进行时没有完成时》《始终把人民群众生命安全放在第一位》等，不仅主旨鲜明，而且清新自然、通俗易懂，很值得我们学习。

讲话稿的题目一般是在起草之前就做好的，但也有些是在完稿之后再斟酌敲定的，因为文章完成后有时会出现内容与题目不完全一致的情况，或者发现原定的题目并不精彩，需要修改或推倒重来。无论何种情况，做题目必须一丝不苟，恰到好处。

七、精心提炼观点

所谓观点，即对事物的看法或态度，在讲话稿中，就是站在一定的立场观察和分析事物所表达的理念、见解和主张。比如对形势的研判、对事物利弊得失的权衡、对某一热点难点问题的态度、对某项决策的拍板定夺等，都离不开观点的表达。

说到观点，人们常常强调"提炼"二字，说明观点不是可以信手拈来的，而要经过反复思考、推敲。一个好的观点就是一个亮点，几个好的观点就能使一篇讲话熠熠生辉，甚至可以说，只要观点立得住，即使文字平淡一些，这篇讲话也还是基本成功的；反之，文字再精彩，但没有几个过硬的、经得起推敲的观点，这篇文章也很难说是成功了。所以不少同志宁可文字平平，而绞尽脑汁去琢磨观点，这不是没有道理的。

提炼观点要注意哪些问题呢？

一要紧扣主题。主题统帅观点，观点统帅材料，才能做到主题突出，脉络分明。观点既然是为主题服务的，所以当然要围绕主题来展开，否则整篇文章就要乱套。比如一篇部署工业产业结构调整的讲话，主要的观点可以是：工业发展缓慢的最根本问题是结构问题；调整结构的关键在于大力发展高新技术产业、改造提升传统产业；调整结构必须大力提高产业工人队伍素质。这里，三个观点虽然讲的是不同的问题，但都扣紧了结构调整这个主题，是从不同的角度率领不同的材料为主题服务，整篇文章就显得紧凑了。

二要鲜明。即观点要分明而确定，提倡什么，反对什么，该做什么，不该做什么，态度明确，直截了当，绝不含含糊糊，模棱两可。观点不鲜明是领导讲话之大忌，因为领导者既然是去布置工作，是在向下属提要求，当然要把意图尽可能讲得明白些、把观点尽可能表达得清楚些，以便下属领会和贯彻，否则就达不到预期的效果。比如谈到意识形态领域的工作，针对某些人盲目崇尚西式民主、否定我国民主选举制度的错误论调，就应旗帜鲜明地亮出"西式民主不适合中国国情，我们决不能走改旗易帜的邪路"的观点，并通过理论依据和事实依据予以回应反击，以肃清其恶劣影响。又如谈到全面深化改革，针对某地某单位出现某种有益的探索、创新性做法而社会上有不同看法的情况，表明"深化改革应鼓励探索、允许失败"的观点，体现了"为担当者担当"的精神，新生事物就不致夭折。又如谈到干部作风建设问题，观点表达方法与力度的不同，效果也是不一样的，如果你说"作风不实影响工作任务落实，应予以纠正"，话是说到了，但立意不高，力度不够；如果换成"作风不实既败坏形象又贻误事业，已经到了非解决不可的时候了"，这就明显有点"火药味"了，就会使与会者警醒起来。

三要新颖。即观点要新鲜、独到，不入流俗，不人云亦云。这同对文章题目的要求是一样的。新颖的观点能引人注目，并使文章充满生气和活力。有的同志不太注重这一点，表明观点时不愿多动脑筋，对同一个问题的看法和提法，在几次、十几次甚至几十次讲话稿中没有多少变化，比如"解放思想是加快发展的先导工程""加强领导是做好各项工作的根本保证"，这样的观点"放之四海而皆准"，语句陈旧，缺乏新意，人家耳朵都听出茧子来了，还会有什么吸引力？新颖的观点不仅来自对事物的细致观察，还来自强烈的创新精神和科学的思维方法。比如谈到防范政府债务风险问题，大家都会想到按经济规律办事、量力而行、加强预算约束等方面，一位领导同志说的是："关键要做到举债有度、用债有方、还债有源、管债有规"，这个观点就显得有新意、有特色。

四要准确。所谓准确，就是看问题要准、要深，善于透过现象看本质，而不流于表面、失之偏颇。就以饱受诟病的"文山会海"为例，人们对其成因有多种说法，比如发文缺乏控制、开会未经审批、布置过的工作未得到落实等等，有的甚至把责任推到办文办会的文秘人员头上。这些当然都与成因有关，但最根本的问题是什么呢？"形式主义、官僚主义是文山会海屡禁不止的总病根"，这一观点就戳准了要害，抓住了根本。

此外还需把握两点：一是观点与材料的区别。观点不是人所共知的常识，而是基于个人思考的独到看法和见解；观点不是事实，而是基于对事实的分析提炼而成立，反过来又统帅事实；观点也不是具体的措施要求，而是提出措施要求的基础和依据。有的同志弄不清这种区别，把观点与材料混为一谈，就容易导致观点不明。二是观点要力求醒目，以引起受众注意。一些有经验的同志习惯于把主要观点放在小标题上，或在有关段落以黑体字标出，不失为一种好办法。当然，这只是形式，关键还在于观点本身的质量和价值。

八、精心制作写作提纲

事实上，前边讲到的结构、取题目、提炼观点等几个问题，都是与制作提纲同步进行的，只不过为了把问题说得集中和清楚些，就把它们分开来讲了。这里所说的，只是相关几个带补充性和技术性的操作问题。

结构是提纲的基础，结构框架完成之后，要通过列提纲进行细化并固定下来，以便写作时有所遵循。有些同志不大注重提纲，以为明确讲几个什么问题就行了，铺开稿纸就匆匆动笔；还有些同志虽然意识到提纲的重要，但仅仅把它看作一道程序，而没有花心思去精心制作，随便列出几个层次就算了。这两种做法都是不利于写作的，对初学写作者尤其不利。要知道，磨刀不误砍柴工，制作一份完整、精细的写作提纲，文章就等于成功了一半，所以大凡有经验者，都不惜花时间和精力去琢磨提纲，有时还反复修改多次，基本定型后还要交领导审定再动手写作。这样做有什么好处呢？第一，提纲既经领导同意，文章成功率一般都较高，省得完稿后"翻烧饼"；第二，写作按提纲进行，要比没有提纲顺利得多，而且可以避免脱离主题、层次混乱、前后矛盾等问题的发生；第三，在一篇讲话稿由几个人分工合作的情况下，提纲可以起到制约和协调作用，以免写作时出现冲突和重复现象；第四，有利于初学写作者练习写作，有提纲"框"住，只管把内容装进去就是了，即使"跑调"也跑不了多远，次数多了就可以慢慢熟练起来。

除前面已经提到的方面外，制作提纲还有哪些注意事项呢？

首先，从程序上走好三步。第一步，在理清层次的基础上，分别列出小标题，作为一级提纲。一级提纲根据主题而展开，是为主题服务的。第二步，根据一级提纲列出二级提纲，二级提纲又是为一级提纲服务的。这里有两种情况：一种是，根据一级提纲的小标题再列出若干细标题，使条理更分明一些，比如一级提纲是"认清形势，明确任务，增强创新发展的紧迫感"，为什么强调创新发展呢？可以从几个方面来说明，如"创新发展是大势所趋；不创新发展就要继续落后；我们已具备创新发展的许多有利条件"，用这样一组细标题来支撑一级提纲的小标题。另一种情况是，不列细标题，仅列出几个层次，一个层次一层意思，组合起来，也能达到同样的目的。第三步，根据二级提纲，安排好具体要写的内容。在这里，内容又是为二级提纲服务的，必须紧紧围绕二级提纲来展开，包括讲什么道理、提什么要求、举什么例子等，先进行初步构思，并将要点记下来，有时还要把事先想到的或领导提示的关键性的话记下来，以防遗忘。总之，提纲制作是循着"主题——一级提纲——二级提纲——内容安排"的顺序进行的，这就像上下级的关系一样，顺着看是一级领导一级，倒着看是一级对一级负责。当然，某些篇幅较为短小、内容较为单一的讲话，则不需搞得如此详细，但也要把基本的层次安排好。

其次，提纲制作过程中，还要注意把握几个细节问题：

第一，精心制作小标题。人们在阅看讲话稿时，一般首先关注小标题，为什么呢？因为它不仅承上启下、提示要点，看完就能大致知道全篇内容，更重要的是，好的小标题，往往能产生吸睛效果，吸引人们往下看。这也是许多起草者十分关注小标题制作的原因所在。小标题可以有多种制作方法。在句式上，有长句、短句，有松散句、排比句或对偶句；在文字上，有的不事雕饰、朴实自然，有的工于雕饰，富有文采；在题意表达上，有的只是提示下面要说什么内容，有的本身就是内容的高度概括，或者是重要观点的呈示。无论采用哪种制作方法，都要力求准确、凝练、清新自然，既不能漫不经心随意为之，又不能片面追求"吸睛"而咬文嚼字、生拼硬凑。

第二，在安排段落、层次时，要合理使用序号。使用序号的目的是为了使文章眉目清楚，脉络分明。有的同志以为讲话稿也像文件一样，应多用序号以突出条理性，其实这是不对的。因为讲话稿属于口语体文稿，是直接面对听众说话，讲究的是语言、语气、语势的连贯通畅，用多了序号反而让人觉得死板生硬、枯燥乏味。所以，除了大的层次需要用序号外，小的层次如这层意思与那层意思之间，各个段落、句子之间，只要能做到层次分明，则尽可能少用或不用序号。

第三，要周密安排文章的起承转合。"起"即开头，"承"即层次与内容之间的前后承接与呼应，"转"即一个层次转到另一个层次，"合"即归纳和总结。要形成一篇好文稿，这四个方面缺一不可，而且要精心筹划，不可粗疏。比如"承"，就要考虑下一层次的内容与上一层次的内容是否紧密连接、前后贯通，不"承"则会出现内容松散、层次混乱的现象。又如"转"，就要考虑层次转换时如何向下一层次自然过渡，不至于跳跃性太大、文章的连贯性不强，这就需要合理使用过渡词、过渡句和过渡段。写作中我们常常用到"另外""此外""值得注意的是""还需提及的是""需要特别强调的是"这样一些过渡词和句，其作用就是在转折处把层次或段落粘连起来。当然，更重要的"转"还在于提纲设计的内在逻辑性要强，是一种顺理成章的"转"，而不是生硬的"转"。

第四，详略安排要得当。所谓"详略得当"，就是对材料进行科学合理的分配，哪些方面详写，哪些方面略写，该详写的就写得具体一些，甚至不惜占用较大篇幅；该略写的就写得简单一些，或者干脆一笔带过，点到即止。详略得当的好处是，使内容安排有主有次，重点突出，同时还节约篇幅。反之，如果将材料进行平均分配，就必然淹没重点，把篇幅拉得过长。

具体哪些该"详"、哪些该"略"，要看具体情况和表达需要而定。比如某篇讲话主要谈科技创新，而科技创新又涉及经济社会发展的方方面面，那么，就应扣紧科技创新这个主题来谈，把目的意义、目标任务、措施方法等谈够谈透，其他相关工作则应略写；在内容上，对听众知之不多不深的东西，如大数据、云计算、物联网等新名词、新知识以及如何运用于现代经济发展，就要讲得具体、明白一些，而听众所熟悉的知识和要领，就不必多花笔墨。

九、写好开头与结尾

（一）讲话稿的开头

俗话说"万事开头难"，写文章也一样。讲话稿的开头看起来没什么奥妙，其实不然，在方法上、语言上大有讲究。它可以有多种方法，比如：

点题式，即开门见山点明会议主题，如"我们这次会议的主题是，传达贯彻中央、省经济工作会议精神，就如何做好明年我市经济工作，进行研究部署。下面我讲三个问题。"

引入式，即从动机引入主题，如"自从市委、市政府作出'兴果富民'

的战略部署以来，全市果业生产进展情况总的来说是好的。但也存在发展不平衡、质量不统一、经营形式不活等问题。为了解决这些问题，促进果业生产更快更好地发展，我们召开这次果业生产现场促进会。"

归纳式，即概括会议情况和收获，多用于会议总结讲话。如"我们这次文代会，是全市文艺工作者的群英会，是一次跨世纪的文艺盛会，是开创我市文艺事业新局面的动员会，经过大家共同努力，会议达到了预期目的。"

承接式，这种方法常见于继一位领导讲话之后的又一位领导讲话，一般是首先肯定前一位领导的讲话，如"刚才，××同志就如何深化供销体制改革讲了很好的意见，请各单位认真贯彻落实。下面，我再补充几点意见"。

鼓动式。即一开始就用富有文采和气势的语言把听众情绪调动起来，多用于动员部署类讲话。比如："党的十九大刚刚胜利闭幕，新思想指引新征程，新时代赋予新使命，新目标呼唤新作为。我们召开这次领导干部大会，目的就是要迅速掀起学习、宣传、贯彻十九大精神热潮，开创各项工作新局面。"

在某些场合，有些领导同志还特别注重用精彩的开头渲染气氛、调动情绪、吸引听众注意力。如某市委书记在春节后第一个工作日动员大会上的讲话，一开口就不同凡响：

在龙年的第一个工作日，虽然喜庆鞭炮的硝烟已经散去，虽然万家团圆的欢乐即将结束，但我还是要代表市委、市政府向在座同志和全市人民送上一份美好的祝愿：新的一年，祝每一个家庭都和和美美，祝每一个企业都红红火火，祝每一项事业都顺顺利利！

在龙年的第一个工作日，我们用创业的语言代替拜年祝福，用奋进的步伐代替握手言欢，用崇尚简单、崇尚务实的姿态取代一切不必要的繁文缛节，目的就是希望大家尽快结束过年状态，尽快进入工作状态，急起来，动起来，干起来，让龙年的每一个日子都充满龙马精神，生龙活虎、龙腾虎跃！

在龙年的第一个工作日，我们紧急召开的第一个会议是兴工强市和发展开放型经济动员大会，叫响的第一个口号是"主攻工业，扩大开放"，表彰的第一批先进是县域经济三年大竞赛和发展工业经济、民营经济、开放型经济的先进县市区和先进企业。这一切都标志着：我们正在走出"农业上郡"的传统光环，向着工业主导、产业富民的方向阔步前进。我们有理由相信，有省委、省政府的正确领导，有全市人民的群策群力，兴工强市的目标一定能够达到！

这个开头似乎有点长，但鲜明的主题、奋进的气概、热情奔放的语言、铿锵有力的节奏，一下子就控制住了会场，听众屏息静听，每听完一段就报以雷鸣般的掌声。一位处级干部说：天哪，书记这开场白就像一把火，一下子就把我们烧着了！后面的话不用说也晓得该怎么做了！

总之，开头的方法是多种多样的，无论取何种方法，只要能做到开门见山、开宗明义、朴实自然就行，不必拘泥于某种格式。尤应防止以下问题：

语句拖沓，会议主题"千呼万唤始出来"。如这样的开头："近几年来，我们全市卫生系统广大干部职工认真贯彻党的十一届三中全会以来的路线、方针、政策，坚持党的'一个中心，两个基本点'的基本路线不动摇，解放思想，锐意进取，经济效益和社会效益不断提高，医德医风建设不断加强，形势总的来说是好的……"啰嗦了大半天，还不知道会议主题是什么。

句式呆板，套话空话一大串。如这样的开头："近年来，我区的改革与建设事业在邓小平理论的指引下，在省委、省政府的正确领导下，在干部群众的共同努力下，在离退休老同志的关心支持下，在各兄弟单位的大力帮助下……"这么多的"下"，不仅毫无必要，而且令人厌烦。

堆砌辞藻，别别扭扭书生腔。如这样的开头："在新世纪的太阳冉冉升起的时候，在春回大地、万木争荣的大好季节，我们隆重召开这次全县生猪生产会议。"如果猪们有智，恐怕也要忍俊不禁的。

（二）讲话稿的结尾

同开头一样，结尾也是大有讲究而不可随意为之的。好的结尾如同一杯醇酒，能使人激动、振奋，留下美好的回味。

那么，怎样的结尾才是好的结尾呢？概括地讲，就是要力求自然、凝练、精彩、新颖。所谓自然，就是前后连贯、首尾呼应，话完即止，不留多余的"尾巴"；所谓凝练，就是语句要紧凑、简洁，不拖泥带水；所谓精彩，就是句子要精美，要有一定的气势感、节奏感，富有号召力和感染力，把整篇讲话推向高潮；所谓新颖，就是不同内容、不同对象、不同场合的会议讲话要有不同的结尾方法，通过不同角度、不同句式和不同语言给人以新感觉。下面列举几种常见的结尾方法：

1. 结论式结尾，即根据所讲内容进行概括和升华，以结论的语气加重内容的分量，以求给听众留下深刻的印象。如这样的句子："总之，改革才有出路，改革才能加快发展；不改革，就无法摆脱困境，就只能是死路一条。因此，我们一定要以更大的气魄、更大的决心和更有效的措施落实党中央决策部署，将改革进行到底！"

2. 号召式结尾，即以鼓动、召唤的口吻提出要求，希望听众响应，共同行动。如："各级干部积极行动起来，不忘初心，牢记使命，为夺取新时代中国特色社会主义伟大胜利再创佳绩，再立新功！"又如毛泽东同志《为建设一个伟大的社会主义国家而奋斗》一文的结尾：

> 我们正在前进。
> 我们正在做我们的前人从来没有做过的极其光荣伟大的事业。
> 我们的目的一定要达到。
> 我们的目的一定能够达到。
> 全中国六万万人团结起来，为我们的共同事业而努力奋斗！
> 我们的伟大祖国万岁！

这诗一般的句子，带着昂扬的情怀、铿锵的节奏，使人感受到一种排山倒海、无坚不摧的力量，不由自主地激奋起来。

3. 肯定式结尾，这种方法常用于提示人们看到有利条件，增强必胜信心。如"虽然国有企业发展面临很多困难、扭亏增盈任务艰巨，但只要我们加大改革力度，落实各项改革措施，带领干部职工扎实苦干，就一定能开创国有企业发展的新局面！"

4. 提问式结尾，虽然用的是问句，但不是疑问，也不需要回答，而是一种肯定式的提问。如："党把我们放在如此重要的岗位上，人民群众对我们寄予如此深切的期望，我们还有什么个人利益不能抛弃，还有什么理由不奋发努力呢？"这种戛然而止的结尾有时比正面号召更有力度，更发人深思。

5. 平实式结尾，即话到完时自然收尾。如："我就讲以上几个问题，请同志们认真研究，抓好会议精神的落实。"还有一些研讨会、座谈会上的讲话也用这种方法，而且还带有谦虚、商量的口吻，如："我上面讲的几点意见不一定对，供大家参考。"因为这类会议不是布置任务而是探讨问题，与会者可以各抒己见，领导者出面讲话虽然也带有指导性质，但不宜用号召式口吻，这样听众会觉得更好接受一些。

这里顺便讲一讲结尾段的遣词造句问题。既是结尾，它的句子与开头和主体部分应当有所不同，特别是一些大型会议如动员大会、总结表彰大会上的讲话结尾，领导者一般都会加重语气，提高声调，就像指挥千军万马发起冲锋，这时的句子就要与之相适应，否则就达不到这种效果。这就要求在遣词造句上要认真斟酌。一要富有动感，如"开拓""前进""奋斗""拼搏"等，以使句子生动起来并具有形象性。二要用肯定语气，以增强语言的力度，如"务必""坚决""一定"等，表示某项工作非做好不可，不能有丝毫的怀疑和动摇。三要讲究意蕴，即具有启迪性和说服力。如"坚冰已经打破，航道已经开通"，用比喻手法向人们展示光明的前景；"差距也是一种潜力，危机也是一种机遇"，用哲理式语言给人以启迪；"没有坐等出来的辉煌，只有实干出来的精彩"，用结论式语言激发力量、鼓舞斗志。四要有节奏感，即句子念起来铿锵有力，富有气势，打动人心。或用排比句，如"我们一定要强化'四个意识'，严守党的政治纪律；一定要廉洁自律，维护党的崇高形象；一定要保持公仆本色，为人民多办好事实事，努力把干部队伍思想作风建设提高到一个新水平"；或用短句，如："希望同志们再鼓动、再发力、再出发，团结拼搏，争创一流，再立新功！"或长短句结合，如："只要我们团结一致，振奋精神，真抓实干，克难攻坚，就一定能为实现中华民族伟大复兴中国梦作出更大贡献！"

十、科学运用口语

所谓口语，即区别于书面语的日常交谈使用的通俗语言。前面讲到，机关文稿与其他体裁的文章在语言风格上大不相同，而在机关文稿中，讲话稿的语言风格又与调研报告、工作总结、文件等文种有所不同，其中最大的不同就是口语的运用。为什么呢？因为领导讲话是直接面对听众的，口语的好处在于：通俗易懂，生动自然，便于领会，富有亲切感。领导在讲话中布置任务，提出要求，虽然是一件很严肃的事情，但也不能老是居高临下发号施令，也不能文绉绉地搞一些让人似懂非懂的语句，而要以深入浅出、生动鲜活的语言循循善诱，以理服人。毛泽东同志的许多讲话就是这方面的典范，如《反对党八股》，历数党八股八大罪状，这本是很严肃的，但语言平白如话、生动活泼，间或用上一两句形象化语言，如"老鼠过街，人人喊打""懒婆娘的裹脚布，又长又臭""语言无味，像个瘪三"，显得庄重而又诙谐，贴切而又自然，令人百看不厌。

口语的运用，需把握以下特点：

一是用词要通俗易懂，戒深奥、生涩。同样的意思，用不同的语言来表达，效果是不一样的。如"只要思想解放了，就能找到克服困难的办法"，这是口头语，意思一听就明白；改成书面语就可以是"惟有解放思想，方可克难制胜"，这就"文"一些了，不过意思还容易懂；如果再"文"一点，变成"砸碎思想桎梏，必能所向披靡"，乍一听，就有点不知所云了。有的同志以为用一些平常少见的生涩词语就能显示自己有水平，其实是大错特错。同样的道理，讲稿中引用名句、格言也要挑选那些一听就懂的句子，如"水至清则无鱼，人至察则无徒""学而不思则罔，思而不学则殆"，就比较好懂，若用"慢藏诲盗，冶容诲淫"之类的生僻句子，就让人莫名其妙了。此外，表达同一个意思时，即使用的是明白易懂的词或句，也要注意书面语与口语的区别。比如书面语说"羁绊"，口语宜说"束缚"；书面语说"迅即"，口语宜说"马上、立刻"；书面语说"然而"，口语宜说"可是、但是"；书面语说"勿谓言之不预"，口语宜说成"别怪我事先没打招呼"，等等。还有某些同音词如"全部"与"全不"、"劣质"与"列支"、"务必"与"无比"，作为书面语当然明白无误，但作为口语则容易造成误听，在特定的语境中就应换成更明白的说法。

二是语气要亲切自然，戒生硬、蛮横。既然是面对听众讲话，哪怕是揭示很深刻的道理，哪怕是对某些人和事提出很尖锐的批评，语气也与书面语不同，它需要一种能让人接受、与人沟通的口吻，使人感到你是在那里讲道理、说心里话，而不是拿出领导的架势教训人。比如这样的句子："同志们想想看，不刹住这股浮夸虚报的歪风，怎么得了呢！"问题提得很尖锐，但前边一句"同志们想想看",听起来就很顺耳、很亲切。如果换成"你们想想看",就变成教训的口气了。类似的句子还有一些,如"我们大家都要时时扪心自问:我为党和人民贡献了多少?""我们要清醒地认识到",这里第一人称的用法很起作用,虽然是要求听众怎样怎样,但听起来就是领导者把自己也摆进去了,感觉就好得多。还有一些批评不良现象的句子,语气不同效果也不同,比如:"的确,基层工作十分辛苦,要做的工作很多、很具体、很复杂,需要承担种种压力和风险,但是,这能成为我们某些同志不思进取、得过且过,甚至与组织讨价还价、不安心在基层工作的理由吗?"这话"火药味"够浓的了,但有前边几句表示理解、体贴的话,被批评者就比较容易接受。比较一下,如果没有前面几句,即使"火药味"再浓一点,也未必能达到很好的教育效果。

三是语言要生动鲜活,戒古板、陈旧。要尽可能多一些接地气的语言,多一些生活气息,多一些贴近实际和贴近人心的话,少一些书生腔和学究气。举个例子来说,"村看村,户看户,群众看干部"和"干部一定要模范带头",两句意思差不多,但前一句明显生动得多,后一句则显得一般化。要使句子生动鲜活,可以有多种手法,比如用隐喻手法揭示某种道理,"上梁不正下梁歪,下梁不正倒下来";用明喻手法鼓舞士气,"困难像弹簧,你强它就弱,你弱它就强";用生动的群众语言抨击不良现象,"我们有的干部一天到晚考虑的只是位子、房子、车子、票子,却很少考虑发展经济的路子、帮群众致富的法子"。此外还可用幽默语言调和气氛,用情感化语言打动人心,等等。当然,并不是每篇或通篇讲话都可以运用这种语言,要看具体情况而用,用得恰到好处。

四是句式要轻松爽口,戒拖沓、做作。稿子念起来要轻松、顺当,不觉得拗口、别扭和疲累,听众听起来也觉得清爽、舒服。这就要求,句子要尽可能简短、明快一些,多用短句、单句,少用长句、复合句,千万不能黏黏糊糊地搞一些让领导念得上气不接下气的长句,更不能搞一些让人头晕脑涨的复式句、倒装句和欧化句,比如这种句子"正因为反腐败斗争和党风廉政建设事关党和国家的生死存亡所以我们才不能不在思想上引起高度警觉并在行动上切实抓紧抓好",就是相声演员念起来也会觉得费劲,不如改成:"反腐败斗争和党风廉政建设事关党和国家生死存亡,我们一定要高度警觉,切实抓紧抓好。"

不过需要指出，讲话稿的口语并不是纯粹的大白话，也不是领导不用稿子即席讲话那种轻松随便的口语，而是一种书面化的口语，或者说，是介于口语和书面语言之间的一种语言，是口语的自然、活泼和书面语的庄重、严谨的结合体。纯粹用书面语行不行？当然未尝不可，但缺少生动鲜活。目前不少讲话稿语言正是因为太"书面"、太故作正经，所以听起来就像板着脸孔念文件、读论著，显得枯燥无味，令人生厌。那么，纯粹口语化行不行？当然不行。毕竟是以领导者的身份讲话，毕竟是安排部署工作，很多讲话政治性、原则性还较强，如果通篇都是口语，那又走到了另一个极端去了。当然，如果是即席讲话，口语相对多一些还不要紧，比如"嘛""呀""啊"等语气词屡屡用到，某些流行的网络语言也会脱口而出，个别基层领导甚至连"他妈的"这样的"国骂"也会冷不丁冒出来。如果把这些语言写到稿子里边去，就显然不合适了。这种差别是需要我们细心把握的。

十一、恰到好处地引用典型事例

首先我们要弄清引用典型事例的作用是什么。有的同志认为，讲话稿中不宜引用典型事例，既占篇幅，也没多大必要。这种说法不全对。有些讲话可以不引用，有些讲话则需要用。一是用于印证观点。任何观点不可能孤立地存在，要把观点表述清楚，除了必要的议论以外，有时也需要用典型事例来证明该观点的正确性。比如在"团结出战斗力，出生产力"这个观点下，引用某县党政班子成员团结一致、拼搏进取、改变面貌快的例子，就能说明这个观点立得住。二是用于启发听众。比如在"思路决定出路"这个观点下，固然可以洋洋洒洒议上一大段，但如果能有实例为证，如某地因思路对头而由穷变富、某地因思路不对头而面貌依旧，这样一对比，效果肯定会更好。三是用于树立榜样。常言道"榜样的力量是无穷的"，有时领导在大会上表扬先进，不仅讲话内容本身需要，同时也是一种工作方法。如表扬某单位工作出色、某领导干部政绩突出、某劳模对事业发展有重大贡献，号召人们向先进看齐，不仅受表扬者备受鼓舞，更重要的是能起到"点燃一盏灯，照亮一大片"的效果。四是用于教育干部。如强调领导干部一定要廉洁自律，可以引用正面典型：某领导清正廉洁，赢得群众爱戴，值得人们学习；也可以引用反面典型：某官员不注意自律自省，贪欲日益膨胀，最终走上了违法犯罪道路，值得人们引以为戒。这样用正反两方面的典型来说明廉洁自律的重要性，听众所受的教育就会深刻得多。

另外，讲话稿中恰当地引用一些典型事例，也可以使讲话更生动、更实在、更有可读性和说服力，而不至于满篇都是干巴巴的说教、硬邦邦的要求。

接下来就是如何引用典型事例的问题。

首先，务必把事实搞准。既然是作为典型来引用，那么它的业绩、经验都必须是真实的、站得住脚的、有借鉴和推广意义的，这样才能令人信服。这就要求我们一定要有严肃认真、一丝不苟的态度，把典型的情况搞准，情况不明就要调查核实，直至确信可以把它作为典型为止，千万不能道听途说，不能听信一面之词，不能仅凭"据说""据反映"就下定论，否则就可能给工作带来被动。

其次，典型事例要引用得恰到好处。特别在用于印证某个观点或解释某种道理的时候，更要注意这一点，不能用歪了、用偏了。当然，凡有一般写作常识的同志都不至于"歪"到风马牛不相及的程度，而是在准确不准确、贴切不贴切的问题上需要把握好。比如某篇讲话谈到"发展区域经济必须力创特色"的问题，这个观点的核心显然是"特色"二字，如果需要引用典型事例，就要选择某个市或某个县通过创特色实现大发展的例子，这样就显得准确和贴切。

再次，典型事例的引用应视需要和篇幅容量而定，不能用得太多、太滥，不能机械地为每一个观点都套上一个例子；同时，文字要尽可能精炼，不要讲故事似的把这个典型的全部细节都端出来，把精华部分点到就可以了，以免挤占其他内容的位置，把篇幅拉得太长。

十二、领导讲话的录音整理

领导在各种会议和有关场合发表讲话，多数时候有稿子，但有些时候也不用稿子，或者虽然有稿子，但不完全照稿子念。这样，录音整理也成为文秘人员的一项经常性工作。这里有两种情况。一种是，领导在讲话稿的基础上作了某些发挥，或加进了几个重要观点，或插进了某些重要内容。这种情况比较好办，领导在讲话时把它们原原本本记下来，整理时再加进去。如果观点欠准确、层次不顺当、句子不通顺，作一些技术处理就行了。另一种情况是，领导是脱稿讲话，或者根据提纲现场发挥，或者即兴讲话，有的可能顺当一些，稍加整理就成为一篇文章；有的则可能讲得随便、零乱一些，要整理成为文章就有一定难度了。这种情况下，最基础的工作是把领导所讲的话通过速记或录音全部记下来，这样整理起来就会有充分的材料依据。有的同志只记要点，整理时再来发挥，其实这是自找麻烦：即使你发挥得很好，也要费时费力，何况你未必都能发挥得准确、能符合领导的原意呢？所以在这个环节上，还是忠实于领导的原话、原意为好。到了整理阶段，我们再来研究和推敲——

层次顺畅不顺畅？因为是脱稿讲话，可能出现层次不顺的情况，比如：本应作为第一层次的摆到了第二、三层次，层次之间联结不够紧密，各层次的内容相互穿插、重复。这种情况下就要把层次理顺，该作为哪个层次的就调整到哪个层次，该属于哪个层次说的话就集中到哪个层次之内。比如某领导就加强基础设施建设问题谈了四点意见："一、加强领导，提高认识；二、制订并落实优惠政策，激励外商和民间投资；三、突出重点，集中力量抓好国道改造和乡村公路建设；四、落实领导责任制，确保各项任务完成。"这四个层次的摆布就存在两个问题：一是，第一层次的"加强领导"会与第四层次重复，不如把它并入第四层次，第一层次集中谈认识问题；二是，第二层次与第三层次应该对换，先讲重点再讲投入，前者是任务，后者是措施，逻辑上更顺当一些。

观点准确不准确？如果不准确，就要予以修正，使之准确。为什么说"修正"而不是"改正"呢？这是因为，除非这个观点完全错误，要不就必须尊重和保留领导本来的意思，只是在该观点的表述方法有所欠妥的情况下，进行必要的技术处理，这就像木工用刨子刨木料，目的是使之平整光滑，而不是把木料废掉。我们来看一个例子：某领导即席讲话中提了这样一个观点，"各级干部尽可放开手脚大胆干，出了失误，只要不是中饱私囊，可以不追究责任。"这句话的出发点是没有错的，思想也够解放的，但表述上欠周密。不是中饱私囊就不追究责任，那么由于失职渎职给国家造成严重经济损失，要不要追究责任呢？这显然是一大漏洞。所以在基本保留原意的基础上，可以修改为："各级干部尽可放开手脚大胆干，出了失误，只要不是严重违纪违法，可以免予追究责任，吸取教训，改了就好。"这样表述就比较完整、准确了。另外，之所以强调"修正"而不是"改正"，其中还有一层含义，即尽可能让领导的真实思想得到充分表达。比较一下我们就会发现：只要该领导具备了一定的口头表达能力，其脱稿讲话往往还使人爱听、愿听，因为它不像写好的文稿那样文绉绉的、正儿八经的，它可以在一定的空间自由发挥，所表达的往往是领导同志的实话、真话、心里话，是他独到的、不入流俗的、不是八面玲珑打官腔的、能表现个人风格的真实思想，其中还不乏真知灼见。如果在整理时左推敲右琢磨，把每一个观点、每一句话都"磨"得很"正确"、很规范，其实有时候却把领导思想中的"亮点"也给磨掉了，变成一篇沉闷而毫无生气的官样文章。正因为如此，我们平常就要十分注意捕捉和积累这种"亮点"，整理讲话时更不能随意更改或删掉。

语句通顺不通顺？不通顺的情况肯定会有的，就像平常说话一样，哪怕是思维再敏捷、口齿再伶俐的人，也免不了会有词不达意、前后重复和思路短暂中断的时候。但脱稿讲话的好处恰恰又在于：它是以较多的口语而深受听众欢迎的，偶尔出现停顿、重复和某些语气词，反而让听众觉得自然、亲切；更重要的是，不少领导在脱稿讲话时生动幽默，妙语连珠，使会场气氛轻松活跃，让听众在笑声中受到教育和启迪，其效果比板着脸念稿子当然要好得多了。所谓"整理"，"整"即调整，"理"即理顺，而不是叫你去推倒重来。所以在整理讲话时一定要注意：只要层次基本清楚、语句基本通顺，就要尽量保持原貌，尤其要注意保持该领导原本的语言风格和语言中的精华部分；我们的责任仅仅在于，把明显不顺的地方理顺，把明显不当的用词改过来，千万不可自作主张把它改成了八股调、书生腔。举个例子：某领导在有关会议上即兴讲话，其中有这样一段："我们有的干部，喝起酒来一斤两斤不醉，打起扑克麻将来三天四夜不累，可做起工作来呢，五年六年不会！这样下去，你不感到卑鄙吗？"这话说得既尖锐又生动，仅"卑鄙"一词用得不够贴切，换成"问心有愧"就可以了。而如果把它改成"有的干部成天沉醉于吃喝玩乐，工作上却平庸无为……"当然也说得过去，但那种生动性就没有了。

意思完整不完整？脱稿讲话不仅要求思维敏捷，而且要有连贯性和逻辑性，一句一句、一层一层地把意思表达清楚、表达完整。但有时由于思维出现跳跃，忽略了前后照应，或由于说话的节奏太快，语言运用不够周密，就会出现意思表达不连贯、不完整的现象。来看两个例子。例一："群众对我们提意见，甚至批评我们，骂我们。我们要经常照照镜子，及时发现脸上、身上的脏东西并把它清除掉，就可以变得干净一些、漂亮一些。"这两句话之间就出现了跳跃，把"我们要经常照照镜子"改为"我们要把群众的批评当镜子"，意思就连贯得起来。例二："对部分乡镇干部工作作风粗暴的问题，我觉得要从两方面来看。一方面，在乡镇工作，直接面对群众、面对大量矛盾和问题，难度的确较大……"如此这般说下去，本来前边说"从两方面来看"，但只说了"一方面"，接下去忘记说"另一方面"，意思就残缺不全了。整理时我们就要顺着领导的思路想下去：这"另一方面"可能是什么呢？可能是上级对乡镇干部教育不够、管理不严，也可能是这些干部群众观念淡薄、做群众工作的能力不强，把这些意思补上去，就显得完整了。

句子干净不干净？所谓干净，指的是句子要尽可能凝练、简洁，不重重复复，不拖泥带水。因为脱稿讲话不可能像写文章那样斟词酌句，既然是口语，就不可避免地出现少量多余的、累赘的东西。这样就给整理工作带来了难题：句子不干净固然不行，因为整理出来的文章也必须是文章，不能原封不动把那些显得冗余的东西全部保留下来；但太干净了也不行，太干净就失去了口语的特点，变得不生动、不自然了。这里就有一个如何把握好"度"的问题。比如这样一段话："我们有的同志也太不像话了吧，啊？洪水都快冲到家门口了，他还在那里高枕无忧睡大觉！这样下去还得了吗，啊？这究竟是警觉性不高呢，还是责任心不强呢，还是这个这个……对人民生命财产漠不关心呢？"很显然，这段话就要予以必要的"修剪"，把无关紧要的话去掉，变成："有的同志也太不像话了吧？洪水都快冲到家门口了，他老先生还在那里搂着老婆睡大觉！这究竟是警觉性不高呢，还是对人民生命财产漠不关心呢？"这样，既保留了口语的特点，又使句子简洁多了。

也有一些脱稿讲话在层次、观点、语言表达等方面存在较多问题，需要动"大手术"才能整理好，有时还需加入秘书本人的发挥与创造。这种情况下，就要将有关问题汇报清楚，领导同意后再定稿印发。

形象地说，整理录音讲话要用好几种"工具"：一是"剪子"，把多余的内容和语句剪掉；二是"刨子"，把不准确的观点或不通顺的句子打磨平整；

三是"焊接刀",把断裂的层次或表述连接上；四是"搬运车",把放错了地方的内容挪移到正确的地方。

十三、不同种类讲话的写作要求

前面所谈的是讲话稿起草的一般要求，具体到某一类型的讲话又会有不同的特点和要求。虽然同属发表讲话，但根据会议主题、对象的不同，写法也应有所不同。相比于舞台上的艺术家来说，歌唱家可以只擅长于民族唱法，或美声唱法，或通俗唱法，演奏家可以只擅长于钢琴，或小提琴或二胡，但作为讲话稿，必须做到什么风格的"歌"都能唱，什么"乐器"都能演奏，这样才能适应不同的需要。如果对此分辨不清、把握不准，用同一种写法去套不同种类的讲话，就会导致适应性、针对性不强，达不到预期的效果。

（一）部署性讲话：嘹亮的进军号角

部署性讲话指的是：宣传动员、布置工作的各类讲话，是各类讲话中用得最多的一种。其典型特征就是告诉人们做什么和怎么做，要达到什么目标，起着引领方向、指导行动的重要作用。事实正是这样，从中央到地方，各级领导的一篇篇部署性讲话如同一声声响亮的号角，指挥着千军万马奋勇前进，推动着各项事业向前发展，取得一个又一个胜利。

由此可知，部署性讲话应体现以下特点：

庄重严正，体现鲜明的政治性。部署性讲话无论安排布置哪方面的工作，都必须坚持讲政治、顾大局、守纪律，不能与党的路线方针政策相违背，不能与国家的法律法规相抵触，不能背离上级决策部署另搞一套。否则，就会犯方向性的错误。

厚重端谨，体现深刻的思想性。部署性讲话必然要求领导者站在全局和战略的高度提出问题和分析问题，以精辟的见解、科学的思路和令人信服的道理引领方向、推动实践，这样才能使讲话显得有厚度、有力量。

实在具体，体现周密的操作性。部署性讲话的目的是为了布置任务，推进工作，因此要立足于操作和执行的需要，不仅要阐明开展工作的背景、目的、意义，还要讲清实施的措施、办法和要求。如果过于原则、笼统，就不利于操作和落实。

表述准确，体现明确的目的性。任何工作部署都是为了实现一定的目标、达到一定的效果，这也是领导工作的核心价值所在。这种目标，或者是定量目标，或者是定性目标，或者是单项目标，或者是综合性目标，都要表述准确、清楚，使人们明确努力的方向。

富有气势，体现令使性和号召性。部署性讲话既然是部署工作，自然离不开较多使用令使性语言和号召性语言，这样才能使听众受到鞭策和激励，就像士兵听到冲锋号声奋起前行。这也是部署性讲话区别于其他讲话的一个最显著的特点。

（二）总结表彰性讲话：格调昂扬的进行曲

总结表彰类讲话指的是某项重要工作、专项行动或争先创优活动结束之后，在有关会议上发表的讲话，如抗洪救灾总结表彰大会上的讲话、脱贫攻坚先进集体和先进个人表彰大会上的讲话、工业园区"比效益，比环境，比后劲"竞赛活动总结表彰大会上的讲话等。其内容，一般是回顾工作开展情况和取得的成效，对先进典型的事迹、经验予以肯定和褒扬，然后对下一步工作提出要求和希望。其特点主要体现在：

（1）既要客观全面，又要突出主题。总结表彰会议是弘扬正气、激励先进、推动工作的重要形式之一，领导讲话在客观回顾总结工作和提出要求与希望的同时，要把较多笔墨放在褒扬先进典型的事迹和经验、挖掘和提炼其精神价值上，以鲜明的态度、昂扬的格调、肯定的语言号召人们见贤思齐、争当先进，使受表彰者受到鼓舞和激励，全体与会者受到教育和鞭策。也就是说，要突出"褒扬、促进"这个主题，避免流于一般的总结工作和布置工作。

（2）适当使用一些带有文采、感情色彩的语言，以增强鼓动性和号召力。与部署性讲话不同，总结表彰性讲话固然也要讲究朴实、庄重，但语言运用上应该而且可以多一些弹性、多一些文采，以达到渲染气氛、鼓舞人心、激发正能量的目的。

（3）注意语调、语气的适应性、相融性和层次、段落的自然衔接，避免生硬呆板。这是一些起草者很容易犯的毛病，起草这类讲话时也像起草部署性讲话那样，到处是"要""务必""必须"等令使性语调，通篇都用"一是、二是、三是""第一、第二、第三"划分段落和层次，显得冷冰冰、干巴巴的。其实，总结表彰讲话应该多用肯定、希望式语言，这样才能与会议主题、现场气氛相吻合；段落层次划分应少用序号，以造成一种无缝对接、语势连贯的效果。

（三）座谈交流性讲话：和谐的圆舞曲

座谈交流类讲话，包括在各种座谈会、研讨会、务虚会、协商会上，面对面进行思想、情感、信息交流的讲话，其主要作用是沟通情况、交换意见、形成共识、促进工作。这种讲话的适应性非常之广，受众面非常之宽，与会者可以是基层干部，也可以是普通民众，可以是各界人士代表，也可以是专家学者、新闻记者和客商等等，且发言者可以畅所欲言，各抒己见，所以领导讲话不仅要体现导向性、思想性，还得体现民主性、兼容性。具体要把握好以下几个方面：

（1）语言要平和、谦谨，体现民主性。与部署性讲话的严肃性、指令性不同，这种讲话的语言应该相对平和、自然、轻松些，较少运用令使性语言，有时还要适当运用某些谦辞。因为这类会议是多个主体发表意见、互动交流，领导者虽然是以领导身份出现，但发表讲话更多是作为个人意见，应体现对他人意见的尊重，注重营造一种宽松、融洽的气氛，从而达到会议的预期目的。

（2）善于归纳、概括与会者意见并予以升华，体现兼容性。这种讲话一般会备好初稿，但不宜一字不漏照念，而要根据会议讨论交流情况进行梳理归纳，特别是对其中有见地、有价值的意见建议要给予充分肯定，在此基础上加入自己的见解，形成集中性的意见。这样必然要求领导者有良好的概括能力和语言表达能力。如果埋头念稿，等于排斥他人意见，给人以先入为主和搞"一言堂"的不良印象。

（3）既要兼收并蓄，又要柔中带刚，体现导向性。领导讲话的目的就是要影响人、教育人，甚至改变人的思想和行为。而座谈交流性的会议，有时容易达成共识，有时则因与会人员不同的心态、不同的想法而一时难以达成共识。领导者固然要允许和鼓励大家畅所欲言，但同时要注意体察听众心理，把握临场情况，耐心细致地进行调和、引导，牢牢把握话语权，在集思广益的基础上把大家的意见集中到正确的轨道上来。如果只有民主而没有集中、只有各方意见的自由发挥而领导讲话没有明确的指导性、结论性意见，那就达不到解决问题的目的，会议也等于白开了。

（四）应景礼仪式讲话：轻松优雅的小夜曲

应景礼仪式讲话，指的是领导同志在有关庆祝仪式、对外交流场合的讲话，如节庆纪念和项目开工、竣工仪式上的讲话，合作交流和招商引资推介会上的致辞，有关场合的欢迎词、答谢词、祝贺词和节日祝词等。这类讲话虽然不带有部署性、指令性，但同样是领导人行使领导职能的重要手段和形式，在促进发展、凝聚人心、对外交往、树立形象中发挥着重要作用。其特点与其他类型的讲话又有着很大的不同。

（1）轻松活泼，热情洋溢。既为礼仪应景式讲话，自然不宜板着脸孔一本正经，而要在庄重、得体的前提下，尽可能开朗、热情、轻松一些，尤其要感情饱满，以情感人。这样才能活跃气氛，打动听众，引发心理共鸣。

（2）体现必要的礼节、礼仪。礼仪文明是中国传统文化的重要组成部分。从性质上说，应景式讲话是一种礼节性与礼仪性极强的文体，尤其在区域交往过程中和涉外场合，主要通过致辞表达某种感情，或宣告，或祝贺，或致谢，或慰问，或欢迎欢送，因此，无论在语言上还是在语气上都要讲究分寸，礼貌得体，以儒雅的谈吐、温馨的礼节表示对与会者的热情、友好和尊重，进而营造和谐气氛，增进彼此友谊，促进交流合作。

（3）语言优美，有一定的抒情色彩。抒情性是礼仪应景性讲话的又一个显著特征。在这种场合下，领导者决不能有部署性会议那种发号施令的语调，而应表情欢快，语言鲜活，富有文采，给听众一种强烈的情绪感染和精神鼓舞。

（4）尽可能凝练、简洁，以小见大，以短见长。再喜欢讲长话的领导到了这场合都只能吝啬自己的语言，如果洋洋万言，侃侃而谈，只会让听众厌烦，让自己难堪。只有篇幅短小、用语简练、句式明快，才是最受欢迎的。

（五）演讲性讲话：声情并茂的独奏

演讲即领导者在有关集会、宣讲、讲座等场合发表的讲话，如应邀到某高校演讲、外交场合的演讲、就职演讲、大型群众性集会演讲等。它虽然也带有鲜明的政治性、倾向性和目的性，但更多体现的是阐释主张、宣传鼓动、彰显自我的色彩。这类讲话的特点：

一是主题集中。这是由演讲的篇幅和表现内容所决定的。要在有限的时间内表达观点与态度，需要在演讲中有一个高度集中的主题。主题只有高度集中，才能形成折服人、打动人的力量。而且演讲的时间一般不宜太长，要力求在听众精力最集中、兴趣正浓厚的时段讲完，以收到最佳效果。无论哪一类演讲，都要力求删繁就简，用最少的语言表现最丰富的思想和感情。

二是情理交融。以情感人，以理服人。情理交融，是演讲性讲话的一个显著特征。因其很重要的成分在于与听众的思想情感交流，只有充分考虑并适应听众的沟通和交流需要，倾注丰富的真情实感，将深邃的道理蕴涵于生动的表达之中，才能通过演讲走进听众的心里，拨动心弦，引起共鸣。比如就职演讲中的承诺与鼓动，演讲者需要向与会者汇报其施政纲领，并承诺在其任职期间将要做什么，达到什么目标，如何去做等；需要以自己的激情去感染受众，以自己的人格魅力去征服听众，以美好的前景去激励听众，将听众的积极性、创造性充分调动起来，共同追求，共同奋斗。又如面对高校师生演讲，由于听众的文化层次较高、思想较为活跃，如果只有"理"的阐发，而缺少"情"的感染，就很难达到理想的效果。所以，领导者在演讲时应牢固树立"以听众为中心"的思想，根据不同对象的心理需求，通过情与理的充分融合，使听众在聆听演讲中受到启发与教育，感受鼓舞与震撼。

三是个性突出。演讲性讲话与其他讲话最大的不同，就是极富个性特点。无论是涉外的激情演讲，还是对内的慷慨宣言，无论是思想上的气理冲天，还是语言上的文采飞扬，演讲性的讲话都极易表现个性色彩：理念与主张、智慧与才干、态度与感情、气质与风格等，无不因人而异，各显特色，异彩纷呈。所以，为着演讲中的良好表现，领导者往往会充分调动自己的知识和智慧，充分展现自己的水平和能力，就像在万众瞩目的舞台上表演器乐独奏，力求技法娴熟，优美动听，高山流水，知音常在，使听众得到美的熏陶。如果缺乏个性的彰显，必然使演讲缺乏魅力。

【写作实例】之一

×××同志在全市"三大战役"突破年活动
动员大会上的讲话（摘要）

在新春的第一个工作日，市委、市政府就召开全市"三大战役"突破年活动动员大会，主要基于三点考虑：一是以最快的速度，号召大家迅速从过年的轻松状态转入新一年紧张的工作之中；二是以最好的方式，向全市人民表明我们争分夺秒干事创业的坚强决心；三是以最强的信号，对各级干部警示挑战在即、刻不容缓，必须在新的一年奋力实现"三大战役"的大突破，为全面建成小康社会打下坚实基础。下面，我讲三点意见：

一、要以强烈的危机感，迅速形成"势在必行"的共识

打好工业强攻战、跑项争资攻坚战、县域经济大会战"三大战役"，是市第三次党代会赋予我们的崇高使命。市委、市政府决定，在今年开展"三大战役"突破年活动，是在冷静分析外部形势、密切结合自身实际的基础上作出的重大决策。坚定地投身这个重大活动，首先需要清醒地把握三个"前所未有"：

1. 我们打响了前所未有的"三大战役"，已把自己逼到了不得言败的境地。开弓没有回头箭。航向明确，我们只能义无反顾；航程曲折，我们只有一往无前。当前，"三大战役"已全面打响，但能否尽早取得实质性突破，不仅关系战役本身，更关系我市全局。不突破，必将前功尽弃。五个多月来，全市广大干部群众在市委、市政府的号召下形成共识、作出共为，并取得了初步成效。但要真正把"三大战役"打出气势、赢得胜利，只有一鼓作气、实施突破，否则，已有的良好开局，也会半途而废。不突破，必然遗患无穷。可以试想，如果"三大战役"打成了持久战、拉锯战、疲劳战，势必造成干部懈怠，导致百姓失望的被动处境。背水一战的形势，已把我们逼到了不得言败的境地，唯有突破，才能凝聚人心；唯有突破，才能巩固战果；唯有突破，才能取信于民；唯有突破，我们别无选择！

2. 我们遭遇到前所未有的竞争挑战，已经处于不可逆转的狭缝。比较周边兄弟市的发展态势，无论过去百舸争流的争先进位，还是当前千帆竞发的你追我赶，我们都处在"不进则退、慢进掉队"的狭缝甚至"只见标兵、不见追兵"的险境中。一是纵比有喜。去年我市经济发展成就斐然，二是横比有忧。自比有进步，但横比有差距，我市经济总量在全省11个设区市中的排位仍是"八九不离十"。三是近比有愁。尽管这几年我市年年都有大批项目落地，但有型经济、有根产业、有税企业的增长不突出，尤其大项目、大投入、大企业"三大"不明显，财源趋紧、后劲乏力的疲状已明显暴露在全市的经济生活中。四是远比有危。在省第十三次党代会后，各设区市都铆足干劲、明争暗比，竞相出台了重大举措，争先恐后的态势加剧。在这种不可逆转的大势、不容回避的大考前，各级干部尤其党政主要领导就是临危受命，就要勇于担当。

3. 我们面对着前所未有的外部复杂环境，已初显经济下行不进则退的重压。目前大量的信息表明，无论国际、国内还是全省和我市，今年都将是经济运行最为艰难、复杂的一年。如无超常措施积极应对，将难于完成市党代会确定的目标任务。

以上三个"前所未有"，注定我们实施"三大战役"的强力突破势在必行、且迫在眉睫。全市上下必须以强烈的危机感和使命感，全副身心地融入突破年活动中，履职尽责、建功立业。

二、要以敏锐的洞察力，准确把握"首战必胜"的关键

今年是实施"三大战役"的第一年。首战的胜败，事关重大和长远。今天会上，市委、市政府正式下发了在全市开展"三大战役"突破年活动的意见。这就是号角，这就是战鼓，这就是军令状。全市上下务必紧急行动起来，全神贯注地投入到"三大战役"突破年活动中，突出重点，把握关键，真抓实干。共性上讲，要注重五个方面的突破：

1. 在"植树造林"上求突破。到本市任职以来，我反复强调"植产业之树、造企业之林"。因为我市最大的问题是经济总量不大，而经济总量不大的根源是工业总量不大，工业总量不大的症结是企业集群不大。壮大企业集群，是我市发展的关键所在。所以，求得"三大战役"的突破，首当其冲是在"植树造林"上求突破。

2. 在择商选资上求突破。我们招商引资既要追求"大海"，更要寻求"高山"，逐步实现由招商引资向择商选资的转变。要逆向思维去抓热点、钻"冷门"：一要"贪大求洋"。以世界500强、国内200强、大型央企、知名集团等为重点目标，以"五千"精神锲而不舍、百折不挠、紧盯不放，哪怕一分希望就做百分的努力。二是"无中生有"。既要有干事的热情，更要有谋事的智慧，特别是一些基础不好、条件不优的地方，要走出"唯条件论"的误区，树立开放发展的观念，既借力起跳促跨越，更无中生有善谋新项目、敢创新产业，变不可能为可能，逐步培植起新的经济增长点乃至未来的经济增长极。三是"草船借箭"。跳出只有工业化程度达到一定水平才能发展高端产业的传统模式，力求高端切入，这是所有后发地区在招商中的一道绝招。我们招商的重中之重应是瞄准高端战略伙伴和重大龙头项目，积极引进一批具有强带动力的重大产业项目，依托产业之船，广借企业之箭。四是"喜新恋旧"。已经引进落户的企业，是开始生蛋的母鸡，而且大部分企业规模大、效益好、后劲足。我们既要盯紧新项目，培植新财源，不断增强发展后劲；还要厚爱老项目，善待老企业，引导企业积极进行技改扩建，做大做强企业实力。执着于"恋旧"，以优质的服务感动客商，带来的不仅是企业的扎根开花结果，而且可以提升我们的对外影响力和对内凝聚力。

3. 在攻坚克难上求突破。现在的外向型竞争，比的不仅是招商的优惠政策，更多的是谁在破解发展难题上能胜人一筹。资金和用地是当前急需破解的两大突出难题。各地各部门要深入研究国家产业规划和政策，积极为企业争取国家和省各类资金扶持，并通过夯实银企合作平台、完善贷款担保体系、鼓励企业直接融资等多种手段，积极帮助企业协调解决资金问题。

4. 在落地生根上求突破。只签协议、不见落地的项目，永远是一张中看不中用的废纸。要把每份合约变成进资，把每分投资转成落地，把每个落地项目建成并产生效益，重中之重在安商。去年启动"三大战役"以来的成绩单是优异的，但量上的优势要转变为发展的胜势，关键在于企业的真正落地、生根、开花、结果。

5. 在提高效率上求突破。行政效率，是决定一个地区发展快慢、环境好坏的重要因素。再好的东西，过期就会变质；再好的项目，急慢就会失效。所以，我们在具体工作中，不仅要做到只设路标、不设路卡，而且要注重化繁从简、提高效能。无论是条条部门还是块块单位，都必须摆正自身位置，牢记服务宗旨，转变思维方式，推行政务公开。对投资服务事项，从项目立项到竣工验收要进行全流程梳理，把各个环节上的办事机构、运行程序、时限要求和违诺追究办法公之于众。

三、要以坚定的责任心，切实增强"志在必得"的合力

实现"三大战役"的突破，任务艰巨、责任重大。各地各部门要把它作为压倒性的中心工作强部署、快推进、促落实，以坚强的领导、务实的作风、有力的保障、科学的机制，强力突破，早见实效。

1. 在组织上强领导保障。决战胜负，关键在人。各级领导干部特别是党政主要领导要切实加强领导，敢于喊出"跟我上"，而不是"给我上"，为全市上下带好头，一级做给一级看，一级带着一级干，激发广大干部群众的冲天干劲。要具体做到"三进"：一是高位推进。市、县区两级要成立高规格的"三大战役"突破年活动领导小组，下设办公室，抓好活动的组织、指导和协调工作。二是加压逼进。对于"三大战役"，目前"县区埋头干，部门当裁判"的现象依然存在，特别是少数市直部门袖手旁观，只当"评论员"、不做"战斗员"，这不仅不应该，也绝对不允许。三是全员促进。一些地方和单位存在"领导拼命干、干部旁边看"的现象，这是发动不充分的表现。在"三大战役"的突破年活动中，全市上下只有主人翁，没有旁观者。各级各部门要按照"项目化、时间表、责任人"的要求，把全年目标任务细化分解，抓好落实。

2. 在要素上强扶持保障。主动集中财力、物力、地力、人力支持突破年活动。在财力投放上，要舍得拿出"真金白银"，建立专项资金，用于省级产业基地、生态园区、国家级检测中心等申报以及企业上市、重大项目的贴息、补助和考核奖励。在地力争取上，要强化运作，盘活存量，扩大增量，保证项目用地需要。在人才保障上，要注重企业家团队、专业人才团队、党政干部队伍"三支主力军"建设，充分发挥他们对"三大战役"的支撑和引领作用。

3. 在作风上强落实保障。"三大战役"突破年活动，是检验和考核各级干部精神状态、工作作风、能力水平的大舞台。要形成在服务群众办事中比奉献，在服务项目建设中比业绩，在服务企业发展中比效率的氛围，充分展示突破年活动的良好作风。

4. 在考核上强监督保障。要实行"三大战役"突破年活动的专项考核，制订调度、考核、评先的具体办法。要强化督促检查和跟踪问效，既及时通报进展情况，也及时曝光存在的问题。对进展缓慢、力度不够的县区和单位，要下发督办通知单，责成限期办理并反馈情况。组织部门要按照重品行、重作风、重业绩的要求，在突破年活动中发现干部，检验干部，识别干部，不让能干的人被埋没，不让干事的人受委屈，不让本分的人总吃亏，以正确的用人导向引领发展。

同志们，一分耕耘，必有一分收获；一番拼搏，必成一番事业。市委、市政府相信，只要大家保持昂扬向上的斗志，勇于迎难而上，善于克难制胜，就一定能在"三大战役"突破年活动中建功立业，向市委、市政府交上一份经得起历史和人民检验的答卷！

评　析：所谓"动员"，即发动、鼓动人们参与某项重大活动。因此它需要阐明道理、凝聚共识，需要明确任务、促成共为，需要强化保障、确保落实。这篇讲话正是循着这样的脉络谋篇布局，既立意高远又紧贴实际，既高扬令旗又指明路径，加上富有号召性、激励性的语言语势，不失为催动千军万马奋勇前进的"动员令""进军号"。

【写作实例】之二

××同志在全市党外人士座谈会上的讲话（摘要）
（根据录音整理）

今天我和市长一起来参加这个座谈会，一是来看看大家，二是想听听大家说真话、实话。作为市委书记，我经常能听到很多好听的话、赞扬的话，甚至是奉承的话，赞扬的话、奉承的话听起来舒服，但容易让人迷糊；批评的话、带"刺"的话听起来不舒服，但可以使人清醒。无论如何，领导干部还是要多听真话、实话。

刚才，各民主党派市委会、市工商联主要负责同志和无党派人士谈了很好的意见和建议，市委、市政府将认真研究采纳。今天我主要想说说四个字：和而不同。和而不同，是一种很重要的文化价值理念，既是对儒家文化的传承，又是与时俱进的时代精神的体现。"和"就是和谐、和睦、和顺、和衷共济；"不同"就是差异化、民主化、人性化，就是创造性、突破性和个性。和而不同，是坚持和完善中国共产党领导的多党合作和政治协商制度的必然要求，是推进决策民主化、科学化的有效举措，是加强社会主义民主政治建设的重要途径，也是推进经济社会更好更快发展的重要保障。

第一，求共谋发展之"和"，存各展特色之"不同"。实施好"十三五"

发展规划，确保我市与全国全省同步全面小康，这是全市各级党政共同的任务，也是社会各界包括各民主党派、工商联和无党派人士的共同任务。共谋发展需要"和"，需要大家围绕共同的战略目标，为之思虑、为之奋斗、为之奉献。具体到各地区、各单位如何做，就要有"不同"，就要切合实际，因地制宜，扬长避短，错位发展。市委、市政府提出开展县域经济发展三年大竞赛，就是鼓励各个地区主动决策、分区突破；提出把全市划分为城市经济区、工业发展区、山区经济区等三大主体功能区，就是鼓励各地根据区位条件和自身资源禀赋等条件去确定发展思路，各显特色、各展所长、共同发展。这都是在"和"这一前提下的"不同"。

第二，求民主决策之"和"，存观点见解之"不同"。加快经济社会发展，需要各级党委、政府不断提高决策水平，尽量减少决策失误。但是科学决策光靠党委、政府的领导是不行的，还需要广开言路、集思广益、博采众长，需要社会各界包括各民主党派、工商联、无党派人士乃至全市人民开动脑筋想办法，共谋发展之策。要大力发扬党内民主、推进协商民主，开门纳谏，从善如流，只要对发展有好处，对全市人民的利益有好处，就要认真听取和采纳。近年来，党外人士在建言献策上都做了很多工作，比如在市委开展的"解放思想求突破、科学发展促赶超"建言献策活动中，就提出了很多好的意见。虽然与大家直接见面交流的时间不多，但你们提交的意见建议我们经常可以看到，也比较重视。比如市委统战部提交的"百字金点子"，各民主党派提交的重要调研报告，我都会认真看，很多都批过意见，政府及有关部门也采纳了不少意见和建议。希望大家今后继续发扬这种好传统、好作风，大胆地建言献策，让更多良策妙计反映到党委、政府决策中来，更好地完善决策。

第三，求政令畅通之"和"，存创新创造之"不同"。当今社会，是一个创新驱动的社会；当今时代，是一个革故鼎新的时代。一方面，我们要坚定不移地与以习近平同志为核心的党中央保持高度一致，坚定不移地贯彻落实中央大政方针和上级决策部署；另一方面，也要保持创造性思维，敢于和善于把上级大政方针与当地实际结合起来，创造性地开展工作。照搬照抄、人云亦云没有出路。我市自古号称"文物昌盛之邦""农业上郡"，进入现代社会，在弘扬传统特色和优势的同时，必须树立敢于创新、敢于突破的意识，只有这样，转变发展方式、提高发展质量才能实现。希望在座各位充分发挥各自优势和专长，在贯彻市委市政府总体决策部署的基础上，大力弘扬创新求变精神，积极开动脑筋多想办法，把自己的工作做得更有特色、更富创造性。

第四，求团结协作之"和"，存个性差异之"不同"。我市550万人口，就是一个大家庭。为什么要讲"和"呢？"家和"才能"万事兴"。近年来，我市各级班子团结干事，心齐气顺、政通人和，有一个比较好的发展势头，各项事情做得比较"顺"。"顺"就是"和"，我们要继续保持大发展，取得新成绩，就必须继续保持"顺"、保持"和"，班子要团结，上下要团结，党内外要团结。要实现全社会的"和"，首先班子团结至关重要，保持团结就保持了战斗力、凝聚力和合力，班子不团结，就会出很多问题。但是，搞无原则的一团和气又是不行的，对班子成员、党外人士和社会成员还要鼓励独立思考，坦诚相见，说真话实话，允许有个性差异。如果大家都一个思路想问题，一种模式办事情，这个地方也就没有生气。要按照以人为本的要求和人尽其才的原则，鼓励个人主观能动性、创造性及优势、专长的发挥，大家肝胆相照，同舟共济，各展其能，共同把我们的事情办好。

第五，求开明开放之"和"，存五湖四海之"不同"。加快发展，需要继续扩大对外开放，加快建设开放型经济格局。改革开放以来，通过招商引资，我市外向型经济逐步发展，成效十分明显。但我认为开放得还不够，还要以更大的气魄敞开大门，优化环境，招商引资，积极融入"一带一路"对外开放大格局。各级领导、有关管理部门和社会各界都要以海纳百川的宽广胸怀，大胆"走出去"，积极"引进来"，决不能抱着小农经济的狭隘观念闭关自守，决不能对外来资本和人才采取排斥和歧视的态度，决不能小家子气只算小账不算大账。只要客商真心实意来我们这里投资，就要把他们当作家里人看待，一视同仁，搞好服务，帮助他们干事创业。今天在座的很多是企业家，本身就为我市的发展做了很大的贡献，也希望你们在做大做强自身企业的同时，充分发挥你们的优势招商引资，引进更多有实力的企业，特别是投资规模大、科技含量高、创税能力强的好项目。

第六，求宽容大度之"和"，存得失成败之"不同"。做人宽容大度，才能有和谐的人际关系；当领导宽容大度，才能创造和谐的干事创业环境。特别是作为主要领导，要有宽广的胸怀、容人的肚量，不仅要用人之长，还要容人之短，坚持做到支持改革者、宽容失败者、帮助失误者。要按照中央要求，建立容错纠错机制，为担当者担当，鼓励干部积极作为，大胆干事创业。对各方面的人才也要包容。党外人士队伍中人才济济，有不少专家、学者和成功企业家，我们不能因为他们做出了贡献就捧到天上去，出了点失误和问题就一棍子打死。刚才有的同志发言反映到这方面的问题，我们将责成有关部门认真解决好，并及时回复。

以上是我个人对"和而不同"的粗浅理解，跟大家作些交流。希望全市各级干部、社会各界都来探讨"和而不同"，做到"和而不同"，共同为经济社会发展献计出力、建功立业。

评 析：作为座谈会上的讲话，而且是面向党外人士的讲话，这篇文稿与部署性讲话就有着明显的不同。它扣紧"和而不同"这个主题，以平实的语言、谦和的语气展开叙述，既有肯定又有激励，既有兼容性又有导向性，读来令人心情舒畅，同时又深受教益。

【写作实例】之三

关于"句号"与"逗号"的感想

——××同志在××省总工会十三届九次全委会上的讲话

（根据录音整理）

同志们，这次全委会是一次具有特殊意义的全会。根据省委提名，全会依法选举××同志担任省总主席，而且是全票，非常圆满，非常成功，我感到非常高兴。事实将会证明，省委的提名是完全正确的，你们所投出的每一张赞成票都是十分准确、十分值得的。

感谢组织和同志们对我的信任，从2015年4月20号选举我担任省总主席，至今已经三度春秋。时间过得真是快啊！此时此刻，面对岗位的"句号"，千言万语，欲说还休，心中有一片大海，表露出来只是几朵浪花。

回顾过去的三年，我心中充满了欣慰之情。因为我有幸和同志们合作共事、有幸和大家共同参与和见证我省工运事业一系列的变革和发展。三年来，我们认真贯彻落实中央、省委关于群团改革的决策部署，全面推进工会改革，"增三性、去四化"取得明显成效，工会工作的活力明显增强。三年来，我们坚持围绕中心、服务大局，唱响"中国梦·劳动美"主旋律，大力弘扬劳模精神、工匠精神，各级工会组织、工会干部和广大职工为全省经济社会发展作出了积极贡献。三年来，我们坚持服务基层、夯实基础，先后开展工会干部"进园区、强基层、惠职工、促发展""建家、强家、暖家"以及"一提升两强化"专项行动，使基层工会工作薄弱的状况得到了明显的改观。三年来，我们聚焦主责主业，强化维权服务，为广大职工群众特别是困难群众作了大量的好事、实事、善事，得到职工群众的普遍好评和上级组织的充分肯定。

回顾过去的三年，我心中充满了感激之情。因为上述这些成绩的取得，是在省委、全总的正确领导下，在各级政府及有关部门的大力支持下，全省各级工会组织和广大工会干部共同努力的结果。个人的力量总是有限的，甚至是微不足道的，我作为工会主席只是做了应该做的工作，何况有些工作还做得不够好、不够到位、不够圆满。众人拾柴火焰高，功劳应该归功于大家。我不会忘记，省总班子成员和机关各部门、各基层单位的干部职工包括所有的服务人员，爱岗敬业、恪尽职守，为工运事业的发展、为维护职工群众的合法权益做了大量艰苦细致、卓有成效的工作。我不会忘记，各市、县总工会和省产业工会及直属基层工会的同志们，扎根基层、埋头苦干，认真落实省总的工作部署安排，工作中积累了很多的经验，打造了很多的亮点，树立了不少的品牌。我尤其不会忘记，三年来同志们对我工作上的帮助和支持、对我缺点和不足的理解与包容、对我生活上的关心和照顾，在此一并表示衷心的感谢！

回顾过去的三年，我心中充满了依恋之情。因为工作需要，我将到别的岗位任职，该是和同志们说再见的时候了，心中难免依依不舍。工作着是美丽的，奉献着是快乐的，为职工群众服务着是幸福的。但是，任何一个人的任职相对于工运事业的发展都只是一个过程，这个过程无论是短是长、无论精彩还是平淡，都会有结束的时候。或许，随着岁月的流逝，许许多多的往事都将成为远去的背影，有一种东西却永远不会远去、不会淡忘，那就是人间最珍贵的东西——感情，对同事的感情、对职工的感情、对事业对岗位的感情。从这个意义上说，离开工会主席的岗位，只是岗位的句号，而不是感情的句号，感情永远只是逗号，而不会有句号。正是出于这种感情，我将永远把自己当作一个工会人，永远在心中唱响"请到职工之家来"和"前进吧！中国工运"这两支深情的歌。也正是出于这种感情，我相信并祝愿，在以××同志为主席的省总班子领导下，我省工运事业一定会继往开来，谱写更多精彩故事，打造更多特色亮点，开创更加美好的明天！同时也祝愿在座的同志们和所有的工会同仁，在未来的岁月里，一切顺风顺水、心想事成，向党、向职工群众交上更为精彩、更为圆满的答卷！

评　析：这篇卸任告别演说，以简洁、生动、流畅的语言，表达了一名老工会工作者对岗位的无限热爱和留恋，敬业精神跃然纸上，真挚情怀扣人心弦。在技法上，巧妙地以"句号"与"逗号"表情达意，显得新颖、形象，富有美感，令人回味。

第三章　文稿写作常见问题探析

　　"爬格子"有如跋山涉水，一路闯关。当我们为一道道难题所困时，突然发现：影响脚步前进的并不是前方的山峰，而是鞋帮里的几粒沙子。

前一章所谈的是机关常用应用文稿的一般写作常识。知道这些是否就够了呢？当然不。即使摸清了门道、达到了一定的熟练程度，也经常会碰到这样那样的"坎"：怎样才能写出高度和深度？怎样出新出彩？怎样避免重复雷同和减少空话套话？怎样把稿子写短、写实？怎样才对得上领导"胃口"？怎样使文稿接地气、有干货？如此等等。有时因为某一道"坎"过不去，文稿的质量、档次就上不去。

这就涉及写作的方法和技巧问题。就像学乐器参加考级，即使考过了八级、九级、十级，也只能说明你的基本功差不多了，要达到丰富的表现力、感染力，那还差得远呢！

鉴此，本章就写作中经常遇到的一些共性问题作些分析探讨。美其名曰"探析"，其实不过是个人实践的一些粗浅体会而已。

第一节　怎样使文稿有实用价值
——走出"为文而文"的误区

凡是搞过机关文字工作的人肯定都遭遇过稿子被领导"枪毙"的尴尬，沮丧之余肯定会想：问题出在哪儿呢？是主题不鲜明还是观点不正确呢？是结构不严谨还是层次不分明呢？是语句不通顺还是用词不贴切呢？……

一、"为文而文"难成文

记得初为秘书时，自尊心、好胜心特强的我，不仅为此而气恼过、叹息过，心里还老大不服气，心想本人乃堂堂中文系毕业生，散文、诗歌在国家级、省级报刊都发表过，还写不来机关这些文件呀讲话呀调研报告呀之类的官样文章？怕是你们这些当头头的水平有限不识货吧？你瞧，这几个观点有多么多么鲜明，这几个标题有多么多么精彩，这几段标为黑体的话有多么多么精辟独到、发人深省，弃而不用多可惜啊！

有一次还不知天高地厚和领导争了起来。那是一篇在解放思想动员大会上的讲话，起草时我给它取了一个很有气势的题目："让思想冲破牢笼"，可领导看后大笔一挥，改为"谈谈解放思想问题"；文中我引用了大量事实来论证解放思想的重要性必要性迫切性，从春秋时期的百家争鸣到20世纪初的新文化运动再到1978年"实践是检验真理的唯一标准"大讨论，又从欧洲文艺复兴到宗教改革再到启蒙运动，真可谓贯穿古今、纵论天下，写得连自己都有点儿无法谦虚的骄傲。但领导连改都懒得改，只叫我推倒重来，要紧密联系实际，少谈那些空洞的东西。我心疼得就像心爱的宝贝被打碎一样，硬着头皮和领导争辩了几句，领导也耐着性子和我解释了一会儿，最后还是难以达成共识，我赌气说："那我写不了了，您另请人写吧！"领导也有点不高兴："年轻人，谦虚点吧！"结果这篇稿子果然让秘书科长写了，气得我躲在一个小酒店的角落里一边猛喝，一边伤心落泪……

是啊，对秘书人员来说，每一个句子都浸染着心血，每一个段落都凝结着辛劳，每一篇文稿也许都来自节假日的默默耕耘和不眠之夜的苦思冥想，可是，好不容易得来的劳动果实却不被承认和爱惜，这到底是为什么呢？

答案是随着岗位磨炼而慢慢悟出来的，特别是自己担任领导职务之后，才明白自己当初的"不服气"是多么幼稚，才明白那道理原本很简单，那就是："为文而文"难成文。

二、执著于解决问题才能写出真文章

这里首先要弄清楚机关公文的性质和作用是什么。不言而喻，它不同于文学作品、理论文章、新闻报道等任何其他文体，它的功能就是直接为决策服务，为领导工作服务，为治国理政、造福人民服务，换言之，它是决策的载体，是执政的工具，是上传下达的纽带，是解决问题、促进发展的依据和指南。比如领导讲话，无论讲单项工作还是综合性工作，都要体现领导的意见和主张，做什么，怎么做，目的都是为了解决实际问题；又比如重要文件，无论部署哪方面的工作，提什么目标任务，定什么政策措施，体现的都是决策意图，目的也都是为了解决实际问题。一句话，离开以文辅政，机关文稿就失去了它应有的意义和作用，再漂亮的文字也只能成为一堆废纸。

对这一点，或许无须多说，稍有常识的秘书人员都懂得。问题在于，一旦进入构思或写作状态，有些同志就自觉不自觉地走入了"为文而文"的误区：

轻内容而重形式。首先不是考虑文稿要解决什么问题，要怎样表达思想和观点，而是考虑结构要搞得多么严谨、层次要搞得多么有条理、布局要搞得多么均衡规范。这些当然都是重要的、必须认真对待的，但要明确：是形式服从内容，而不是内容服从形式，哪种形式最合适内容表达就采用哪种形式，而不是哪些内容最合乎形式就安排哪些内容。而有些文稿把这种关系搞颠倒了，比如习惯于搞"三段式"，大三段套小三段，小三段套三层次；习惯于重重叠叠用序号，像开中药铺；习惯于面面俱到，把框架拉得很开很大。这样，不仅使文稿变成了千篇一律的格式化、八股调文章，更严重的影响内容的完整、准确、流畅表达，看上去机械呆板，毫无生气，令人生厌。

轻实质而重文辞。文字是文稿的细胞，重视遣词造句，讲究语法修辞，力求文句通顺，当然都是正确和必需的。就机关文字而言，其实也没有多么神秘多么复杂，能够把话说清楚、说准确、说到位，清清爽爽、干脆明白，不含糊其辞，不出明显语病，就可以了。但有的同志偏偏对文字过于"较真"，不惜把大量时间和精力花在咬文嚼字上，或文绉绉书生气、软绵绵娘娘腔、弯弯绕欧式句，让人觉着别扭，看了半天弄不清什么意思；或叠床架屋，堆砌辞藻，动不动来上几句"春意盎然，桃李芬芳""春华秋实，硕果累累""让改革的犁铧呼啸着穿过陈旧思想观念的疆土"之类的"佳句"，显得华而不实；或刻意追求句式整齐，不仅小标题，连文字叙述也到处出现对偶、排比句式，生拼硬凑，牵强附会，看似精致漂亮，实则文字游戏，对实际工作又有何益处呢？

轻质量而重篇幅。毫无疑问，机关文稿首先必须注重质量，注重实在、管用，内容与篇幅必须"尺寸相符"，宜长则长，宜短则短。而有的同志则不管内容多少、质量好差，首先考虑的是要把篇幅搞得多长，似乎不写长点儿就不像文章，就显示不出自己有水平，于是动辄五六千字，甚至一两万字，本来讲一个问题就行，非要拆成两三个问题，本来一句话可以说清楚，非要分成两三句来说，实在没词就从报刊上、网络上大段大段地"拿来"，有时连一个短短的通知也要唠唠叨叨地拉成一两千字。实际上，太长的文章没人喜欢看，太婆婆妈妈的话反而让人记不住，倒不如那些简洁、明快、朴实的文稿，一是一，二是二，要言不烦，清清爽爽，让人印象深刻、容易记住，也便于贯彻执行。

轻实效而重表面。务实是文稿的生命，实效是文稿的价值，真话实话最中听，空话套话惹人嫌。长期以来，由于形式主义、官僚主义的影响，机关文风积弊较深，公文写作中的假、大、空现象屡见不鲜，甚至习以为常。比如废话连篇，海阔天空，不管需要不需要，动笔就是古今中外、天下大势，似乎不这么写就显得眼界不宽、见识不广；比如空话成堆，空洞说教，开篇就是理论，凡事必谈认识，似乎不这么写就缺乏思想性；比如套话迭出，曲意恭维，对领导讲话的评价必定是"高瞻远瞩""深谋远虑""具有很强的思想性、前瞻性、针对性和可操作性"之类的漂亮话，似乎不这么写就是对领导不恭；比如大话满纸，脱离实际，热衷于唱高调、喊口号，似乎不这么写就是缺乏气魄和干劲。这样的文稿，看似周到全面，无懈可击，但又能有什么实用价值呢？

凡此种种，究其原因，还是观念上、动机上有问题，即：不是为解决问题而写文章，而是为写文章而写文章。却不知，拘泥于"做文章"反而写不出好文章，执著于解决问题才能写出真文章。

三、从"为文而文"向"为事而文"转变

这就涉及从"为文而文"向"为事而文"转变的问题。实现这个转变，需要有一个领悟、积累和适应的过程。

仍以前文所述解放思想的话题来说明吧。那年，组织上派我到某市任市委书记，到任后经过一段时间的调查研究，解放思想的问题立即严峻而紧迫地摆在了面前。这时候构思在解放思想动员大会上的讲话，与自己当年做秘书时的想法就完全不一样了，首先考虑的就不是结构严谨不严谨、语言优美不优美的问题，而是：作为市委书记，我为什么提出解放思想？解放思想要解决哪些突出问题？如何通过解放思想促进改革开放和经济社会发展？根据调研掌握的情况，吸收班子成员的意见，市委决定在全市范围内开展一场以

"解放思想求突破、科学发展促赶超"为主题的大讨论、大实践活动，并针对干部群众思想实际和工作实际，提出要着力破除四个方面的障碍：一是破除"无债一身轻"的观念，敢于和善于举债搞建设，做到举债有度、用债有方、还债有源；二是破除"开门招商、关门打狗"的恶习，下猛药整治发展环境不优的顽症，营造开明开放、说话算数、服务到位的投资环境；三是破除对民营经济和股份制经济的种种限制，以最大限度的政策优惠激活全民创业；四是打破陈旧的选人用人观念，舍得把最优秀、最能打硬仗的中青年干部放到项目建设和开放型经济第一线。我让秘书把这些内容全部写进了动员报告中。大会一开，立即引起强烈反响，普遍认为抓住了根本、击中了要害，很快使沉闷空气为之一扫，干部群众思想观念为之一新，促进了经济快速发展。对比一下，如果不是"为事而文"、直指时弊，而是"为文而文"、无的放矢地谈解放思想，效果又将是怎样的呢？

或许有的同志会说：你说的道理我并不是不懂，但由于秘书人员见识、阅历、接触面等方面的限制，要真正做到"为事而文"，谈何容易！

这话倒是说到了点子上。秘书毕竟不是领导，站位不同，看问题的角度不同，掌握的信息量不同，思维方式和工作方法也不同，从这个意义上讲，一些文稿存在"为文而文"的毛病是情有可原的。但从工作需要和以文辅政的要求来说，这又是不能永远原谅下去的，必须克服，必须扭转，必须适应，使"为事而文"成为一种自觉、一种常态、一项熟练的基本功。

首先，要牢固树立"为事而文"的自觉意识。接到写作任务后，首先要想领导所想、急领导所急、悟领导所需：这篇稿子要表达什么？主题是什么？要解决什么问题？要采用什么方法和措施解决问题？把领导意图摸清楚、自己想清楚之后，再考虑谋篇布局的问题，并且在整个写作过程中，提炼观点、铺排层次、遣词造句乃至修改定稿，都要坚持以"解决问题"为中心，切不可左顾右盼，分心走神，一不小心又落入"为文而文"的老套。

其次，要有"为事而文"的信息基础。也就是说，秘书人员切不可"两耳不闻窗外事，一心只写八股文"。"为事"必先"知事"，要掌握信息、了解情况，包括上级大政方针、本地实际情况，宏观如政治、经济、文化、科技、教育、法治等方面总体情况，微观如各行各业发展态势、工作特点、典型事例、存在问题等方面具体情况。即使难以了解得很具体、很详尽，也要做到基本掌握，主要情况包括相关重要数据、特色特点，还要熟记于心，做到"心中有情况，下笔不慌张"。

再次，要掌握"为事而文"的基本要领。"为事"必先"知事"，"知事"还需"察事"，即琢磨事、研究事，否则，掌握再多的情况也写不出好文章。这就需要对掌握的大量情况进行综合、研判、分析，找出带规律性、倾向性、典型性的东西，从而提出有针对性、指导性、可操作性的意见和措施。同时，要特别注意记录领导在会议上、调研中和其他各种场合发表的重要言论，特别注意观察领导怎样分析和处理各种现实问题，特别注意领会领导在对文稿起草授意时发表的意见，因为这些都是"为事而文"的重要依据，也是秘书人员成长的丰富养料。最好，秘书人员能直接参与一些实践活动，比如一个重大工业项目从招商洽谈到签约落地的全过程，或者一个重大城建项目从规划设计到立项审批、征地拆迁、补偿安置、开工建设的全过程，这对于提高写作水平和实际工作能力都是大有帮助的。

第二节　怎样使文稿被领导喜欢——换位思考天地宽

这里说的"被领导喜欢"，指的是写出来的稿子到了领导手上能顺利通过或基本通过，大笔一挥签上"同意""速印发"几个大字，就算大功告成了。要是领导还口头表扬几句，那更是美哉快哉的事情了。然而这又谈何容易啊！要想被领导喜欢，首先要弄清领导喜欢什么，自己应该如何去适应。

一、关于"长、短、高"的困惑

那年我大学毕业回到家乡，本来踌躇满志地想到报社或文联混碗饭吃，几番奔走却处处碰壁，最后竟无心插柳柳成荫——被检察长看中，因为那时被"文革"砸烂的检察院刚恢复不久，检察长大人亲自跑到人事局从毕业生中挑一名"笔杆子"，条件是：共产党员、中文系毕业。正好这两条我都符合。我本来以为检察院那单位太严肃太吓人一点儿不好玩，再说我是学中文的而不是学法律的，到那里岂不是学非所用、用非所学么？但想到自己毕竟是个共产党员，必须服从组织分配，还是乖乖地去了。检察长是一位德高望重、见多识广、经验丰富的南下干部，一见我就出考题："小谢，'贾'字除了是姓氏，还有什么解释？"我不禁暗自发笑：这不是考小孩子么？于是答道："商贾，指商人。"检察长满意地点点头，没过两个月就让我披挂上阵，为他起草在全区检察工作会议上的总结报告。大姑娘上轿头一回，总得好好表现表现，于是我使尽浑身解数苦干三天三夜终于拼出一篇长达万言的"重要讲话"，满以为能得到检察长的表扬，谁知他说：嗯，文笔不错，就是短了点。于是我七拼八凑，把篇幅拉长到一万五千字了，谁知他还是嫌短。没办法，山穷水尽了，只好从检察报刊上搜来一大堆东西硬塞进去，篇幅拉到了两万字，这才勉强过关。他老人家讲话时念稿加发挥居然"总结"了整整一天，听得与会者筋疲力尽直打呵欠，会后还七嘴八舌说我吃饱了撑的干吗写得那么长。但这怪不得我，是领导要我写这么长，短了不行。

在检察院工作了两年多，虽然"长"文章写得我眼圈发黑形容憔悴，但总算对上了检察长的"路"。过不久我又被地委分管政法的副书记相中，调到他身边当秘书。第一次为他写讲话稿，本以为也要写长点才能过得了关，把稿子写到了一万多字，谁知换来副书记一顿臭骂"你这懒婆娘的裹脚布又臭又长谁喜欢听啊"，硬要我压缩到三千字以内。以后又写了几篇，也是写短才顺利过关。原来，这位副书记文化水平不高，农村干部出身，朴实，干脆，不喜欢啰嗦。这才明白：并不是每个领导都喜欢讲长话。

说来我运气真不错，又过了两年，我荣升地委办正科级秘书，专门负责地委书记讲话稿的起草。哈，这可不是闹着玩的，我得小心对付才是。开始几次，无论我怎么卖劲怎么施展，书记阅稿后总是说："小谢，要站高点！""站得还不够高，再高点！"弄得我满头雾水：天哪，什么叫高？到底要站多高？难道要站到地委大院的水塔顶上去才够高吗？后来我慢慢悟到了：书记是大学政教系毕业，本来理论功底深厚，所以讲起话来总喜欢高屋建瓴、高瞻远瞩、旁征博引、宏论滔滔。抓住他这个特点，写稿时我就努力适应，满脑子装的都是高高高，实在"高"不上去时就去找马克思恩格斯和毛主席，甚至惊动黑格尔叔本华和亚里士多德，如此一来连我自己都以为站得有"东方明珠"那么高了，这才使成品率大大提高。

二、善于换位思考：写稿时我就是领导

首先声明：写下这话绝不是狂妄自大，更不是求官要官，实实在在是工作需要。如果你是作家或诗人，尽可在想象的空间自由翱翔；如果你是记者，尽可用你的新闻视角去生活中采集所需素材并表达自己的观点；如果你是理论家或某个领域的专家学者，尽可运用你的理念你的逻辑充分表达个人见解；如果你虽然是机关文秘人员但只是以个人名义发表文章，也尽可抒一己之情立一家之言。唯独为领导起草文稿，必须忘却"自我"，听领导话，仿领导样，跟领导走。

为什么这样说？其实道理不言而喻。领导是一个地方或单位的主政者，是工作的决策者、组织者和指挥者，他承担着贯彻上级决策部署、推动事业发展、完成各项任务的重要职责，他必须通过各种方式方法来行使领导职能，其中，会议讲话、发表文章、构思和审定重要文件无疑是重要的领导方式之一。就拿会议讲话来说，它必须体现领导本人的理念、意图、主张和见解，必须体现领导本人看问题、想问题、解决问题的立场和方法，乃至必须体现领导本人的思维习惯、语言习惯和办事风格，一句话，必须"文如其人"。当然，对于那种"办事离不开秘书，讲话离不开讲稿"的领导，那又另当别论了；如果真是这样，那秘书反而好当了。问题在于，这样的领导在当今时代已经少而又少，绝大多数的领导都希望秘书起草的文稿基本或完全对自己的"口味"。这样一来，秘书写稿必须尽可能"迎合"领导就是势所必然的事情了。这也套得上社会上流行的一句话：领导说行，不行也行；领导说不行，行也不行。

回头又说我自己的经历。那年我被提拔为某山区县县委书记。上任不久，一位退休老领导突然来访，我以为有什么重要事情相商呢，他说的却是："谢书记，向你提两条建议：第一，你不能烫鬈发（其实我的鬈发是祖辈遗传的）；第二，你不能穿花衣服（其实我穿的是条格休闲西装）。"听后我不禁暗自发笑，当然还是感谢他的好意。又一次，外经办主任来向我请示："书记，广东一客商来谈投资，说是要带女秘书前来，这恐怕不行吧？"我又一次哑然失笑。适逢小平同志南方谈话发表，针对部分干部群众观念陈旧、墨守成规的现状，县委作出了"以思想大解放促进大开放、大发展"的决策部署，

并召开专题会议进行动员，我布置办公室为我起草一篇讲话。秀才们苦思冥想了好几天，好不容易憋出"既要解放思想，又要严明纪律""既要放开搞活，又要加强管理"这样几个观点，我一看，虽然说得没错，但觉得太书卷气太一般化，不符合本人风格，于是自己提炼了一个形象化的观点："大江东去，浩浩荡荡，清流与浊流并存，毕竟比死水一潭要好；开放搞活，红红火火，繁荣与垃圾共生，毕竟比闭塞贫穷要好"，一句话石破天惊，震动全县，县委决策迅速搅动了干部群众的思想，促进了外向型经济快速发展，我县成为全地区解放思想的典型。秘书们都说这个观点很好、很像我，但又担心这样说法有点"那个"。我说怕什么？小平同志都说了"思想再解放一点，胆子再大一点，步子再快一点"，有点"浊流""垃圾"很正常，把它清除掉就是了。

举这个例子只是希图说明：秘书写稿的时候必须换位思考，即站在领导的角度想问题，必须模仿领导然后"像"领导。也就是说，写稿的时候不妨"自我提拔"一下，暗暗提醒自己："现在我就是领导。"

三、主动向领导学习、看齐

写稿子光提高"站位"还不够，还得有"底气"作支撑。也就是说，要拜领导为师，从他们身上吸收起草文稿所需要的东西。

像领导那样忧国忧民，胸怀全局，从大处着眼提出问题和思考问题，深谋远虑，把关定向，绝不能凭一己之见坐井观天，就事论事，只见树木不见森林，只谈琐事不抓要务；

像领导那样熟悉上情、了解下情，把贯彻上级大政方针与联系本地实际结合起来，创造性地开展工作，既讲好"普通话"又讲好"地方话"，绝不能照抄照搬，人云亦云，满足于当"传声筒"和"文抄公"；

像领导那样注重讲话的针对性、实用性和可操作性，一切着眼于推动工作、促进发展，绝不能坐而论道，空洞说教，满篇都是空话、大话、套话、放之四海而皆准的"正确的废话"；

像领导那样注重文风与政风、作风的一致性，长与短、虚与实、深与浅、朴素与华丽、委婉与犀利、含蓄与明快、沉稳与奔放，可谓千姿百态，各显特色，无一不是领导个人不同文化层次、不同工作阅历、不同性格气质和不同处事方式的体现，绝不能千人一面，不加区别地把同一种风格"套"给每一位领导，更不能把个人风格强加于领导之上；

像领导那样居"高"临"下"，指挥若定，叱咤风云，给下级指方向、明责任、交任务、教方法，绝不能模棱两可，不知所云；不能隔靴搔痒，避实就虚，说来说去说不到点子上；不能以秘书的角色以"低"充"高"，掺杂个人观点和感情色彩；不能拖泥带水，含糊其辞，使用"大概""可能""据说"之类的模糊语言。

……凡此种种，想说明的问题只有一个：要使自己"像"领导，就必须学会琢磨领导、"迎合"领导、模仿领导。说来你别见笑，当年我当秘书时为了做到这一点，那可是下足了功夫的。要点是：（一）注意了解掌握领导的关注点、兴奋点，日常工作中经常提到的重点、难点问题；（二）注意观察领导的思维习惯、语言习惯和处事方式方法，摸准领导的个性特质和喜好；（三）注意记录领导喜欢经常表述的观点和见解，尤其要把领导即兴讲话时突然冒出的精彩观点和言辞牢牢记住；（四）注意了解领导喜欢读哪一类的书籍和报刊，然后跟着去阅读；（五）要十分珍惜领导改过的稿子，弄清楚领导为什么要这样改……如此等等。这么一说，也许有的朋友会心生厌恶，以为这样做是"曲意逢迎""投其所好"的庸俗行为，但我得理直气壮地说：既然吃了秘书这碗饭，你就不得不这么做，否则就写不出让领导满意的文章。而且我还得说：如果你所服务的是真正公道正派、才华横溢、能力超群的领导，那真是一辈子的福气，不仅对写好文稿大有好处，而且对个人成长也大有裨益，要不怎么有人说领导身边是藏龙卧虎之地呢！

四、力求做到"三似"

具体地说，就是要做到形似、神似、言似。

所谓"形似"，即模仿领导的站位和气势。在构思阶段和写作状态下，脑子里要有一个意念：尽管我只是个小秘书，但是你要我为你写，那么现在我就是你，我就是领导。没有这种意念，文章就写不好。所以说当秘书的人，要变"小我"为"大我"，同时要化"有我"为"无我"。变"小我"为"大我"，就是说我写材料时不是那个小小的我，而是领导那个大大的我，要以领导的站位来写作。化"有我"为"无我"，就是要抛开个人的情感、见解、观点，而上升到全局的高度来思考和认识问题，提出任务目标，发出行动号令。特别是经常负责决策部署性文稿写作任务的秘书，必须让这种站位模仿成为一种习惯、一种常态。这有点像影视作品中唐国强饰演毛泽东、卢子奇饰演邓小平那样，如果他们不站到主人公的位置上去体验，进入那种忘我、无我的境界，能演得那么形象而逼真吗？说白了，秘书写稿时也应是饰演领导的"演员"，否则就"演"不像。

所谓"神似"，即模仿领导的精、气、神。我有个朋友也饰演过毛泽东，为了追求"形似"，他把鞋底垫高了 15 公分才到达毛泽东的高度，整整吃了三个月的肥猪肉才达到毛泽东的魁梧，那可真是吃尽了苦头。但由于他对毛泽东了解太少，连"毛著"都没读过几篇，"神似"方面怎么弄也够不上档次，他问我怎么办？骑到虎背上来了不演又不行了。我说那你就熟读和背诵毛主席的所有诗词吧，可能会有些帮助。他按此去做，天天关在房间里朗诵诗词，再加上肢体语言模仿，果然好多了。秘书写稿也是这样，光模仿领导站位还不够，"形似"更需"神似"。也就是说，要注意观察掌握不同领导特定的思想境界、性格气质、工作作风以及为人处世的个性特点，并使之在文稿中得以体现，让领导觉得你所写的都是他所想的和所喜欢的，这样才能达到好的效果。

所谓"言似"，即模仿领导的语言风格。这里也讲一个故事。话说唐昭宗时期，有一位宰相名叫韦昭度，他聘了一位秘书叫吴融。吴融是饱学之士，上知天文、下通地理，又能写一手漂亮的文章。他给韦宰相当秘书，写出来的东西，韦宰相开始会看一下，后来看都不看了，当然也就不会用了。这搞得吴融很痛苦，想去找宰相问明原因，宰相又好严肃，不敢问，怎么办？他想了一个办法，找了一个跟宰相说得上话的人去传话，说他写的文章总是派不上用场，感到很难过，很对不起宰相的信任和重用，希望能够得到宰相的指点。这话传到宰相耳朵里去了，宰相说吴融诚然是个人才，但是他写的文章都是用他自己的思维和语言，看上去与老夫毫不相干，我怎么会喜欢呢？这话回传给吴融，吴融这才明白过来，以后写的文章才逐渐对上宰相的"胃口"。这个故事告诉我们的是，为不同风格的领导起草文稿，要努力体现其不同的语言特色，否则就不可能被喜欢。

五、模仿≠盲从

模仿是需要的，但并不意味着盲目服从。仍以我自己为例。到底是书生出身，虽然知道写稿子要服从领导、模仿领导，但有时也会冒傻气、不听话。那次我为地委某领导起草一篇在职工代表大会上的讲话，本来以为写得蛮可以的了，谁知领导阅稿时加上一句"要关心职工和群众的生活"。我一看，觉得逻辑上有毛病，就去找领导解释："职工"是"群众"的一部分，二者是大概念与小概念的关系，不是并列关系，所以要么不要"和"字，要么"职工"和"群众"取其一即可。领导听了半天还是没弄明白，于是我就打比方：这就好比说"蔬菜和黄芽白"，"蔬菜"是大概念，"黄芽白"是"蔬菜"的一种所以是小概念，二者不能并列。领导越听越糊涂了，见我还要解释，突然眉毛一竖："别说了别说了，什么蔬菜黄芽白这个那个的，到底我听你的还是你听我的？"这下我也不高兴了，顶撞了一句"好好好，听你的听你的，就你正确！"冷静下来又后悔，完了，冒犯了领导，以后这日子还怎么过？幸好，领导到底是领导，大人不计小人过，以后还是叫我写稿，而且不再轻易改动。

按说，类似"蔬菜和黄芽白"的语病真的用不着太较真，领导讲话稿中这样的瑕疵多着呢，但我由此想到：模仿领导是必须的，而盲目服从是不妥的，这叫对领导负责，也叫对事业负责。所谓模仿领导，只是就思路、主题、观点、风格等大的方面而言，具体如结构、标题、遣词造句等则是秘书的事，必须精心细致，尽量不出大的毛病。如果发现领导改稿有欠妥的地方，应该敢于提出、善于解释，绝不能将错就错，听之任之。

更何况，任何一位领导哪怕是再高明的领导，也不可能什么都懂，不可能什么事情都考虑得很周全。由此我要说的"模仿≠盲从"另一层含义是：秘书要充分发挥参谋助手作用，写稿时要善于为领导多做拾遗补缺、锦上添花的事。比如：领导某方面的专业知识不足，改稿时可能冒出一两句外行话，你得帮助纠正；领导想表达某方面的意思但表达得不够准确不够深透，你得顺着他的思路想下去，帮助他把意思说准说到位；领导想举某个事例但说出去可能产生某种副作用，你得帮助领导把握分寸，把话说得周全些；领导的某个观点可能有失偏颇，你得帮助修正；领导表达某种哲理但听起来太抽象太晦涩，你得尽可能写得深入浅出，或恰到好处地举个例子，让听众能够听明白；有些时候，领导因为工作太忙或来不及想清楚而未就起草某篇讲话明确授意，你就得根据会议主题和平常的观察、积累先列个提纲，让领导修改、审定后再起草。其实，只要我们的意见是对的，绝大多数领导都会采纳，因为在很多时候很多情况下，领导真的离不开秘书的帮衬和补充。

总之，写作中善于模仿领导，才能有高度、有境界，才能被领导喜欢；不盲从领导，才算尽职责、尽忠心。当然啦，写完稿子你就不再是"领导"而恢复了秘书的本来面目，要是稿子被领导喜欢，那就偷偷乐上一回吧。

第三节　怎样把文稿写短
——对文字的吝啬是一种美德

一、穿越时空的警策之言

说到文章太长的问题，让人马上想起毛主席几十年前批评党八股说的那句名言："像懒婆娘的裹脚，又臭又长。"他老人家对这个问题好像还特别在乎，此后还强调过多次，比如他对公文提出这样的要求"文字要简短，使他们顷刻之间能看完；要精警，使他们一看起一个印象"，并曾具体规定：各级给中央送的"报告文字每次以一千字左右为限，除特殊情况外，最多不要超过两千字"。

邓小平同志同样提倡发短文、讲短话。在党的十一届五中全会第三次会议讲话时他说："开会要开小会、开短会，不开无准备的会。会上讲短话，话不离题。""不开废话连篇的会，不发离题万里的议论。"直到1992年南方谈话时还说："现在有一个问题就是形式主义多。""会议多，文件太长，讲得也太长。"

还有胡乔木同志，早在1946年就在《解放日报》发表文章《短些再短些》，其中的核心观点就是"写得愈长看的人就愈少"。

时间过去了几十年，重温这些教导，深感对现实仍有很强的针对性，让我们既觉得亲切，又心生愧疚。因为文件长、讲话长的现象不仅没有得到克服，在一些地方甚至有愈演愈烈之势，不仅干部群众深恶痛绝，我们文秘人员也深受其苦、深陷其中而难以自拔。

二、板子该打在谁身上

文太长，谁之过？人们自然而然首先想到秘书。比如某些文件，动不动就是厚厚一大沓、几千上万字，让人看得头晕眼花、烦不胜烦时，就怪秘书"没水平""吃饱了撑的!"比如某些领导讲话，动不动就是三四个小时，有时好不容易熬到下班时间了，领导还说："请同志们坚持一下，还有最后一个问题没讲完。"但同志们早已坚持不住啦，嘴上不好说，心里却把"秀才"们骂个半死：都是那些臭笔杆子们害的，写得这样又长又臭!

照这么说，真是"秀才"们的责任了？难说。其实他们何尝不知文章太长没人喜欢看，又何尝不想把文章写得短一些，那样还省得多少挑灯夜战之劳、搜肠刮肚之苦，但是……

那么，是领导们的责任了？也不一定。应该说，绝大多数领导者并不喜欢又臭又长的文件，更不喜欢成天泡在会议上念稿子，念得唇干舌燥、头晕脑涨，那种滋味难道好受吗？但是……

那么，是因为要求不严、约束不力吗？也不是事实。这些年，各级机关文件下过多少回，领导强调过多少次：开短会，说短话，发短文，短些、短些、再短些!但是……

那么，究竟是谁的责任呢？

实事求是地说，这不是哪一个人的责任，而是大家共同的责任。但承担这种责任似乎又有点"冤枉"，因为在通常情况下，大家都不是出于主观故意，而是在实际操作中，往往自觉不自觉地被某种习惯力量所左右，想短短不了，不想长也得长，总是事与愿违。那么，这是一种什么样的习惯呢？现在我们来看看：

习惯于说空话、套话，挤占了大量的篇幅空间。比如有些稿子，不管实际工作是否需要，大段大段地照抄上级文件和上级领导人的讲话，或大段大段地评价上级某项决策如何如何英明正确，或大段大段地论述人们早已熟知的某项工作的重大意义，看起来与上面保持了高度一致，说得都很正确，但很多都是"正确的废话"，而且使文稿显得冗长、沉闷。

习惯于面面俱到，内容过于全面、具体。这里边既有领导者的原因，也有起草者的原因。有的同志责任心非常强，考虑问题非常周到细致，什么问题都要讲到，包括每一个方面、每一个环节、每一个注意事项都要交代得清清楚楚，生怕人家不明白，生怕会遗漏了什么。这样一来，文章怎能不长？事实上，什么都想讲清楚反而什么都讲不清楚，什么都是重点反而没有重点，不仅无端浪费别人的时间，还使表达效果和实用价值大打折扣。

习惯于以文件和讲话篇幅的长短来衡量对某项工作的重视程度。在一些同志看来，对于某项工作，发了文、开了会就是重视，不发文、不开会就是不重视；发长文、开长会就是很重视，发短文、开短会就是不太重视。于是，文件和领导讲话的篇幅也越拉越长。我自己就曾多次碰到过这种情况：把写好的稿子送给领导审阅，领导接过后看也没看，只是两指夹住掂了掂，说："才这么薄薄几张纸，怎够我讲一个上午呢？怎能体现对这项工作高度重视呢？"或者说："这份文件将来要向上级考核组汇报的，写得这么简单，影响考核评分怎么办？"看样子，领导也是不得已而为之的。其实，衡量对某项工作是否重视，不是篇幅的长短而应是内在的质量。如果"长"就是重视，那么领导和秘书们别的什么事也不用干，天天关起门来写一些又长又臭的文章不就得了？

习惯于以长篇大论来显示自己的知识和水平。凡分量较重的文稿的确需要一定的思想含量、知识含量和信息含量，但要看是哪种文稿，视需要而用。有些同志动起笔来就是高深的理论、广博的见闻、一串又一串新名词新概念、一套又一套新理念新观点，知识面的确够宽，信息量的确够大，水平的确够高，也的确能让人开阔眼界、增长见识。但如果不加选择、缺乏控制，慢说文稿的实用价值如何，首先篇幅就"短"不下来。不得不说，有些文稿正是由于某些同志喜好这种"显摆"而人为拉长的。难怪有人说"我宁可当领导的文化水平低一点、口才差一点，免得被那一套又一套的高谈阔论搞得头晕"。这话未必对，但也从一个侧面说明了这个问题。

除了上述方面，当然还有其他一些原因，如谋篇布局不当、语言驾驭能力不强、表达方法欠妥等。不管怎么说，文稿毕竟出自我们文字秘书之笔，所以还得主动从自身找原因。

三、有想法还得有办法

找到了上述原因，其实也就找到了解决问题的方向和途径。当然，属于观念、文风方面的问题，单靠秘书的努力是难以完全解决的，也是一朝一夕之功难以奏效的，这里只从写作层面谈谈控制文稿篇幅的几种方法：

（一）从结构上控制，避免因框架太大而拉长篇幅。在列写作提纲时就应考虑清楚：有多少内容就设计多大的框架，该讲几个问题就讲几个问题，该分多少层次就分多少层次，使内容与形式高度统一。千万不能像有的同志那样，不管内容多少，落笔就是一副庞大的架势，动不动就是三个问题甚至五个问题八个问题，每个大问题里边还有若干个小问题。框架拉到这么大，碰到无话可写时就不免七拼八凑，把一些无关紧要的内容也硬塞进去，想短也短不了。

（二）从主题上控制，避免因离题跑调而拉长篇幅。主题是文稿的统帅，所有内容都应贴紧主题、服务主题，这样不仅能使主题突出，也能有效节约篇幅。比如某篇文稿的主题是"着力提高党建工作科学化水平"，这里核心是"科学化"，那么所有观点、内容都应围绕它来展开，包括什么叫科学化，为什么要科学化，怎样实现科学化，集中笔墨把它谈深谈透。如果从"科学化"又拓展到党建工作的其他方面，把不属于"科学化"范畴的工作要求也扯进来，当然勉强也能说得过去，但主题就被冲淡了，文稿篇幅也必然拉长了。所以我们强调动笔之前一定要认真审题立意，即通过认真思考、琢磨，确立文章的主题思想，并以此为主线确定写作的范围和重点。尤其要把握好主题（包括文章的题目，很多情况下题目就是主题，或者是主题的浓缩）表述中关键词、关键字的内涵和外延，防止文不对题。比如前面这个例子，如果把"科学化"三个字拿掉，变成"着力提高党建工作水平"，内涵和外延都不一样了，写法也必然不一样。

（三）从突出重点上控制，避免因面面俱到而拉长篇幅。任何文稿的内容都有它的重点部分和非重点部分，所以控制篇幅的最好办法就是：重点部分详写，非重点部分略写。比如安排全面经济工作，势必有某几项是重点；安排单项经济工作，势必有某几方面是重点，凡是重点内容就展开写，非重点内容就略写或者点到为止。如果主次不分，把非重点内容也展开写，篇幅岂能不长？有时还可以从横断面切入，选取一个带共性的重点问题来展开。比如所有经济工作都涉及创新发展的问题，围绕这个重点来写，其他具体事项不涉及，或者一笔带过，这样效果还会更好，既让人印象深刻，又节省篇幅。

（四）从材料安排上控制，避免因内容芜杂而拉长篇幅。材料是文稿的基础，材料丰富才能使文稿血肉丰满。但这里所说的"丰满"并不是指材料越多越好，而是指通过精心选择和合理的文字组织，使之足够承托主题、支撑观点，能够全面而准确、深刻而生动地表达决策意图和思想见解。材料少了，就显得单薄；材料多了，就显得冗余。写作实践中我们常常碰到这样的情况：收集到的和思考得来的材料很多，道理很深刻，事例很生动，经验够典型，语言很精彩，觉得都很好、很适合，所以这也舍不得、那也舍不得，不用还觉得心疼、可惜，于是一股脑儿塞进稿子里去，篇幅就拉长了。可见，材料多固然是好事，但对于写作来说并不是"油多不坏菜"，而要讲究科学搭配，只要"油"够用，就要舍得"忍痛割爱"。

（五）从文字上控制，避免因语言不精炼、表述不恰当而拉长篇幅。这里包括：说话开门见山，不绕弯子，句子干净、凝练，不拖泥带水；注意前后照应，避免颠倒重复；学会长话短说，惜字如金，力求以"少少许"胜"多多许"；意到即止，不节外生枝、画蛇添足；追求朴实自然，力戒华而不实。所有这些，不仅需要克服写作上的某些不良习惯，还要靠提高思维能力和语言艺术来解决。为什么同样分析某个问题，有的人能够三言两语点中要害，有的人绕来绕去说上一大段还沾不上边？为什么同样表达某种观点，有的句子虽短但说得明明白白，有的句子虽长反而让人不知所云？为什么同样阐释某种道理，有的语言不多却能鞭辟入里，有的语言虽多反而流于肤浅？原因就在这里。

最后还需要说明两点。一是，我们提倡文章要短，并不是说短就是绝对的好，短还要短得有内涵、有质量。如果是那种为短而短的应付式的"短"、不顾内容表达需要而一味压缩篇幅的削足适履的"短"、缺乏思想性和指导性的贫乏苍白的"短"，那就不是真正的"短"。我们所追求的短，是在保证质量的前提下，在尽可能短的篇幅内把话说全、说准、说到位。二是，文稿的长与短并没有截然的界限，应根据内容表达的需要，宜长则长，宜短则短。内容充实，主题突出，虽长犹短；内容贫乏，主题平淡，虽短犹长。这就需要特别注意内容与形式、篇幅与质量的高度统一。

第四节　怎样克服照抄照搬——向"习惯"说"不"

近年来媒体数次爆料，指有的党员干部乃至领导干部偷懒图省事，撰写理论学习体会文章时从报刊、网络上照抄照搬，因而受到通报批评或纪律处分。这不仅是对抄袭之风的当头棒喝，更是正风肃纪的有力举措，人们无不拍手称快。

问题是，照抄照搬现象何止于此？多年以来，照抄照搬已经成为某些机关文稿的一种"常态"，一种"通病"，不仅屡禁不止，而且有愈演愈烈之势。有些文秘人员起草文件照抄，起草讲话稿也照抄，甚至连工作总结、调研文章也照抄，不抄就动不了笔，不抄就成不了文章。有的是基本照抄，比如有些贯彻上级决策部署性文件的稿子，除了把"全省"改为"全市"，"全市"改为"全县"之外，其他几乎全是照搬，连开头、结尾和小标题都基本相同；有些上下级领导讲话稿，除了标题上领导姓名不同，个别提法不同，小标题稍有差异，总体内容"八九不离十"。有的是部分照抄，凡政治性、理论性较强的内容，或者自己不熟悉不了解、把握不准的内容，都原封不动照搬别人的东西。不少文稿的第一部分都是谈目的意义和认识问题，让人一看就觉得似曾相识。有的是改头换面地抄，把别人的东西拿来改造一番，如调换层次、另取题目和小标题、换一个开头和结尾，实质性内容与原稿大同小异。有的是东拼西凑地抄，感到无话可写时就向经典著作、上级文件和领导讲话、媒体资料"求救"，这里抄一点，那里摘几段，勉强拼凑成一篇文章。凡此种种，不管怎么抄，反正都是抄，抄来抄去一个调，人云亦云何时了！

不过必须看到，除了极少数不负责任、不动脑筋的人以外，绝大多数文秘人员并不喜欢照抄照搬。他们也想用自己的脑袋思考问题，用自己的语言和表达方式写文章，但有时候显得力不从心。我自己当秘书时也曾为此深深地苦恼过、因有过抄袭行为而被领导批评过。现在回过头来看，之所以如此，原因不外乎这几方面：

一是接触实际少，缺乏实践知识。众所周知，要写好机关文稿，光有书本知识和文字功底还不够，光会死记硬背上级指示要求、政策条文也不行，还必须熟悉本地本部门实际情况，懂得一定的实践操作知识。否则，写起材料来自然勉为其难，要么空洞肤浅脱离实际，要么只有照抄照搬了之。

二是观念上的原因。有的同志以为，只有照搬上面的东西才是"保持一致"，才不会犯政治上、方向上、原则上的错误。这种看法本身就是错误。从一定意义上说，照抄照搬才是最大的不保持一致，因为中央历来强调各地各部门要结合自己的实际贯彻上级文件精神，要创造性地开展工作，而你没有按中央的要求去做。如果照抄照搬能解决问题，那连中学生也可以干得了，还要我们这些秘书干什么？当然，这样说可能严重了点，有些同志只是因为思想上有顾虑，以为照抄照搬才保险，但这种思想同样是要不得的，是不利于工作的。只要我们坚持实事求是，善于把上级大政方针与本地实际结合起来，何虑之有？何错之有？

三是摆脱不了"习惯"的束缚。这种习惯是由来已久的、成为某种定势的东西，是一种自觉不自觉地被它所左右、所驱使的东西，甚至连你自己也觉得：我已经适应它了，离开它反而无所适从了。何况如今已进入信息时代，要照抄照搬任何东西，"百度"一下，应有尽有，非常方便，省时省力，何必自讨苦吃？再说，机关文稿的词汇系统（俗称"官方语言"）有一套约定俗成的模式和格调，有许许多多专用的词、词组、短语和惯用的结构方式及表达方法，再怎么"变"又能变出多少新花样？如果一味求"变"，或许还会被视为标新立异或者是不稳重、不成熟呢！受这些思想支配，当然只好被"习惯"牵着鼻子走了。

四是经验不足、方法欠妥。应该说，多数同志之所以想摆脱照搬照抄而又摆脱不了，除了上述因素以外，根子还在这里。而要挖掉这个根子，需要不断磨炼和积累，掌握一些基本的方法。下面以部署性文稿（文件、讲话）写作为例，谈谈如何避免照抄照搬的习惯。大家知道，这类文稿都是用于贯彻上级决策部署、推动本地本部门工作的，正因为有上面的精神"框"着，包括目的意义、指导思想、目标任务、措施要求等都说得明明白白，所以起草时就很容易照抄照搬。平常我们所见照抄照搬最多的，也就是这类文稿。那么，怎样摆脱这一习惯呢？

第一，把"上情"吃透。接到起草任务后，别急于动笔，先要吃透"上情"，把上级有关文件、领导讲话和报刊上、网络上有关精彩文章找来看上几遍，光看还不行，还要理解、领会，把精神吃透。"透"到什么程度呢？丢开"本本"，能把部署该项工作的意义和作用说清楚，能把主要精神和任务措施说清楚，包括关键性的观点、提法和要求等，要做到深刻领会，并融会贯通。这一点非常重要。有些同志之所以摆脱不了照抄照搬的习惯，这是重要原因之一，对上级精神没有吃透就急于动笔，真正动起笔来又离不开"本本"，写不下去时就来查看"本本"中是怎么说的，看来看去总觉得人家说的好，自己再也想不出别的语言了，于是只好一抄了之。而在"吃透"的基础上再动笔，就好比甩开拐杖走路，是逼着自己朝上级指引的方向走下去，而不是被"本本"的观点、语言"套"得迈不开步。一些经验丰富的起草者正是因为事先吃透了上级精神，所以写作时基本上不用再看上级文件和别人的东西，仅凭自己的思考一路写下去，而且写得又快、又好。

第二，把"下情"摸准。吃透上级精神之后，还是别忙动笔，还要摸清"下情"，把本地本部门的有关材料找来看一看，或者到有关部门和基层去走一走，了解某方面的实际情况如何，对照上级要求，哪些方面做得好，哪些方面做得不好，要采取什么措施来解决。同时，无论是全面工作还是局部工作，在不同时期不同情况下，实际情况也在不断地变化，所以对"下情"也须动态性掌握。如果上级所部署的是一项新的工作，则要把执行该部署的客观条件、工作基础、干部群众的思想状态等摸清楚，并对可能发生的情况进行预测。走好这一步，心里就有了底，就会有自己的话可写，而不至于一言一语都离不开"本本"。当然，掌握"下情"更需把功夫下在平时，多了解，多观察，多实践，做到"心中有情况，下笔不慌张"。

第三，把"上情""下情"结合好。吃透了"上情"，摸清了"下情"，接下来就是如何结合的问题了。简单地说就是"上挂下联，虚实相生"。"上挂下联"好理解，"挂"就是遵循上级精神，"联"就是结合本地实际；"虚实相生"是什么意思？就是把对上级精神的深刻理解和对实际工作的深入思考有机糅合在一起，变成自己的话来说，提出创造性开展工作的思路和措施，使文稿既贯穿着上级精神，又能对实践起到指导和推动作用。如果缺乏这种"结合"，就难免走进照抄照搬的死胡同。

第四，把握好照抄照搬与借鉴利用的区别。有句俗话叫"千古文章一大抄，看你会抄不会抄"。这话从正面来理解就是：写作中的"抄"，有时是一种必然现象，但"抄"有不同的"抄"法，剽窃他人的东西是"抄"，借鉴模仿他人也可以说是"抄"，所以前者是"不会抄"，后者是"会抄"。据传，王勃《滕王阁序》中的名句"落霞与孤鹜齐飞，秋水共长天一色"，就是出自南北朝庾信的"落花与芝盖同飞，柳絮共青旗一色"，这当然不是剽窃式的"抄"，而只是句式上的模仿，其高远壮阔的意境则出于自创，故成为千古绝唱。我们起草部署性文稿时，除了有关经典言论、领导指示、政策法律条文和规范性提法必须原文引用外，有时也离不开学习参照他人的东西。但这只能是模仿、借鉴、从中受到启发，比如角度、句式、表达方法等方面吸收别人的长处，实质性的东西还得靠自己思考。如果一字不漏照搬，那就叫"不会抄"，是窃他人成果为己有。

第五节　老题材怎样写出新面貌
——一切在于顺变而"变"

又一个令人头疼的"老大难"！

为了说得明白、实在些，先讲讲我自己的实践体会。那时我在地委政研室工作，名为"政策研究"，实际上除了承担调查研究任务之外，主要职责还是为地委起草重要文件和领导讲话稿。这本来也是分内之责，再苦再累也得扛，但问题在于：政治、经济、文化、法治等各方面的工作年年都在做，有关这些方面的文件、领导讲话年年都得写，有时同一项工作一年还得写几回；头疼的是，写一次两次当然没问题，写三次五次也多少能变出点新花样，但写的次数实在是太多了，怎样才能避免重复雷同、写出新意来呢？

就拿经济工作来说，经济建设是全党的工作中心，政研工作自然要围绕这个中心来进行。时任地委书记是行署专员出身，加上专员岗位较长时间空缺，他对经济工作就特别的重视，抓得特别的紧、特别的细，建立了经济工作"一月一分析，一季一调度，半年一小结，年底一总结"制度。这一来不仅苦了各经济主管部门和各县市党政的头头脑脑们，也苦了我们这班"爬格子"的小秘书们。每次分析、调度、小结、总结，只要时间上安排得过来，书记都要亲临会议并发表讲话，而且都要事先备好稿子。于是我们不得不认真阅读各地各部门送来的材料、分析研究那些枯燥无味的报表和数据、揣摩和领会书记的意图，力求把材料写得像样点儿。好了，"分析会"上的写完了，"调度会"上写什么了？"小结会"上的写完了，"总结会"上写什么呢？今年的若干次好不容易写完了，明年的若干次又写什么了呢？经济工作写来写去就那么些东西，特别是每次都要提出下步工作意见，倒腾来倒腾去都离不开一二三那么几条，还能有什么新招数呢？

这难题把我们折磨得真够苦的。说实话，当陷入绞尽脑汁才思枯竭之境时，连辞职不干的念头都有过。后来经人指点，我们偷偷搞了点儿"小动作"：每次写到下步工作意见时，内容基本照抄，只是变着法儿把小标题改造一下，把某些提法和语言更新一下，以图"蒙混过关"。还好，开始几次，书记没说什么，到后来书记看出问题来了，把我们叫到办公室狠狠教训了一通，然后又如此这般指导了一番。我们心里既沮丧又惭愧，唉！谁叫我们这么没出息、没本事呢？

其实，写其他方面的材料又何尝不是如此？为此而困惑犯难的又何止是我们？年年岁岁花相似，岁岁年年"文"不同，为了把老题材写出新面貌，能得到领导肯定、能对实际工作有用，多少机关文字工作者长年累月加班加点、殚精竭虑，付出了多少辛劳、多少心血！

实践启迪心智，苦练摸索规律。当我们经历了无数次的失败和反思之后，终于渐渐悟出一些门道，关键其实就在于一个"变"字：

因"令"而变。令，即中央大政方针和上级决策部署，这是我们起草文稿的根本遵循。在总体战略、方向、原则、目标相对稳定的前提下，对每一年度、每一阶段各项工作，上级都会作出部署安排，包括思路、重点、政策措施等等。比如一年一度的中央经济工作会议，在总结既往、研判形势的基础上，对新的一年经济工作如何开展，应保持何种基调、突出哪些关键问题、落实哪些重大举措等，都安排得非常具体、明确，针对性、指导性都很强。只要我们认真学习、领会并加以消化，构思和写作时就能找到新的方向、新的思路和语言，而不至于局限在脑子里原有的那些东西中打转转。

因"事"而变。事，即事物发展的状况。正如人不可能两次渡过同一条河流，事物总是不断发展变化的，任何一项工作的运行在不同时期、不同阶段都会体现出不同的态势和特点。比如经济工作，其发展情况必然是日新月异、千变万化的，有成效、也会有不足，有经验、也会有教训，这个问题解决了，那个问题又出现了，这个指标上去了、那个指标又掉下来了，这个局部进展很快、那个局部进展缓慢，如此等等，这些都是我们写作的源泉和依据。这就要求我们深入调查研究，密切关注和掌握经济运行情况，做到心中有数，尤其要找准问题，以不同时期的不同问题为导向，使写作具有针对性和实用价值。如果仅仅停留于听汇报、看材料、分析报表数据，埋头于观点、小标题上变换花样，怎能写出有新意、有指导意义的材料呢？

因"策"而变。策，即计谋、计策、解决问题的思路和方法。有些同志认为，"策"是领导的事情，写作只是通过语言文字表达领导之"策"。这种看法显然是片面的。文秘工作者以文辅政的职责，决定了我们在准确表达领导决策的同时，还必须积极主动地研究新情况、发现新问题，从而主动谋策、献策。这就要求我们学会站在领导的高度看问题和分析问题，善于审时度势，把握全局，以创造性思维提出适应新情况、解决新问题的新思路、新办法。仍以经济工作为例，由于其运行动态复杂多变，某些措施、方法只管得了一时而管不了长远，因此必须顺势而变，有的放矢，施以新策。否则，必然被原来写过多少遍的"旧策"所套牢，使材料变成一堆不合时宜、毫无作用的文字垃圾。

因"技"而变。技，即技术、技巧。写材料当然要讲究"技"，有"技"无"技"，"技"多"技"少，结果大不一样。不过这里所说的"技"，不是那种变着法儿玩弄文字游戏的"技"，而是基于主题集中、观点鲜明、措施方法务实管用之上的谋篇布局、语言表达方面的"技"。特别是当我们为跳不出重复雷同的泥淖而深深苦恼的时候，这种"技"往往能让我们找到"柳暗花明"的转机。比如，打破惯常的结构方法，以新的层次安排进行叙述；力戒面面俱到、泛泛而谈，依据不同时期的不同工作重点而展开内容，非重点工作略写或一笔带过；防止和克服单一性思维方式，善于多角度观察和分析问题，从不同的切入点表达思想见解和任务要求；增强语言驾驭能力，通过文字、句式的灵活变化，使材料更具新鲜感和吸引力。当然，各种技法的运用必须以服从于内容为前提，离开内容表达需要而单纯用"技"，那又变成玩文字游戏了。

因"知"而变。知即知识，这里专指实践之知、经验之知。我们之所以长期为材料写不出新意而苦恼，最根本的原因还在于缺乏这方面的"知"。的确，"本本"上的"知"我们掌握得不少，面上的总体情况之"知"也不难了解，但深层次的"知"、指导和推动实践所需要的"知"，我们知道多少呢？比如：某一道难题应该怎样破解？某一项工作思路应该如何形成？某一种矛盾应如何协调处理？对这些东西不"知"，或者知之不多、不深，材料的旧、空、虚就在所难免了。或许可以说这是"情有可原"，因为我们毕竟不是领导者，不能像他们那样每天接触和处理那么多实际问题，拥有那么大的信息量、那么丰富的实践经验；毕竟不是一线实际操作者，不能像他们那样直接与矛盾和问题打交道，在艰苦环境和复杂局面中练就一身克难制胜的好本领。但是我们完全可以而且应该通过向领导学习、向实践学习、向基层干部群众学习，乃至争取机会到基层单位挂职锻炼、跟班实践，逐渐掌握这方面的知识。实践之"知"丰富了，写起材料来自然能够左右逢源、得心应手，写出新意，写出较高质量。从这个意义上说，前述几"变"，"因'知'而变"才是最带根本性的。

第六节　怎样把道理讲到人们心里去
——理论并不都是"灰色"的

起草文稿离不开讲道理，特别是有关重要文件、领导讲话和政论文章等，不讲道理还不行。这是因为，有些工作如果不先把道理讲清楚，人们就不理解，布置的任务就难以贯彻下去；有时候道理还须上升为理论，用理论指导实践。不过，人们通常所说的"道理"与"理论"差不多是同一个意思，道理即理论，理论即道理，反正都是一个"理"字，都是告诉人们一个"为什么"。但怎样讲道理又是一件棘手的事情，讲多了人家烦，讲少了人家不明白，讲浅了等于白费劲，讲深了又让人搞不懂。而目前人们对文稿讲道理较普遍地存在一种厌烦情绪，一听到"进一步提高认识""重要性必要性迫切性"之类的话题就皱眉头、不愿听，要不认为"这样的道理听过千百遍了，不讲也知道"，要不认为"讲那么多理论有什么用？能给我项目和资金吗？能解决群众生活困难吗？"之所以有这些说法，除了他们本身的某些原因以外，我以为与某些稿子讲理论、讲道理讲得不当也是大有关系的。其主要表现有：

（1）深奥玄妙，晦涩难解。有的同志为了显示自己读过很多书，有学问、有水平，在文稿中有意搬进一些人家很少听过和见过的新概念、新名词。比如这样的表述："为了解决好经济发展、交通运输、人口控制、能源消耗等一系列相互联系、错综复杂的社会问题，必须善于运用系统分析方法加以研究，包括对系统的科学含义、结构、功能、熵、随机性以及如何运用数学语言描述各种不同系统的理论研究"，前半段好懂，后半段有多少人懂？什么"熵"，什么"数学语言"，一般人听来简直如听天书。还有的同志认为，讲理论就要深刻，要深刻就要运用深奥的语言。殊不知，最深刻的东西常常也是最朴素、最实在的东西。如毛主席强调实践的重要性时说："你要知道梨子的味道，你就得变革梨子，亲口吃一吃"，邓小平同志在谈到对外开放中必须坚持"两手抓"时说："打开窗户，新鲜空气会进来，苍蝇也会进来"，这样讲道理就显得深入浅出，形象生动、易懂易记。如果用所谓"深奥""深刻"的语言来阐述，免不了要把一大堆理论、概念搬出来，折腾老半天，人家看起来、听起来还觉得很累。

（2）脱离实际，空话连篇。有的同志为了省事，需要讲道理、讲理论时就从经典著作中、上级文件和领导讲话中、媒体文章中大段大段照抄，以致不少文稿中的说理语言竟如出一辙，几乎一字不改。比如讲到国有企业的重要性，"国有企业是我国国民经济的支柱，国有企业改革是全面深化改革的重要组成部分，搞好国有企业改革和发展是实现国家长远发展和保持社会稳定的重要基础"，层层都讲这样的大道理，好像除此再没有别的道理可讲。为什么不结合你这个市、你这个县的实际谈谈国企改革和发展的"实道理""土道理"呢？比如你这个地方多数国有企业半死不活，效益低下，大批职工下岗失业，由此来阐述搞好国企改革的重要性和必要性，不是既符合上级精神，又更实在、更对路、更有说服力吗？

（3）陈词滥调，缺乏新意。有的同志似乎天生爱讲道理，或者以为不多讲几句道理就会缺乏思想性、就不能引起人们重视、就不像机关文稿的样子，所以无论布置什么工作、提什么要求，都要先来上一大段重要性必要性迫切性之类的论述。当然，该讲的道理必须讲、讲明白讲透彻，但有些文稿所讲的道理都是与实际不沾边的、人家听过多少遍的老掉牙的东西，而且连小标题几乎都是千篇一律：某项工作"是……战略举措""是……迫切需要""是……有效途径"，这样的道理除了让人厌烦，还能起到多少实际作用？

从以上指出的问题可知，机关文稿阐述道理的最起码要求是：深入浅出，富有新意，有的放矢，切合实际。其中，"切合实际"这一点最带根本性，如果不注意多深入基层、多接触实际，光凭闭门造车，是不可能讲好道理的。

要把道理讲好，除了注意避免上述问题外，方法上还需把握几点：

第一，多方面学习借鉴。逢到要讲理论和认识问题时，如果自己把握不准，需要参照他人的说法时，千万不能被某一种说法所"套"住，"套"住了就会钻不出来，想来想去总觉得人家讲得好、讲得妙，"曾经沧海难为水，除却巫山不是云"，自己再也想不出新的语言，于是只好照搬照抄。那怎么办呢？这时你不妨多看几篇别人的东西或本单位"大手笔"写的稿子，看看对同一个问题大家是怎么说的，从多个方面、多个角度受到启发，这样思路就会开阔多了。你会发现，同一个道理完全可以从不同的角度、用不同的方法来阐述。

第二，用自己的语言。无论谈什么理论问题、认识问题，无论参阅了什么经典著作或重要讲话、重要文件，最好要通过自己的语言把意思表达出来，这才叫真功夫。但要做到这一点并不容易，因为这种"自己的语言"并不是信口开河、信马由缰，它必须贯穿科学的理论、上级的大政方针，必须符合机关文稿特定的写作规范和表达方式，因而它是一种既借鉴他人长处又不带抄袭痕迹、既有所遵循又有所创造、既接"天线"又接"地气"的语言。比如上级文件和领导讲话反复强调求真务实、崇尚实干的问题，道理和要求已经讲得很透彻、很明白了，如"空谈误国，实干兴邦""以实干促发展，以实干树形象"等。如果我们起草文稿也需讲到这些道理，完全可以用自己的语言来说，比如"干事创业，决不能慷慨激昂在会上，措施待办在纸上，宏伟蓝图在墙上，而要落到实际行动上"，又如"不落实，就落空；不实干，就白干"。这样说，既没有背离上级精神，又显得新颖、生动、实在。

　　第三，从实际生活中找到切入点。讲道理、谈认识，不能把自己关在屋子里想象可能存在哪些认识问题、哪些方面需要加以理论引导，不能"以一己之心度众人之腹"，否则要么是放"空炮"，要么是不对路。可行的方法是，如果你对某个认识问题、理论问题的确感到无从写起，千万不要勉为其难，而首先要了解干部群众的思想实际，看看存在哪些理论上的迷惘和认识上的偏差，以此为切入点，写起来就会感到有东西可写。不妨再举个例子：为了落实习近平总书记关于"必须旗帜鲜明讲政治"的指示精神，各级党委都召开会议进行学习、贯彻，这时，文稿中怎样阐述"讲政治"的重要性呢？如果照抄中央领导讲话和上级文件，省事倒是省事，但那是面向全党全国的，人家多半已经听过了也学过了；如果不照抄，按报刊、网络上那些精彩文章和言论的格调来阐述，也不行，你怎么写也未必写得过上头那些大理论家、大笔杆子们，弄不好还弄出点纰漏来。这种情况下，最好的办法是从本地干部的思想实际中找切入点。好，有了，的确有些同志认为："讲政治是党中央和高层领导的事，我们市、县基层干部需要讲什么政治？把经济工作搞上去就行了。"针对这种片面认识来写，从基层干部同样需要讲政治来展开论述，不仅内容充实，角度新颖，针对性也会强得多。

　　第四，把理论和认识问题融会于谈实际工作之中。这种方法最宜用于对基层干部和一般群众，因为他们处于改革与建设的第一线，不习惯也不喜欢听纯而又纯的高深理论，他们所需要的是朴素的、实在的、管用的道理。从写作要求上来说，这种道理必须是认识与实践的结合体，听起来既像在讲道理，又像在谈工作，二者之间没有截然的分界线，而且要讲得入情入理，令人信服。怎样做到这一点呢？让我们看两个例子：

　　其一，某篇稿子开篇就谈全面建成小康社会的重要性必要性，这当然属于认识问题。如果作为纯认识问题来写，那就是"高大上"了，包括践行党的宗旨、巩固党的执政地位、满足人民群众对美好生活的新期待、体现社会主义制度的优越性等大道理都可以写进去，但光讲这些还不够，因为这是面向基层干部群众，还要结合你这个地方的实际，讲清、讲透为什么要加快奔小康。这篇稿子将本地经济总量、人均占有量、城乡居民生活水平和公共事业发展水平等指标与周边先进地区或发达地区做一对比，从存在的差距来阐明不加快发展就不可能同步进入小康，这样人们就容易理解了，认识和行动就能统一得起来。

其二，某篇稿子谈到如何认识农业农村工作面临的困难、树立必胜信心的问题。同样地，如果就认识谈认识，可以列举有科学理论的指引、有党中央的正确领导、有改革开放的政策等一系列有利条件，可以指出害怕困难、消极悲观所带来的一大堆危害性，甚至还可以从矛盾运动规律中找到克服困难的理论依据。但光这样讲不行，太玄了，太空了，还是讲实一点为好。这篇稿子是这样写的："存在困难是事实，但同样的困难，为什么在一些市县却不难？如农产品一度滞销，××县各级干部急农民所急，想方设法打开了广东、福建、江浙等地的市场，外销率达 90% 以上，没有出现卖难问题。这说明，只要思路对头，务实精神强，就没有克服不了的困难。"这是通过摆事实来讲道理，用的又是身边的例子，说服力就很强，也很有启发作用。

第七节　怎样使文稿"出彩"——寻求那一抹亮色

不少年轻朋友常常为文稿难以出彩而苦恼。是呀，一首诗歌可以因"诗眼"而出彩，一篇小说可以因若干动人情节而出彩，一首歌曲可以因优美的主旋律而出彩，而作为"不苟言笑、满脸严肃"的机关应用文稿，怎样才能出彩呢？正由于难以出彩，不少文稿平淡、陈旧、呆板，看上去就像一片灰暗、沉闷的天空，看不到一点亮色，难怪人们不喜欢看，甚至厌烦。

文稿出彩，指的是稿子中那种能够让人眼睛一亮、精神一振，乃至拍案叫绝、印象深刻的精彩之笔、点睛之言，比如某个新颖的观点、某种奇妙的思路、某种深刻的哲理、某些精美佳句等等，也就是别人想说而没有说出、想听而没有听过的那种好东西。举个例子：很多人都读过郑板桥那首著名的《咏雪》诗："一片两片三四片，五片六片七八片，千片万片无数片，飞入梅花总不见。"如果只看前三句，那还叫诗？叫顺口溜还差不多，但最后一句堪称神来之笔，奇峰突起，异彩突现，把雪花漫天飘飞、红梅斗雪吐妍那种美妙意境写得非常生动逼真。起草机关文稿同样如此，我们固然不能要求每一篇文稿的每一个段落、每一句话都出彩，这是再厉害的"大手笔"也难以做到的，但只要有那么一至几个"点"出彩就可以了，有了那"一抹亮色"，就能使整篇稿子活起来、生动起来。

关于这一点，很多伟人、名人的著作和讲话中都有成功的先例。毛泽东、邓小平等老一辈无产阶级革命家的许多名言、名句，大家都耳熟能详。习近平总书记的重要讲话也是妙语连珠，异彩纷呈，比如谈理论学习的三重境界：首先，理论学习上要有"望尽天涯路"那样志存高远的追求，耐得住"昨夜西风凋碧树"的清冷和"独上高楼"的寂寞，静下心来通读苦读；其次，理论学习上要勤奋努力，刻苦钻研，舍得付出，百折不挠，下真功夫、苦功夫、细功夫，即使是"衣带渐宽"也"终不悔"，"人憔悴"也心甘情愿；再次，理论学习贵在独立思考，学用结合，学有所悟、用有所得，要在学习和实践中"众里寻他千百度"，最终"蓦然回首"，在"灯火阑珊处"领悟真谛。这样借用古诗词来描述理论学习的境界、态度和追求，就显得十分精彩、生动，既有美感又有教育意义。

地方党政机关的文件和讲话稿中，也不乏"出彩"的佳作。当年做秘书时，多次听到有关领导批评某些稿子"平了点儿""淡了点儿"。开始我还不明白是什么意思，觉得该说的都说到了，语言文字也看不出有啥毛病，怎样才是不"平"不"淡"呢？后来发现，领导在稿子上加进去的或者在讲话时离稿发挥的某些哲理性、文学性、个性化观点和语言，画龙点睛，精辟独到，打动人心，使整篇稿子陡然生辉，这才明白过来。从此，我就很注意收集这类稿子，并认真分析、琢磨，然后借鉴、模仿、自创，这对于提高写作水平乃至个人成长的确大有好处。为了更好说明问题，下面举两个自身经历的事例。

我任某市市委书记时，有一次在全市宣传文化工作会议上讲话。事先给我准备了一个稿子，列了三个标题：第一要弘扬主旋律，团结鼓劲；第二要宣传改革精神，为改革者擂鼓助威；第三要大力加强精神文明建设，践行社会主义核心价值观。都没写错，内容也很充实、文句也很通顺，但显得平淡、一般化。我觉得，如果是对基层党政干部讲话，布置的是经济、党建等方面的工作，应该用比较朴实的语言和严肃的口吻来讲，而对宣传文化战线的同志讲话则应有所不同，那里文化人比较多，思想比较活跃，讲话风格可以适当调整一下，不要那种一本正经的"官腔官调"，可以活泼、生动一些。所以那篇稿子的内容我基本没有改动，就改了一下标题，把几首歌的名字放进标题。把第一个标题改成了"宣传文化工作要唱响《红旗颂》，始终奏响团结鼓劲主旋律"。《红旗颂》是著名作曲家吕其明先生写的一首交响曲，是一首格调昂扬、气势磅礴的正能量大曲，这样一改，气势就上来了。把第二个标题改成了"宣传文化工作要唱响《敢问路在何方》，为改革者擂鼓助威"，意思一样，但显示了一种气魄、决心和力量，感觉也好多了。把第三个标题改成了"宣传文化工作要唱响《爱的奉献》，大力践行社会主义核心价值观"，意思也没变化，但显得更为形象、生动。这么一改，我觉得有点出彩了，讲完后各方面反映也很好。可惜的是，报社在摘要刊登这篇讲话时，又把那几首歌名拿掉了，我就问是谁改回去的，我那样讲就不像市委书记说的话吗？大概他们也是出于好心，认为市委书记不适宜说这种话。我怎么不能说这些话呢？因为这是我的风格我的"菜"，我喜欢稿子出点儿"彩"，你改了我就不高兴了，不喜欢了。

又一次，我去全市党建工作会议上讲话。因市委副书记作报告在先，我就一边听一边看我自己的稿子。稿子是按我授意写的，写完后我也修改定稿了，自以为还不错。但此时再看，又觉得不咋的，不仅跟副书记讲的有某些重复，而且大多是各级领导和我自己讲过多少次的"普通话"，没点儿新意和特色。怎么办呢？就在这时，"简单"二字出现了，仿佛一个美丽的小精灵从远处飞来，由小变大，由模糊而清晰……我眼睛突然一亮：对，就讲"简单"！这时的感觉就像写诗找到了灵感、作曲抓住了动机，我立即翻过稿子在背面列提纲。主题：领导干部要崇尚"简单"。内容：一是简单工作，删繁就简，抓大事、抓重点，避免眉毛胡子一把抓；二是简单做人，保持平常心、感恩心和实诚心，不摆架子，不忘本色；三是简单生活，崇尚节俭、简朴，力戒贪婪、奢华和低级趣味。释义：敬业爱岗是简单，心无旁骛，专心干事，不为杂念所扰；求真务实是简单，务实落实，说到做到，不为虚名所累；清正廉洁是简单，心清气正，知足常乐，不为贪欲所惑；大度宽容是简单，胸怀坦荡，宽以待人，不为狭隘所困。结论：人人都知简单好，做到简单不简单。

仿佛有神灵相助，几乎一气呵成。写完提纲，正好副书记作完报告，轮到我讲了。原稿上那些必须讲的话，我就加快语速念完，然后围绕提纲，即兴发挥，专讲"简单"。这时，台下突然静得像空无一人，上千听众屏息静听，眼睛紧盯主席台上……讲毕，响起长时间的热烈掌声。讲话经整理下发和新闻报道后，各级机关纷纷组织传达学习，很多干部把它抄录在笔记本上、登载在个人微博上，后来省委办公厅内刊和有关报刊还予以全文刊载，一些兄弟市县的领导还把它推荐给各级干部阅读，身边的秘书们更是把它作为范文来研读。我着实没有想到，几句稍微有点新意的心里话、实在话而已，竟会产生如此强烈的反响。

上述两个例子，或许谈不上有多么"出彩"，但至少我是努力这样做的。在多年的秘书生涯中，也曾一次次为笔下难以出彩而苦恼，有时觉得那些用过千百遍的旧思路、旧观点、旧语言好像砌成了一间没有门窗、阴冷潮湿、充满霉味的黑屋子，无论我怎样使尽力气左冲右突，也找不到出口。经过反复的磨练和借鉴他人的长处，才慢慢悟出点门道。首先，在观念上下决心、下狠心，不满足于"还可以""差不多"，逼着自己非得弄出点新名堂、新道道不可，怀着一股"语不惊人死不休"的劲头，有时初稿写完了还回过头去反复琢磨、提炼，直到自己满意为止；其次是认真研读有关经典著作、上级文稿中的优秀篇章和媒体上的有关精彩言论，从中汲取营养、受到启发；第三是努力培养创造性思维，坚持既不重复别人、也不重复自己，有时还可运用逆向思维来找到与人不同的视角；第四是注意观察和分析实际生活的千变万化、千姿百态，把握发展规律，尊重客观事实，从中捕捉到人无我有、人有我新、人新我特的东西；第五是在观点提炼、标题制作、语言表达等方面注重独立思考，把握方法，讲究艺术，力避平淡、一般化。

当然，追求文稿"出彩"，不等于刻意标新立异，不能流于做作、拼凑，而要讲究朴实、自然、恰到好处。说到底，这种"彩"首先不是来自追求文字本身有多么新奇、精妙，而是来自知识的积累、实践的磨练以及由此悟出的新理念、新见解、新语言。

一位浪漫派诗人曾经这样形容一位女士："啊，夫人，您的眼睛能够点燃我的烟斗！"如果"出彩"就是这样一双眼睛的话，你找到它了吗？

第八节　怎样选角度——横看成岭侧成峰

写作中我们常常遇到选题立意如何避免面面俱到、泛泛而谈和重复、雷同的问题，这就需要找准角度。角度，本是一个数学名词，表示角的大小和量，通常用度或弧度来表示。后来被引申到人们的工作和生活中，用来表示考虑或办理某事、提出某种意见或观点的出发点。人们通常所说"从这个角度看""换个角度来说""无论从哪个角度看"等等，说的就是这个意思。公文写作也常常会遇到角度问题。同样一个内容、一个观点、一个道理，从不同的角度来思考和表达，效果是大不一样的，由此也决定了文稿的质量是大不一样的。因此，文秘人员必须把善于选角度作为一项重要的基本功来练习和掌握。

那么，怎样找角度呢？这里用得着苏轼那首著名的哲理诗《题西林壁》中的前两句"横看成岭侧成峰，远近高低各不同"。它的意思可以作两种解释：一是观察事物要看它的全貌，而不能局限于一个侧面；二是从不同角度观察事物，可以带来不同的发现和认识。我们取的是后一种意思。也就是说，在构思文稿的时候，要找到那个最佳的视角进行观察和分析思考，从而展现出"远近高低各不同"的文章风貌。下面介绍几种找角度的常用方法：

第一，角度要小。这个"小"的意思是切入口要小，以小见大，聚焦于某一重点问题、关键问题而攻之。这就像筑路工人挖掘穿山隧道，始终瞄准一个方向强力推进，而不是、也不可能把整座大山都推掉。比如布置开放型经济发展工作，其内容涉及资源、政策、环境、配套设施等方方面面，而这些方面的措施要求在有关文件和会议上布置过多次，那么应从哪个角度来写呢？最好的办法就是抓关键问题，比如环境不优、服务不到位是当前最大的问题，那就围绕这一点写深写透，这样就能突出重点，避免老调重弹、内容分散。如果角度太大，必然面面俱到，大而化之，效果肯定不好。

第二，角度要正。这个"正"指的是选题立意的方向要正，不能偏离党的方针政策、一定时期的中心工作和实践需求，尤其是起草政治性、原则性较强的文稿时要注意这一点。党委政府的工作涉及方方面面，年年都在抓，但每一年的工作思路是什么，工作重点是什么，都会根据形势任务的变化和工作进展情况而有所变化和侧重，这就是我们选角度的依据。比如部署普法工作，伴随我们国家改革开放的伟大进程，每个阶段的工作重点都是不一样的。整个普法工作贯穿一个主题，就是服从和服务党和国家的中心工作大局；突出两个重点，即以宪法为核心的法制教育、领导干部学法用法。关于贯穿一个主题，不同的阶段又有不同的要求。"一五"普法围绕促进安定团结、社会稳定；"二五"普法围绕推进社会治安综合治理和社会主义市场经济体制的建立；"三五"普法围绕依法治国、提高法治水平；"四五"普法围绕推进社会主义政治文明建设；"五五"普法围绕以宪法为核心的法制宣传教育；"六五"普法突出领导干部和公职人员学法、用法，推进依法行政、依法执政，全面提高党的执政能力。这些不同时期的不同思路和侧重点，就是依据不同时期党和国家工作大局而提出来的，实际上也就是从不同角度而提出来的，所以能使每一时期的普法工作与大局工作同步合拍，发挥应有的法治保障和促进作用。我们起草领导讲话和决策部署性文件，也常常碰到类似的问题，角度正，就能把握好全局与局部、眼前与长远的关系，在方向上、原则上不出偏差。

第三，角度要准。准，即准确、精当，切合实际、切中要害。这常常体现在确立主题、提炼观点的角度选取上。角度可以有多种，会有准与偏、优与劣、新与旧之分，我们要选的是最准、最能说明问题、最能给人留下深刻印象的那一个。例如，某党委书记有一次去纪检监察会议上发表讲话，初稿的内容要点是"要严肃查处案件""要加强廉政文化建设""要强化监督""要加强权力约束"。书记看后觉得太散、太一般，针对性不强，于是根据部分党员干部中存在的"法不责众""有点小毛病不要紧，只要不违法乱纪就行"的模糊认识，自己提炼了一个观点："反腐倡廉要注重治理'亚健康'"，即运用古代中医关于重预防、治"未病"的理念来告诫党员干部，要高度警觉思想作风上"健康"与"不健康"之间的"亚健康"状态，及时对"症"施治，防微杜渐，以免酿成"重病"而不可救药。这个观点就体现了角度之准，所有内容围绕它而展开，就显得集中、深刻而又形象，具有较强的教育警示作用。

第四，角度要新。文章贵乎新，陈词滥调老面孔，没人会喜欢。这就需要找角度，从主题到结构，从层次到内容，通过不同角度去找新意。比如有一回起草党代会报告，我们碰到的头一个难题就是确立主题。翻看前几届党代会报告，围绕统揽全局、加强党的领导和自身建设、为改革发展提供政治保障等方面，有不同的角度、不同的提法、不同的内涵，这一次的报告当然不能重复前人的东西，但是提什么好呢？几经挑选比较，终于找到一个角度：党中央反复强调各级干部要坚持立党为公、执政为民，一切为群众着想、不断满足人民群众对美好生活新期待，就从这个角度切入，不是挺好吗？于是我们把主题和报告题目都定为"一切为了人民幸福"，显得既鲜明、简练，又合乎党的宗旨和时代要求。角度定了，整个报告的格局和内容也随之而变：回顾过去五年工作，主要围绕怎样通过加快发展保障和改善民生、怎样通过改进思想作风密切党群干群关系来展开；部署今后工作，也以提高群众生活质量和水平、同步进入小康为主线来安排经济社会发展和党的建设各项工作，而且打破惯常结构顺序，把大力实施民生工程作为第一部分。这样，整个报告显得主题集中，写法新颖，不仅获得广大干部好评，连老百姓也拍手叫好。

第五，角度要"特"。"特"即特色，是一种事物显著区别于其他事物的独特的形式、风格和色彩。从一定意义上说，有角度才会有特色，有特色才能有吸引力。我们看到不少文件、讲话、汇报材料等，什么都讲到了，什么都没有讲错，但千人一面，没有特色，所以难于吸引和打动别人，看过了、听过了也就扔到一边了。这就需要从角度上做文章。比如有一次我们省委省政府召开抗洪救灾工作总结表彰大会，要求各市委书记每人作10分钟发言。这是"共性"话题，一般都是汇报本地如何高度重视、如何组织指挥、如何安排生产自救和群众生活等等，但我们在写稿时选择了一个独特的角度："党旗，在抗洪救灾中高高飘扬"，重点谈各级党组织和广大党员干部在抗洪救灾中如何发挥战斗堡垒作用和先锋模范作用，书记讲到有关模范事迹时，一些听众都感动得快掉泪了。这样讲就跳出了俗套，突出了特色，因而获得听众广泛好评。

选角度当然还有其他一些方法。其实，角度并不神秘，并不遥远。她就像个调皮而伶俐的小姑娘，喜欢在我们身边跳来跳去、时隐时现地玩捉迷藏。只要我们拓宽视野、勤于思考、善于观察，随时能把她逮个正着。

第九节　怎样让笔头 "快" 起来——功到自然成

大凡当文字秘书的人都希望能成为写作快手。是呀，文思泉涌，妙笔生花，一气呵成，赢得领导赏识、同事羡慕，那是多么风光得意之事！但对于某些同志尤其是年轻新手来说，却往往是想快而快不了，越想快越是慢，有时候一篇稿子憋了几天也憋不出个名堂，写了又撕，撕了又写，写着写着又卡壳，那边领导又催命似的催得紧，真是急死了！

的确，能够成为一名写作快手是非常难得的。曹植七步一诗，传为千古佳话。曹操身边的秘书阮瑀骑在马背上为他代笔写信，一气呵成，"书成呈之"，曹操提笔欲改 "而竟不能增损"。胡乔木仅用一个星期时间写出《中国共产党的三十年》，更是令人敬佩。地方各级党政机关中也有一些笔头特快的秘书，所以成为同行中的佼佼者，在写作中挑大梁。

我们知道，起草机关文稿，有些是可以 "文火炖肉" 不慌不忙慢慢写、细细磨的，也有不少是 "火烧眉毛"，需要抢时间、赶任务的，比如突然接到通知说明天有上级领导来视察，得连夜准备汇报材料；领导明天就要上台讲话了，突然说稿子不行要推倒重写；某大报大刊突然来电向某领导约稿，限一两天之内就要交稿。每当此时，担当如此重任，舍快手其谁也！

然而，要成为一名快手却非易事。没有谁生来就是快手，也没有谁一上岗就能成为快手，得经过长期的修炼，包括积累知识、熟悉情况、勤于练笔等等。不过，在相同情况下，谁的反应快、悟性强、掌握了一定技巧，的确能比他人写得快一些。具体怎么 "快"，下述一些做法可资参考：

首先，要把功夫下在平常，有意识地培养自己的快速思维能力。这包括：开阔眼界，加强学习，掌握情况，丰富素材，做到全局在胸；拓宽知识面，积累词汇量，学会用丰富的语言来说理说事；养成多思、善虑的习惯，凡事多问几个为什么，培养对事物的敏锐反应能力；主动向经验丰富的领导同志学习，观察他们如何分析思考问题，如何应对困难复杂局面、果断做出决策，从中受到教益；学会调节控制自己的情绪和心境，以便在思考和写作时能保持平静、轻松、注意力集中，等等。这样，快速思维能力就能逐步形成。

其次，思路要理清，框架要搭稳，避免走弯路和搞折腾。兵家不打无准备之仗，秘书不写无准备之文。这就是说，下笔之前，要把写什么、怎么写，哪些先写哪些后写，哪些详写哪些略写，哪个观点怎么提，哪层道理怎么说等等，一一理清楚、想透彻，架子没搭好就不要动笔，架子定了就不要随便去变，这也就是"磨刀不误砍柴工"的道理。有的同志一味求快，准备工作不充分、不扎实就匆忙下笔，结果要么东拉西扯、主旨不明，要么言之无物、脱离实际，要么生拼硬凑、牵强附会，写来写去写不顺畅。等到发现这些问题时，又得推倒重来，反复折腾，这就叫做欲速则不达了，还谈何"快"呢？

前述准备工作完成之后，最好关门静坐，屏息凝神，把所有材料在脑子里"过"一遍，并将其贯串、融合起来，脑子里形成一个总体轮廓，使之达到呼之欲出那种程度。这也就是我们常说的打腹稿。其实这并不神秘也不难，很多领导同志在一些会议上讲话，没有稿子也讲得很流畅、很精彩，其实并不都有张口就来那种本事，而是事先打了腹稿，即使来不及打腹稿，脑子里也会构思出一个大致的框架。秘书也要学会打腹稿，有了腹稿就能写得快一些。

再次，进入写作状态后，需把握以下几点：一是要始终紧扣主题。这就像对待爱情应该专一而不能花心那样，一切要围绕主题而展开，与主题有关的东西就写，与主题无关的东西就不写，不能因脑海里闪现一些枝枝蔓蔓的东西而分心走神，这样才能写得集中而流畅。二是运笔行文要形成一种轻松、自然的气势。所谓"清水出芙蓉，天然去雕饰"，文章亦贵轻松自然，不必过于咬文嚼字，尤其不必过于追求工整的对偶句、对仗句和深奥的哲理句。碰到的确需用而一时想不出的词或句，可以先用其他代替，或跳过去往前走，回头再来弥补和修正，以免老是停在一个地方苦思冥想而阻滞写作速度。有些话这样说也可以，那样说也可以，就不必拘泥于某一种说法，能把意思表达清楚就行。三是先易后难。文章通常分为几个部分，有的部分容易写，有的部分比较难写，要是"难"到一时写不下去的话，宁可先放一放，先把容易写的部分写出来，回头再集中火力攻难写的部分，这样也能提高效率，而不致被难写的部分卡了壳。四是尽量用自己的语言。写作过程中有时免不了引经据典，如引用经典著作中某段话、领导有关言论、上级文件中的有关政策规定等，必须查找原文、核准无误，除此之外，写作中涉及的思想认识问题、观点看法问题、语言表述问题等，如果自己心中有数，就不必都去查找出处、拾人牙慧。这不是狂妄，而是因为，你动不动去书籍上找、报刊上摘、网络上翻的话，一来未必能比它们说得更好，只有照搬照抄；二来容易被它们牵着鼻子走，迷失自己的思路和风格；三来还耽误时间，影响速度，自己一支笔、一沓稿纸或一个键盘，直抒胸臆，行云流水，怎么好就怎么写，岂不快哉！五是突出重点。什么是重点？题目和小标题是重点，写得精彩、新颖，就会有吸引力；重要思想见解和观点是重点，写得准确、鲜明，就能给人以启发和指导；关键内容、关键段落是重点，写得厚重、丰满，文章就成功了一大半。我们要把主要精力放在这些方面，其他无关紧要的一般性叙述，只要没有明显问题就行，犯不着花费太多时间。六是尽可能写短、写精。写短文、说短话本来就是值得提倡的文风，简洁明快、意到即止，千万不能婆婆妈妈地唠叨个没完，什么细枝末节都要讲到，生怕人家不明白，这样既浪费自己的时间，又浪费别人的时间。七是注意扬己之长、避己之短。无论知识多么渊博、功底多么深厚的写作快手，也不可能什么都懂。因此，在不影响语言表达和文稿质量的前提下，尽可能避开那些自己不懂或似懂非懂的理论、概念和专业知识，而把自己所熟悉、所擅长的东西发挥到极致，这样也能加快写作速度。

以上几条，不过是个人的实践所悟，未必对大家都适用。而且，快与慢只是相对的而不是绝对的，一般情况下还是不要一味求快为好，即使要快也必须以保证质量为前提。关键还在于勤学苦练、摸索规律、掌握方法，这才是真正的求快之道、能快之本。

最后还须指出，"快"不能是马虎潦草、粗制滥造的"快"，而应是有质量、有水平的"快"。哪怕再才思敏捷的人，因为"快"，也难免有所疏漏。所以初稿完成后还需认真检查、修改，把来不及仔细推敲的地方予以修正完善。也就是说，"快"只是过程，"好"才是目标。

第十节　怎样写出高度和深度——找到那扇进屋的门

高度与深度，是衡量文稿质量的重要标准，既为领导所重视关注，更为起草者所孜孜以求。然而要写出高度和深度，并非易事。当我们把初稿交到领导手上后，经常会得到这样的评价："高度不够！还要站高点儿！""一般化，不够深刻！"于是我们想呀、想呀，究竟怎样才能写得"高"一点、"深"一点呢？就像想走进一间漂亮舒适的房子，明知近在咫尺，转来转去就是找不到那扇进去的门。

其实，"高"并不是高不可攀，"深"并不是深不可测。只要勤练、多思、善悟，一定的高度、深度是不难达到的。

一、关于高度

所谓高度，按词典解释，是指"从地面或基准面向上到某处的距离"，引申到现实生活中，是指人们对于事物性质或程度的某种抽象评价。比如评价某领导思想"很有高度"，评价某篇文章"立意高远"，它当然不是物理意义上的绝对尺度，而是对质量、水平、层次的相对判别。我们经常听到、说到、写到的诸如"高屋建瓴""高瞻远瞩""起点高""站位高"等等，都跟高度有关。那么，公文写作中的高度具体是指什么呢？个人的理解是：文稿的主题、思路、观点等方面所体现出来的看问题和处理问题的层次、品位和境界。比如某种见解和主张具有很强的思想性、指导性、预见性，某项重要决策具有很强的战略性、全局性、方向性，都可以说是有"高度"的表现。

还是以例子来说明。比如，对于推进"两学一做"学习教育常态化制度化重要性的认识，起草有关文稿时都会谈到。如果仅从局部的、一般的层次来理解，可以认为这是加强党员教育管理的需要，是强化党性党纪约束的需要，是克服和防止党内某些不良现象的需要。这样说当然没有错，但怎样从更高层面来认识呢？对此，中央有关文件是这样表述的："推进'两学一做'学习教育常态化制度化，对于进一步用习近平总书记系列重要讲话精神武装全党，加强和规范党内政治生活，保持党的先进性和纯洁性，增强党的生机活力，确保全党更加紧密地团结在以习近平同志为核心的党中央周围，激励全党为实现崇高理想和宏伟目标而不懈奋斗，不断开创中国特色社会主义事业新局面，具有重大而深远的意义"。把推进这项工作与实现党的纲领、目标联系起来，自然有了很高的高度。由此可知，着眼于全局而不是局部、战略而不是战术、长远而不是一时来看问题，就会有高度，而这种高度又是由思想水平所决定的。尽管我们在表述类似内容时不能照搬中央文件的话，但思想上应该站到这样的高度来认识，这样才显得更有教育意义，更有利于统一人们的思想与行动。

很多时候，思考问题或者部署工作的"站位"不同，也决定着高度的不同。为什么我们强调文秘人员要有"兵位帅谋"意识、强调起草文稿时要与领导换位思考，道理就在这个地方。如果仅仅停留于秘书的站位去思考、去写，那显然写不出有高度的东西。同时，"换位"还要看跟谁"换"，特别是起草领导讲话，要依据其职位和职责来"换"，不能不加区别地乱"换"一气。记得我任F市市长时，有一次在全市财税工作会议上讲话，办公室提供的初稿讲的是加强预算约束、加强税收征管、严格执行财经制度等几个问题，写得还不错。但我想我是市长，不能讲分管副市长和财政局局长的话，而要讲市长该讲的话；你们要我算经济账、眼前账，我更要算政治账、长远账。何谓政治账呢？一是加大民生支出力度，保障城乡困难群众基本生活，加快脱贫致富奔小康步伐；二是结合党风廉政建设，大力压减"三公"经费，最大限度减少奢侈浪费现象。何谓长远账呢？一是加大科技、教育支出力度，为实施"科教兴市"战略提供财力支持；二是加快培植骨干财源、后续财源，建立高新技术产业引导基金，积蓄发展后劲。按这个思路一讲，格局、层次就大不一样，高度自然体现出来了，大家一致认为抓住了根本，这才像市长说的话。

要写出高度，并不是越"高"越好，须把握好"度"，使之与公文制发单位和领导者的层级相匹配，尤其要与本地本单位实际相吻合。有的同志以为"高"就是理论、思路、观点的"高大上"，把话说得太大、太空，看似站位很高，其实是悬在半空，接了"天线"但落不了地，与实际工作相去甚远。比如有的讲话稿和文件几乎通篇是中央层级的语言和口吻，看起来很有高度、很有气势，也很正确，但对本地本部门工作缺乏针对性、实用性。这些都是人为的拔高、虚高、缺乏实际意义的高。只有一切从实际出发，既接"天线"，又通"地气"，才能写出真正管用的"高度"。

二、关于深度

高度指向上的距离，深度则指向下或向里的距离，二者一正一反，相辅相成。深度引申到工作生活中，是指某种认识、观点、见解触及事物本质的深浅程度。我们常说的"思想深刻""认识深刻""看问题深刻"，指的就是这个意思。写作实践中我们常常会碰到这样的困惑：想出来的主题太平淡、观点太陈旧，应该怎样提炼、深化？对某些存在的问题罗列了现象，但它的本质、根源是什么？有些内容想表述得准确、新颖、深刻一点，为什么写来写去写不到点子上？有些经验、工作体会，本来有现成的东西可写，为什么抓不住关键、找不准亮点，写出来的还是那套似曾相识的陈词滥调？某种思想认识问题，本来想写得深刻、透彻一些，为何琢磨来琢磨去，写出来的还是一堆连自己看了都生气的空话、套话、废话？所有这些，其实都与看问题表面、浮浅而缺乏深度有关。

仍以实例来说明。如何做好新时期的群众工作、始终保持党同群众的血肉联系，是党中央一向十分关注和重视的问题，也是各级干部必须面对并认真解决的重大现实问题，因而又是文稿写作中经常接触的课题。怎样才能写出深度，使之具有较强针对性、说服力和推动力？显然，如果仅仅停留于罗列现象，如信访量居高不下、群体事件时有发生、干群关系紧张，或者批评某些干部作风粗暴、工作方法不当等等，那当然远远不够。存在这些问题的原因是什么呢？怎么解决呢？这就涉及深层次的东西了。有一篇讲话稿是这样表述的："为什么一些群众对基层干部抱着'有田有山不靠你，没病没灾不求你，有了困难就找你，不解决问题就告你'的冷漠、对立态度？为什么一些农村地区封建迷信活动盛行，宗族势力、宗教势力能够左右部分群众的思想言行？为什么我们出于好心下的某些文件、说的某些话，群众不愿听、不肯信？"一连几问，尖锐泼辣，发人深思，继而作出回答："根子不在群众，而在我们自己身上！随着环境、条件的变化，我们某些同志头脑中群众观念淡薄了，把党的优良传统作风丢掉了，甚至认为改革开放后群众有生产经营有自主权了，生活水平也普遍提高了，不需要再做群众工作了；有些同志虽然做了些群众工作，但不懂得新形势下群众工作的特点和方法，老办法不能用，新办法不会用，硬办法不敢用，软办法不顶用，面对难题束手无策，所以往往事与愿违。"话说到这一层，当然显得深刻、准确、到位，其教育、启发、促进作用是显而易见的。

类似的例子还可举出很多。比如：经济发展缓慢，表面现象是效益不高、后劲不强、产业比例关系失调，本质问题是结构不优；"文山会海"泛滥成灾，表面现象是摆花架子、做表面文章，不务实事、不讲效率，本质问题是形式主义、官僚主义根深蒂固；生态环境恶化，表面现象是片面追求发展，盲目上项目、搞建设，忽视环境保护，本质问题是某些领导干部政绩观有问题，等等。只要我们勤于思考分析，善于透过现象看本质，就能写出深度。

需要指出的是，深度并不等于故作高深。如果热衷于空谈理论、搬弄概念，搞一些深奥难懂故弄玄虚的东西，那叫貌似深刻，实则浮浅。最深刻的东西往往是最实在、最朴素的东西，关键在于我们要善于发现、捕捉它，从而达到深入浅出的表达效果。

三、结语

无论高度还是深度，不仅取决于过硬的文字表达能力，更取决于过硬的观察问题和分析问题的能力。具体地说，第一，观察任何事物，不仅要看表象，还要看本质；不仅要看现状，还要看趋势；不仅要知其然，还要知其所以然。正如鲁迅先生所言："对于任何事物，必要观察准确、透彻，才好下笔"。第二，了解全局，接触实际，把准改革发展脉搏，掌握各项工作运行动态，丰富实践知识。这是最基本、最根本的。离开这一点，仅凭"本本"知识和凭空想象，无论你想怎么"高"、怎么"深"，都是不可能做到的。第三，利用接近领导的有利条件，虚心学习，增长见识。领导者担当一个地方或单位事业发展的重任，他怎样思考和处理问题，怎样表达思想见解，怎样决策和部署安排工作，都体现着一定的高度和深度。所以，熟悉、掌握领导工作的特点和规律，从领导同志的思想水平和实践经验中汲取营养，不失为可行、管用、有效的好办法。

总之，高度与深度之"门"始终是开着的，就看我们能不能找到正确的路径接近它、走进去。

第十一节　怎样减少空话套话
——让真话实话唱"主角"

提起这个话题，首先我自己就有点"心虚"，因为过去当秘书时就写过不少空话套话，当了领导后也说过不少空话套话。虽然我同大家一样，非常讨厌空话套话，但有时又拿它没办法，就像抽烟的人想戒烟一样，不下决心、狠心是很难戒掉的。

首先来看什么叫空话套话。

所谓空话，就是那些说了等于白说的没有任何意义、不起任何作用的话。比如我们中国人用得较多的问候语"你吃饭了吗？"（有时在厕所里碰到还这么问），"昨晚休息得好吗？"纯粹是没话找话。表现在文稿写作中，它有三个基本特征：一是空而无物，没有实实在在的内容，缺少思想、知识、信息含量，不能给人以启发和指导；二是空而无用，缺乏针对性、实用性，解决不了实际问题，推动不了实践；三是空而作秀，调门高、口号响、气魄大，貌似非常正确，实则表面文章。由此可知，那些不切实际高谈阔论的大话，那些拾人牙慧毫无新意的旧话，那些装腔作势不务实事的官话，那些滴水不漏无懈可击的正确的废话，都可归于空话之列。

所谓套话，就是那些套用现成的模式、格调、表达方式而缺乏新意与特色的话。在日常生活中，它常常用于表示谦虚、客套、礼仪等，比如某人请客吃饭，明明满桌子美味佳肴，还说："随便吃哈，粗茶淡饭不成敬意！"某人向朋友赠送著作，明明是显摆自己的成果，还签上"请××指正"；某人送客返程，明明人家新婚燕尔早已归心似箭，他还叫人家"慢走、慢走"。套话表现在文稿写作中，也有三个基本特征：一是模式化较为明显，都是大家熟悉的套路；二是重复率较高，同样的内容反反复复地说；三是缺乏个性风格，千人一面，没有真话实话。比如强调某项工作如何重要，大多是一套又一套抽象而空洞的"重要性、必要性、迫切性"；反映领导同志对某项工作如何重视，大多是"第一时间作出批示""第一时间赶赴现场"；强调加强组织领导，大多是"列入重要议事日程""一把手亲自抓、总负责""要亲自动员、亲自过问、亲自督查、亲自处理"，如此等等。正如有人编段子所说的"会议没有不成功的，认识没有不统一的，讲话没有不重要的，贯彻没有不认真的，进展没有不顺利的，作风没有不深入的，成效没有不显著的，反响没有不强烈的……"虽然有点调侃，但一定程度上也是事实。

空话与套话，既有区别，又有联系，很多时候很多情况下，"空"即是"套"，"套"即是"空"，"空""套"结合，互为依存。难怪有人在网络上晒出一套"领导讲话万能模板"，通篇都是人们耳熟能详的空话套话，把某个会议或某项工作名称填上去即可通用。如果排除其模式上的参考作用，这不能不说是一种绝妙的讽刺。

不过需要指出，空话套话的概念不能混淆了、搞错了，某些常用、通用语言不能简单地称之为空话套话。比如政治上的习惯用语、思想理论方面的经典表述、涉及原则和方向问题的规范性提法等，该写的时候要旗帜鲜明、理直气壮地写，不能偏离，不能含糊，否则就要出大问题。又如党代会、人代会、政协会各项工作报告中回顾工作之后的感谢式语言，以及这些会议批准工作报告的评价式语言，基本上程序性的、模式化的，也不能与空话套话混为一谈。

那么，文稿写作中怎样减少空话套话呢？请注意，我说的是"减少"而不是"杜绝"，"杜绝"就是赶尽杀绝的意思，我认为在目前机关文风积弊甚深的情况下，难以在短期内完全做到，需要一个较长的过程，而且需要各方面共同努力。眼下我们所能做而且应该做的，就是下最大决心、尽最大努力，把空话套话减少到最低限度。至于具体怎么做，力戒不良文风、熟悉工作情况、丰富实践知识等等方面无疑都是十分重要的，大家也都懂得，这里不展开细说。下面只从写作实践层面，谈谈如何少说空话套话。

首先，在思想理念上坚持不说。这是最根本的一条。在构思阶段，就要有这种意识上的高度自觉，即围绕问题导向来审题立意、谋篇布局，一切为了解决问题、推动实践来开展，不给空话套话留下进入的空间。如果缺乏这种自觉，认为空话套话不可避免，甚至认为空话套话没有风险、出了问题无须承担责任，空话套话当然就会乘虚而入。实际上，空话套话之所以屡禁不止，正是由于某些同志存在这种心理所致。

第二，能不说时坚决不说。意思是，有时候想着想着、写着写着，突然被空话套话拦住了"去路"，如果出于习惯和模式的影响而顺从它，当然方便省事，或许还显得无懈可击、冠冕堂皇。这种情况下，如果可说可不说，则宁可不说，绕开它，只按自己的思路和方式来说，说真话、实话、管用的话。比如思想认识问题，有的文稿需要谈，有的文稿则不需要谈，为什么要不加区别、不看实际需要每篇都谈？即使要谈，也应切合实际、有的放矢地谈，为什么要不着边际、故作高深地谈？又如贯彻上级决策部署，应结合本地实际提出切实可行的思路和办法，这样才能富有创意和特色，为什么要原封不动照套照搬上级的东西？所有这些方面，只要我们坚持务实、较真，就能最大限度地把空话套话从文稿上"挤"出去。

第三，不得不说时尽量做到有分寸地说。不得不承认，某些空话套话的存在，有其一定的必然性、必要性。比如对领导表示应有的尊重、礼仪应景场合表示应有的礼貌礼节、对特定会议对象表示应有的谦虚客气等方面的习惯性用语，该用的时候也要用，否则就显得太"另类"，也不符合体制内某些规矩。问题在于，要用得恰到好处，简洁、得体、有分寸，避免给人以虚伪、做作、庸俗之感。举例来说：领导在某个会议上讲完话之后，会议主持人一般都要评价几句。不评价行不行？当然不行。比如他说："会议到此结束，散会！"干脆是干脆，痛快也痛快，但肯定会让人觉得太突然、太没礼貌。那么，怎样评价才好呢？主持词上写的一般都是如何如何有高度、有深度、有指导意义那套千篇一律、言不由衷的恭维话，也就是空话套话。其实完全可以降低"调门"换一种说法，比如："刚才，××同志实事求是总结了前一阶段工作，明确提出了下一阶段工作思路和措施要求，请大家认真学习领会，抓好贯彻落实。"这样评价就显得实在、自然，人家听起来也会觉得舒服。

第四，可以少说时决不多说。除了法律法规和格式化较强的公文必须力求简洁凝练、"章中无冗句，句中无冗字"以外，应当说，绝大多数应用文稿在篇幅长短、说多说少方面的弹性是比较大的，是可以由着起草者的意愿和风格予以调节控制的。由此，在给实质性内容留足篇幅空间的前提下，如果出于某种考虑的确需要运用某些模式化语言，则可尽可能简略地说，像文言文那样节省文字，意思到了就行，不必说得太多、太具体。比如谈到开展某项工作的目的意义，如果这些道理大家都懂得，就可点到即止，不必列出几个层次侃侃而谈；在语言表述上，如果用一句话能说清楚，就不用两句、三句，避免拖沓、松散、累赘，尤其要力避生拼硬凑的对偶句、排比句，人为地助长空话套话。

第五，把某些模式化语言改造成新话来说。空话套话的一个共同特征，就是重复雷同，缺乏新意。怎样写出新意呢？最根本的，当然是树立创新意识、强化创造性思维，同时在语言运用上也是可以灵活变化的。有些话，这样说也可以，那样说也可以，只要能把意思表达清楚就行，为什么非要按惯用的模式来说？比如"提高站位，统一思想，充分认识做好××工作的重要性必要性迫切性"，这样的说法偶尔出现并无不可，但如果大家都这样说、每次都这样说，就变成了模式，人家一听就知道空话套话来了。把它改成"开展××工作势在必行""形成做好××工作的共识共为"等，意思是一样的，句子更简洁，还显得更有力度。类似的例子还可以列出很多。文字是死的，人是活的，只要我们开动脑筋，就会有新话可说，空话套话的味道就会减少。

当然，这办法、那办法，减少空话套话的最根本办法，还是面向实际，多写"干货"。干货多了，空话套话自然就少了。下面我们就来探讨这个问题。

第十二节　怎样写出"干货"
——肚子里先要有"货"

领导同志审阅文稿，有时会说："文字不错，就是干货少了点！"基层干部评价领导讲话，有时会说："多讲点干货吧，讲那些空话有什么用！"其实我们文秘人员有时也犯愁：干货、干货！干货在哪儿？怎样才能写出干货？

干货，本指晒干、烘干、风干而成的食品，如葡萄干、番薯干、桂圆干等等，味道好极啦！但不知从什么时候开始，这土里土气的东西居然大摇大摆地走进各行各业供人们"分享"，比如网络营销的成功做法与经验、教师的科学教授方法、专业人士传授的知识和方法技能等，均称之为干货。在公文写作领域它更是大展"神威"，几乎成为了衡量文稿质量的头条标准，少了它，我们的辛勤劳动就变成没有功劳只有苦劳了。

的确，干货是公文写作一道绕不过的坎。

什么是文稿中的干货？笼统地说，就是不事虚夸、不含水分、实用性较强，能够有效解决问题、促进事业发展的思路、主张和方法。具体到不同的文种，它又有不同的表现。比如在决策部署性文件中，它表现为有科学的决策、明确的目标任务、可行的政策措施和可操作的步骤方法；在领导讲话稿中，它表现为有鲜明的观点、独到的见解和说服力、感召力、引导力较强的语言；在调研文章中，它表现为有翔实的材料、深入的分析思考和切实可行的对策建议；在汇报材料和经验介绍材料中，它表现为有重点、有亮点、有特色，有可供领导掌握和他人学习借鉴的做法和经验。一句话，干货就是"实"，不"实"，则不成其为干货。

文稿中为什么要有干货？不言而喻，任何文稿都是为决策理政、推动发展、造福人民服务的，离开这一点，再漂亮的文字也毫无价值。尤其在当前形势下，无论改革发展还是维护稳定，无论党建工作、意识形态工作还是群众工作，都面临着许多新情况、新问题、新矛盾、新挑战，都需要有干货、有指导意义和实用价值的文稿引领方向、统一思想、指导行动、凝聚力量，从而实现既定的目标。仔细分析不难发现，我们写出来的某些稿子之所以过不了领导的"关"，即使过了领导的"关"也过不了干部群众的"关"，其实很大程度上都与缺少干货有关。热衷于高谈阔论，看似博大精深，能作何用？埋头于咬文嚼字，看似严谨规范，能作何用？一味唱高调、喊口号，看似气魄宏大，能作何用？把精力都花在这些方面，真是累死也活该，挨骂受批评也不冤枉。写作实践告诉我们，只有始终瞄准干货，写出干货，写作才会有意义、有价值。做到这一点，首先必须牢固树立以文辅政、以文载道的意识，跳出为写作而写作的小圈子，主动站在全局的高度思考问题，坚持从实际出发建言献策，使自己成为合格的参谋助手。如果把自己隔离于现实需要之外、改革发展的火热实践之外、国计民生的大业之外，仅仅把自己当作一个抄抄写写、舞文弄墨的文字工作者，当然写不出干货。

怎样才能写好干货？这就是方法和技术的问题了。就拿起草部署性文稿来说，我觉得至少要把握好三个方面。一是有的放矢。起草文稿既然是为了解决问题，那么在审题立意阶段就要找准问题，是全局性问题还是局部性问题？是难点热点问题还是一般性问题？是深层次问题还是浅层次问题？是短期性问题还是长远性问题？是主观性问题还是客观性问题？找准了问题，就有了写干货的基础。无的放矢、泛泛而谈，当然写不出干货。二是谋事有道。找准了问题，就要拿出解决问题的措施和办法。比如针对未成年人思想道德教育薄弱的问题，应采取哪些措施予以加强？针对农村基层组织软弱涣散的问题，应采取哪些办法去解决？针对产业结构不优、经济效益低下、发展后劲不强的问题，应采取哪些对策去改变和解决？这就要求我们勤于思考、善谋对策，使提出来的措施办法实在、管用、有效。如果只谈问题而不回答"怎么办"，同样不是干货。三是精准表达。有再多、再好的干货，如果表达不清、不准，也会黯然失色。有些文稿正是存在这个问题，本来提出了某些措施办法，但表达欠妥，或长篇大论，使之淹没在冗长的叙述之中；或空话套话太多，使之夹杂在虚假、水分之中；或措辞有欠简洁、贴切，使之偏离了本来的意义和作用，不好理解、不便执行。可见，不克服语言文字上的某些弊病，也是写不出、写不好干货的。

举例来说，推进脱贫攻坚，这是全党的工作大局，被列为"三大攻坚战"之一，这方面的文稿我们写过不少、也看过不少。按照上级要求，扶贫脱贫必须"精准"，由此也要求文稿所表述的思路、政策、措施办法要"精准"，也就是要有干货。如果缺少这种干货，谈再多的认识问题、喊再响的口号、提再严格的要求也是放空炮。这就需要从实际情况出发，在摸清现状、找准问题的基础上，本着因地制宜、因户制宜、因事制宜的原则，拿出打开问题之"锁"的"钥匙"。这方面的优秀文稿很多，湖南省委办公厅、省政府办公厅出台的《关于支持贫困地区发展产业扩大就业的若干政策》就是很好的范例。此文在网上获得广泛好评，为什么？首先看题目，就体现了"精准"。脱贫攻坚要做的工作很多，如果面面俱到地谈，就很难写得出干货。此文围绕发展产业、扩大就业提供扶持政策，无疑抓住了根本，体现了强烈的务实精神。其次看内容，文件实打实地提出了十大扶持政策，包括政策实施范围、放宽市场准入、给予财税支持、降低企业费用、加强金融扶持、支持创业就业、降低用工成本、加强住房保障、推进品牌建设、鼓励招大引强等方面，每一条政策中又有具体的、明确的、可操作的内容，可谓干货满满、力度十足，每一条都称得上是真金白银。再看文字，显得朴实、简洁、准确，没有一句空话废话。这样的文件发出去，难怪会受到社会各界普遍欢迎，尤其是对贫困人口就业创业发挥了极大的激励和促进作用。这个例子就告诉我们，起草这类文稿，不仅要有写干货的意识，还要有写干货的经验和本领。如果缺乏这方面的经验和本领，面对实际问题提不出解决的办法，那就要认真去学、去实践、去积累、去向实际工作者请教、去了解基层干部群众需要我们写什么。肚子里有"真货"，稿子上才会有干货。

第十三节　怎样表述工作思路
——关键在于"拎得清"

思路，即思考、处理问题的条理和脉络。工作思路，即通过预先调研谋划而提出的总体构想和基本方略。它有几个基本特征：一是统领性，即总揽全局，提纲挈领，为各项工作定下总基调；二是导向性，即明确工作的方针、原则、重点和目标，引导人们的思想行动；三是概括性，即着眼战略上、宏观上的总体把握，言简意赅而内在容量较大。

工作思路的重要性不言而喻。人们常说"思路决定出路""没有思路就没有出路"，说的就是这个意思。大量事实表明，任何一项事业，思路对头，就能顺利发展；思路不对头，就要遭受挫折和损失。

工作思路是一个色彩斑斓的思维世界。从内容上分，有经济工作思路、党建工作思路、宣传思想工作思路等；从领域上分，有党委工作思路、政府工作思路、部门工作思路、企事业单位工作思路等；从时间上分，有年度工作思路、中长期工作思路等；从涵盖面上分，有总体工作思路、单项工作思路等。就一个行政区域来说，虽然各部门、各单位、各行业的工作思路各不相同、各有特色，但总体上都是依据该区域最高领导机关的总体思路而提出并付诸实施的。

工作思路有不同的表述方式，通常有指导思想、基本方针、任务目标等几种。它们有时是综合性表述，有时是分别表述。

先看指导思想。我们起草党代会工作报告、政府工作报告和有关决策部署性文件、领导讲话等文稿，经常会写到指导思想，有时也叫总体要求，其实这就是总体工作思路，为了醒目，往往用黑体字标出。它一般包括三个要素：一是依据、原则，二是工作策略和重点，三是所要达到的工作目标。比如 2019 年中央一号文件《关于坚持农业农村优先发展做好"三农"工作的若干意见》，提出的总体工作要求是："做好'三农'工作，要以习近平新时代中国特色社会主义思想为指导，全面贯彻党的十九大和十九届二中、三中全会以及中央经济工作会议精神，紧紧围绕统筹推进'五位一体'总体布局和协调推进'四个全面'战略布局，牢牢把握稳中求进工作总基调，落实高质量发展要求，坚持农业农村优先发展总方针，以实施乡村振兴战略为总抓手，对标全面建成小康社会'三农'工作必须完成的硬任务，适应国内外复杂形势变化对农村改革发展提出的新要求，抓重点、补短板、强基础，围绕'巩固、增强、提升、畅通'深化农业供给侧结构性改革，坚决打赢脱贫攻坚战，充分发挥农村基层党组织战斗堡垒作用，全面推进乡村振兴，确保顺利完成到 2020 年承诺的农村改革发展目标任务。"这段话，就新的一年"三农"工作依据什么、坚持什么、突出什么、目标任务是什么作了清晰而准确的表述，体现了党中央、国务院对新形势下农业农村工作的总体把握和战略谋划。以下提出的各项具体任务要求"聚力精准施策，决战决胜脱贫攻坚""夯实农业基础，保障重要农产品有效供给""扎实推进乡村建设，加快补齐农村人居环境和公共服务短板""发展壮大乡村产业，拓宽农民增收渠道""全面深化农村改革，激发乡村发展活力""完善乡村治理机制，保持农村社会和谐稳定""发挥农村党支部战斗堡垒作用，全面加强农村基层组织建设""加强党对'三农'工作的领导，落实农业农村优先发展总方针"，都是围绕这一总体思路而展开的。

有的思路以工作方针的面目出现，其特点是高度凝练、意蕴丰富、战略性和指导性极强。如江西省委提出的工作方针"创新引领、改革攻坚、开放提升、绿色崛起、担当实干、兴赣富民"，短短 24 个字，既体现了时代精神、又切合了江西实际，既有发展理念、又有工作重点，既有作风要求、又有奋斗目标。正如省委领导同志所解读的："创新引领"是江西发展的第一动力，"改革攻坚"是江西发展的制胜法宝，"开放提升"是江西发展的关键一招，"绿色崛起"是江西发展的最佳路径，"担当实干"是江西发展的重要保证，

"兴赣富民"是江西发展的根本目的。这一方针的提出，使江西的发展取向、工作导向、目标指向更加明确、更加集中，充分体现了工作思路的统筹、引领作用。

还有的工作思路以战略性口号的面目出现，它比指导思想更简洁，一般包括发展战略和奋斗目标，句式简短，易懂易记，富有鼓动性和号召力。有的是发展定位式的，如"实施创新驱动战略，把我市建设成为全省科教兴市先行区、高新技术产业聚集区、生态文明建设示范区"；有的是任务目标式的，如"打好工业升级、农业升质、旅游升温三大战役，努力实现经济总量、发展质量、城乡居民收入水平三大跃升"；有的是指导推动式的，如"实施'连心、强基、模范'三大工程，奋力开创我省基层党建工作新局面"。这类战略性口号不仅经常出现在文件、领导讲话中，还经常以标语的形式出现在办公大楼、交通要道、主要街道、大型电子荧屏等处，为的是展示思路、表达愿景、宣传造势，统一人们的思想与行动。

工作思路还包括具体工作目标的设定，一般在指导思想、方针、战略性口号之后提出，有时是定量指标，有时是定性指标。如政府工作报告、国民经济发展计划、经济工作会议上的讲话、有关决策部署性文件，都会用到定量指标，包括生产总值、财政总收入和一般公共预算收入、规模以上工业增加值、固定资产投资、社会消费品零售总额、实际利用外资、城乡居民收入、居民消费价值总水平、城镇登记失业率、节能减排等，或增长多少，或控制在什么水平之内，都需经过测算而明确提出；党务工作和其他各方面的工作，能定量的则定量，能定性的则定性，要做到什么程度、达到什么目标，也要通过周密思考作出安排。也就是说，从动机到目的、从过程到结果、从宏观到具体，都是谋划工作思路时应当考虑在内的。

谋划思路和准确表达思路，是领导同志和文秘人员共同的责任。每逢岁末年初、新老五年计划交替和班子换届之际，各级领导都要为明确下一步的工作思路开展调查研究、征集意见建议、召开四套班子务虚会进行讨论、咨询有关专家意见等活动。一般每到此时干部群众也会密切关注：明年工作怎么安排呀？下一个五年计划的目标任务和重点工作是什么呀？新来的主要领导有什么设想什么招数呀？若时间长了还不明朗，社会上还会有这样那样的议论和说法。一旦明朗了，人们又会进行这样那样的比较和评价，比如是否符合实际、是否切实可行、是否重点突出，与上年比较有什么不同，与前任比较有哪些创新，如此等等。这当然都是好事，说明大家关心发展、关注决策、心系共同的理想和未来，反过来也说明了制订可行的发展思路有多么举足轻重、多么意义深远。

在酝酿和明确发展思路的过程中，领导干部和领导班子无疑起着主导和担纲作用，而办公厅（室）文秘人员则无疑起着重要的辅助参谋作用。这种辅助参谋作用不仅体现在调查研究阶段，也体现在思路的成型和表达阶段。这里可能有两种情况，一种是，领导有了明确的、成熟的思路，稍加文字处理就可以照用；一种是，领导的思路尚处于酝酿阶段，让文秘人员提供情况、出谋献策供其参考。无论在哪种情况下，文秘人员都应本着高度负责的精神和科学严谨的态度，做到拎得清、看得准、理得顺，从而把工作思路准确、清晰地表述好。这里要防止出现以下情况：

一是防"偏"。不能偏离上级大政方针和一些原则性、方向性的提法与要求。比如许多文稿中关于指导思想、总体要求的表述，前面一般都会有"以……理论为指导，认真贯彻……精神，围绕……，坚持……"这样的语句，有人说这是套话，可写可不写。这种说法显然是错误的，因为这是原则问题、政治问题，不写不行。又如中央近年来所强调的推进高质量发展总要求，所提出的"保持国民生产总值合理增长"、打好"防范化解重大风险、精准扶贫、污染防治"三大攻坚战、"切实保障国家粮食安全"等事关国计民生的重大战略方针，在地方工作思路和具体安排部署中应得以贯彻和体现，否则就会脱离大局、迷失方向。

二是防"虚"。即不能脱离当地实际而生搬硬套上级的东西，这与防"偏"是一个问题的两个方面。中央大政方针和决策部署是针对全国而言的，是宏观性、指导性的，至于各地具体怎么贯彻落实，应根据各自的发展基础、发展条件、发展方向和工作重点，因地制宜，因事制宜，在不违背中央精神的大前提下，创造性地提出自己的发展思路。如果一味照抄照搬，满足于当"传达室""传声筒"，就会脱离实际、毫无作用，就不是真正管用的思路。

三是防"躁"。不能急功近利，急躁冒进，脱离实际情况和现实可能，一味唱高调、定高指标。这是一些文稿提工作思路时比较容易出现的问题。制定发展战略、明确任务目标、设定具体指标，固然要有雄心壮志，要体现大气魄、大作为，但一定要坚持既尽力而为，又量力而行，本着"跳起来摘桃子"的原则，做得到的就说，做不到的就不说，以免目标落空，失信于民。

四是防"旧"。不能因循守旧，老调重弹，年年一个老面孔。形势和任务在不断变化，工作思路也应随之调整和变化。比如多年来中央一号文件都是部署农业农村工作，但每年侧重点是有所不同的，包括：统筹城乡发展力度、进一步夯实农业农村发展基础；加快推进农业科技创新、持续增强农产品供给保障能力；加快发展现代农业、进一步增强农村发展活力；全面深化农村改革、加快推进农业现代化；实施乡村振兴战略；坚持农业农村优先发展。这就体现了同一项工作在不同时期的工作思路，与时俱进，重点突出，针对性强。

五是防"变"。不能热衷于玩新概念、提新口号，影响工作的稳定性和连续性。任何一个地方和单位的工作都是在前人的基础上前进的，对前人提出的并经实践证明行之有效的工作思路，应予以充分的肯定和尊重，在继承的基础上，根据变化的情况进行完善、创新，这样才会对工作有好处，对人民的利益有好处。从一个地方的长远发展来说，主要领导人的交替不应是"跑道"的改变，而应是"接力棒"的传递。而有的同志恰恰在这个问题上不够清醒，上任伊始，不管前任的思路是否对头，就急于全盘否定，另搞自己的一套，好像不这样做就显得没思路、没水平，就显不出比前任高明。也正因如此，一些地方才出现了类似王书记栽树、李书记砍树，孙市长盖大楼、丁市长炸大楼等怪现象。殊不知，这样做不仅穷折腾、误发展，还让自己显得官德太差，干部群众并不认可。

六是防"凑"。不能生拼硬凑、牵强附会，让人难懂难记。既然是工作思路，就应表达得明白、自然、流畅，容易记住，这样才便于贯彻执行。而有的思路编造、拼凑的痕迹太重，要么是满口的"战役""决战""会战"之类的军事化语言，要么是这个工程那个工程搞一大堆的工程，要么是搞一些"369战略""87619计划"之类的数字游戏，这样反而让人云里雾里，不知所云，而且觉得别扭。当然，为了表达得规整、概括一些，用一点数字归纳法、排比和对偶句式也不是不可以，比如"三个着力""四个千方百计"等等，但一定要把握分寸，用得恰到好处，免得把本来简单的东西搞复杂了，把本来明白的东西搞迷糊了。

七是防"平"。不能面面俱到，拉杂琐碎，以致淹没了重点，丧失了特色。工作思路所表述的只能是带战略性、宏观性的东西，是左右全局、关乎成败的目标取向和工作策略，而不可能包罗万象，把具体工作、政策措施都包容进去。这就需要抓关键、抓重点，善于概括提炼，使思路既具有理性深度、战略高度，又具有内在意蕴、外延空间。像"稳中求进"的经济工作总基调，简简单单四个字，却体现了党中央对形势的准确把握和对发展的精心运筹，内涵十分丰富，寓意非常深刻。另外，思路的表述还要尽可能节省语言，做到精练、集中、准确，多一字少一字、多一句少一句都要"斤斤计较"，力避拖沓冗长、东拉西扯。

思路，虽然只是短短一段话或几句话，却字字千钧，意义重大。它不仅需要领导者深思熟虑、精心谋划，也需要文秘人员善"拎"善悟、准确表达。

第十四节　怎样把话讲到点子上——话不在多在于精

把话讲到点子上，是一种智慧、一种能力、一种艺术。用于人际交往，它可以展示口才的魅力，获得他人的羡慕与尊重；用于分析问题，它可以切中要害、揭示本质，找到解决问题的办法；用于汇报工作、建言献策，它可以抓住要点、突出亮点，得到领导重视与赏识；用于辩论、谈判，它可以战胜对手，赢得主动；用于表达思想见解，它可以增强说服力、感染力，引起他人兴趣并赢得认同。那么，用于文稿写作呢？那当然了，它能使文稿质量大大提高、文稿的实用价值大大增强。

所谓把话讲到点子上，就是讲得准确、透彻、到位、得体。人们常说的"一针见血""一语中的""抓住了关键""击中了要害"等等，指的就是这个意思。表现在文稿写作中，指的是主题、观点、语言表述的针对性、精确性和实用性。反过来看，讲不到点子上，那就是偏颇、含糊、空泛、拖沓，这样的文稿就必然是失败的。

应当说，话说不到点子上，绝大多数情况下并不是起草者有意为之，而是力不从心、事与愿违。这里既有知识面和观察力的问题，也有基本功和方法上的问题。下面谈谈"简、深、准"三个字的具体要求。

所谓"简"，即言简意赅，不啰嗦、不拖泥带水，话不在多，点到就行。我们评价某人讲话"恰到好处、弦外有音""话说三分，余味无穷"，这就是一种高超的语言艺术。如邓小平同志说的"发展是硬道理""贫穷不是社会主义""计划经济不等于社会主义，资本主义也有计划；市场经济不等于资本主义，社会主义也有市场"，言语不多，却字字千钧、句句精准，内涵非常丰富，给人以宽广的想象空间。我们起草文稿常常遇到这种情况：本来想把某个观点、某层道理、某种要求点准说透，但又生怕说得不明白、不具体，于是七拐八弯、啰啰嗦嗦说上一大堆，结果反而戳不到那个"点"上去，让人弄不清你究竟要说什么，也根本记不住。比如这样一段表述："有的领导干部缺乏责任意识、担当意识和攻坚克难的本领，困难面前束手无策，矛盾面前没有主张，风险面前惊慌失措，完不成任务时不是从主观上找原因，而是一味强调客观原因，好像能做的他都努力做了，没做到的就不能怪他了，把责任推给下级，把矛盾交给上级……"这样说当然未尝不可，换成另一种说法："有的领导干部不为成功想办法，只为失败找理由"，就显得简洁、精辟。这只是举个例子，意在说明：学会长话短说，善于概括提炼，注重语言的内在质量，是把话说到点子上的重要方法之一。

所谓"深"，即看问题要深刻，善于透过现象看本质，给人以教育和启示。现实生活错综复杂，各种矛盾和问题层出不穷，事物的本质往往被种种表象所包围和掩盖，这个本质正是我们要找到的那个"点"。这就需要通过深入的思考分析，透过表象的"迷雾"把它挖掘、揭示出来，使人们认清方向，辨明是非，形成共识。比如上级发出关于坚持科学发展、提高发展质量、反对片面追求发展速度的指示精神后，某些欠发达地区的部分干部产生了误解，认为这回可以松口气了，用不着担心排位落后了，于是工作也放松了。对此，有篇讲话稿是这样说的："不错，我们的确要毫不动摇地坚持科学发展、注重质量，但是，慢就是科学发展吗？快就是不讲质量吗？能争取的有效益的快速度也不该争取了吗？不对！我们要提醒某些同志，不能以科学发展为幌子来掩盖自己的不思进取、无所作为。"这话就入木三分、切中要害，比起泛泛而谈的批评，分量就要重得多。

所谓"准"，就是表达意思要准确，包括展开观点、作出结论、指出问题、剖析原因等方面，都要力求一个"准"字。"准"则精确、直观、明快，让人容易理解和接受；不"准"则会含糊其辞、隔靴搔痒，让人莫名所以，不得要领。我们来看一个例子：还在 20 世纪 90 年代初，某些地方为了增加农民收入，曾经动员农民大种油菜，农民因为没有习惯而不肯种，就由政府无偿提供种子。农民还是不肯种，一些干部为了完成任务指标，就采取牵牛、抬猪、挑谷子等强硬措施去"逼"，结果油菜是种下去了，但不仅没赚钱反倒赔了本，干群关系也变得十分紧张，有的地方还出现了群体上访事件，教训是十分深刻的。怎样总结和吸收这一教训呢？有篇调研文章是这样说的："事实证明，这是我们以最良好的愿望、最艰苦的努力、最愚蠢的方法，做了最窝囊、最得不偿失的事情。"这话"准"得近乎尖刻，但字字千钧，促人警醒。还有一篇文稿在批评某些乡村党员队伍严重老化时说："七个党员八颗牙。"七个人当然不止八颗牙齿，这里是用了夸张手法来指出问题，既准确，又形象。

以上只是从几个侧面举例说明，把话说到点子上的要领还有很多，比如：要尊重客观事实，依据事实说话，避免凭空想象、主观臆断；要注意条理性，做到逻辑严密、层次分明，避免信口开河、语无伦次；要坚持以理服人，言之有理、言之有据，避免空洞说教、废话连篇；要坚持因人而异、因事而异，针对不同对象采用不同的表达方式，避免千篇一律、重复雷同；要注入真情实感，以真话实话打动人、吸引人，避免虚伪做作、言不由衷，等等。说到底，要想把话说到点子上，不仅要靠语言艺术，还要靠强烈的求真务实精神。

第十五节　思想政治性文稿怎样摆脱模式化
——把握三个"不等式"

不少文秘人员都有这种感受：党委口的稿子，尤其是思想政治性较强的稿子比较难写，写着写着就陷入了模式化的沼泽，很难写出特色。其实不只是党委口，在如今强调讲政治、守纪律，强调加强理论学习、强化思想武装，强调加强领导班子和干部队伍思想作风建设的新形势下，党委口以外的其他各级领导机关和各部门各单位，同样有大量思想政治方面的文稿需要起草。所以，这个问题就成为所有文秘人员都必须面对和解决的课题。

的确，不同于起草经济工作和其他业务方面的稿子，自由度相对较大，比较容易出特色，雷同现象较少，思想政治性文稿要写出特色就有点难度。难就难在，政治上、理论上、原则上的东西，上级已经说得很全面、很透彻、很规范了，你原封不动跟着说吧，就是照搬照套，搞本本主义；你离开它来说吧，又生怕跑偏走调，被认为不讲政治、没有保持一致；你想超越它吧，那根本不可能，你不可能比它写得更好。也就是说，既要讲政治，又要有自己的思想见解；既要保持高度一致，又要有一定的创造性；既要严肃庄重，又要有说服力和吸引力，让人乐于接受，这似乎成了令人头疼的两难选择。这就难怪，为什么有些文稿面目雷同，说来说去差不多都是那些话。这主要表现在四个方面的材料：一是部署理论学习或思想政治工作的文件、讲话；二是有关干部队伍思想作风建设、纪律建设、领导班子自身建设的文件、讲话；三是领导讲话中的第一部分，因为即使是部署业务工作，有时也要讲到政治问题、思想认识问题；四是中心组学习会上的发言材料和政论文章。这些材料看上去都很严谨、很规范、很正确，几乎什么毛病也没有，但是真话实话呢？特色呢？切合实际的东西呢？就很少能看得到了。这种材料虽然不能代表全部，但的确是一种值得重视和克服的现象，即模式化现象。

首先我们来看看什么叫模式。所谓模式，即事物的标准和样式，或者叫套路、规则，比如科学实验模式、经济发展模式、企业盈利模式等。写作当然也有模式，即文体、结构、层次安排和语言特点等方面某些通用的规范、规则。但如果将某一模式不加区别地加以普遍运用，就变成了模式化，仅多一个"化"字，性质就不一样了。前述几类文稿模式化的具体特征就是：滔滔不绝谈思想认识问题，长而空洞；政治方面表态多，调门高，甚至给人以作秀造势之感；观点、见解、语言缺乏新意，千篇一律，重复率较高；表达方式陈旧老套，句式呆板，语言乏味，语气生硬；贯彻上级精神"依葫芦画瓢"，缺少创造性工作的思路和措施方法。这就难怪，尽管我们文秘人员绞尽脑汁，写出来的某些稿子还是不被看好，甚至饱受批评。

那么，怎样克服模式化现象呢？

我认为，核心问题是如何看待"讲政治"。毫无疑问，讲政治是原则、是根本，是做好一切工作的保证，是党委工作的灵魂，各级党委安排部署任何工作的文稿都必须讲政治，必须坚决贯彻执行党的路线方针政策，必须自觉在思想上政治上行动上与以习近平同志为核心的党中央保持高度一致，必须始终如一、坚定不移地贯彻习近平新时代中国特色社会主义思想。对这一点，大家想必都很明白。但同时我们还要明白，什么才是真正的讲政治？在文稿写作中怎样体现讲政治？在这个问题上，要把握好几个"不等式"：

第一，讲政治≠喊口号、搞形式。真正的讲政治，不是停留在口头上、表态上、照抄照搬上，而是要体现在行动上，体现在解决实际问题上。正如习近平同志谈到学习宣传贯彻党的十九大精神时所指出的："开会发文是传达精神的必要方式，营造浓厚氛围也是必要的，但要防止出现以会议落实会议、以文件落实文件的现象，不能空喊口号、流于形式。"在一次中央政治局集体学习时，习总书记还指出：现在，"痕迹管理"比较普遍，但重"痕"不重"绩"、留"迹"不留"心"。要把干部从一些无谓的事务中解脱出来，让基层把更多时间用在抓工作落实上来。这话很是耐人寻味。我理解，总书记批评的"重痕不重绩"，指的就是在贯彻中央精神过程中，披着形式主义的外衣、走着官僚主义的老路，表态快、调门高，过度"留痕"而脱离实际、不重实效的偏向，的确一针见血，令人警醒。

第二，讲政治≠空谈思想认识。讲政治当然需要谈深谈透思想认识问题，以此指明方向、解疑释惑、澄清是非、凝聚共识，但要在把握政治原则、政治立场、政治方向的前提下，切合实际来谈，有的放矢地谈，用自己的所见所思所悟来谈。有些同志不是这样，或者认为思想认识问题谈得越多、篇幅越长、调门越高就越是讲政治，或者认为原封不动照抄上级的东西就是讲政治，结果，写出来的稿子貌似政治站位很高、政治色彩很浓、政治要求很严，但细细一看，空而无物，毫无新意，发挥不了应有的引领、指导作用。

第三，讲政治≠机械地照搬上级决策部署。每一时期党委口的各项工作怎么开展，上级党委都会有明确的部署安排，下属各级党委都应坚决贯彻落实。但在贯彻落实过程中，应坚持一切从实际出发，按照上级总体部署，思考并写出自己独有的、有创意和针对性的目标任务、政策措施和步骤方法，特别要注重创特色，求实效。无论班子建设还是干部队伍建设，无论意识形态领域工作还是反腐倡廉工作，只要与实际、实效挂起钩来，一切着眼于解决问题、推动发展，都会有自己的东西可写，从而摆脱模式化的羁绊。如果片面理解与上级"保持一致"、机械地照搬上级决策部署，不仅不是真正的讲政治，也是不负责任的表现。

　　当然，上述几方面或许大家都懂，关键还要掌握一定的技巧。个人体会有这样几方面需要把握好：一是详与略的把握。写这种稿子离不开谈政治理论、思想认识方面的内容，但篇幅上要控制好，关键的、重点的、原则性的东西要谈到、要谈足，大家都熟悉的东西就不需展开，可以采取略写的办法，给实质性内容留下足够的表述空间。二是虚与实的把握。尽量避免空谈政治理论方面的东西，更要避免那种慷慨激昂而言不由衷的口号式、表态式的东西，把"虚"与"实"糅合起来，把政治原则与实践需求结合起来，尽可能把"虚"的东西写实、写活，写得有吸引力和说服力。三是"承"与"创"的把握。"承"就是遵循，这方面应该没有问题，大家都会有讲政治的意识；"创"就是创造，这就需要下一番功夫。这方面最需要防止的就是照搬照抄，而目前最让人纠结、痛苦的恰恰就是照搬照抄。克服电脑依赖症，扔掉照抄照搬的拐杖，面向实际，独立思考，才能写出有创意的东西。四是"共性"与"个性"的把握。起草这类文稿不仅有共同的政治要求，还有相对固定的语言体系，但并不等于没有个性的发挥空间。比如，不同角度的选择、不同结构的运用、不同句式和语言的变化，都可以体现出不同的个性特色，从而最大限度减少模式化现象。

第十六节　怎样使文稿接地气
——从"空中"回到"地上"

　　接地气，本指自然界和生活中的客观现象，花木接地气而蓬勃生长，人接地气而健康益寿。古代哲人认为：天地之机在于阴阳之升降，天为阳气，地为阴气，一升一降，故太极相生，万物繁盛。还有人说：佛菩萨为何都是光着脚而从不穿鞋？就是为了接地气，故得无量之寿。不管怎么说，接地气是不可抗拒的自然法则，是一切生命的生存之基、成长之源。

接地气后来引申到社会生活的方方面面。引申到为人处世方面，指的是保持本性，注重实际，生存能力强，人际关系融洽。引申到文学创作上，指的是作品既源于生活又高于生活，人物、情节、语言具有浓郁的生活气息。引申到政治领域，指的是党员干部与人民群众打成一片，说话办事合乎实际、合乎群众愿望和利益，在群众中有亲善感、亲和力。引申到文稿写作中，指的是不打官腔、不尚空谈，内容实实在在，语言朴实无华，文风活泼生动。反过来，被人们视为不接地气的文稿，指的就是那些脱离实际、坐而论道、照抄照搬、华而不实，满篇空话、虚话、大话、废话的八股文章。

自然界与现实生活中的某些现象往往有着惊人的相似。好比一棵树，它光有阳光的照耀、雨露的滋润显然不够，还需植根于大地，从泥土、水分、肥料、腐殖质中吸取营养，获得向上成长的生机与活力，否则就会失去根基，枯萎凋零。起草文稿也是这样，如果光是遵循上级精神，而不从实际出发考虑问题，也就成了无"根"之"木"，必然是"枯枝败叶"，毫无生气。

那么，文稿的"地气"从哪里来？

从实践所需而来。也就是说，写什么、怎么写，不仅要看上级有什么要求，还要看实践有什么需要，要变"上级怎么写我就怎么写"为"实践需要我怎么写就怎么写"。比如对题材、素材的选择，要贴近时代要求和现实生活的实际，使之准确、丰满、真实、有针对性；对思想见解的阐述，要贴近干部群众的思想实际，使之深入浅出，入耳入脑，令人信服；对思路、决策、政策措施的表述，要贴近改革发展中存在的问题、困难、矛盾、差距的实际，使之精准、管用、科学可行。也就是说，了解实际，贴近实际，一切从实际出发，才能使文稿接地气。

从人民群众所思、所盼、所愿、所求而来。我们作任何决策、办任何事情，都要以群众高兴不高兴、满意不满意、拥护不拥护为根本标准，起草文稿也是这样。要变"我写什么群众就得接受什么"为"群众利益需要什么我就写什么"，也就是以群众情绪为第一信号、以群众愿望为第一意图、以群众利益为第一追求，群众才会喜欢看、喜欢听。比如起草推进乡村振兴方面的部署性文件或领导讲话，不能笼统地、空洞地谈目的意义、目标任务，而要瞄准"三农"工作中存在的实际问题来谈，瞄准农民生产生活中存在的困难和他们对美好生活的新期待、新要求来谈，让他们觉得我们所写的正是他们心里所想的、所求的，这样他们才会感兴趣、愿接受，才会觉得党和政府是在真心实意为他们办实事、谋利益。离开这一点，无论写得多么天花乱坠，也谈不上接地气。

从真诚、朴实、生动的语言表达中来。语言是思想的载体，也是作风、能力、风格的门面。事实上，人们看一篇文稿接不接地气，第一感觉就来自语言。凡是接地气的语言，一看就感觉新风扑面、亲切可信，被吸引着不得不看下去；反之，凡是不接地气的语言，一看就好像闻到了霉味、臭味、馊味，令人恶心、厌烦。接地气的语言，人们一般以为就是群众语言，即那些带有泥土味的、朴实无华的、生动有趣的民间俗语、习惯用语等，其实并不完全，它还包括领导者和文稿起草者求真务实而说出来的大实话、独立思考而说出来的新鲜话、通过吸收群众语言的营养而说出来的让干部群众喜闻乐见的贴心话。下面来看一个例子，是介休市委书记一篇讲话中的几段：

> 一说问题，可能有些同志就不高兴、不愿听。现在我们一些同志还总是在介休过去的光环和荣耀中活着，总认为介休的什么都比别人好，甚至就连空气中弥漫的焦炉煤气的味道都比灵石、孝义的好闻。儿不嫌母丑是人之常情，但问题存在是不争的事实，一些问题不管你讲与不讲，说与不说，它是实实在在摆在那里，这如同阿Q头上的癞疮疤一样，不让动、不让碰，用几撮长头发盖住是解决不了问题的。今天讲介休存在的问题、讲介休的不好，是为了对症下药，让介休的明天更好。
>
> ……
>
> 我常讲不怕没本事，就怕不做事。我们干不了惊天动地的大事，我们就干小事，哪怕修一个厕所，能让老百姓进去痛痛快快地撒一泡尿，也算是我们替群众办了一件实事。但事实上，我们就是连这件小事都办不好。市政府东面投资几个亿建设的后土庙广场连个公厕都没有，群众憋着一泡尿打太极，你怎么能让他气沉丹田。与后土庙广场相比，市政府西面的广场有所进步，公厕倒是有一个，但据群众反映厕所自从建好后就没开过门。我说同志们，你连老百姓撒尿的问题都解决不好，老百姓还能尿你吗？
>
> ……

介休是一片名副其实的热土，这里不仅天气炎热，而且上到领导干部下到企业老板的头脑都在发热，可以说我们这里是一个发烧的区域，刚刚经历了一个全面发烧的时代。干部头脑发热，做事追求高大上，不搞个全国一流好像就对不起组织的信任和群众的期望。企业家头脑发热，盲目扩张，随意投资，大家认为房地产能赚钱就一拥而上搞房地产，一时间杀猪的卖肉的都成了地产大亨，几年赚来的一点血汗钱，全部建成了水泥桩。……现在我们该是泼凉水、打退烧针的时候了，打针虽然有皮肉之苦，但如果高烧不退，大脑就会短路，思维就会错乱，行为就会荒唐。所以我们必须降降温、退退烧，遵循规律、回归理性，再不能在头脑发热中折腾了。

这篇讲话在网上被誉为很火、很接地气的讲话，的确言之不虚。字里行间透露出的那种务实精神、为民情怀、担当气魄、鲜活话风、泼辣性格，显得地气满满、生气勃勃，不仅有很强的可读性，而且有很强的震撼力和推动力。

由此可见，要使文稿接地气，就要让我们的思维和语言从"空中"回到"地上"。改革发展的生动实践，层出不穷的新情况、新问题，人民群众日益增长的美好生活需要，就是我们必须面对的无边"大地"，那里每时每日都地气升腾、热浪滚滚，需要我们去"接"、去思考、去吸收，从而使文稿结出丰满、甜美的思想之果。

第四章　让语言和文风美起来

　　说话是每个人的天赋之能。然而，被称为"秀才"的我们，为什么屡屡遭遇"越来越不会说话"的批评？我们辛辛苦苦写出来的某些文稿，为什么让人不愿看、不愿听、不肯信？

　　如果有人问："你会使用语言吗？"你一定会感到意外。语言作为人类最重要的交际工具、人们沟通思想的主要表达方式，谁的工作和生活离得开语言？谁不会使用语言？

　　然而，使用语言和用好语言毕竟不是同一回事。因为前者是本能而后者是艺术，这同会写字不等于会书法是同样的道理。在机关文稿写作中，语言的使用又有其特殊的要求。这种"特殊"，不仅表现在与公文系统外部各种文章的不同，还体现在公文系统内部各种文稿的不同。掌握它们之间的异同，熟练驾驭适用于不同文稿和不同领导风格的语言，是提高文稿质量的关键一环，也是改进机关文风的迫切需求。

第一节　时代的呼唤——打造文稿"语言美"

　　每年、每月、每日，全国各级党政机关中，多少颗大脑调动着语言，多少个键盘和笔尖流泻着语言，多少份文件传递着语言，多少个会场响彻着语言。语言如滚滚波涛，翻卷着理想、智慧和胆魄，汇聚成摧枯拉朽、一往无前的磅礴力量；语言如声声号角，策动着千军万马奋勇向前，推动着各项事业蓬勃发展。据有关专家统计，领导者履行职责、实施领导活动，90%以上需借助语言。

　　应当承认，很多文稿在语言运用方面是好的和比较好的；但也不可否认，有些文稿运用语言是不够好的和特别不好的。而这种"不好"所产生的不良影响，不仅表现在语言表达和文稿质量本身，还表现在文风、作风、政风乃至领导机关形象和行政效率上，以致干部群众对此屡有批评。一位市长在谈改革时说了这样一段话：

要进行行政语言与行政行为改革，其实就是解决怎么说话、怎么开会、怎么发文、怎么办事、怎么运用媒体的问题。大家会说，开会、讲话、发文谁不会呀？是的，大家都会。但大家有没有发现，我们说的话，老百姓越来越不愿听了。某件事，本来我们不说话，老百姓还信，但我们一说话，老百姓马上不信了；某件事，如果是网络说的，老百姓信，如果某些报刊一说，老百姓马上不信了。什么原因呢？就是我们的语言离群众越来越远了。我们的干部，为了追求政治上的安全，很多人都在讲正确的废话。

这位市长的讲话可谓一针见血，切中时弊。事实的确如此，如今不少文件、讲话之所以让老百姓不愿看、不愿听、不肯信，与文稿的语言不美有很大关系。比如，语言的生硬，导致官腔十足，不接地气；语言的陈旧，导致重复雷同，缺乏新意；语言的虚假，导致空话套话连篇，缺少实用价值；语言的繁琐，导致面面俱到，空洞无物；语言的贫乏，导致生拼硬凑，牵强附会；语言的肤浅，导致苍白无力，隔靴搔痒；语言的花哨，导致华而不实，不切实际；语言的枯燥，导致缺乏生气，索然无味；如此等等。可见，要让机关文稿说出来的话让老百姓"信"，就必须努力打造机关文稿"语言美"。

"语言美"从哪里来？

一、"语言美"来自加强学习锻炼，不断提高语言表达能力

朱熹有句名言："问渠哪得清如许，为有源头活水来。"机关文稿的语言表达也是这样，它的源头活水就是不断加强学习，不断吸收新知识。腹中空空的领导和秘书不可能有语言美。我们研读某些精彩的文件和领导讲话，除了主题和观点以外，精彩就精彩在语言表达的准确、流畅、生动、真实可信，其中所蕴含的知识、智慧、经验和哲理，给人以深刻的教育启迪和美的享受。这当然不是一朝一夕之功，而是长年累月注重学习和积累的结果。很多中央和地方领导都是这方面的典范。我曾陪同一位中央领导同志到基层调研，发现他知识面非常之广，无论讲金融还是讲农业、工业，无论讲经济建设还是党的建设和精神文明建设，都显得非常熟悉、懂行，而且不时穿插引用历史、

哲学、文学、艺术等方面的知识和典故，真的是口若悬河，妙语连珠，让人惊羡不已。当我们向他请教有何秘诀时，他只淡淡地说了三个字："学习呗！"话虽简单，却道明了多么朴素而深刻的道理。知识上从来不存在"暴发户"，只有孜孜不倦、日积月累，才有可能成为知识的"富翁"；高超的语言表达能力也不是与生俱来，而要经过长期的磨炼方可造就。

很多人都知道，美国前总统林肯天生口吃，说起话来结结巴巴，但他偏偏迷上了最需要口才的律师职业。这等于给自己出了个天大的难题，但他毫不气馁，迎难而上，每天对着滔滔大海练习演讲，经过无数次的艰苦练习，他不仅克服了口吃的毛病，还成为一名能言善辩的著名律师，后来又成为美国有史以来最令人尊敬和怀念的总统。相比之下，我们这些不口吃的人真该感到汗颜了。这也说明，语言艺术是可以通过锻炼而得到提高的。

二、"语言美"来自向群众学习，从群众语言中汲取营养

群众语言，就是那种大众化、口语化、形象化，具体实在、通俗易懂的语言，它没有华丽的辞藻，却蕴含着生动而深刻的道理，比那些陈旧的老话、正确的废话、漂亮的空话、严谨的套话、违心的假话生动活泼得多，比那些闭门编造的高谈阔论、生拼硬凑的排比对仗亲切自然得多。比如，在农村实行林权改革，群众语言就是"山定权，树定根，人定心"；处理好发展与环境的关系，群众语言就是"既要金山银山，也要绿水青山"；提倡真抓实干，群众语言就是"喊破嗓子，不如甩开膀子"，等等。这些语言讲起来朗朗上口，听起来言真意切，品起来意味深长。

打造"语言美"，需要向群众学习语言，用亲切质朴、通俗易懂、群众喜闻乐见的话语同干部群众交流，少一些"普通话"，多一些"地方话"，少一些"官腔官调"，多一些"乡土气息"，即便是某些深刻、深邃、深奥的道理、概念和思想，也要善于用通俗的语言来表达，浅中见深、平中见奇，这样的语言干部群众才容易理解和接受，才有吸引力、亲和力、感召力。善用群众语言，能够更真实、更精当地表达领导者的意图和主张，能够更好地宣传动员群众，密切干群关系，促进社会和谐，推动各项工作。

三、"语言美"来自对公文语言的积累和科学运用

早在 1955 年，毛泽东同志在《合作社的政治工作》一文中就说："我们的许多同志，在写文章的时候，十分爱好党八股，不生动，不形象，使人看了头痛。也不讲究文法和修辞，爱好一种半文半白话的体裁，有时废话连篇，有时又尽量简古，好像他们是立志要让读者受苦似的。"老舍先生也曾指出："我们既然搞写作，就必须掌握语言技巧。一个画家不会用颜色，一个木匠不会用刨子，都是不可想象的。"搞写作同样需要掌握语言技巧，注重公文语言知识的积累和科学运用。

任何一篇好的文稿，在体现领导者思想见解和政治智慧的同时，也都体现着深厚的文字功底和对语言的驾驭能力。当然，机关文稿毕竟不是教科书，不是法律条文和范文，不可能要求每篇稿子都做到字字精当、句句贴切，一点儿语病也不出。但同时，它毕竟要面对大众、面向社会，不讲究语法修辞、不注重语言文字的规范运用也是不行的。比如，有的用词不当，导致语病百出；有的误用成语，导致词不达意；有的逻辑混乱，导致文理不通；还有的错字别字随处可见，有的乱用标点符号等等，这些问题都直接影响文稿的质量和效果，带来不必要的副作用。所以，平时注重学习积累语言文字知识，把握好公文语言的特点，是十分重要的，这样才能运笔准确，表达流畅，使文稿符合起码的质量要求，经得起推敲和检验。

四、"语言美"来自于真话实话

真话实话就是讲自己的话。不照抄照搬，不人云亦云，用自己的眼睛观察问题，用自己的思维方式分析问题，用自己的语言表达思想见解。

真话实话就是符合实际的话。不夸夸其谈，不弄虚作假，不哗众取宠，一切从实际出发，讲得实实在在、简洁明了，能够让人信服，易于理解和乐于接受。

真话实话就是管用、可行的话。不讲空话、套话、正确的废话，坚持问题导向，着眼实践需求，提出能够真正解决问题、促进发展的思路、措施和办法。

人人都知真话实话好，但要做到时时处处说真话实话却不容易。这里有

几种情况：一是，有的同志本来飘浮不实，不重实际，眼睛看上不看下，那当然说不出或者不愿说真话实话；二是，有的同志虽然主观上想说真话实话，但怕这怕那，怕说错、怕担风险，所以不敢说、很少说，或者磨平了"棱角"来说；三是，有的同志想说真话实话而说不出、说不好，一旦拿起笔来，又自觉不自觉地陷入空话套话的泥淖而难以自拔。这三者，前二者是观念和意识问题，要通过改进思想作风加以解决；后者是方式方法问题，要通过纠正不良文风、提高语言艺术去解决。总之，迷失自我，脱离实际，纵使说得天花乱坠，也不可能有"语言美"。

最终，"语言美"来自自然、真实。语言本来就是自然的、美的、活生生的，就像一位美丽少女，散发着清纯、鲜活、健美的青春气息。只不过，有些文稿由于使用不当，或涂脂抹粉，或虚情假意，或矫揉造作，使她失去了本真，变成了一个妖艳、臃肿、丑陋的"老太婆"。

是时候了，把"美"还给语言。

让文稿语言"美"起来，有待于每一位领导和文秘人员的共同努力。

第二节　公文的"表情"——严肃不等于无情

在很多人眼里，公文都是板着脸孔的，格式统一规范，语言庄重严肃，既没有个性，也缺乏生气。一些文秘人员觉得，自己辛辛苦苦、加班加点起草各种文稿，仿佛都是在同一思维模式下用同一材料、同一方式方法打造机械产品，写起来毫无激情，缺乏乐趣。其实这是一种误解，是对公文的认识不够全面。

那么，何为公文呢？公文是"公务文书"的简称，是随着国家、文字的出现，随着社会发展而产生的，是人类社会发展到一定阶段的产物。公文一词最早出现在东汉。《后汉书·刘陶传》中有云"州郡忌讳，不欲闻之，但更相告语，莫肯公文"。

公文的概念有广义与狭义之分。

广义的公文是指党政机关、社会团体、企事业单位等依法成立的社会组织用来办理公务、具有特定效力和规范体式的文书。其外延很广，文种非常丰富，除了通用公文之外，还包括法律、外交、军事、财经、文教、税务、工商等各种行业的专用文书，还包括企业专用文书，如企业管理应用文、企业法律文书等。广义的公文到底有多少具体的文种是难以统计出来的，因为它不仅多到了数不胜数的地步，而且随着社会发展的脚步，还会不断地有新的文种出现。

狭义的公文是指党政机关公文，是指党政机关处理公务、管理事务的一种书面文字工具。中共中央办公厅、国务院办公厅印发的《党政机关公文处理工作条例》中明确规定："党政机关公文是党政机关实施领导、履行职能、处理公务的具有特定效力和规范体式的文书，是传达贯彻党和国家的方针政策，公布法规和规章，指导、布置和商洽工作，请示和答复问题，报告、通报和交流情况等的重要工具。"《条例》明确规定15种公文种类，即决议、决定、命令（令）、公报、公告、通告、意见、通知、通报、报告、请示、批复、议案、函、纪要，它们均属于法定公文，每个文种分别具有特定的适用范围，在公文格式、公文语言、公文办理以及公文管理上也有不同的要求，"面孔"是各不相同的。除法定公文外，还有大量常用的应用文，如：法律性、规章性、政策性公文的条例、规定、细则、办法，事务性公文的会议材料、工作计划、工作总结、简报、调查报告、述职报告、会议记录、大事记、决策部署性文件、讲话稿等，它们也属于机关公文。

公文语言是公文作者思想的直接显示，是在公文语体要求下的公文特有用语，它包括公文语言的特点、公文各文体的语言要求、公文标题及公文常用的各种结构形式、公文句法结构特点、公文修辞手段、公文表达、公文语言发展的规律、公文作者的语言修养等。公文语言是一种实用性语言，重在准确地传达发文机关的意图，有效地处理公务。在公文写作中，一些初学者尽管文字功底非常不错，但往往写不出符合要求的公文来。究其原因，大多是因为不懂得、不熟悉公文语言特点和要求所造成的。要写好公文，就必须了解它的特殊表达方式，掌握公文的语言要求。下面讲讲法定公文语言的一般特点和要求。

一、准确

准确是公文语言的第一要求，它直接关系到公文质量的高低。有道是"一字入公文，九牛拔不出"，极其形象地说明了语言的准确在公文写作中的极端重要性。公文准确性的要求，具体体现在事实和用语的准确。

事实的准确。公文是各级党政机关处理公务活动的重要工具，所以文中所涉及的事实必须与实际情况相符，不能有任何的夸大、缩小，更不能歪曲和编造事实。公文中的概念、观点，以及解释说明的问题，必须准确无误，符合党的路线、方针、政策，符合客观现实。公文所表述的政策和法规是让人执行的，更须具体、准确、不含糊、无歧义。

用语的准确。公文要求用最准确的语言、最精炼的文字来表达发文机关的意图，以便收文机关正确地理解公文的内容，从而顺利地贯彻执行。公文语言一旦出现不准确，轻则影响机关名誉，重则给工作带来不可弥补的损失。所以，公文从用字、遣词、造句都要细心斟酌，反复推敲。具体要注意三方面：

首先，语句要完整。汉语构句有主、谓、宾、定、状、补六种句子成分，其中主语、谓语、宾语是主干成分，定语、状语、补语是辅助成分。对公文写作而言，有时句子成分可以适当省略，但是省略有省略的规则，不能任意省略和无故残缺，否则句子结构就不完整，会令人费解、不知所云、贻误工作。

其次，遣词要贴切。公文的选词、用词非常严格，尤其是我们汉语的同义词和近义词非常多，即使是同义词，细细分辨起来还是有些微妙的差异。比如，"优异""优秀""优良"，这三个词的词义粗看相近，细看则有程度的差别；"稳重""稳妥""稳当"，词义也相近，但修饰的对象不同。写作过程中到底用哪个词、不用哪个词呢？这就要求我们精心辨析每个词在词义轻重、范围大小、适用对象、语体色彩、感情色彩等方面的差异，选择最为准确的加以使用。在这一点上，周恩来总理1954年4月28日在日内瓦会议上讲话中的一段文字就是一个极好的范例：

我们认为，美国在亚洲的侵略行动应该被制止，亚洲的和平应该得到保证，亚洲各国的独立和主权应该得到尊重，亚洲人民的民族权利和自由应该得到保障，对亚洲各国内政的干涉应立刻停止，在亚洲各国的外国军事基地应该撤出，驻在亚洲各国的外国军队应该撤退，日本军国主义的复活应该防止，一切经济封锁和限制应该取消。

这段话措辞的准确度堪称典范。其中有三组意义相近的语词：制止、停止、防止，保证、尊重、保障，撤出、撤退、取消。这些语词都运用得极其精确，以第一组为例："制止"对应于侵略行动，"停止"对应于干涉内政，"防止"对应于日本军国主义的复活，搭配得非常恰当。如果相互交换一下位置，意义就会产生一定的错乱。

再次，忌用模棱两可和容易产生歧义的词语。公文中不可运用"大概""估计""可能""大致""猜想""基本上""差不多"等表意不准确、不严密的词语。因为这类词语容易产生歧义，可以这样解释，也可以那样解释，使得收文机关无法判断公文的内容而不知所措，失去公文应有的效力和作用。

二、简洁

简洁与否是衡量公文质量的重要标准，也是公文语言的一个突出特点。公文重在实用，故在语言上必须简洁明白，言简意赅，干净利落。如果公文语言啰嗦，篇幅冗长，拖泥带水，毫无疑问会影响公文的实效性。特别是报请上级机关或上级领导批示的公文，更要写得简明扼要，以便上级领导用最短的时间了解作者的意图，做出相应的决策。如果洋洋万言而意图不明，就很难达到预期的目的。

怎样使公文语言表达简洁明了呢？

第一，篇幅要尽可能短。讲短话、写短文是一种艺术。一直以来，从中央到地方，都在反对文牍主义，提倡讲短话、写短文。无数事实证明，会不在长短，要抓住关键、解决问题才行；话不在多少，要说在点子上才行；文不在篇幅大小，要言之有物，有思想、有深度，让人读后有所收获才行。

第二，表述上要开门见山。公文写作要开门见山，直奔主题，不搞花架子，不拖泥带水，不故弄玄虚，以精雕细琢的匠人精神，认真推敲每一句话、每一个词语，把一切空话、套话删去，把一切同主题无关的、意思重复的词句删去，用极省俭的文字，把问题说清、说深、说透，表达出丰富而深刻的思想内容。正如鲁迅先生所说的那样："写完后至少看两遍，竭力将可有可无的字、句、段删去，毫不可惜。"

第三，要多用短句、单句。古人云"章中不可有冗句，句中不可有冗字"，多用短句、单句，能使内容表述简洁、干净、明快。如果需要用长句，应在句中适当使用标点符号表示停顿，以免语句拖沓、不易理解。

三、庄重

公文与一般文章和文学作品的一个很大区别，就在于它是"代机关立言""代领导发声"，具有政治性、政策性和强制力、约束力。它一经印发，有关单位和人员都有付诸落实的责任。公文的这种特殊性质决定了它的语言必须做到庄重，以正确体现其语体特点和功能。

公文语言要体现庄重，须注意以下几点：

第一，运用规范的书面语言，不用口语或俗语。书面语和口语是两种不同的语言表达方式，它们各有各的特点和适用场合，各有各的表达效果。口语给人的感觉是亲切、自然，而书面语则显得庄重严肃。由于法定公文表述的内容带有较强的政治性、原则性、政策性和权威性，所以必须运用规范的书面语言，避免运用口语或俗语。

第二，适当使用文言词语或文言句式。现代公文写作，文言词语或文言句式的使用频率仍然较高。如"贵……""兹……""收悉""此复""业经""为荷""凡……者""值此……之际"等等，不胜枚举。适当使用这些文言词语或文言句式，可使公文语言典雅庄重，富有概括力，给公文涂上了一层古朴庄重的色彩，从而增强其表达效果。

第三，直陈其事，避免虚华。公文写作讲究"直陈其事"，用朴实自然的陈述语气把事情讲清楚明白即可，不需要像文学作品那样描写和抒情，更不能随意渲染和藻饰。如，在一份关于开展向×××同志学习活动的决定中，写到该同志的高尚品格时："他的思想境界之高，高过喜马拉雅山，他的奉献精神之美，美过迎春花……"把这样辞藻华丽的文学用语写入严肃庄重的文件中，就会使所表达的事情显得虚华欠实，也显得不庄重。

四、得体

语言得体是指符合公文语体的语言特点，用最恰当的语气、措辞表达内容。公文语言的运用要符合发文目的、行文对象、表达内容和不同文体的要求。

语言得体要和公文的语境相适应。公文的语境，是公文用语的环境、场合以及上下左右、方方面面的多种关系的综合。和语境相适应，其根本点就是为了更恰当地表达意思。同一个词用在不同的语境中，意思可能不一样。比如"骄傲"一词，用于"我为祖国而骄傲"句中和"骄傲使人落后"句中，意义就完全不同，这就是不同语境的限制作用所致。

语言得体要符合公文的语体风格。公文讲究朴实，一般不用夸张、拟人等修辞手法。公文语言要求通俗易懂，平白如话。如果搞一些生涩的词语和佶屈聱牙的句式，就会显得不伦不类，也难于理解。

语言得体要符合公文的语气风格。公文在语气措辞上有一套相对固定的写法。不同类型的公文有自己独特的语气措辞特点。如，上行文一般以陈述为主，用事实说话，语气谦谨；下行文则多用强调、要求的口吻，语气肯定；平行文一般是用平和协商的口吻。不同内容的公文其语气措辞也有所不同。比如，颁布政令，要庄重严肃；决断事项，要干脆明白；报喜祝捷，要热烈欢快；通报批评，要说理严正；请示报告，要平和委婉；商洽问题，要谦诚以待等等。这些都是值得我们注意的。

由以上四个特点可以看出，公文的"表情"的确够严肃、要严肃，但严肃不等于无情——字里行间有风起云涌，语言背后有激情澎湃，字字句句关乎事业成败、民生祸福。一项重大决策，可能让一片荒凉的土地绿树成荫；一项惠民政策，可能让孤苦无助的弱势群体走出困境；一项肃纪制度，可能催生一个风清气正的干事创业环境……

文章不是无情物。谁说严肃就是无情呢？

第三节　几种常用语言的区别运用
——什么山上唱什么歌

法定公文和应用文虽然广义上都属于机关公文，但语言运用上还是有所差异的。固然，前述"准确、简洁、庄重、得体"的特点和要求对它们都适用，但应用文由于种类繁多且无固定格式、模式，故语言使用上不仅整体上与法定公文有所差异，各文种之间也有所差异，不可混为一谈。在写稿、改稿实践中，我们经常发现有些文稿的语言不伦不类，一会儿像讲话稿语言，一会儿像文件语言，一会儿又像政论文、调研文章语言，这就是由于对不同文体的语言特点把握不准所造成的。具体地看，以下几种语言最易被混用：

一、口头语言与书面语言

口头语言即那种相对放松、通俗易懂、具有生活气息的语言，还包括群众语言和"啊""吗""呢"等语气词；书面语言即那种相对严谨、规范、符合公文语体特点的语言。显然，口头语言对于口语体文稿如领导讲话、党课讲稿、演说等才适用，以此增强其生动性、感染力；对于书面体文稿如决策部署性文件、政策性规章性文件、工作总结等则不适用，否则就会有失庄重、严谨。比如"老百姓""猴年马月"在某些口语体文稿中可以用，在书面体文稿中则应说成"群众""何时"。

此外还需注意两点：第一，口语体文稿虽然需要适当运用口语，但并不是说通篇都要用口语，而是口语与书面语的有机结合；第二，即使同属于口语体，口语的运用量也有差别。比如协调会、座谈会、研讨会等小型会议上讲话，带有交流商讨性质，气氛较为轻松，可以适当多用一些口语；而比较严肃的大型会议，尤其是政治色彩较浓的会议，口语则应掂量着用，不宜用得太多。

二、平实语言与抒情语言

平实语言即那种实在、朴素的语言，抒情语言即那种带有一定感情色彩、具有鼓动性和号召力的语言。很显然，前者适用于文件、汇报材料、调研文章等书面体文稿，因为它只需一是一、二是二地把意思表达准确、清楚即可，不需要带有感情色彩的语言；后者则适应于口语体文稿，特别是领导讲话，恰到好处的抒情语言能够增强文采、渲染气氛，具有煽情、鼓舞、激励的作用。比如用于表示决心和信心的："深化改革路漫漫。敢问路在何方？路在脚下；敢问路在何方？路在探索中，路在开拓中，路在奋斗中。"用于表达思想感情的："想起贫困户那憔悴的面容，想起留守儿童那渴望的眼神，我们还有什么理由不竭尽全力拼搏奋斗？"用于鼓动号召的："没有坐等出来的辉煌，只有实干出来的精彩；犹豫懈怠没有出路，奋力拼搏才能托举梦想。"类似的抒情语言，语意坚定，语势生动，往往能产生鼓舞斗志、催人奋进的效果。

当然，抒情语言的运用并不等于"油多不坏菜"，对不同类型的讲话也要掂量着用，一般用于布置日常工作的讲话要慎用、少用，用于宣传动员、集会演讲、褒扬激励和节庆礼仪等方面的讲话才用得相对多一些。同时，用还是不用、多用还是少用，还要依据不同讲话者的不同爱好、风格而定，对于那种性格内敛、谈吐朴实的领导，还是少用为宜，以免浪费"表情"。

三、令使性语言与引导性语言

令使性语言即命令、指使、要求性语言，如"要"怎样怎样、"务必"怎样怎样、"确保"怎样怎样，表示某项主张、某种目标不可动摇、不可抗拒，人们必须遵照执行。这在布置工作类讲话、工作报告、决策部署性文件和工作计划等文稿必然大量用到，由此可以体现权威性和严肃性，加大语言表达的刚性和力度，推动政令贯彻落实。而其他一些文稿则不宜用或者尽量少用令使性语言，如工作汇报、经验交流材料、工作总结等，主要用述叙性语言反映过去是怎么做的，若用令使性语言则变成了当前和今后要怎么做；调研报告和政论文章，主要用分析探讨性语言展示思考成果，若用令使性语言则变成了布置工作；用于座谈、研讨、论证会上的领导讲话，主要用引导、启发性语言沟通思想、凝聚共识，若过多使用令使性语言，容易给人造成

"领导个人说了算"的不良印象；用于礼仪应景场合的领导讲话，主要以热情、友好的语言表达思想感情和某种美好愿景，若使用令使性语言则会令人反感、破坏现场气氛。

引导性语言是相对于令使性语言而言的，指那种虽然也带有一定令使性，但侧重于说服、鼓动、激励的语言，语气上显得较为柔和、亲切，适用于营造一种宽松、和谐、热烈的气氛。比如面对农民、工人、高校师生等群体讲话，用这种语言就更容易拉近心理距离，让听众乐于接受。另外，用于重要节庆、总结表彰、演讲演说的讲话和用于表彰先进的通报、宣扬典型经验的材料等，其中或多或少也会涉及对下一步工作提要求，也会用到令使性口吻，但更多应以引导性、号召性、鼓动性语言指明方向、提出希望，而不宜满篇都是这"要"那"要"、这"务必"那"务必"，否则会使语言显得呆板生硬，影响表达效果。举个例子来说，某领导在劳模表彰大会上讲话，劳模本来就是大家学习的榜样，应该以肯定、希望式语言激励他们再接再厉、再立新功，如果你老在那里"要"这样那样，"必须"这样那样，好像下命令似的，就显得很不适合。

人们习惯于把机关文稿戏称为"'要'字文章"，从其性质和整体功能来看，这话不无道理。但令使性语言应区别运用，不能乱用、滥用，否则我们文秘人员也便成了无"要"不成文的"'要'字先生"。

四、模糊性语言与精确语言

模糊性语言是指意义清楚但表达的概念外延不确定、内涵无定指的弹性语言，具有概括性、伸缩性、灵活性的特点。如用来表示时间的：过去、近来、曾经、适当时候等；用来表示范围的：有些、某些、许多、大部分、其余等；用来表示性质的：非常、充分、普遍、基本上等；用来表示频率的：不断、经常、多次、偶尔等；用来表示趋向的：逐步、提高、加强、扩大等。模糊性语言其实并不模糊，它可以使语言表达更为准确严密、简洁精练，而且留有余地。比如"各地各部门都要把学习贯彻党的十九大精神作为第一位的政治任务"，"各地各部门"就是模糊语言，如果把每个地方和部门名称都点出来，那就麻烦了。又如"有些党员干部理想信仰动摇，迷恋吃喝玩乐，工作慵懒无为"，"有些"是哪些呢？不需要也不可能一一点明，这是用模糊语言对事不对人地提出批评。

相对于模糊语言，精确语言就是时间、地点、人物、事件、程度、范围及有关数据等真实、肯定，板上钉钉，准确无误。比如某领导干部严重违纪违法，某地由于监管不力发生重大安全事故，直接点到人名地名，为的是让人们了解事实真相，从中吸取教训，起到教育警示作用；又如反映经济工作绩效或提出经济发展目标，需要用数字、增长幅度说话，以增加清晰度、准确度和可信度。

模糊语言、精确语言在各种应用文稿中都可以用，而且应该用，关键是要用准、用好，不能乱用、混用，该模糊时不宜精确，该精确时不宜模糊。比如有的工作总结、工作汇报大量使用"明显""进一步""突破性"等字眼，但事实和数据不充分，令人难以信服，这就是该精确而模糊；有的调研文章、经验介绍材料不善于概括归纳，过多罗列具体的事实和数据，显得琐碎而零乱，这就是该模糊而精确。还有一个值得注意的倾向性问题是，有些稿子在揭露问题、批评不良现象时，本来需要具体、精确，却片面强调所谓的批评艺术而使用"有的地方""个别党员干部""有时""一定程度上"等模糊字眼，以致事实不清、性质不明，难于起到震慑、警示和教育作用。在这点上，我认为很多"巡视情况通报""环保督察通报"的写法值得我们学习，它们对有关人和事直接点名戳姓、判定性质、指出危害，一点不"模糊"、不客气、不留情面，所以大家都"怕"，都会从中汲取教训、引以为戒、努力改进，这就是精确语言所产生的强大效应。

五、共性语言与个性化语言

共性语言指的是机关文稿中高频率使用的字、词、短语所构成的语言。如惯用字：抓、搞、谋、促、干；惯用动词：树立、引导、研究、贯彻、指导；惯用名词：思想、战略、制度、工程、形势；惯用形容词：文明、和谐、快速、平衡；惯用副词：抓紧、尽快、自觉、密切；惯用词组：加强学习、提高认识、认清形势、明确任务、落实责任；惯用短语：强化思想武装、改进工作作风、密切联系群众、加强组织领导，如此等等，可谓林林总总，层出不穷。有人称之为"官场词汇"，不管妥当不妥当，反正起草任何文稿都离不开它们，否则就会寸步难行，就写不出东西来。而且，运用它们所产生的也并不都是令人厌烦的"官样文章"，有些重要文件不是写得很精彩、很管用吗？有些领导讲话不是赢得热烈掌声甚至让听众感动得热血沸腾、热泪盈眶吗？因为这些词汇和语言同样是祖国的优秀文化遗产，只要运用得好，就能在治国理政中迸发出惊天动地、摧枯拉朽的巨大威力。

不过需要区别的是，机关文稿除了大量运用这些共性语言外，也会用到某些个性化语言，即体现个人风格、爱好和表达习惯的语言。这在口语体文稿尤其是讲话稿、领导个人署名文章中表现尤为明显。比如有的喜欢用比较直截了当的语言，有的喜欢用比较委婉含蓄的语言；有的喜欢朴实无华，有的喜欢生动活泼；有的喜欢句式的工整对称，有的喜欢轻松自然，甚至夹带某些习惯用语和口头禅；对同样一个问题的看法，有的习惯用这种语言来表达，有的习惯用那种语言来表达；即使是同样运用某些共性语言，有的也喜欢变着法儿改造成自己的话来说。这些都是各人的个性、习惯和知识学养使然，是允许的，也是必要的。因为，如果没有这些个性化差异的话，这类文稿就真要变成千人一面的"官样文章"了，就没有人会喜欢看、喜欢听了。反过来讲，这种个性化语言在书面体文稿尤其是决策性、法规性、政策性文稿中是不宜出现的，尽管它们或多或少也会带有领导人尤其是主要领导人思维方式、决策风格的痕迹，但其内容是以集体意志即"共识"出现的，所以当然要用大家都能接受的共性语言来表达。有的同志把握不住这种差别，在起草这类文稿时也大量使用个性化语言，难怪它会成为不伦不类的"怪物"了。这就是说，作为文秘人员，要掌握多种语言表达方法，既熟练运用机关共性语言，又适应领导者不同风格熟练运用个性化语言，根据不同文种的需要把它们用准、用好。

六、叙述性语言与说理性语言

叙述性语言即围绕文稿主题、观点说事，或表达决策、呈示思路、布置任务、提出要求，或分析形势、反映动态、引用事例、推介经验等等，是一种铺陈性语言。它是各种文稿运用最普遍、最频繁的语言，其基本要求是：表述清楚、条理井然；善于概括、力求简明；准确贴切，把话说准。正如叶圣陶先生在《公文写得含糊草率的现象应当改变》一文中所指出的："公文不一定要好文章，可是必须写得一清二楚，十分明确，句稳词妥，文体通顺，让人家不折不扣地了解你说的是什么。"

说理性语言也可称为议论性语言，即通过真实可靠的材料和严密的逻辑推理来阐释道理、表达思想见解的语言。它在很多文稿中都会被用到，其基本要求是：切合实际，以理服人，不空洞说教，不以大道理压人，能够真正起到解疑释惑、统一思想、凝聚人心、推动工作的作用。

从写作实践看，上述两种语言的运用要注意防止三个问题。一是谁用谁不用的问题。叙述性语言肯定每个文种都需要用，而说理性语言则未必。一般来说，领导部署动员和宣传教育性讲话、需要阐明目的意义的决策部署性文件、调研文章和政论文章等文种才用得较多，其他文种特别是记叙性文体则少用或不用。二是用多用少的问题。即使是同样运用说理性语言，用多用少，详写略写，也应依据实际需要而定，不必凡事都大段大段地议论、说理，以免挤压叙述性语言的空间，使稿子变得长而空。三是"叙"和"议"如何有机结合的问题。不仅要注意所占篇幅的合理安排，更应该注意夹叙夹议，紧密衔接，使之融为一体，防止相互脱节。叙是议的基础，议是叙的深化。比如讲话稿的说理，要与布置工作的叙述性语言对得上"调"，而不是与之相脱离的空洞的、不着边际的"理"。又如政论文章和党课讲稿，它们本来就应有较浓的说理、议论色彩，更应注意两种语言的融合运用，以论据支持观点，以事实阐释道理，而不是互不相关、貌合神离的"叙"和"议"。

七、严肃语言与幽默语言

严肃语言即较为严谨、庄重、正经的语言。幽默语言即那种有趣、可笑、能给人带来轻松快乐的语言。显然，机关文稿总体上应以"严肃"为主要格调，尤其是法定公文，来不得半点的不严肃。幽默语言只有某些讲话特别是即兴讲话才会用到，并展示出其独特的魅力。

幽默语言的特点主要表现为机智、自嘲、调侃、风趣等，它有助于缓和气氛，消除敌意，改善人际关系，提高工作效率。实践表明，凡具有幽默感的人，在人际交往中会有良好的人缘，能够有效缩短与他人的距离，获得他人的好感和信赖；在工作中能始终保持良好心态，胜不骄，败不馁，始终以积极、乐观的态度做好工作；在智商、情商表现方面则显得机智灵活，有较强的应变能力和沟通协调能力。可以想象，生活中如果少了幽默语言，将会失去多少快乐、多少欢笑、多少生动的色彩。

一般地说，幽默语言在日常生活中和文学作品中出现较多，比如小说中的幽默，使人物栩栩如生，语言鲜活有趣；相声和小品中的幽默，让听众捧腹大笑，心情愉悦；还有人们日常津津乐道的某些"段子"，成为消遣的谈资，快乐的伴侣。在领导讲话中，恰到好处的幽默，能使语言多姿多彩，或生动有趣、愉悦人心，或启迪心智、深入浅出，或机敏应对、化解危机，或展示个性、增加魅力，往往得到听众欢迎。这就难怪，一些幽默风趣的领导者讲起话来，现场秩序总是很好，人们凝神静听，时而发出会心的笑声和热烈的掌声，觉得是一种难得的享受。

但是，幽默语言也得看什么场合而用，不可随意乱用。比如在党代会、人代会、政协会和动员部署、总结表彰等严肃庄重的大型会议上就不宜用，否则就会显得极不严肃，带来一些负面影响。在一些中小型会议如座谈交流、礼仪应景以及演讲、答记者问、涉外谈判等场合，则可以适当使用。

运用幽默语言，还得把握分寸，不要幽默过了头，变成油滑、低俗，那就很不好了。的确有的基层领导容易犯这样的毛病，他为了活跃气氛，增强表达效果，出发点本来没有错的，但动不动讲笑话、讲段子，甚至出现一些流俗语言，就会有损自身形象，令听众反感。出于领导者身份的考虑，应该运用那些既有生活气息、又有一定文化含量的幽默语言，做到亦庄亦谐，雅俗共赏，才是恰当的。同时还由于幽默语言一般较少出现在正式文稿中，而较多出现在脱稿发挥、即兴讲话、互动交流中，更应注意出言谨慎，幽默得恰到好处。

除了上述七个方面，当然还有其他常用语言，在此不一一列举。所有这些，都需要我们认真把握、正确运用，做到"什么山上唱什么歌"，而不能不加区别地乱"唱"一气。

第四节　语言与个性——文如其人

语言有个性吗？

回答是肯定的。这种个性即语言特色。当然，语言个性在领导讲话和个人署名文章中体现得较为直接、明显。这是因为，这类文稿的语言表达方式与个人性格、气质是紧密相联的，即便是同一种讲话类型，就同一主题、同一内容发表讲话，每个人的风格也各不相同。文秘人员在写作中如果把同一种风格用于每一篇文稿，那显然是行不通的。

语言，如同美丽多情的姑娘，挑剔地选择着自己钟情的"对象"。

古往今来，中华大地人才辈出，华夏文明色彩缤纷，多少诗词歌赋，多少名篇雄文，无不体现出其鲜明的个性特征。仅以诗歌题材来分，宫廷诗缠绵婉转，田园诗恬淡宁静，山水诗清雅优美，边塞诗慷慨悲凉，励志诗雄浑豪迈，怀古诗幽深绵长，送别诗忧伤凄凉。诚然，语言作为人类交流思想感情的工具，是因人而表现出个性的，故有苏轼、辛弃疾之豪放，有柳永、李清照之婉约，有谢朓、谢灵运之清新自然，有李白之浪漫飘逸，有杜甫之沉郁顿挫，有李商隐之深奥险怪，到现代又有鲁迅之冷峻，孙犁之朴实，赵树理之通俗，朱自清之高雅。正所谓文如其人，人如其文，很多时候我们阅读某些名篇佳作，即使隐去作者姓名，也知道是出自谁手，并且反复吟读，爱不释手。

文学作品如此，领导讲话亦然。从中央到地方，从党政军机关到企事业单位，多少领导在讲话，多少语言在流动，多少政令在传播，多少情感在抒发，无不体现出不同的个性，可谓千姿万态，各具特色。

语言是思想的载体，思想是语言的灵魂。语言表现个性，个性决定语言。为什么我们在阅读不同领导者的文章或聆听其讲话时，有时会被吸引、被打动，有时会无动于衷，有时会铭记在心，有时会毫无兴趣，这里除了受其不同思想认识水平所影响外，与其语言表达水平也有很大关系。正如人的性格会使他人有所好恶、有所亲疏一样，对语言的个性也是如此，所谓喜欢不喜欢、入耳不入耳，其实就是语言的个性是否能影响和打动自己、是否能产生心理共鸣。

那么，语言的个性从哪里来？除了人的基因遗传因素、成长期发育因素以及社会环境的影响因素以外。个人认为，主要有以下几方面：

从思想作风中来。语言表达思想、体现作风，有什么样的思想境界、精神操守、价值追求，就会有什么样的语言。比如，有人理想坚定、大公无私、敢于担当、务实肯干，有人一心为己、患得患失、眼睛向上、作风飘浮，都会在语言中得到反映。

从阅历和秉性中来。人生是一部无字天书，每一个人都用自己独特的脚印书写着不一样的人生，用自己独特的经历塑造着不一样的气质。或艰难困苦、玉汝于成，或顺风顺水、春风得意，或摸爬滚打、埋头实干，或高谈阔论、华而不实，观其行则知其言，听其言则知其行。

从知识经验中来。语言表达能力固然取决于知识功底，但知识功底的厚薄未必全部取决于学历的高低，实践才是最丰富的课堂。勤于观察、勤于实践，勤于思考和总结，不仅丰富着语言，也造就着不同的语言色彩。

从个人的习惯爱好中来。人们使用着语言，并由着自己的性格、凭借自己驾驭文字的能力，在准确表达思想见解的前提下，尽可能选用那些最符合自己性格特点、兴趣爱好的语言。

或许有些文秘人员并不把语言的个性当作一回事，但实际上，领导者的个性与其语言表达从来就是密不可分的，不重视这一点，起草文稿就会导致千人一面。为适应写作需要，我曾把所接触过的基层领导的不同个性和语言风格大致划分为几种类型：

开创型。即思想解放，有胆有识，敢作敢为，改革创新意识强，善于创造性开展工作，能在复杂、困难环境中打开局面。表现在语言风格上，习惯表述战略性思维，思路、观点具有较强预见性、前瞻性；不唯书唯上，不落俗套，敢于见人之所未见，言人之所未言；语言语风果敢、坚定，富有号召力和推动力。

沉稳型。即性格内敛，处事稳重，外表沉静而内心强大，谈吐谨慎而经验老到，有一种绵里藏针、处变不惊的老辣劲儿。表现在语言风格上，习惯引经据典，追求严谨规范，不说过头话和无根据、无把握的话；注重理性思考，看问题全面、准确、深刻；语言语风平实、淡定。

豪放型。即性格爽直，大气豪迈，工作中大刀阔斧，不重形式，不拘小节，有一种举重若轻的大将风度。表现在语言风格上，喜欢要言不烦，力避拖泥带水；习惯于大处着眼，突出重点，不面面俱到、婆婆妈妈；语言语风洒脱、昂扬、富有气势，透露出一股豪气、虎气。

细腻型。这是一种心理活动特征，也是一种性格特征。表现为心思缜密，反应敏感，说话办事瞻前顾后、小心谨慎，工作作风踏实。表现在语言风格上，考虑问题细致、具体，力避粗疏遗漏；习惯从微观、操作层面布置工作，关注细节；语言表达细密周全，朴素实在，不太注重篇幅控制。

浪漫型。即思想活跃，想象力强，善于表达，工作富有激情，乐观向上，不甘平庸，追求完美。表现在语言风格上，喜欢谈古论今，旁征博引，知识容量和思想容量较大；思路开阔，目标高远，格调高昂；语言优美，句式灵活，表达生动流畅，有较强节奏感、气势感和感情色彩。

实诚型。即踏踏实实，埋头苦干，不事张扬，不好大喜功，工作有耐性、有韧劲，认准了的事就一抓到底。表现在语言风格上，注重对实际问题的思考，喜欢说真话实话；表达见解、布置工作注重针对性、实用性，不过多讲理论、谈认识；语言简洁凝练，朴实无华。

泼辣型。即个性强、性子急、魄力大，雷厉风行，说干就干，讲究快节奏、高效率，创优争先意识强。表现在语言风格上，喜欢开门见山，单刀直入；布置工作标准高、要求严，字里行间充满紧迫感；语言干脆、直白，快人快语，不绕弯子，常有一种"火药味"。

温婉型。即性格谦和，平易近人，说话办事讲究艺术，喜好中庸色彩，具有较强亲和力。表现在语言风格上，表达思想见解注重把握分寸，折中调和，不偏不倚；习惯摆事实、讲道理、以理服人，批评不良现象注意方式方法；语言平实、委婉、得体。

除了以上风格类型，当然还有其他一些。而且上述划分也未必准确，因为有的领导往往具备几种风格，或者以一种风格为主，兼具其他某种风格；有时，根据场合、主题、对象的不同，讲话风格也会有所调整变化。这就要求我们，不仅在写作时，平时更要注意观察把握不同领导的不同个性、风格，以便语言运用与之"合拍"。

第五节　脱稿讲话的语言艺术——口才的魅力

领导同志在正式场合发表讲话，多数情况下是带稿、念稿的，但有时也会脱稿，包括半脱稿、全脱稿和即兴讲话。相对于一字不漏从头至尾念稿，脱稿讲话有其独特的作用和效果，比如：它可以改变人们关于领导干部讲话离不开秘书、只会念稿子的习惯性看法，显得镇定自如，成竹在胸，形成一种强大的"磁场效应"，首先从气势上征服听众；它可以吸引听众注意力，与听众进行丰富的表情和眼神交流，这样不仅能使会场秩序良好，而且给人以自信、有定力的印象，展现出领导者特有的驾驭力和控制力；它可以更多地运用领导者自己的语言，而这种语言往往又是真实的而非虚假的、自然流露的而非雕琢加工的、鲜活生动的而非枯燥乏味的，所以听众喜欢听、有兴趣、记得住，而且能够有效拉近与听众的心理距离和感情距离，产生"同频共振"；它可以锻炼并养成快捷的思维能力、过硬的记忆力和良好的语言表达能力，增强领导者素质，树立良好形象。

　　这就是为什么凡是有水平的脱稿讲话，听众总是聚精会神地听；为什么同样的传达政令、表达思想、部署工作，脱稿讲话的效果有时比埋头念稿要好得多；为什么凡善于脱稿讲话的领导，总是令人敬佩，成为部属崇拜的偶像、学习的榜样。

　　当然，并不是所有的会议和场合都适用脱稿讲话，得看具体情况而定。比如党代会工作报告、一府两院工作报告和其他一些重要场合讲话等，就只能是念稿，以显严肃、庄重。只有那些有一定自由发挥空间的场合，如部署安排性、研讨交流性、调研座谈性会议和演说、对外交流、答记者问等，才适用脱稿讲话。也并不是只有脱稿讲话才能体现出领导者的真正能力和水平，或者说，不善于脱稿讲话的领导者就缺乏能力和水平，得看各人的爱好、特点、习惯而定。比如，有的人明明满腹经纶、能说会道，到了会上却习惯于念稿子；有的人习惯脱稿讲话，讲出来却没有多少货真价实的东西，东拉西扯，离题万里，虽然会场气氛活跃，效果却不见得怎么好。

　　这就是说，脱稿讲话虽然是一种广受听众欢迎的讲话形式，但必须区分场合和对象，必须注重内在质量，讲究语言艺术，这样才能赢得听众发自内心的掌声。

一、离稿发挥式讲话：巧妙的"链接"

　　讲话时离开稿子发挥，是领导讲话中的常见现象。它虽然不是完整意义上的脱稿讲话，但实际上也是暂时的脱稿，所以也需要认真对待。恰到好处的脱稿发挥能使讲话更生动、更完整，让听众更感兴趣。

离稿发挥通常出于以下情况：有时因为有关内容带有一定的机密性、敏感性，比如对某事、某人的看法，对时政、形势的初步分析预测，内心的某种真实想法，作为一种补充，但不便付诸文字，发挥时还特别提醒一句"大家听就是了，不用记"，以防在更大范围扩散；有时是就某个观点举例印证，或正面典型，或反面例子，或人文掌故，或历史经验，为防篇幅太长而不写进稿子，只口头表达；有时是担心听众对某个要求、某个道理听不明白，作口头解释；有时是觉得念稿子念得太沉闷，把书面语变成口头语来表达；有时是定稿时没有想到，而后来想到的某些东西，临时予以补充，等等。无论出于哪种情况，离稿发挥时要注意以下几个方面：

（一）语言要紧扣主题和观点，做到"形散而神不散"。毫无疑问，离稿发挥必须按照原稿中的主题和观点来展开，这样才能起到补充、帮衬的作用。比如，讲到干部廉洁自律的重要性，可以引用某个典型案例加以说明，使听众从活生生的事实中受到教育和警示；讲到优化产业结构的重要性，可以引用有关数据对比和成功个案来加以阐释，让听众认识到不加快产业结构转型升级就没有出路。这样的脱稿发挥才是合理的、得当的。但有的离稿发挥变成了离题发挥，想到哪儿讲到哪儿，像断线的风筝一样，离主题和观点越来越远，听众越听越觉得云里雾里，不知所云。我从前见过一位领导同志就是这样，他特别喜欢离稿发挥，每念几句就摘下眼镜，点上一支烟，然后吐云吐雾、海阔天空地发挥下去，一会儿讲故事，一会儿说笑话，有时连他自己都弄不清讲到哪儿去了，还问大家："喂，我刚才念到哪里啦?"引得台下哄堂大笑。这样就显得极不严肃，不仅拉长会议时间，还使讲话显得文不对题、杂乱无章，起不到应有的作用。

（二）语言要合乎逻辑，顺乎条理，避免颠倒重复，繁杂琐碎。有时候的脱稿发挥是为了把某事某理说得更明白、更透彻、更周全，以便大家听得清楚并便于贯彻执行，尤其是对涉及的有关重点任务、重点要求或大家一时难以理解的新概念、新提法，作一定的重复、强调和解释，这是完全必要的。这时候就要力求脉络清楚，条理井然，把话说清楚说到位就行了。要防止出现两种情况：一是重复了又重复，强调了又强调，颠颠倒倒，啰啰嗦嗦，同样的内容不知要唠叨多少遍，让人厌烦透顶，越听越稀里糊涂；二是细了又细，具体了又具体，生怕人家不理解、不记得、不执行，反而让人不得要领，这样的发挥就毫无必要。

（三）语言要力求贴切、生动、流畅，形成对稿子的有益补充，以增强讲话的可听性和吸引力。凡当过领导的人都会有这种体验：有些讲话稿只能那样写，作为书面语言只能那样表达，就是全国一流的写作高手来写也玩不出什么新花样，而念起来又觉得太没劲、太枯燥，听众也不喜欢听，那怎么办呢？马虎一点的领导就会想：算了吧，反正大家都一样，照念就照念呗！而对讲话效果较真的领导就不一样了，他总要变着法儿给那沉闷的稿子增加点儿亮色，要么以某个生动的事例调节气氛，要么以某段名言佳句来点儿漂亮的点缀，要么同样的意思用自己的个性化语言来表达。只要不脱离主题，这样做都是允许的，有时还是必需的，但一定要做到准确贴切、生动流畅，语气连贯，与原稿无缝对接，浑然一体。如果所发挥的内容与原稿相脱节、相矛盾，或者语无伦次、勉强拼凑，那还不如不发挥、老老实实念原稿的好。

（四）语言要力求简洁、凝练，防止本末倒置，"喧宾夺主"。既然是离稿发挥，在稿子基本可用的情况下，就应以原稿为主，发挥为辅。在原稿的基础上发挥，语言表达要简洁明了，时间上也要把握得当。有的同志一发挥起来就滔滔不绝，没完没了，结果变成原稿为辅，发挥为主，还把会议时间拖得太长，等到下班时间快到，原稿上的内容来不及念了，只好念提纲，或延时散会，这样就显得太随意，会议效果也并不好。当然，也有的稿子因时间太赶来不及修改定稿，领导讲话时只把它当作素材来用，离稿讲出来的东西整理出来比原稿精彩得多，那又另当别论了。

要达到上述要求，关键是准备工作要充分。即：如果打算离稿发挥，或会前，或会上讲话前先想清楚，发挥什么，怎么发挥，哪个地方发挥，做下记号，写下要点，稳妥一点的话还可以在稿纸边上写出大意，这样在离稿发挥时就能有据可依，再怎么发挥也不至于走得太远。

例1：以事例印证观点的离稿发挥

某领导在一次庆祝教师节座谈会上发表讲话，在讲到"教育的落后是最可怕的落后，教育的先进是最根本的先进"这个观点时，离稿说了下面这段话：

比如，大家都知道今天的德国很富裕、很强大，但知道它是怎样走过来的吗？19世纪中期的德国，还处于分裂和经济萧条时期，远远落后于英、法等国家。但当时的国王威廉三世并未退缩，他说："这个国家，必须以精神的力量来弥补躯体的残缺。正是由于穷困，所以要办教育。我从未听说哪个国家因为办教育办穷了，办亡国了。"他甚至把自己王子的宫殿拿出来作校舍，建立了闻名于世的洪堡大学。从此，教育成为德国最辉煌的事业，成为德国迅速崛起的发动机。后来德国元帅毛奇在击败法国军队时，曾不无得意地宣称："你们知道吗？击败法国，早在普鲁士的小学课堂上就决定了。"

由此可见，教育的力量有多么强大！这位国王又是多么富有远见，把教育放在多么崇高多么神圣的地位！相比而言，我们做得怎么样呢？把教育放在怎样的位置呢？各级党委、政府和各部门为教育解决了多少实际问题呢？当然，不能说我们不重视，不能说没有为教育办实事，但在一些地方，还做得很不够，支持的力度还不够大，教育还比较脆弱，存在的困难和问题还很多。比如一些边远地区的中小学校舍还是危房，课桌板凳残缺不全，教师的工资不能及时发放，学校经费入不敷出，贫困家庭的孩子上学难、上学贵。面对这些问题，我们是否在认真解决呢？有的同志总说经济困难，财政缺钱，这当然都是事实，但是不是一点办法都没有了呢？为什么有的地方盖办公大楼、建高档宾馆就有钱？为什么请客送礼、吃吃喝喝从来不差钱？为什么有的人跑官买官就有的是钱？

这就说明，重视不重视、支持不支持教育，首先不是有钱没钱的问题，而是政绩观对头不对头的问题。的确，教育不直接产生GDP，不直接产生税收，即使投入再多的钱，一届两届任期之内都看不到明显的收益，体现不出领导者的政绩。但正因为如此，才要求我们把政绩观搞正，把教育作为一项打基础、管长远的事业来抓，一任接着一任干，才能逐步把教育做大做强。由此也可以说，检验一个领导者政绩观正确不正确，教育是一块最重要的试金石。一个领导者如果不重视教育，他的政绩观还能正确到哪儿去呢？

这段离稿发挥以德国重视教育作为事例，然后又据此展开，联系当地实际阐述发展教育事业的重大意义，指出存在的问题，既印证了观点的重要性，又表达了支持教育发展的决心和态度，这样的发挥就是非常贴切的。

例2：不见诸文字而必须把话讲明的离稿发挥

中央八项规定出台不久，某地党委书记在一次党风廉政工作会议上发表讲话。他强调，各级党政组织和党员干部要严格执行八项规定，坚决反对和防止形式主义、官僚主义、享乐主义和奢靡之风；在反对享乐主义方面，要坚决整治用公款吃喝玩乐的顽疾，一切公务接待活动要严格按照有关规定办事。讲到这里时，他离开稿子讲道：

在这个问题上，我们要全面把握、深刻领会、准确贯彻中央精神，不能脱离实际搞层层加码，要懂得过犹不及的道理。现在有的同志就存在某些认识上的偏差，在接待活动中走极端，连正常的公务、商务接待也不敢搞了，来了客商也不敢出面请吃饭了。人家客商大老远跑来跟你谈项目，领导都避而远之，那还搞什么招商引资？饭还是要吃嘛，客商如果有爱好，喝点地方酒还是可以的嘛！只是不能像过去那样，动不动搞超标准接待，陪客的比客人还多，高档烟酒、名贵菜肴一齐上，七大盘八大碗根本吃不完，还推杯换盏斗酒闹酒搞得乌烟瘴气，那才是要坚决反对的！还有，领导干部和机关工作人员下基层执行公务，吃住还是需要安排的吧？有条件的搞自助餐，没有条件的搞简单工作餐，一切按规定按标准办，不浪费就行了，有什么可担忧的呢？现在有些同志吓得连基层也不敢下了，天天躲在高楼大院，要么无所事事，要么埋头开会或研究文件，那还怎么为基层服务、为老百姓解决实际问题？我们所要反对的是大手大脚的铺张浪费，是工作关系以外的用公款相互宴请、大吃大喝，那才是毁形象、失民心、误事业的歪风邪气啊！

上面这些话，大家不一定记，听清楚就行了。按我说的做，如果出了问题，责任由我来负。相信也出不了什么大问题，大家尽可放心。

中央八项规定出台之初，一些领导干部在理解和执行上的确存在这样那样的偏差。讲话者能这样发挥一下，既合乎原则，又贴近实际，有利于澄清模糊认识，打消思想顾虑，还体现了强烈的务实担当精神。

二、提纲式脱稿讲话："笼中的舞蹈"

这种讲话方式，即没有完整的稿子，讲话者只带提纲上会，按提纲列出的层次、框定的内容讲自己的语言。不少基层领导干部布置日常工作和座谈交流性讲话等，经常会用到这种方式。因为这类会议涉及的都是实打实的具体工作，做什么、怎么做，一二三四说明白就行。其好处是：有提纲在先，框架、主题、主要观点都已明确，照提纲发挥，一般可以避免离题跑调现象；可以自由调动自己的思维和语言，显得较为真实、生动、自然，那种日常见惯的套话空话一般较少出现，所以较容易吸引和打动听众；仅就记忆和理解来说，其实对大多数基层领导讲话，只需记住重点内容、主要观点、关键性提法和措施要求就可以了，一般的叙述性、说理性的话记多记少关系都不是太大，而需要记住的东西提纲里边一般都有，所以这种讲话方式正好迎合了听众需求。

相对于离稿发挥式讲话，这种讲话方式自由发挥的空间更大，因而难度也更大。难在哪儿呢？主要难在提纲制作。提纲对讲话稿的重要性不言而喻，它是一篇讲话的骨架，只要骨架稳健牢靠，讲话就成功了一半。特别是这种脱稿讲话不像离稿发挥那样，已经事先形成了定稿并印发给了与会者，而是讲完后根据录音整理再予以印发，所以与会者能否听清楚、记准确讲话的主要内容，关键就看提纲制作得好不好。人们不难看到，某些正式的讲话稿如果把那些无关紧要的说理性、叙述性语言抽掉，只剩下提纲及其所包含的主要观点、关键表述，反倒是一篇简洁明快、易懂易记的好文章；反过来看，一些领导人按提纲发挥，既"血肉丰满"又不脱骨架，既"舞姿翩翩"又不离范式，整理出来就是一篇既严谨又生动的好文章。这都说明了提纲制作的极端重要性。

制作这种提纲，通常有三种做法：一是先由秘书写好，交领导审定；二是领导授意，由秘书写好；三是领导自己动笔写。比较而言，我认为第三种做法好一些。因为这种讲话主要运用领导自己的思维和语言，体现自己的风格和特点，如能自己思考和制作提纲，印象就会更深刻，更容易记住，讲话时可以发挥得更准确、更流畅。同时还因为，这种提纲很多时候还带有不确定性、可变性，比如会前本来已经想好了、写好了，但脑子里突然来了"灵感"，有了某种新的想法，抓住了某个精彩的观点，就可以随时调整；又比如，到了会场上，自己的讲话排在后面，先听其他人讲话，突然发现自己原先准备的某些观点或有关内容被其他人讲过了，再按原来的讲就缺乏新意，显示不出自己的特色，这时也可以灵活变换角度，予以调整。一句话，领导自己写提纲，是脱稿讲话取得成功的首选之策。

在提纲制作方法上，要注意以下几点：1. 主题、观点要想明白、想透彻，因为这是讲话的灵魂，是发挥的依据，有了它，讲话才能"立"得起来。2. 由于听众对这种讲话的注意力主要集中在小标题上，要尽可能把带关键性的思想、观点和主张写在小标题中，而不能淹没在可能被听众忽视、错过的一般叙述中。这就要求小标题语言要尽量做到新颖独到、高度概括、引人注意，避免一般化、平淡化。3. 除了列出一级提纲，最好还能列出二级、三级提纲，即使不这样做也要记下要点、做出提示，比如某个地方举某个事例，某个地方引用某组数据、某段格言名句，某个地方来点儿轻松幽默色彩，以防忘记。不少领导都有过这样的体会，列提纲时本来想好了这些东西，但没有用笔记下，到了讲话时又忘记讲了，讲完之后又后悔：啊呀，这么重要、这么精彩的东西怎么忘记讲了呢！这就说明了这个问题。4. 列好提纲后，最好打一个初步的腹稿，不一定要全部组织好语言，但基本层次、关键点要做到心中有数，以便讲话时发挥得更好。

到了现场讲话时，语言表达的要求与离稿发挥差不多，要紧扣主题，要生动流畅，要条理分明，要简洁明快，等等。但还有两点需注意：一是，念小标题时需放慢语速，或重复一遍，以便听众加深印象或作记录；二是，发挥到一定时候，要注意回头看提纲，以防遗漏或离题太远。

例1：粗线条提纲

某领导在"三严三实"专题教育会议上发表讲话，因为会议规模较小，参加者只是办公室党员干部，所以没写稿子，只列了个简要的提纲。提纲如下：

（1）充分认识坚持"三严三实"对做好办公室工作的特殊意义；

（2）对症施治，狠抓整改，切实解决不严不实的问题；

（3）把"三严三实"贯穿于"三服务"各方面、全过程，不断提高办公室工作质量和水平。

这种提纲比较简单，大的框架、层次都有了，按此发挥就行。但每一层次具体讲哪些东西，心里先要大致有个"谱"，以免发挥时遗忘错漏。若为稳妥起见，也可列出较详细的提纲，或写出每一层次要讲的要点。

例2：较明细的提纲

某领导在重大项目建设调度会上发表讲话。下面是他自己所列的讲话提纲：

开头：简要回顾前期项目建设工作情况。

"三喜"：一是各地抓项目有决心、有激情，认识高度一致；二是有各自抓项目的一套思路和办法；三是有一批正在实施和即将实施的项目。

"三忧"：一是小项目多，大项目少；二是传统项目多，高新技术项目少；三是签约项目多，落地项目少。

第一个问题：为什么要强调进一步抓好项目建设？

1. 实施赶超发展战略，必须以项目为载体；

2. 推进新型工业化、城镇化和农业现代化，必须以项目为核心；

3. 培植财源，必须以项目为支撑（财政穷，就因为缺少利税大户）；

4. 推进全民创业、提高群众生活水平，必须以项目为保证。

第二个问题：下一步要突出抓哪些项目？

1. 培植一批投资规模大、科技含量高、创税能力强的工业项目；

2. 培植一批能够提升城市品位、改善居民生活条件的城建项目；

3. 培植一批能够彰显区域特色的文化、旅游项目；

4. 培植一批打基础、管长远的基础设施项目（铁路、电厂、灌渠）；

5. 培植一批能够加快现代农业发展、促进农民增收的产业化项目（麻鸡、黄栀子、蜜橘）。

第三个问题：抓项目建设要克服和防止哪几种不良心理？

1. 克服和防止自满自足的心理（特别要重视横向与先进地区比，而不能停留在纵向自己与自己比，列举有关数字进行对比）；

2. 克服和防止急躁盲动心理（特别要注意环保问题）；

3. 克服和防止"肥水不流外人田"的心理（互惠互利，加大招商引资力度）；

4. 克服和防止怕苦畏难的心理（妥善解决用地难、融资难、招工难等实际问题）。

第四个问题：抓项目建设要注意哪些方式方法？

1. 要敢于"无中生有"（浙江缺乏自然资源，为什么经济发达？）

2. 要善于扬长避短，发挥优势，形成特色；

3. 要坚持求真务实、理性操作；

4. 要做到服务至上，政策兑现，创造宽松投资环境；

5. 要实行高位推动，建立领导负责制，每人挂钩推进一个大项目。

结束语：号召、鼓劲，用项目建设的优异成绩迎接党的十八大胜利召开。

这就是一份比较详细的讲话提纲了，不仅有一级、二级提纲，还列出了有关需要特别强调的要点。只要照此展开，表达流畅，整理出来就是一篇完整而实在的讲话稿。

例3：概括式提纲

某领导在信访维稳工作会议上发表讲话，所列小标题是：

（1）保持稳定，是各级党政组织面临的一项特别重要特别严肃特别紧迫的重大政治任务，必须做到"两个确保"：确保不发生重大恶性刑事案件和安全事故，确保不发生越级集体上访和重大群体性事件。

（2）保持稳定，不仅要始终保持头脑清醒，还要有高超的本领作保证，必须切实增强"四力"：见微知著的洞察力，驾驭复杂局面的控制力，多谋善断的应变力、善于做群众工作的能力。

（3）保持稳定，来不得半点的形式主义和侥幸心理，必须始终保持务实落实的态度，切实做到"三个到位"：群众合理诉求解决到位，各项防范措施执行到位，维稳责任落实到位。

这几个小标题文字较长，但它把这项工作的目标任务、重点内容和主要要求都概括进去了，也等于把二级提纲都包容进去了，听众只要记住了标题，也就记住了讲话的基本内容；同时，这也给讲话者留下了较大的发挥空间，即使表述上有所偏离，主要的东西也不致遗漏。

三、全脱稿讲话：心中有一片大海

你听过那些动员部署、指引方向、鼓舞斗志的动员性全脱稿讲话吗？那富有鼓动性、号召力的语言，如令旗迎风招展、鼓角震彻四方，在听众心中点燃精神的火炬、激发奋进的力量；

你听过那些阐释道理、申明主张、凝聚共识的全脱稿讲话吗？那富有说服力、感染力的语言，如拨云见日、春风化雨，在听众心中引发强烈共鸣，留下深刻印象；

你听过那些吸引八方宾朋、促进交流合作的全脱稿讲话吗？那富有抒情性、亲和力的语言，如音乐悠然奏鸣、鲜花嫣然盛开，在听众心中留下美好的回味、架起友爱的桥梁……

掌声。雷鸣般的掌声。经久不息的掌声。

何以如此？因为讲话者心中有一片汹涌着的语言大海。

的确有不少党政领导在某些场合讲话不带稿子，两手空空，闪亮登场，以致人家还以为他忘了带稿子。其实他有稿子，不过不在手中，而在腹中。记得在一次全省精神文明建设经验交流会上，部分县市委书记作典型发言，人们看到一位女县委书记不带片纸，从容登台，字正腔圆、行云流水地一口气讲了20分钟，没打一下顿，没用错一个词、说错一句话，引起台下一片惊讶、赞叹之声。这就是全脱稿讲话的特殊魅力。

既然是全脱稿讲话，肯定比离稿发挥和依提纲发挥的难度还要大，需要讲话者认真做一番"功课"。

首先，要注意平常的语言训练。没有人生来就能说会道，也没有哪位领导一上岗就能全脱稿讲话，关键是勤练、多练，历练多了，见场面多了，功到自然成。我当市委书记时，曾把加强语言表达能力训练作为县市党政主要领导的"必修课"，组织过几次县委书记脱稿述党建、县长脱稿谈经济、党校青干班学员脱稿谈体会。开始，有些同志觉得很不习惯，怯场反应非常明显，有的讲着讲着突然卡了壳，"这个这个""那个那个"，抓着头皮半天想不起来下边怎么说，而且脸红耳赤，浑身冒汗，很是狼狈，引得听众发笑。所以有人向我抱怨说："老大，别再玩这个好不好？为了这次脱稿发言，搞得我过春节都没点儿幸福感，天天在那里背稿子，这不，背熟了又忘了，闹出这种洋相！"我当然不会迁就他们，接下去多搞了几次，大家就慢慢适应了、进步了，有些同志还讲得相当流畅、相当精彩，于是又回过头来感谢我，说让他多长了一门本事。这就说明平时加强训练是必不可少的。

其次，准备工作要充分细致。离稿发挥和提纲式脱稿讲话固然也有一定难度，但毕竟有原稿或提纲把内容"框"住，就像孙悟空一个筋斗翻出十万八千里，还是跳不出如来佛的手掌心，而且碰到语塞、遗忘的时候还可以回头看原稿或提纲，马上能接上去。而全脱稿就不同了，它要求讲话者把所有要讲的东西都事先想好，包括小标题、观点、层次、主要内容等等，都要明明白白、有条不紊地装进脑袋瓜里，让它们"排队待命"，一呼即出。如果不是这样，上场后语不成句，结结巴巴，甚至思维中断，连结巴都结巴不下去，那当然难免出洋相。所以，这里有几个关键点要注意：第一，要有过硬的记忆力。这是全脱稿讲话取得成功的根本保证。实践证明，大凡善于全脱稿讲话的人，都是那种有着惊人记忆力或记忆力相对较强的人。如果自认为记忆力较差，就要有意识地加强锻炼。其实记忆力并不都是与生俱来或一成不变的，经过一定时期的锻炼、采用科学的方式方法，是可以得到强化和提高的。第二，自己用脑思考。自己想出来的东西既真实、又牢靠。就像前面说到的训练县委书记、县长脱稿讲话，后来大家都悟到了：其实最好的"秘诀"就是自己写稿，而不要秘书代劳，因为秘书写出来的东西难免被某些俗套所"套"牢，很难记住，而自己写出来的东西，从主题到观点，从结构到语言，都是自己经过思考而成，当然就容易记住。所以，凡打算全脱稿讲话，最好是自己动手，或写出全文，或只列提纲，在脑子里构思好基本框架。第三，无论取哪种形式，最终都要形成一个大致的腹稿，讲话前最好在脑子里"过"

几遍，使之像躁动于母腹中的胎儿，已经发育到基本成熟的模样。做到以上几条，应该说问题就不大了。

再次，既然是全脱稿讲话，不仅要力求做到表达流畅、一气呵成，还要做到轻松、自然，让听众觉得真实、可信。这里的关键是要防止背稿的痕迹太重。有些同志为了讲话时不出差错，抑或为了展示自己良好的口才，事先关起门来把稿子背熟，到时候一字不差地照背，把讲话变成了背诵，那还有什么意思？或许听众并不认为你口才好到了哪里去，反而认为你做作、不自然，甚至有"卖弄""作秀"之嫌。这就是说，即使你把稿子背得滚瓜烂熟，讲话时也要尽量不让听众听出你在"背"，适当加上一些语气词、关联词，合理调节语速快慢、声调高低，也能给人以自然而然、临场发挥的良好印象。当然，最好的效果是，在记住讲话框架的前提下，未必每一句话、每一个词都要事先考虑成熟并记得准确，可以到现场再发挥，即使偶尔出现卡壳停顿或用词不当的情况，反倒显得真实、自然，瑕不掩瑜，人家真的佩服你，认为你口才好。

最后还需注意，全脱稿讲话要看内容、场合和对象，如果是比较严肃的大型会议，或讲话的篇幅较长，则不宜采用这种方式。据说有一位记忆力和表达能力都很棒的市长，每年人代会上作政府工作报告都是全脱稿，两个来小时讲下来，居然滴水不漏，与正稿一字不差，人们佩服固然佩服，但又觉得有失庄重。所以，多数情况下，只有那种会场气氛相对宽松且篇幅不长的讲话，才适用全脱稿，但也要看自己的功底如何，不必勉为其难，否则就会弄巧成拙。

【脱稿讲话实例】

一切为了加快发展　一切为了人民幸福
——在公务员宣誓仪式上的讲话

今天是一个庄严、吉祥而美丽的日子。在举国欢庆共和国 60 华诞的美好时刻，我们相聚在市政大楼前，集合在五星红旗下，举行隆重的公务员宣誓仪式。借此机会，我代表市委、市人大、市政府、市政协向全体公务员，向全市人民表示节日的问候！向长期以来为建设祖国、为加快我市经济社会发展而辛勤劳动并作出积极贡献的全体公务员、全市广大干部群众和社会各界人士，表示衷心的感谢和崇高的敬意！

公务员，一个多么光荣的名字，一个多么崇高的职业；公务员誓词，一份多么执着的信念，一份多么厚重的承诺。这是我们对党和祖国的承诺，是对540万父老乡亲的承诺，也是对我们自己生命价值的承诺。言出必行，诺出必践，同志们，大家能做到吗？（众答：能！）

既然我们宣誓过"坚决拥护中国共产党的领导，忠于宪法，忠于政府，忠于人民"，就要在思想上、政治上、行动上与党中央保持高度一致，坚决贯彻执行党和国家的大政方针、政策法律，始终做到对党忠诚，对政府忠实，对人民忠心。

既然我们宣誓过"依法行政，严守纪律，保守秘密"，就要不断强化依法治国、依法治市、依法行政的观念，自觉做到有法必依，执法必严，违法必究，坚决维护法律的尊严；就要严格遵守党和国家的政治纪律、组织纪律、保密纪律，成为遵章守法的模范。

既然我们宣誓过"爱岗敬业，清正廉洁，诚实守信"，就要提高素质，恪尽职守，出色地完成各项工作任务；就要严于律己，防微杜渐，永葆清正廉洁的本色；就要求真务实，说到做到，以实际行动取信于民。

既然我们宣誓过"全心全意为人民服务，为祖国的繁荣富强而努力奋斗"，就要始终做到权为民所用，情为民所系，利为民所谋，真心实意、诚心诚意地为老百姓做好事、办实事、解难事，为人民的幸福安康、为中华民族的伟大复兴拼搏进取，建功立业。

誓言沉甸甸，责任沉甸甸。誓言与使命同行，光荣与考验同在。同志们，这份神圣而庄严的誓词，这份慷慨激昂的承诺，大家都记住了吗？（众答：记住了！）

是的，我们一定要记住，我们一定不能忘记。忘记，就意味着背叛；忘记，就不配当人民的公务员。尤其要看到，伴随着伟大祖国前进的脚步，我市也已经站在一条新的起跑线上。科学发展，赶超发展，任重道远，时不我待；建设宜居城市，推进六大产业，做强十大基地，加快项目建设，形势逼人，重担压人；实施民生工程，发展社会事业，促进农村繁荣，维护安全稳定，责任重大，不容懈怠。因此，是公务员，就必须顾全大局，改进作风，成为全心全意为人民服务、为企业服务、为基层服务的勤务员；是公务员，就必须加强学习，解放思想，善谋实干，成为破解难题、胜任本职的操作员；是公务员，就必须密切联系群众，掌握做群众工作的本领，成为团结带领人民群众拼搏进取、共图大业的宣传员。一句话，是公务员，就必须始终牢记并且忠实践行"立党为公，执政为民"的宗旨，任何时候、任何情况下都坚持做到"一切为了加快发展，一切为了人民幸福"，成为推动科学发展、赶超发展的战斗员。大家有信心吗？（众答：有！）

同志们，祖国在召唤，人民在期待。公务员的誓言，要用行动来兑现；公务员的价值，要用业绩来证明；公务员的光荣称号，要用奉献来支撑。我相信，只要我们牢记职责，不辱使命，言行一致，埋头苦干，就一定能成为值得人民群众信赖的合格公务员，就一定能为伟大祖国更加美好的明天增辉添彩，就一定能在这块"四时咸宜、其气如春"的美丽土地上谱写出更加精彩、更加壮丽的新篇章！

评　析：这是我任市委书记时所作的一篇全脱稿讲话。面对市政广场上列队肃立、神情焕发的几千名公务员，我觉得脱稿比念稿更合适，也更痛快。于是把自己写好的稿子基本记在了心里，讲话时配合肢体语言和临时发挥的鼓动性语言，深深打动了听众，提振了士气，的确收到了比念稿更好的效果。

四、即兴讲话：智慧的闪电

一些同志把全脱稿讲话等同于即兴讲话，其实是不对的，至少是不全面、不准确的。如前所述，全脱稿讲话是事先作了充分准备的讲话，而即兴讲话则是事先没有准备，或虽然有所准备但来不及充分准备的那种临场发挥式讲话。比如，某些协调会、座谈会、研讨会、汇报会等，事先没有准备稿子或只有初稿，需根据会议情况和实际需要边听边思考，最后再发表自己的意见；又如，某些接见、会见、谈判、答记者问和网上互动交流等场合，有时来不及准备稿子，或者不宜用稿子，也需要临场发挥；还有，在某些会议或某些公共场合，本来没有准备讲话，出于某种原因，或主持人突然要你说上几句，或你自己突然觉得需要说上几句，或上级领导突然"点将"要你说几句，这种讲话也属于即兴讲话；再有，某些走访慰问、交友联谊活动，比如春节期间走访部队官兵、敬老院老人，赴兄弟地区或单位学习考察时应对有关礼仪场面，你能不临场发挥、像模像样地说上几句吗？

由于即兴讲话的随机性、突发性、不可预见性，这就格外能够检验一个领导者的思维能力、反应能力和语言表达能力。这种能力强不强，不仅影响领导者个人形象，很多时候还影响一个领导集体、一个地区或单位的对外形象。试想，如果面对记者或网民的尖锐提问而无言以对，如果在外交礼仪场合惊慌失措语不成句，如果面对领导突然提问而抓耳挠腮说不出几句像样的话，那么结果又将如何呢？

有些领导同志考虑问题比较周全，无论出席什么会议、什么场合，即使没有安排他讲话，他也会做点思想准备，做到有备无患。稳妥起见，这样做是对的。但有些讲话完全是"突然袭击"式的，容不得你事先准备，如果缺乏必要的即兴讲话能力，有时就难免要出点儿洋相。

并不是没有这样的例子。

某省委组织部新任部长下某县考察调研基层党建工作。在汇报会上，县委书记简要介绍了全县基本概况和经济社会发展总体情况，然后由县委组织部部长作了全面汇报。完后，省委组织部部长突然点名请县委书记谈谈县委是怎么抓党建工作的。县委书记这下傻了眼，因为按惯例这种情况下他不需要具体谈情况，但既然部长点了名，当然不能不谈，静默了一会才说："关于基层党建工作，啊，多年来县委一直非常重视，十分重视，把它列入县委重要议事日程和干事日程，书记亲自抓，专职副书记和组织部部长具体抓，还有……这个这个，各级各部门党组织齐抓共管，努力发挥基层党组织的战斗堡垒作用和广大党员的先锋模范作用，这个这个……""请你谈具体点。"部长提示说。县委书记这下更紧张了，"好好，这个这个……我们坚持两手抓，一手抓发展，一手抓党建，通过抓好党建，为加快发展提供坚强的组织保证、政治保证、作风保证，还有，还有……"部长听不下去了，摆摆手说："好啦好啦！我看你这个县委书记抓发展蛮投入的，刚才说那么多经济数字都不用看稿子，而谈党建好像就不是那么投入啰！这就不大对头啰！县委书记固然要抓发展，但也不能不抓党建，党要管党，从严治党，你还是第一责任人嘛，你说对不对？"县委书记连连点头称是，从此再也不敢疏忽党建工作了。

某市政府就城市棚户区改造问题举行新闻发布会，由分管副市长和市建设局长分别通报有关情况，并回答记者和部分人大代表、政协委员、市民代表提问，听取意见建议。这种讲话当然是事先作了准备的，对与会者可能提出什么问题也作了大致的设计。但一位农村人大代表突然提出一个话外的问题，他说："这几年城市危房改造的确取得了很大成绩，这个应当充分肯定，但我们农村也还存在大量危房，尤其在边远山区，好多老百姓住的还是五六十年代建的土坯房，一到涨水季节就提心吊胆。请问政府对此有何打算？城市危房要改造，农村危房当然也要改造，要不怎么推进城乡一体化？怎么让我们农民兄弟过上小康生活？请市长和局长谈谈这个问题。"此话一出，副市长和局长不禁面面相觑，因为事先没想到会冒出这个问题，一时不知如何回答才好，副市长只好说："这个问题嘛，的确很重要，非常重要，市政府几年来也一直很重视，采取了不少措施，取得了一定成效，但存在的问题的确还很多，我们将继续努力，采取更有力更有效的措施……"那位人大代表偏偏得理不让人，回敬一句说："对不起市长，我认为你的回答缺乏针对性。"弄得大家都有些尴尬。

上述两例的发生，除了因为应答者对相关工作情况缺乏深入细致的了解之外，缺乏快速反应能力和即兴讲话能力无疑也是一个重要原因。这也从反面说明，领导者具备一定的即兴讲话能力是非常重要、十分必要的。

提高即兴讲话能力需把握以下几点：

（一）平时要注意学习积累。无论口才多好的领导，如果肚子里没"货"，也不可能张口就来。所以平时的学习积累就显得十分重要，知识面要尽可能广，信息量要尽可能大，包括职责范围内的工作运转情况、相关专业知识和政策法规等都要做到心中有数，这样才能做到临时上阵不慌张。事实证明，凡即兴讲话能力较强的人，都是那种见多识广、情况清楚的"明白人"。

（二）坚持多实践、多锻炼，培养快速思维、敏捷应对的能力。我们常说某人"脑子转得快"，说的就是这种能力。而这种能力对于领导者来说，无论是作决策、办事情还是发表讲话，无疑是不可或缺的。因为思维与语言紧密相联，思维是语言的基础，语言是思维的表达，有快捷的思维能力才能有过硬的即兴讲话能力。如果思路淤塞，反应迟钝，三扁担打不出个屁，那还谈何即兴讲话？事实同样证明，凡即兴讲话能力较强的人，都是那种思维敏捷、反应灵活的"精明人"。

（三）善于假设、模拟，以备应急之需。即：某个场合本来没有准备讲话，但不妨设想，如果突然要我讲，我该讲什么？或者是，某个问题本来没安排我回答，但不妨设想，如果突然要我回答，我该怎么回答？实际上，类似的情况在领导活动中是经常、大量地发生的。善于进行这样的假设、模拟，事先理好思路、打好腹稿，往往能派得上用场，还能给自己的形象大大加分；即使派不上用场，对自己也是一种很好的思维能力锻炼。比如前面所说那位县委书记，面对新来的省委组织部部长，又是专题考察党建工作，而自己又是党委一把手，如果在组织部部长汇报时暗自设想一下：如果部长要我谈，我该谈什么？或者是，组织部部长虽然作了全面汇报，我作为书记是不是还应该补充点什么？这样，事先做点准备，就不至于出现那种仓促应对、语无伦次的情况了。

（四）熟练掌握各种场合讲话的基本模式、惯例和特点，以不变应万变。大凡见惯场面、成熟老练的领导者都十分注意这一点，即使不是有意为之，经历多了应该也熟悉了。比如应景礼仪性讲话怎么讲，座谈研讨性讲话怎么讲，会见、谈判式讲话怎么讲，怎样开头，怎样结尾，有哪些基本套路和习惯用语等。脑子里有了这些东西，一旦需要即兴讲话，就按此去发挥，一般不会差得太远。新上任的领导干部和有志从政的年轻公务员，尤应注意加强这方面的锻炼。

（五）要善于快速组织语言。凡即兴讲话，事先思考的时间都非常短，有时还需边说边想、边想边说，稍有中断都将造成结巴、语塞等现象。这里有几种方法可供参考：一是抓重点，即抓关键观点、关键内容、关键词，不为细枝末节所困扰，否则反而容易造成思维混乱，导致表达不畅；二是力求按逻辑关系发挥，注意起承转合，有序推进，万一出现错乱脱节的情况，不要急于收回，先顺着讲下去，再设法慢慢"绕"回正题，以求补救；三是把握即兴讲话的语言特点，多用自己熟悉的、能够流畅表达的语言，包括口语、个性化语言，少用或不用自己不熟悉的语言和表达方式；四是要保持良好的心理定力，如果偶尔出现思维中断，不要紧张，稳住心神，可以用一些过渡句、语气词，或重复前一句话，或喝口水、擦把脸，暂时对付一下，为自己赢得恢复思维的时间；五是要合理把握语速，不慌不忙，不紧不慢，节奏不宜太快，以免思维跟不上而造成"短路"。

【即兴讲话实例】

在"公共安全与应急管理"讲座结束时的主持词

（根据录音整理）

同志们，刚才闪淳昌教授的讲课讲得好不好呀？（众答：好！热烈鼓掌）精彩不精彩呀？（众答：精彩！更热烈鼓掌）

真的很好！的确精彩！将近3个小时，闪教授从剖析一个个实际案例入手，从回顾与启示、态势与特点、实践与思考三个方面，为我们讲述了我国公共安全应急管理工作的进程、特点和存在的问题，总结了公共安全工作的经验和教训，提出了下一步加强公共安全和应急管理、加强风险防范和处置工作的任务、方法和措施。闪教授的讲课没有高深的理论，没有华丽的语言，内容非常实在，方法非常管用，而且从他的讲课当中，我们能够深切感受到他心系基层、面向实际的务实精神，能够切实体会到他作为领导干部、专家学者为了国家的安全、人民的利益出谋划策、殚精竭虑的高尚情怀。

同志们，对于灾难、灾害、突发事件，我们并不陌生。我们经历过"98抗洪"的惊涛骇浪、"08冰灾"的天寒地冻，经历过煤矿瓦斯爆炸、烟花爆竹厂爆炸的血泪场面；我们还经历过重大火灾事故、交通事故以及水库塌坝、山体滑坡等种种惊险场面。每当灾难来临，在各级党委、政府的领导下，各级干部靠前指挥，解放军、武警消防官兵冲锋陷阵，人民群众配合行动，把灾难造成的损失降低到最低限度，这些胜利都来之不易。

或许可以说，这些灾难都已成为往事，但是往事并不如烟，有些往事也不应该"如烟"。生于忧患、死于安乐，千年古训，不能遗忘啊！在风平浪静的日子里，我们是否还记得曾经的艰难和痛楚？当我们习惯了讲成绩、讲经验的时候，对工作当中存在的问题和缺陷是否给予了足够关注？当人们沉浸在没有灾难的安宁祥和氛围中时，是否对灾难还保持着应有的警觉和防范？

事实正是这样，没有灾难的时候，是最容易麻木的时候；麻木的时候，是最容易滋生灾难的时候。而一些同志思想上和工作中就容易存在这样的问题。但话说回来，保平安、保稳定，说来容易做来难哪！我自己就有这样的切身体会。先后在三个地市担任党政主要领导，都没有离开过煤矿、烟花爆竹等高危行业，心想我这人运气怎么这么差，走到哪都绕不开这"高危岗位"。兄弟市的领导还调侃说：烟花爆竹行业税收高，让你政绩飙升说不定很快就"上去"了，有什么不好呀？我说我这是坐在火药桶上收税，是把乌纱帽放在火药桶上，你老兄想快点"上去"，那你来当当看？就是说，总感觉安全生产、公共安全工作压力特别大，真的是如履薄冰、如临深渊，手机一天到晚24小时都开着，半夜里机子一响就觉得特别的恐怖。虽然我们也会认真去抓这方面的工作，但这样的事情防不胜防，说不定哪一天突然就爆发了，所以往往还存在侥幸心理，总希望老天保佑别出事。那时我还总结过一句话，叫做"天不怕，地不怕，就怕四个局长打电话"，一看到他们的号码就心惊肉跳。是哪四个局长呢？首先是安监局局长，他打电话来多半没好事，可能是煤矿出事，要不就是烟花爆竹厂爆炸；第二个是信访局局长，他打电话来，可能哪个地方发生了群体事件，要不就是发生了进京集体上访；第三个是公安局局长，一听他声音就感觉不妙，可能发生了重大恶性刑事案件、群死群伤或者重大治安事故；第四个是水利局局长，可能哪里水库垮坝了、死人倒房子了，或者哪里大片良田被淹了。有一年，我回老家陪母亲过春节，大年初一大家都高高兴兴的，突然手机响了，市安监局局长的号码显示在手机屏幕上！我马上跳起来问"出了什么事？"这位局长哈哈一笑，"没什么事，书记，给您拜年了！祝您新春吉祥，全家幸福，万事如——"我没好气地打断他："你小子省了吧，你不打电话就是最好的拜年！"是呀，咱基层干部风里来雨里去，一年到头辛辛苦苦、摸爬滚打不容易，只图个平平安安、顺风顺水就好，要是组织部部长、财政局局长经常打打报喜电话那还差不多，如果偏偏是这4位局长先生一天到晚老是报丧似的打你电话，怎不叫人担惊受怕？

其实，除了怕这"四长"打电话，还怕一"长"，谁呢？省政府分管安全生产的副省长，就是我们省人大现在的××主任。大家都见识过他的"厉害"，他水平高、能力强、办法点子多，同时工作要求高、节奏快、魄力大。我们这些当书记、市长的，不要说他亲自作批示、打电话，就是他皱下眉头或使个眼色，我们都得拼足了劲儿赶紧抓落实。因为我们守土有责，我们不能给他添乱抹黑，归根到底是不能给省委、省政府添乱抹黑，不能给全省人民添乱抹黑，不能让群众的生命和财产遭受重大损失。正是在基层摸爬滚打的这段经历，使我们深深体会到，安全生产重于泰山，不能忽视；应急管理重任在肩，不容放松。

今天，通过闪教授的授课，我们进一步加深了对公共安全和应急管理工作的认识，也进一步意识到了自己的职责使命是多么的艰巨和重大。我们懂得了：公共安全、应急管理是一个庞大、复杂、艰巨的系统工程，是实现国家治理体系和治理能力现代化的重要内容，必须坚持不懈抓下去；我们懂得了：公共安全也好，应急管理也好，抓细节、抓执行、抓落实最重要，说空话套话没有用，心存侥幸更是有百害而无一利；我们还懂得了：只有牢固树立"居安思危、思则有备、有备无患"的安全理念，坚决把公共安全和应急管理各项措施落到实处，才能够确保人民安居乐业、社会安定有序、国家长治久安。

同志们，正如闪教授所讲，公共安全和应急管理是一项长期性的工作，加强公共安全和应急管理永远在路上，永远是现在进行时。我们要认真理解和消化闪教授的授课内容，让闪教授的好理念、好观点、好经验、好作风，像教授的姓一样，在我们的思想和工作实践中闪光、闪烁、闪耀！

最后，让我们再次以热烈的掌声，对闪淳昌教授为我国公共安全和应急管理做出的重大贡献以及刚才的精彩演讲，表示衷心的感谢和崇高的敬意！

评　析： 这次讲座由我主持，办公室提供了主持词。开场白是照着稿子念的，结束时本来也想念稿子了之，但闪教授的精彩演讲深深打动了我，越听越觉得来劲儿，突然想：干巴巴地念那几句评价讲座如何如何的恭维话多没意思，还是讲讲自己的听课体会和切身感受吧！于是边听边想，理了个大致的思路，讲座结束后临时发挥。或许，这样的主持词显得不够"正式"，但自以为语言生动活泼，表达了真情实感，也体现了即兴讲话的一般特点。

第六节　对偶句、排比句——清水芙蓉方为美

先看一例。有一次参加省人代会分组讨论，一位省领导也在我们这个组。某县县长发言时讲了四层意思：一是"由衷地仰望"，评价省长的工作报告讲得好，听了深受教育和鼓舞；二是"高兴地眺望"，对报告提出的发展战略、奋斗目标表示衷心拥护，对光明前景充满信心；三是"清醒地展望"，汇报下步工作思路和打算，如何贯彻落实好本次会议精神特别是省长的报告精神；四是"恳切地盼望"，请求省政府帮助解决几个实际问题。省领导听后笑了笑，问他是不是搞文字出身，对方说是。最后省领导发言时说了几句："贯彻省长报告精神，要在干实事、求实效上下功夫。我们有的基层干部文化水平很高，能写又能说，但说话办事还是实实在在的好，别搞那些花花哨哨、华而不实的形容词、四六句。"这显然是有所指了。

其实，这位县长发言的思路和层次是非常清晰的，水平也蛮高的，只是那"四望"显得太文绉绉，听来觉得有点别扭。不过，有这种语言习惯的又岂止是他？多了去啦！我自己就算一个，当年"爬格子"时为拼凑这类对偶句、排比句而牺牲了多少脑细胞！不少"爬友"乃至领导同志都有这个特殊爱好，不惜花费大量时间和精力去找、去磨、去凑。我记得有一位市委书记对此还特别较真，每当我们把写好的初稿交给他，他首先关心的是小标题的句式是否整齐、对称，如果不是这样，他就叫我们改，再不行就亲自动手改，还经常熬夜苦干，那种一丝不苟的精神真叫我们又感动、又汗颜。

当然，对偶句、排比句并不是不能用，关键看怎么用。

一、先看对偶句。有人把对偶句等同于对仗句，这是不准确的。对偶是指字数相等、意思相关、词性大致相同的成对使用的文句，对仗则是在此基础上更讲究词性相同、平仄相对的文句。后者适用于诗词，前者则对各种文体都适用。对偶句的渊源可以追溯到古时的骈文，全篇多为双句，注重对偶声律，多以四字、六字搭配，所以又称为"四六句"。骈文源于汉末，成于魏晋，盛于南北朝，其间留下了许多脍炙人口的名篇佳作。王勃的《滕王阁

序》、曹植的《洛神赋》，李华的《吊古战场文》、庾信的《哀江南赋》等，被学界誉为史上最牛的骈文。

时代发展到今天，纯粹的骈文已很少见到，但在各类文章中仍能闻到它的气息，对偶句就明显带有它的"基因"，不过它是以白话出现，句子也不是单纯的双句，三句四句甚至更多句都会用到。它运用于机关文稿写作中，能使句式整齐、音节协调、语势连贯，形成一种特殊的表达效果。比如："空谈误国，实干兴邦""解放思想，更新观念，理清思路，突出重点，攻克难题，力求实效"，这些都属于对偶句的正常运用。我们要克服和防止的是不切实际的乱用、滥用。大家稍加留意就会发现，有些文稿堆满了这种整整齐齐的对偶句，好像无对偶句就不会说话、不能成文了，而且有些句子带有明显的堆砌痕迹，如："把握全局性，突出战略性，增强预见性，注重可行性"；又如"提高领导力，增强凝聚力，形成战斗力，强化执行力，彰显亲和力，扩大影响力"，等等。

类似这种句式的小标题就更多了，如：

（一）大力创新，推进科技进步；
（二）深化改革，优化资源配置；
（三）扩大开放，促进招商引资；
（四）改善民生，增进人民福祉。

又如：

第一，找准切入点，在服务大局上展现新作为；
第二，把握关键点，在深化改革上取得新突破；
第三，明确落脚点，在加快发展上创造新业绩。

还有更复杂的，如：

一是抓学习，讲政治，强素质，推进理论武装常态化；
二是重调研，理思路，明方向，推进领导决策科学化；

　　三是建制度，立规矩，强约束，推进权力运行规范化；

　　四是变作风，干实事，严督查，推进各项工作高效化。

　　如此等等，比比皆是。应当说，这种句式顺乎自然地运用，并无不可，很多情况下还是需要的，但如果作为一种模式而刻意追求，就大可不必了。一来花费大量时间和精力去拼凑这种句子，纯属自找麻烦、自讨苦吃，而且吃力不讨好；二来这种句式用得太多了，会使文稿变成千人一面的八股文章，令人生厌；三来作茧自缚，由于受句式整齐、对称的限制，语言表达也显得拘谨、僵硬，把一些本来可以用自然、平实语言表达的鲜活、生动的东西给淹没、扼杀掉了。我们学习中央领导人的讲话和上级某些文件，其中并没有刻意搞多少对偶句，怎么好就怎么写、怎么讲，反而觉得流畅自然，说出了人们想听、喜欢听的话。

　　不过，上述示例无论怎么模式化，毕竟文理上还说得过去，而某些生拼硬凑、牵强附会的句子，就显得弄巧成拙、滑稽可笑了。我见过这样一组小标题："（一）抓学习，强武装，统一思想认识；（二）绕中心，务大局，促进经济发展；（三）夯基础，解难题，再创优异业绩"。这里有的用词就有问题。"强武装"，强什么"武装"？学习还需要动枪动炮吗？应该是"思想武装"。"绕中心，务大局"，本来是"围绕中心，服务大局"，分明是削足适履。"夯基础"，本来是"夯实基础"，丢了"实"字就残缺了。我说先生呀，你这是何苦？实实在在、自自然然地表达意思不就得了，干吗非要以文意不通、用词不当为代价去换取句子的整齐对称？吃饱了撑的呀！类似的例子还有很多，说明有些同志已经是习以为常、积习难改了。

　　改变这种习惯其实也不难，除了端正文风以外，还要学会以一种放松的心态去写作，不要把简单的问题复杂化，不要过于"作劲"。作劲的意思是奋力、使劲，但"劲"要使对地方，使在力求主题鲜明、观点精辟、内容充实、表达准确等方面，而不可使在刻意追求句子的形式美方面，要不然就是搞反了，本末倒置了，而且这样的文章多数领导并不喜欢，读者和听众也不喜欢。稍有常识的人都知道，歌唱家演唱时需要放松，否则发声会"紧"；演奏家演奏时需要放松，否则手指会"僵"；书法家创作时需要放松，否则笔势会"滞"。我们起草文稿是同样的道理，放松才能挥洒自如，跨越拘谨、做作的障碍，进入"清水出芙蓉，天然去雕饰"的境界。

二、再看排比句。有人把排比句等同于对仗句、对偶句，这同样是不准确的。排比句是把两个或两个以上意义相关或相近、结构相同或相似、语气语势相同的句子或词组并列而成的句子，它和对仗句、对偶句最大的不同，就是不讲究字数相等和词性、平仄的对称，因而有着较大的自由度。前述几组小标题，如果排除字数相等，就基本上是排比句式，而不是单纯的对偶句式了。

排比句的好处是显而易见的。用排比句叙事说理，可以做到层次清楚、条理分明，避免过多使用序号；用排比句动员号召，可以加强语气语势，收到振奋人心、鼓舞士气的效果；用排比句抒发感情，可以使语言生动活泼、富有文采，增强感染力和吸引力；用排比句表达信心、决心和愿景，可以使语言坚定有力、节奏铿锵、气势如虹，展示自信与定力，让人们看到光明与希望。

排比句有多种用法，有短句、有长句，有单句、有复句，有接近对偶的比较整齐的句、有不受对偶束缚的比较松散的句。其结构形式，通常以同一句话、一个词或一个字作为每一句的开头，围绕它展开后面的不同内容。请看下面的例子：

1. 实现县域经济发展新跨越，最紧迫的是要有大产业和大项目做支撑；

2. 实现县域经济发展新跨越，最重要的是扬长避短，打造特色；

3. 实现县域经济发展新跨越，最根本的是为基层创造宽松的发展环境；

4. 实现县域经济发展新跨越，最关键的是各级干部要有干事创业的激情和本领。

这是一份写作提纲中所列的小标题，它以排比的形式出现，四个层次都围绕着"实现县域经济发展新跨越"这句话展开，显得主题集中、条理分明，同时便于理解和记忆。再看一例：

　　"让身边的老百姓说共产党好"，不是抽象的，而是具体的；不是喊喊口号就行的，而是要身体力行去做的。我们必须明白，每一个党员都是党的一分子，都代表着党的形象，所以老百姓看共产党好不好，首先是从身边的党员干部看起的，看你是不是爱岗敬业奋发有为，看你是不是全心全意为群众谋利益，看你是不是大公无私公道正派，看你有没有背叛写入党申请和面对党旗宣誓时喊出的铮铮誓言，以此来决定对你的信任程度，进而决定对党的信任和拥戴程度。如果像有的党员干部那样，以权谋私，贪污受贿，吃喝玩乐，挥霍浪费，老百姓会说共产党好吗？如果像有的党员干部那样，信仰动摇，理想迷失，消极颓废，牢骚满腹，老百姓会说共产党好吗？如果像有的党员干部那样，作风飘浮，怕苦畏难，只想当官不想做事，工作长期打不开局面，经济长期落后，群众生活水平长期得不到提高，老百姓会说共产党好吗？如果像有的党员干部那样，高高在上，官气十足，对群众疾苦不闻不问，对群众合理诉求不予解决，甚至侵犯群众利益、剥夺群众民主权力，老百姓会说共产党好吗？如果像有的党员干部那样，门难进，脸难看，话难听，事难办，不给好处不办事，给了好处乱办事，老百姓会说共产党好吗？……

　　这是某篇讲话中的排比句，两个"不是……而是……"，四个"看"，五个"如果"，几种形式的排比紧密相连、层层推进，构成一种尖锐泼辣的语风和正气浩荡的语势，仅从字面上看就让人被震撼、受教育，甚至有坐不住的感觉。排比句的长处由此可见。

　　当然，如同对偶句一样，排比句也并不是用得越多越好，得看实际需要而用。因为排比句往往容易造成一种较为强烈的节奏感和气势感，如果通篇都是这种句式，就会给人一种紧张得喘不过气来的感觉。只有恰到好处地运用，与散式句结合使用，做到有紧有松、有张有弛，就像乐曲中既有慢板、中板又有快板、急板一样，才能产生好的效果。另外还需注意两点：一是遣词造句要贴切、自然，避免勉强拼凑；二是各句之间要紧密衔接，语气语势前后贯通，避免零乱分散。

第七节　网络时代的公文写作
——当心用了电脑废了人脑

　　说实话，我真羡慕当代文秘人员，因为你们碰上了一个好时代——信息时代、网络时代。网络的世界很精彩，为公文写作提供了诸多便利条件。不像我们这一代"老秘"，学习知识靠啃书本，了解时事政策靠看电视和报刊，掌握上级精神靠学文件和领导讲话，查对有关概念、用词、词义、成语靠翻阅《新华字典》或《辞海》。而在网络时代，只要打开电脑，这一切铺天盖地，应有尽有，取之不尽、用之不竭。起草文稿的方式也截然不同，我们那时是吭哧吭哧地"爬格子"，右手一支笔，左手一支烟，一边冥思苦想，一边吞云吐雾，还低头弓背趴在那儿一动不动，整个儿一副"土老冒"的寒酸书生相。如今电脑写作可就"洋气"多啦，笔直端坐，目视荧屏，十指飞动，嗒嗒有声，看上去就像弹奏钢琴那么优美而潇洒；而且打出来的字又清晰又漂亮，不像我们手写的字，有时潦草得比张旭的狂草还难认，写完还不得不从头至尾誊抄一遍。

　　不过，如果以为有了电脑就能写得出好文稿，那又难说了。不客气地说，有些稿子写得并不怎么样，甚至比我们那个年代手写的某些稿子还要糟。原因何在呢？因为网络也是一柄双刃剑，用得好，就能使文稿质量大大提高；用得不好，受伤的就是稿子和起草者自己。

　　（一）电脑中海量的知识信息，为我们写作时查阅和引用有关资料提供了极大便利，但要防止乱用、滥用带来的"虚胖症"。一部电脑就是一片知识的汪洋大海，古今中外、天文地理、典章名籍、党政财文、天下大事无所不包、召之即来。这不仅有利于我们开阔眼界、增长见识，而且通过恰到好处的引用和建立于理解、消化基础之上的借鉴利用，可以增强文稿的思想性、知识性和说服力。所要防止的是，这种"方便"可能带来某些负面作用，比如：引经据典、寻章摘句，使文稿变成一大堆理论、概念、条文的堆砌；海阔天空，不着边际，不加选择把一些关联度不大的人文掌故、时事要闻、知识见解搬过来，使文稿看似信息量大、开阔厚实而缺乏针对性；不动脑筋，偷懒省事，感到没东西可写或者凑不够篇幅时，就把网上的东西大量复制、粘贴过来凑数，使文稿空洞无物，脱离实际。

（二）电脑中海量的机关公文、领导言论、学习体会文章尤其是那些堪称范文的优秀之作，为我们写作提供了很好的参照物，但要防止照抄照搬、人云亦云的"依赖症"。这是最需要重视并解决的一个普遍性问题。起草重要文稿都会碰到目的意义怎样阐述、指导思想怎样概括、主题和观点怎样提炼、目标任务怎样确立、经验教训怎样总结、措施方法怎样提出等一系列实际问题。每当此时，看看网上的文稿是怎样写的，有什么长处和特色，的确能得到很大启发和帮助。但有些同志由此滋长了依赖思想，碰上思路卡壳时，不是通过学习借鉴来启发思路、解决难题，而是从网上"拿来"，甚至一字不动全盘照抄，以致写出来的稿子总让人觉得似曾相识。连不少文秘人员自己也承认，现在不少文件、领导讲话都像是一个模子倒出来的，特别是谈政治理论和思想认识方面的问题，大家说的都差不多。有些领导干部的学习体会文章，从结构、小标题到内容、语言，都大同小异。照抄照搬之所以成了某些同志写作的习惯和常态，从一定角度说，这都是电脑惹的"祸"，因为方便，所以依赖；因为依赖，所以抄袭；因为抄袭，所以雷同，于提高文稿质量、于个人进步成长都是毫无益处的。更有甚者，据说有的还搞起了所谓"购买服务"，即花钱雇请有关专业人士起草有关文稿，而所谓的"起草"就是依据购买方提供的主题、框架和篇幅要求从电脑上搜罗拼凑一番，一篇看似有模有样的稿子就出笼了。但愿这只是"据说"而不是事实，要不然就太不严肃太不负责任了。

（三）电脑中海量的词汇、专用词语及词义、语义解释等，为我们写作提供了快捷的选择和咨询服务，但要防止生搬硬套而导致语言"贫血症"。的确，一部电脑就是一位无所不知的语言文字大师，你要用什么字、什么词、什么词组、什么成语、什么专业术语，包括同义词、近义词、反义词等等，它有问必答、有求必应，对于起草者准确遣词造句、合理使用语言无疑是大有帮助的。但由此又容易出现另一种偏向：有些稿子看起来词汇量很丰富，遣词造句也合乎规范，语法修辞方面几乎什么毛病也没有，唯独缺乏灵性和生动，就像机器人那样只知机械地重复某些动作而缺乏面部表情。何以如此？

要么是堆砌词藻，华而不实；要么是咬文嚼字，拘谨做作；要么是拼凑对仗句、对偶句、排比句，满篇八股腔调；有的还套用某些尚未推广使用的新名词、新术语和网络语言，令人不知所云。这一切所造成的最大问题是，因电脑词汇和语言的方便利用而隔断了起草者与现实生活语言尤其是群众语言的联系，离开电脑就写不出自己的语言了，使文稿变得枯燥无味了。

以上几方面归结到一个重要问题，就是由于过度依赖电脑而容易造成人脑思维能力的"萎缩症"。过去我们依靠人脑写作，正因为查阅资料不如现在方便，可参照的现成模式、经验、方法不如现在多，写稿的难度和强度比现在大，才逼着我们主动去学、去思考、去钻研，去联系实际观察问题、分析问题并提出解决问题的措施方法，去摸索总结自己独有的谋篇布局和语言表达方式方法。如此，既锻炼了思维能力，也减少了照搬照抄现象，提高了文稿的实用价值。而电脑的普及使用固然减轻了人脑思维的难度和强度，但如果依赖过度，它就如同一个巨大的"黑洞"，吞噬创造性思维的火花，不仅导致人脑思考能力的退化，助长人的惰性，而且导致文风不正、文稿功能作用的缺失和淡化。

综上，是不是因为电脑带来的某些负面作用而又要回到单纯依靠人脑写作的时代去呢？那当然不是，我们当然不能做"把孩子和洗澡水一起倒掉"的蠢事和把自己隔绝于网络时代之外的傻事。正确的方法应该是"互联网+思考与写作"，即科学使用电脑，用其长处——发挥其查阅、咨询、参考、启迪、益智功能，抑其弊端——最大限度减少它对写作可能带来的依赖性、投机性，发挥人脑思维的主观能动性和创造性。只有这样，才能使电脑与人脑思维有机结合并发挥出最佳效应，不断提高写作效率与质量。

为了更好说明问题，下面谈谈我自己用电脑的体会。说来不好意思，由于过去长期的秘书生涯中习惯了"左手烟、右手笔"的写作方式，所以至今仍不熟悉用键盘写作，但用电脑查阅资料是经常性的，也用得很熟练。每逢写材料或改材料需要时，就通过"百度"去查。为了防止被电脑"套"住，我自己立了个"四查三不查"的规矩，"四查"是：需要通过有关资料增长见识、开阔思路时查，需要原文引用有关史实、言论、名句和政策条文时查，需要借鉴他人思路、观点和经验时查，需要选用有关词语和辨别词义、语义时查；"三不查"是：凭自己独立思考能顺利成篇则坚决不查，遇到难点时若自己能解决则尽量不查，运用自己熟悉的知识、语言和表达方式时一般不查。这样做的好处就是，在科学利用电脑的同时，摆脱依赖电脑、抄袭他人的习惯，逼着自己开动脑筋想问题、联系实际谋对策、贴近生活用语言，从而写出既丰满充实又有自己特色的稿子。举例来说，有一次我们党委中心组举行"传承红色基因，坚定理想信念"的专题学习讨论，每位班子成员要作发言。在构思发言稿时，我先到网上浏览一番，发现这方面的精彩文章、精辟言论非常多，阅读后受到了启发，打开了思路。然后关掉电脑闭门思考，因为我觉得如果照着人家的套路和语言去写的话，怎么也写不出更好的东西，我只能通过学习借鉴，力求写出自己特有的体会和见解。几经思考，找到了一个独特的角度"坚守共产党人的精神家园"和一个新颖的题目"共产党员要常回'家'看看"，然后据此展开：（一）熟悉"家史"，永不遗忘；（二）牢记"家规"，永不变质；（三）弘扬"家风"，永不懈怠。写到中途需引用有关事例时，我又打开电脑搜到了方志敏《可爱的中国》《清贫》两篇文章和贺龙先后8次递交入党申请书的故事，用此阐明"常回'家'看看"的意义和作用。这样，发言稿的写作既有效利用了电脑的优势，又充分发挥了人脑的作用，写出了自己的特色。

第八节　端正文风——向十大"缺陷"宣战

语言与文风紧密相联。有什么样的文风就会有什么样的语言，反过来，有什么样的语言就会反映什么样的文风。当然，语言只是文风的一个方面，文风还包括了文稿所体现的思想作风和写作中形成的某种带倾向性的风气。所以，打造机关文稿"语言美"，从根本上说，还须从端正文风做起。

一、问题种种

关于文风问题，说得最透彻的还是毛主席于1942年2月8日在延安干部大会上发表的那篇著名演讲《反对党八股》。文中历数党八股八大罪状，形象的比喻，尖锐的讽刺，字字如刀，句句见血，至今读来仍觉得新鲜、受益。

有时还想：他老人家真是太厉害了，太有才了，时空漫漫几十年，他坐在那小小的窑洞里，一边抽烟一边思考，居然能预见到今天发生的事情？有时还会让人情不自禁地对号入座：这八大罪状里有没有我的份？毛主席好像在批评我呢！

这就是说，"反对党八股"至今仍有很强的现实针对性。多年以来，党中央和各级党委政府反复强调改进文风，中央"八项规定"对此也有明确要求，经过各级共同努力，文风的确不断有所改进。但从基层一些地方和机关的实际情况看，存在的问题仍然不少。我认为可概括为10个字：

一是长。你也长，我也长，该长的长，不该长的也长。长，成了习惯、成了时尚，似乎不长就不过瘾，不长就埋没了才能、显不出水平。于是，文思如涌，流水行云，少则上千数千言，多到上万逾万言。主题若娇羞少女，莲步轻移，霓裳半掩，千呼万唤始出来；文句如八十老妪，唠唠叨叨，琐琐碎碎，左缠右绕没有完。殊不知，听者昏昏欲睡，阅者不胜其烦，岂不白辛苦一场！

二是空。不管需要不需要，凡事必谈理论，开篇就是认识，振振有词，滔滔不绝，看上去博大精深，实则空洞无物。认认真真说空话，辛辛苦苦讲套话，到头来没有几句管用的话，还被人斥之为正确的废话、唬人的屁话。

三是旧。年年岁岁花相似，岁岁年年貌相同。说过多少次的话，还在不厌其烦地说；用过多少次的观点，还在堂而皇之地用；提过多少次的措施，还在颠三倒四地提。不察时势，不近实际，不动脑筋，不善创新。或人云亦云，拾人牙慧；或照抄照搬，只管"拿来"；或惟书惟上，谨小慎微，生怕说错说偏。

四是碎。主题不鲜明，重点不突出，面面俱到，婆婆妈妈，大事小事一锅煮，眉毛胡子一把抓。一二三四，甲乙丙丁，交代了又交代，叮嘱了又叮嘱，生怕人家不明白。看起来什么都重要，实际上什么都变成不重要；什么都讲到了，但什么都没讲清楚。

五是假。有道是"说真话，生怕上级不高兴；说假话，生怕群众不高兴；说笑话，反正大家都高兴"，此话未必对，但说假话的文稿的确屡见不鲜。假恭维，为博上级欢心；假数字，为报"形势大好"；假典型，为显工作有方；假政绩，为求日后"进步"。莫奈何：真，本为正常反为不正常；假，本为不正常反为正常。

六是艳。花花哨哨，华而不实，文绉绉一派书生腔，酸溜溜满口八股调。对偶句，生拼硬凑，忸怩做作，满篇皆是；形容词，着意装扮，粉饰现实，花枝招展。字斟句酌，词不可谓不美；文笔流畅，功力不可谓不深，而观点不鲜明、文风不泼辣，不切实际、不求实在，不说大家想听的话、不解决大家关心的事。文字游戏而已，有谁喜欢？

七是软。软绵绵，黏糊糊，语言苍白无力，观点似有似无。看问题，浮光掠影，蜻蜓点水，只见现象不见本质；砭时弊，朦朦胧胧，躲躲闪闪，生怕得罪何方"神圣"；揭露问题，隔靴搔痒，不痛不痒，大事化小，小事化了；分析事物，态度暧昧，缺乏主见，闪烁其词，言不达意。如此"格调"，纵有万语千言，能作何用？

八是散。观点与主题若远若近，内容与观点貌合神离，闹哄哄群龙无首，乱糟糟主线不明。同样的意思，这里又说，那里又说，东一榔头，西一棒子，敲来敲去敲不到点子上；同一个层次，一句朝东，一句朝西，各吹各的号，各唱各的调，让人不知所云。

九是平。平铺直叙，平平淡淡，读来无味，形同嚼蜡。虽占有丰富材料，不作分析，不善提炼，原样照搬，文稿变成流水账。叙不完的事实，议不完的道理，就事论事，不得要领，只见平地，不见高山。立意平平，有失高远；标题平平，有失特色；语言平平，有失生动——终至文章平平，有失亮色，有失鲜活，有失实用价值。

十是粗。粗枝大叶，粗心大意，粗制滥造，不讲质量。或被动应付、漫不经心，或一味求快、心浮气躁。匆促成篇，疏于打磨，以致观点失当者有之，提法失准者有之，以偏概全者有之，挂一漏万者有之，至于层次不明、用词不当、文理不通、表述不清，更是处处可见。

上述种种，有的是属于写作态度和技巧方面的问题，多数是属于文风问题，尤以长、空、假、旧积弊最深，影响最大，危害最烈。长而不实，无端浪费别人的时间；空而无物，对实际工作毫无指导和推动作用；假而虚夸，掩盖事实真相，容易造成误导；旧而平庸，缺乏创新精神，不利事业发展。难怪疾呼之声不绝于耳：机关文风已经到了非改进不可的时候了！

二、根源探析

存在上述问题，从文秘人员自身来检查，我认为除了写作功底不足的原因外，还有以下方面：

缺乏必要的理论素养，不善于用正确的立场、观点和方法分析问题，尤其不善于把理论与实践结合起来，提出解决实际问题的可行办法；

接触实际、接触群众少，不了解基层情况，缺乏实践经验，写起东西来腹中空空，只好闭门造车、凭空臆想，或者仅凭书本上、文件上、汇报材料上的东西做文章；

缺乏求真务实的勇气和智慧，不敢报实情、说真话，不善于立足实际创造和发挥，不敢坚持个人的正确意见，满足于做做"遵命式""传声筒式"的官样文章；

缺乏以文辅政的"角色"意识，把自己看作仅仅负责抄抄写写的文字工作者，而不习惯、不善于与领导换位思考，没有站在领导的高度把握全局、思考问题，缺乏为领导出谋献策的自觉性和主动性，致使文稿的立意不高、格局不大、实用性不强；

责任心、事业心不强，缺乏爱岗敬业精神，缺乏大局意识、服务意识、进取意识，缺乏一丝不苟、精益求精的工作态度，满足于差不多、过得去、平平过，应付交差就拉倒。

当然，除上述原因之外，机关文风不正还有更深层次的原因，这就是：官僚主义和形式主义。官僚主义指的是那种官气十足、高高在上、脱离实际、脱离群众、搞命令主义和文牍主义的领导作风，形式主义指的是那种重现象而轻本质、重形式而轻内容，热衷于摆花架子、做表面文章的工作作风。这二者相结合，可想而知，对文风的影响有多大、危害有多深。比如：有的同志习惯于以会议贯彻会议、以讲话贯彻讲话、以文件贯彻文件，于是没完没了地开会和发文，似这样，文风还能好到哪儿去？有的同志思想上封闭保守，工作上片面求稳，惟书惟上，墨守成规，按部就班，谨小慎微，似这样，文风又怎能具有生气和创造性？有的同志作风不实，不干实事，轰轰烈烈搞形式、认认真真走过场、冷冷清清无实效，似这样，文风又怎能实在得起来？

一句话，机关文风存在的所有问题，都能从官僚主义、形式主义身上找到根子。官僚主义和形式主义败坏党风，败坏政风，也败坏文风。它是制造大量重复劳动和无效劳动、降低工作效率的总病根，是脱离群众、脱离实际、造成工作"空转"、制约事业发展的大祸患，是保护守旧而扼杀创造、保护平庸而扼杀才智的"刽子手"。大家知道，各级领导都很忙，但是不是全都忙到了点子上？如果是官僚主义和形式主义的忙，那就是白忙、空忙、瞎忙，甚至是给基层的同志帮倒忙，还让文秘人员跟着忙而无效、劳而无功。可见，不从根本上战胜官僚主义和形式主义这个"顽固之敌"，文风的好转也无从谈起。按照习近平总书记指示要求，中央纪委发文启动了集中整治形式主义、官僚主义的统一行动，提出了确保整治取得实效的9条具体举措。可以预期，随着这项工作的深入推进，机关文风也将出现新的改观。

三、让机关文风向"短、实、新"转变

习近平总书记曾明确指出，改进文风，在三个方面下功夫、见成效很重要。一是短。力求简短精练、直截了当，要言不烦、意尽言止，观点鲜明、重点突出。坚持内容决定形式，宜短则短，宜长则长。二是实。讲符合实际的话，不讲脱离实际的话；讲管用的话，不讲虚话；讲反映自己判断的话，不讲照本宣科的话。三是新。在研究新情况、解决新问题上有新思路、新举措、新语言，力求思想深刻、富有新意。习总书记这段话切中时弊、意义深远，是我们改进文风的根本遵循和努力方向。要做到"短、实、新"，作为我们文秘人员来讲，我认为要从以下几个方面努力：

首先，要牢固树立以文辅政的使命意识和责任意识。大诗人白居易曾响亮提出"文章合为时而著，歌词合为事而作"的口号，本意是指读书人要有关注时代、改造社会的责任感。文秘人员作为领导的参谋助手，更应自觉做到为时而著、为事而作。起草任何文稿，都是为了解决某一个或几个问题，为了达到一定的工作目标。舍此，要文稿何用？而我们有些同志正是缺乏这种观念，为写文稿而写文稿，着力"做"出很规范、很"正确"、很漂亮的文章，不管对实际工作有无用处。有些同志虽然意识到要着眼于解决实际问题，但一旦拿起笔来，又自觉不自觉地脱离了实际，空话套话连篇，拿不出自己的主见，拿不出管用的措施和办法。要解决这个问题，我觉得要实行四个转变：一是站位要转变，打破个人眼界、见识的局限，自觉做到胸怀大局，

心系国计民生，使写作更加贴紧时代脉搏，适应发展需求。二是观念要转变，坚决克服形式主义，无论起草什么文稿，都要着眼于解决实际问题。不能解决问题的文稿，宁可毁掉重写；与解决问题无关的内容，坚决删掉。三是习惯上要转变，坚决克服本本主义和教条主义，既要看上面是怎么说的，还要看实际情况是怎样的，善于找准"上情"与"下情"的结合点，使文稿多一些创造性、针对性和实用性。四是方法上要转变，深入基层，深入群众，从生动的实践中汲取素材、观点和语言，从对实际问题的理性思考中找到解决问题的办法。大量写作实践证明：一接触实际就具体、就生动、就新鲜、就豁然开朗。稿纸是苍白的，而实践之树长青。

第二，从现在做起，从每一个人做起，从每一篇文稿的写作做起。其实，绝大多数文秘人员对文风不正也是深恶痛绝的、是迫切希望文风好转的，但由于习惯势力的作用，或者由于环境的影响，又显得有点力不从心、无可奈何。人人都讨厌长文章，但不少人又在那儿写长文章；人人都讨厌说空话，但不少人又在那儿说空话；人人都讨厌照抄照搬，但不少人又在那儿照抄照搬。一句话，好像大家都被一只无形的手左右着，说着违心的话，做着违心的文章，大家都在随波逐流。如果老是抱着这样一种无奈的心理，都在那儿自作自受、等待观望，那么机关文风何时才能改进？只有大家共同努力，大家都从自我做起，对每一篇文稿都精心起草，严格要求，确保质量，逐步形成"气候"，方能奏效。当然，还需要实行上下联动、左右协同，上级机关与下级机关之间、综合部门与专业部门之间、秘书部门负责人与秘书之间达成共识，形成合力，单靠哪一个层次、哪一个部门、哪几个人的努力是解决不了问题的。

第三，要在改进文风方面为领导当好参谋助手。其实，多数领导同志并不喜欢那种长而空、"正确"而无用的文章，但有的是出于某种需要或习惯，有的是埋头实干。而对材料质量不太在乎，有的是出于对秘书劳动的尊重，睁只眼闭只眼也就签了"同意"二字。比如有的领导在会上发表讲话时，他首先说"这里有个稿子，写得不错，大家就按这个稿子贯彻吧，我另外说几点意见"。这里可能有几种情况：或者他不习惯念稿子而喜欢自由发挥，或者他觉得稿子质量一般、又不好扫秘书的面子，或者他也认为有些话只能那样写，不如丢开稿子说自己心里的话。从这个角度看，文风好不好，秘书手上有着一定的主动权，而不是像有些同志所认为的那样，文风不好仅仅是领导的责任，是政风不好所致。为此，我们在构思和起草阶段就要把握好，自觉戒除文风上的种种毛病，力求写短、写实、写新，力争写出让领导满意的稿子，最大限度减轻领导同志在文字材料方面的负担。另外，在端正文风方面要积极提出意见建议，协助领导同志把好关。

第四，要强化制度约束。从根本上说，端正文风要依靠制度的约束力。多年来，从中央到地方都出台了不少这方面的制度性规定，也产生了一定的效果，但一些地方和单位执行不力，效果不明显。据有关资料记载：某市专门出台文件，就哪一类会议书记讲多长、市长讲多长、其他班子成员讲多长作出明确规定，而且会场上装有计时装置，规定时间结束前一分钟会发出声音予以提醒，若讲话超时则话筒自动关闭。此外还规定了一套禁止使用的语言，如"重要讲话""重要指示"之类的空话套话恭维话，共 25 个词和句是不能出现的。更"奇葩"的是，该市还每年对领导讲话稿进行一次评比，凡被评为最差的稿子予以通报批评。该市领导说，这样一来，机关文风大为改变，开会就变成是一种享受而不再是灾难，领导讲话的水平也大大提高了。

我在市里工作时，也采取过类似的举措：以市委名义出台求真务实作风建设 18 条，其中明确约法三章：少开会，开短会，开解决问题的会；领导干部少讲空话套话，讲短话，讲实在管用的话；少发文，发短文，发有"干货"的文。对开会还作出具体规定：能不开会的尽量不开会，能合并开会的尽量不单独开会，能开短会的决不开长会，能开视频会的不集中开会；除党代会、人代会、政协会等大型会议以外，一般性工作会议上领导人的讲话一般控制在一小时以内，最长不超过一个半小时；按实际需要组织相关人员参会，无关人员一律不陪会；每次会议原则上只安排一位领导讲话；除特殊应急需要，晚上、节假日一律不开会；严格控制会议时长，按作息时间完成议程，一律不拖会。此举出台后，会议次数、会议时间压缩 1/3 以上，广大干部无不拍手称快，一位部门负责人甚至说："简直有一种被解放的感觉！"更重要的是，各级干部跳出"会海"，有更多的时间和精力抓大事、干实事，各项事业取得明显进展。

上述两个例子就说明，端正文风要靠制度，有了制度还要靠执行，有制度而不执行，再好的制度也是一纸空文。

　　最后还须指出，让机关文风像"短、实、新"转变，领导同志要带头。领导是一个地方和单位的首脑人物，某一份文件怎么写、某一篇讲话怎么起草，当然主要按他的意思来办。所以，说文风不正，文秘人员固然有责任，领导也有责任。领导自己不改，叫秘书怎么去改？他们能改到哪儿去？作为领导者，应当从文风与政风、作风相联系的角度，从克服官僚主义、形式主义顽疾的高度，认真审视自我，带头改进文风，为各级干部和文秘人员做出好样子。

第五章 公务员个人材料的写作

　　走上公务员岗位，可以说是从应试的小考场走上了人生的大考场，从解答书面试题转变为解答实践中的无数道试题，一道道更为复杂难解的"申论"不容回避、不可抗拒地摆在面前，需要做出正确的解答。年轻的朋友，你准备好了吗？

包括文秘人员在内的广大公务员，除了起草各种公文，还有不少个人材料需要起草，如个人工作计划和工作总结、述职述廉报告、学习体会文章、竞职演讲材料、工作汇报材料等等。它们的作者虽然姓"私"不姓"公"，但其内容是公务活动的重要组成部分；它们的构思和起草虽然完全按照个人的思维方式方法进行，但必须符合一定的政治要求和格式规范；它们表达观点、内容、语言虽然有较大的自由发挥空间，但须把握分寸而不可随意为之；它们所反映的虽然是不同个体的不同素质，但综合起来却反映出公务员队伍的整体素质。

由此可见，掌握个人相关材料的一般写作要领，对于公务员尤其是年轻公务员就显得非常必要。这不仅可以锻炼和提高写作能力、对写好机关公文形成有益的补充，还可以全方位培养自己的思维能力、认识问题分析问题的能力和应变能力、口头表达能力，全面提高个人综合素质，更好更快地成长进步。

下面介绍几种主要个人材料的写作常识，供读者参考。

第一节　竞职演讲——赛场竞马显风流

竞争性选拔，是当今各级机关发现和起用人才的一种重要方式，也是为广大公务员展示抱负、崭露才干铺设的一个风云赛场。其中，竞职演讲是至关重要的一环，参选者的思想境界、知识才华和语言表达能力如何，由此可得到最直接最现实的检验。当你面对领导、同事、评委们那一对对犀利的甚至是挑剔的目光时，你能做到镇定从容、挥洒自如并赢得肯定和赞许吗？你能朝着心中的美丽梦想迈出这坚实的一步并将你的对手打得"落荒而逃"吗？

无疑，演讲质量的优劣是决定成败的首要因素。参选者无不为此而绞尽脑汁冥思苦想精心准备一番。通常，这种稿子都有一个大致固定的模式，即先谈自己竞职的感想和条件，次谈任职之后将如何作为，最后表示"一颗红心两种打算"。但人们更多关注的或许并不是这个，而是你往这框框里装进去的是什么样的语言。语言这东西就像美女的脸蛋，本来任何女人身上的构造和功能都是一样的，就因为脸蛋漂亮，人家就喜欢，脸蛋不漂亮就没人喜欢。语言之于讲稿结构，应该也是这个道理。

那么，如何让自己的语言招人喜欢呢？

首先，在构思和起草阶段，要让自己的文字尽可能地"美"。美从何来？逻辑严密、层次分明、语句通顺这些东西自不必说，关键是字里行间透露出来的气韵和灵性。比如，你的语言生动鲜活吗？在这里，肯定不被看好，你必须运用自己活生生的个性化语言，包括某些带有灵性、文采和感情色彩的语言，才能打动听众。好比说到对这次竞争选拔的认识和态度，如果你说"这次竞争选拔，是推进干部人事制度改革的重要举措，是干部工作发扬民主的重要形式，是为我们提供的一个公平公正的竞争平台"，这话一点儿也没错，但如果换一种语言来说："面对这次竞争选拔，就像面对一场激烈的赛马，强手如林，实力比拼，我希望我是一匹能够胜出的千里马"，哪种说法更好？不言自明。又比如，你的语言真诚吗？在这里，空洞、抽象、做作的语言同样不被看好，你必须说实在话、能够变现真实自我的话，才能赢得人们认可。好比说到自己的任职条件，如果你说"我能认真贯彻执行党的十一届三中全会以来的路线、方针、政策，在思想上、政治上、行动上自觉与党中央保持高度一致，坚持原则，作风正派，廉洁自律，团结同志，踏实工作"，这话同样没有错，但如果换一种语言来说："总体上，我能自觉做到：政治上不偏向，工作上不懈怠，作风上不飘浮，廉洁守纪上不越轨，性格刚直，嫉恶如仇"，哪种说法更好？同样不言自明。再比如，你的语言富有美感和感染力吗？在这里，平铺直叙、枯燥乏味同样不被看好，你必须让自己的语言充满自信、充满新意、充满昂扬向上的精神，才能赢得人们好感。好比说到任职打算，如果你说："假如竞争成功，我将努力做到：第一，加强学习，不断增强自身素质；第二，爱岗敬业，出色完成各项工作任务；第三，模范执行廉政准则，始终保持领导干部的应有本色；第四，摆正位置，自觉维护班子团结"，这些话同样绝对的"正确"，但如果换一种说法："如果竞争成功，我将以此为新的起跑线，始终以学习为第一需要，努力战胜知识恐慌；始终保持攻坚克难、敢于担当的昂扬锐气，向组织和人民交出一份合格的答卷；始终讲正气、重品行，不做自己打倒自己的傻事、蠢事；始终牢记团结就是力量的道理，与班子成员坦诚相处，合力干事"，哪种说法更好？也是不言自明。

其次，到了演讲阶段，要让自己的口头表达尽可能地"美"。有了好的稿子就一定能演讲成功吗？当然不。就像同一首歌曲由不同的歌唱家演唱效果完全不同一样，口头表达相对于讲稿其实也是一种"二度创作"，表达方法的不同，很大程度上也决定着效果的不同。换言之，如果表达缺乏技巧的话，即使稿子写得再好，效果也要大打折扣。那怎样做为好呢？其实，只要把自己设想为听众，一切都会很清楚。第一，你带稿演讲还是脱稿演讲？很显然，这时候如果你带着笔记本或从口袋里掏出几张皱巴巴的纸来一字不漏照念，你的得分立即被"扣"掉不少，因为这么短短数分钟的讲话还离不开稿子，人家会对你的能力产生怀疑。这就意味着，事先你必须把稿子内容记熟，最好自己对着镜子先模拟演练几遍，直到自己满意为止。到了演讲时，可以半脱稿也可以全脱稿，当然最好是全脱稿，但不能带有明显"背"的痕迹。第二，你的表达流畅不流畅、清晰不清晰？很显然，如果你讲起来结结巴巴、磕磕碰碰，讲完上半句还得翻着白眼珠使劲儿想下半句，或者咬字不清、含含糊糊、叽里咕噜的让人听不清你在讲什么，那也要被狠狠扣分。这就意味着，你必须力求做到口齿伶俐、咬字清楚，把自己的所思所想顺畅明白地告诉听众。第三，你的演讲能不能吸引人、打动人？很显然，如果你只是生硬、机械地念稿子或者背稿子，哪怕你再一气呵成、滴水不漏，还是要被扣分。这就意味着，你必须把握好语速快慢、声调高低，像演员表演那样，把自己的感情投入进去，以声表情，以情发声，才能让听众觉得好听、有味。

再次，在语言表达的同时，要让自己的肢体语言、表情语言和精神状态尽可能地"美"。这几个方面可以称之为"无声语言"，但它无声亦有声，对"有声语言"起着重要的配合支撑作用。比如：站姿笔直、挺胸收腹、目光有神、脸带微笑、淡定自然，辅之以适当的肢体动作，就能使你这个可能成为领导成员的竞争者向人们展示出一种有底气、有定力、生气勃勃、充满力量的良好形象。反之，如果一站到台上就怯场反应明显，虾米似的弯着个腰，眼睛不敢看台下，两手紧张得不知往哪儿放，或者两眼无神、脸无表情、身体僵硬，人们就会对你大失所望。

具备了上述几"美"，何愁梦想不能成真？

【写作实例】

竞职演讲辞

大家好！我叫蔡和平。去年我运气不错，有幸转业到市委办这个人才济济、团结又温暖的大家庭。今年是我的而立之年，常言道：三十而立。在充满生机与活力的新世纪，在日新月异的知识经济时代，在竞争激烈、挑战与机遇并存的今天，扪心自问，我能立什么？我深思过，迷惘过，也无奈过。古人讲：天生我材必有用。适逢这次难得的竞岗机会，我本着锻炼、提高的目的走上讲台，展示自我，接受评判。

站在大家面前有点单瘦的我，稳重而不死板，激进而不张扬，温和而不懦弱，愚钝而不懒惰，正直而不固执。我1989年9月考入空军飞行学院，学过飞行，后因视力下降停飞改做地面工作，干过排长、指导员、干事，大学文化，中共党员，2000年9月转业。在有206名军转干部参加的进政法系统考试中，我名列第二，原以为能谋个警察的差事也就心满意足了，没料到能非常荣幸地被选拔到首脑机关市委办工作，在此，我衷心感谢领导和同仁的厚爱。与大家共事一年来，我既有不小的压力，更有无穷的动力。

我没有辉煌的过去，只求把握好现在和将来。今天，我参加《新益阳》编辑部副主任职位的竞争，主要基于以下两个方面的考虑：

一方面，我认为自己具备担任副主任的素质。

一是有吃苦耐劳、默默无闻的敬业精神。我是一个农村伢子，深深懂得"宝剑锋从磨砺出，梅花香自苦寒来"的道理。当兵前，我参加过"双抢"，上山砍过柴火；当兵后，经受过炎炎烈日下负重五十多斤日行军50公里的考验，更经历了八年大西北恶劣自然环境和艰苦生活条件下的磨炼，特别是严格的军营生活培养了我"流汗流血不流泪"和"特别能吃苦、特别能忍耐、特别能战斗、特别能奉献"的良好品质。我爱岗敬业，工作踏踏实实，兢兢业业，一丝不苟，不管干什么从不讲价钱，更不怨天尤人，干一行，爱一行，努力把工作做得最好。

二是有虚心好学、开拓进取的创新意识。爱因斯坦说过，热爱是最好的教师。我热爱文秘工作，平时爱读书看报，也浏览了一些有关政治、经济方面的书籍。到办公室工作后，我谦虚好学，不耻下问，系统学习了有关业务知识和各级各类文件精神，初步具备了一个文秘人员所必需的业务知识和政策水平。还自学了计算机知识，能够熟练地使用计算机进行网上操作、文字处理和日常维护等。我思想比较活跃，爱好广泛，接受新事物比较快，勇于实践，具有开拓精神；同时我朝气蓬勃，精力旺盛，工作热情高、干劲足，具有高昂斗志。

三是有严于律己、诚信为本的优良品质。我信奉诚实待人、严于律己的处世之道。我曾经多年在上百人的连队工作，既要维护连队干部的权威，又要和战士们打成一片，正因为具有良好的人格魅力和做人宗旨，同战友们建立了亲如兄弟的深厚感情，受到了战士们的爱戴，在我转业离队时，好多的战友因舍不得我离去而泪流满面，自发地敲锣打鼓为我送行。到市委办工作后，我在日常生活和工作中，不断加强个人修养和党性锻炼，以"老老实实做人、勤勤恳恳做事"为信条，严格要求自己，尊敬领导，团结同志，应该说得到了领导和同事的肯定。

四是有雷厉风行、求真务实的工作作风。11年的军旅生涯，养成了我遇事不含糊、办事不拖拉的工作习惯，造就了我不唯书、不唯上、只唯真、只唯实的工作态度。

另一方面，我认为自己具备担任副主任的才能。

一是有一定的政治素养。我平时比较关心社会生活中的大事，对国家的大政方针有一定的了解，有较高的思想政治觉悟。尤其是到地方工作后，我更加注重政治理论知识的学习和思想意识的改造，能够始终保持坚定的政治立场和较高的政治敏锐性。

二是有一定的文字基础。"腹有诗书气自华"，我在中学阶段就爱好文学，参加过文学社，17岁时就发表过诗歌，在部队有二十多篇文学、新闻作品和理论文章在省级以上报刊发表。到督查室工作后，在领导和同事的帮助下，我的文字综合水平又有了一定的提高，我撰写的《我们是怎样提高督查工作权威的》在今年的第一期《当代秘书》杂志上刊发后，广西、山西等兄弟省市的督查部门纷纷来信要求我们寄送资料，供他们取经学习。

三是有一定的管理能力。我在部队工作期间，在基层连队任职达五年之久，从事过连队的日常管理和思想工作。在我的任期内，我所在的警卫连是军区空军的基层达标先进连队，我还带队参加过军区空军警卫专业大比武，获得了第三名，本人也荣立了三等功，最重要的是使我积累了一定的管理经验。

四是对编辑工作有初步了解。转业前我当过近两年的新闻干事，在空军报社实习过三个月，是空军报的特约记者和解放军报的特约通讯员，从事过团里简报和广播稿的主编工作，对摄影也不是个外行。在督察室工作的一年时间里，我主要从事《益阳督查》《民情调查》的编辑，应该说我对编辑工作也有所了解。

假如我有幸竞聘成功，我将笨鸟先飞，不负众望，不辱使命，做到"以为争位，以位促为"。

第一，摆正位置，当好配角。在工作中我将服从主任的领导，维护主任的威信，多请示汇报，多交心通气，甘当绿叶。辩证地看待自己的长处和短处，扬长避短，团结协作，做到：到位不越位，补台不拆台。

第二，加强学习，提高素质。一方面加强政治理论知识的学习，不断提高自己的政治理论修养和明辨大是大非的能力；另一方面是加强业务知识和高科技知识的学习，紧跟时代步伐，不断充实完善，使自己更加胜任本职工作。

第三，扎实工作，锐意进取。既发扬以往好的作风、好的传统，埋头苦干，扎实工作，又注重在工作实践中摸索经验、探索路子，和大家一道努力把《新益阳》办成更具前瞻性、可读性、指导性、思想性和有益阳特色的党委机关刊物。

不容置疑，在各位领导和同事面前，我还是一个才疏学浅的学生或者新兵。平心而论，我到办公室工作的时间短，参加竞争，我一无成绩，二无资历，三无根基，优势更无从谈起。倒是拿破仑的那句"不想当将军的士兵不是好士兵"的名言激励着我斗胆一试，响应组织号召，积极参与竞争。我不敢奢求什么，只想让大家认识我、了解我、帮助我，抑或喜欢我、支持我。也正因为如此，我更加清醒地看到了自身存在的差距，促使我在以后的工作当中，恪尽职守，努力学习，勤奋工作，以绵薄之力来回报组织和同志们。

最后以一首自编的对联来结束我的演讲，上联是"胜固可喜，宠辱不惊看花开"，下联是"败亦无悔，去留无意随云卷"，横批是"与时俱进"。

谢谢大家！

评　析：我找了几篇竞职演讲稿对比，最终还是选了这一篇。因为，敢于在"赛马"场上亮相的，肯定都不是笨人，稿子也都能达到相当水平，无非各有特色而已，比如有的朴实无华，有的文采缤纷，有的直白坦诚，有的委婉含蓄。而这一篇，我认为兼具了多种优点，思路开阔，语势畅达，自信而不失谦和，平实而不失风雅，充分展示了一名年轻文秘工作者高远的志向、蓬勃的朝气和干事创业的激情。

第二节　汇报工作——"表现"需要艺术

作为下属，向领导汇报工作是经常的、大量的，有时是出于职责主动汇报，有时是根据有关安排向领导汇报。不过这里所指的不是那种三言两语的反馈式、请示式汇报，而是分量较重、形式较正规的正式汇报。比如，受领导委托协调处理某一重大问题，回来向领导汇报过程与结果；按组织安排驻村扶贫、驻厂服务或参与其他重大专项活动，回来在有关会议上向领导汇报进展情况，均属于这一类。

可别低估了这类汇报的难度和作用。你以为带着材料或笔记本，念流水账似的一股脑儿念完就算完事了吗？不。我们常常看到领导们在听汇报时的不同表情和举动，有时耐心静听，偶尔还笑一笑、点点头；有时似听非听，在那儿看别的材料或写什么东西；有时则显得不太耐烦，皱眉头，看手表，甚至毫不客气地打断你的话："好啦好啦，谈主要的！""你别绕来绕去绕那么远，开门见山吧！""行，这个我知道了，谈下面的吧！"还有更不客气的：

"你怎么搞的？说了半天没听清你在说什么，干脆别说了！"这种种不同的表情和语言，就体现出领导者对汇报水平和质量的评判。要是前一种，汇报者当然满心欢喜，说明自己汇报得好；要是第二种，汇报者难免心里打鼓，说明自己的汇报水平不怎么样；要是第三种呢，那就可想而知了，说明汇报得太糟糕、太差劲，汇报者说不定要难过好几天。

这就是说，汇报水平和质量如何，不仅影响着领导者对某项工作开展情况的掌握程度，还影响着领导者对汇报者思维能力、工作能力和语言表达能力的评价。实际上这也是对干部素质的一种很直观、很现实的考察。要是你汇报得好，不仅条理清楚、重点突出，而且口齿伶俐、神态自若，领导自然高兴，就会在他心中留下良好印象，说不定到某个时候考虑干部问题时，领导会突然想起："对呀，上次汇报那小伙子不错！"这样你的机会就来了。而要是汇报得不好，连几句话都说不像，领导心中就会留下不好的印象，而且这种印象一时半刻还难以消除。

这层道理，或许谁都懂得，无须多言。所以，作为下属，必须严肃认真地对待每一次汇报，不仅把它当作锻炼造就自己的机会，也当作表现自己、让领导了解自己的机会。要知道，除了那些因工作需要可以经常接触领导的有关人员以外，一般中低层干部要接近上层领导是多么的不容易，有时甚至可以说是近在咫尺、远在天涯，好不容易逮着一次"表现"的机会，哪能轻易放过呢？

首要的一条，就是准备工作一定要充分，要把功夫下足。比如汇报专项活动开展情况，做了哪些工作，取得了哪些成效，还存在什么问题，有什么意见建议，要拎得清清楚楚；汇报时怎样开头，怎样展开，怎样结尾，哪些要重点汇报，哪些简单带过，也要想得明明白白。构思清楚后，或写出完整的文字，或写出详细提纲，这样汇报时就有了"底气"。如果要求同时提交文字材料，那就要下功夫把材料写好。如果你有怯场的毛病，不妨先演练几遍。

第二、汇报要力求简洁、清爽、实在、流畅。当过领导的人都知道，听下属汇报最讨厌这样几种情况：一是开头语太啰嗦，听了老半天还没进入正题；二是满篇的空话套话，没有多少自己的语言，听得你耳朵都起茧子；三是重点不突出，观点不鲜明，婆婆妈妈、琐琐碎碎地记流水账；四是不说实话，不报实况，避重就轻，避实就虚；五是不简洁、不明快，拖沓冗长，占用太长时间；六是口齿不清，表达不流利，让人听来觉得费劲。了解到这些，你就应该知道该怎么汇报了。

第三条，神态举止要自然、放松。一些基层同志特别是年轻同志怕见领导，到了领导面前总是显得很拘谨、很紧张，样子畏畏缩缩，说话磕磕巴巴，甚至浑身冒汗，双手都不知往哪儿放。这个样子哪能汇报得好呢？不要心理负担太重，生怕汇报不好会让领导产生不好的看法，你越这样想就越紧张，越紧张效果就越糟糕。不要为一两句话没说好就懊悔，不要为领导突然一句插话提问没答上就难过，越懊悔、越难过就越是难以流畅地说下去。始终沉着冷静、气沉丹田，才能表达自如，取得好的效果。

最后还有一条，要注意观察领导的反应，善于随机应变。有经验的人汇报时决不会一味埋头念稿子，而是一边汇报一边观察领导的反应是什么样。如果领导在认真听，就不慌不忙说下去；如果领导没在认真听，那就适当加快语速说下去；如果领导表现出不耐烦，那就只讲重点而把一般的东西跳过去；如果领导叫你抓紧时间别再多说，那就尽快收尾就此打住。有的同志缺乏这种历练，只顾闷着头汇报，对领导的反应毫不关注毫无察觉，等到领导打断或叫停，就难免有点尴尬了。

【写作实例】

在创建国家卫生城市第一战役调度会上的汇报

按照指挥部的统一部署，我们第一工作组负责西南片区的卫生环境整治。西南片区由两个街道办事处管辖，面积 7.8 平方公里。两个多月来，我们主要做了以下几项工作：

一是开展宣传发动，"创卫"工作得到片区居民认可和支持。

街道、社区分别召开了动员大会，指挥部统一印制的公开信发放到了辖区内 98% 以上的住户，还分区域分别召开了 6 个居民代表座谈会。在宣传创建国家卫生城目的意义要求的同时，充分听取了居民的意见和建议，并将居民的合理化建议整理成 6 个方面 84 条，逐条进行跟踪落实，再反馈给居民。根据问卷调查表明，94% 的市民赞成创建国家卫生城，并主动参与。

由于宣传发动工作做得比较到位，片区内有几个明显的变化：一是居民讲卫生、讲秩序的意识更强了，乱扔垃圾、乱倒垃圾的现象少了；二是一批退休老同志自发组织起来，制止不文明行为，协助管理环境卫生；三是门前"三包"得到有效落实，楼道有人主动清扫，公共场所卫生有人主动维护。

二是开展市容环境卫生整治，基本上实现了干净整洁的目标。

动员片区内机关干部、居民、中小学生15000多人次开展6次大规模的大扫除，挂片的市领导先后三次来片区参加大扫除活动，两个街道办事处还组织了近千人的志愿者队伍在节假日开展文明劝导活动，对"乱停、乱放、乱吐、乱扔"及行人、非机动车不遵守交通规则等不文明行为进行劝导制止。截至昨日，片区内共清理垃圾死角723个，清运垃圾1962吨，清运余土827吨，清除乱堆乱放杂物267次，铲除"牛皮癣"86000多块，处理各类流动摊点、违章乱停车辆112起、纠正乱停乱放635起。

三是开展楼院卫生整治，脏、乱、差的面貌得以明显改观。

楼院情况千差万别，涉及千家万户。我们采取挂片单位包楼院、挂片干部和街道社区干部包楼栋的办法，各个击破，全面推开。主要抓了三件事：一是实行垃圾袋装处理。全部拆除垃圾池，所有生活垃圾袋装化，每天上午、下午各一次统一清运到垃圾站，扫除了垃圾乱扔、乱倒、乱堆的陋习。二是全部拆除违章建筑，清理楼道。拆除楼院内所有乱搭乱建1674平方米，清理楼道堆积物2683处，铲除了楼院内所有牛皮癣，粉刷楼道2849平方米。三是平整道路、清除污水。疏通下水道54处，平整道路6284平方米，维修小广场、小游园23个。楼院内基本实现了室外清洁无垃圾，道路平整无坑洼，管道畅通无积水，庭院整齐无乱建，墙壁干净无乱贴，楼道畅通无乱占"六无"目标。

四是开展专业市场整治，达到了规范有序的要求。

片区内有两个菜市场，一个建材市场。我们会同城管、工商、公安、税务部门联合行动，两个街道办事处全力配合，市场物业管理机构积极参与，开展了为期二十天的专项整治。一是完善了市场设施，动用维修基金，对无下水道的市场开挖了排水管道，并整修市场内破旧的摊点，维修了破损的道路，对三个市场的通风、照明、消防设施进行全面维护。二是拆除违章建筑、整治占道经营。三个市场共拆除违章建筑102处，面积1093平方米，清理雨篷 152 处，清理规范店面广告 267 块，整治占道经营门面 124 个，清理占道经营面积 2623 平方米。三是规范了市场秩序，菜市场实行了生、熟食品分区域，蔬菜与肉类、水产、禽类分区域。经营者一律进市场、进摊位，市场内做到了干净整洁、畅通有序。

西南片区在指挥部的统一指挥下，各项工作基本上实现了阶段性目标。我们作为年轻机关干部，在这次活动中也接受了锻炼，增长了见识，学到了不少做群众工作的本领。有两点不足、两点建议、三点启示：

两点不足是：1. 上述成效只是初步的，还不巩固、不彻底，一些地方还留有死角；2. 宣传发动工作还不够深入细致，少数市民缺乏自觉性、主动性。

两点建议是：1. 小街小巷道路维修和路灯安装的问题，辖区内有 15 条小巷未硬化，24 条小街小巷未安装路灯，街道办事处没有财力解决，建议指挥部统筹安排；2. 片区内垃圾每天要清运两次，目前垃圾车安排不过来，请指挥部协调解决。

三点启示是：1. 必须着力提升市民文明素质。从根本上说，"创卫"不是目标，美化市容环境、改善市民生活质量才是目标。为此，必须引导市民形成讲卫生、讲文明的习惯，变要我"创卫"为我要"创卫"，变依赖干部为依靠自己，以主人翁的姿态参与"创卫"行动。2. 必须着力建立长效机制。单靠突击性、强制性行动，管得了一时而管不了长久，稍一放松必然反弹。只有建立健全长效管理机制并认真付诸实行，才是治本之策。3. 必须理顺管理体制。行动中发现，无论市容卫生还是专业市场，都存在部门和街道职责不清、互相扯皮的问题，以及有利的抢着管、无利的不愿管的问题。把管理体制理顺、把职责落实到位，很多问题都将迎刃而解。

下一步，我们将努力巩固前段创建成果，同时按照今天会议精神进一步抓紧抓实，为早日实现创建国家卫生城的目标而不懈努力。

评 析：这份工作汇报的优点是：情况清楚，事实准确，以数字说话，工作成效一目了然；篇幅简短，文字朴素，详略得当，没有废话；既有情况回顾，又有理性思考，抓住了根本问题。

第三节　心得体会——真话实话最动听

按照党中央要求，我们要努力建设学习型机关，争当学习型干部，这对于增强干部队伍整体素质，提高各级干部的思想水平、理论水平、政策水平和实际工作能力，无疑有着十分重大的意义。而在学习过程中采用不同方式交流学习心得体会，相互启发，相互促进，共享学习思考成果，对于提高整体学习水平和质量，无疑也有着十分重要的作用。

交流的形式是多种多样的。有中心组学习的交流，有单位干部职工或党支部集体学习的交流，有党校各种培训班、进修班的学习交流等等。但在一些地方和单位，这种交流变了味，纯粹变成了一种形式，为交流而交流，甚至不着边际、海阔天空地东拉西扯，没有实质性效果。

其实，只要不是马虎应付，真正的学习交流不仅能反映出一个人的学习态度和成果，还可反映出其思维能力、理解能力、联系实际认识和解决问题的能力及口头表达能力。这一点，对年轻公务员尤为重要，因为学习交流不仅是一种锻炼的机会，同时也是面对领导和同事表现自我的机会。某些重要的学习交流，一般都有领导参加，如果你的发言特别流利特别精彩远远高出他人水平，就能给人留下良好印象。

那么，怎样才能谈好心得体会呢？

关键是要有一个好的发言稿。这种稿子同演讲词、汇报发言不同，因为它是谈个人学习体会，所以既要实在生动，又要有一定的理论色彩；既要展现自己的聪明才智，又要体现一定的谦虚姿态；既要紧扣共同的主题，又要反映个人的所思所得。具体写法上，个人认为要把握以下几条：

第一，要找到一个独特的角度来谈。角度出新意，角度显特色。如果想把什么都包容进去，什么都谈得很透彻，效果可能适得其反。比如谈学习中国特色社会主义理论的体会，这一理论体系本来就博大精深，内涵丰富，你若方方面面都要谈到，不仅谈不深刻、谈不透彻，而且会显得一般化、表面化，反映不出真实的感受和水平。科学的方法应该是，首先以一段简洁的语言概括总体学习感受，然后迅速过渡到一个特定的角度，即找到一个较小的"切口"，就某一方面、某一问题把它谈深谈透。比如，你可以选取谈道路自信、理论自信、制度自信、文化自信的角度，也可以选取谈社会主义本质和根本任务的角度，也可以选取谈党的建设或法治建设的角度，这样，就能谈出特色、谈出新意。

第二，要结合活生生的实践来谈。理论的价值在于指导实践，学习的目的全在于运用。这种发言固然要有一定理论色彩，但并不意味着通篇都只能谈理论，或者说，只有谈理论才能体现有收获、有水平。若是停留于只谈理论的话，你能谈得赢那些满腹经纶的经典作家和专家学者吗？显然不能。而你自己所在的实践岗位、你正在从事着的具体工作才是独一无二的，你根据理论的引导来谈自己对实际工作的理解和感悟，才是别人无可复制和超越的。比如你学习新发展理念的体会，可以结合当地经济结构、发展方式的实际谈认识、谈打算；你谈学习党建理论的体会，可以结合本单位党建工作的实际谈问题和差距、谈今后努力的方向，这样才能使自己的发言有血有肉，生动丰满。

第三，要善于用自己的语言来谈。这是这类发言需要特别注意的一个问题。为什么有些发言会让人听得想打瞌睡？就是因为说来说去都是那些大家耳熟能详的东西，那些文件上、书本上、报刊和网络上、使用过多少遍的东西，听起来绝对正确、绝对规范，一点儿毛病都没有，唯独少了生动，少了鲜活，少了自己独特的语言。那么，自己的语言从哪里来？从自己的独立思考中来，不照搬照抄，不人云亦云；从实事求是的态度中来，不回避现实，不掩饰问题，不空发议论；从创新求变的意识中来，不因循守旧，不遮遮掩掩，不隐瞒自己的真实想法和思想锋芒；从自己的个性特质中来，不故作高深，不受八股调、书生腔束缚，不迷失自己的风格。一句话，只有谈出自己的"个性"，才能让人耳目一新。

【写作实例】

从"严"与"紧"中领略"善"与"爱"
——××同志在机关党委学习会上的发言

今天我们机关党委专题学习习近平总书记关于党员干部必须旗帜鲜明讲

政治的重要论述，的确意义深远。讲政治的要求是多方面的，其中一个重要方面就是在全面从严治党问题上与党中央对标看齐、同心同行，把全面从严治党各项要求真正落到实处。下面我从这个角度谈谈个人学习体会。

党的十八大以来，党风廉政建设和反腐败斗争的力度前所未有，所产生的震慑效果前所未有，人民群众的关注程度也前所未有，相信每个有良知的共产党员都会打心眼里表示拥护。但与此同时，有些同志甚至包括我们自己在内，面对从严治党的风雷激荡之势、摧枯拉朽之力、刮骨疗毒之猛、动辄则咎之严，有时也会感到有点不适应、不习惯。比如去年底召开的省第十四次党代会，会风比以往就大有不同。中组部、中纪委专门派出督察组来监督会风，要求查"三率"，即到会率、就餐率、就寝率（不准缺席和迟到早退，不准离开代表团住地吃喝和搞其他与会议无关的活动），让大家感觉到从未有过的"严"。还有近年来执行中央八项规定，狠刹"四风"，不该吃的饭不能吃了，不该去的场所不能去了，不该办的事不能办了，对违纪者一律点名道姓予以曝光，也让大家感觉到从未有过的"紧"。总之，大家感到，现在约束多了，监管严了，党员干部没有过去那么好当了，有的甚至产生了某种消极、畏难乃至抱怨情绪。尽管我们有理由相信，绝大多数党员干部都会按照党的纪律要求去做，但对于全面从严治党的"大气候"，仍然存在一个主动适应还是被动适应的问题。主动适应，就能言行一致，自觉遵行；被动适应，就可能心存障碍，表里不一，甚至阳奉阴违，走向反面。这里的关键问题是，在心理上、思想认识上，我们既要看到全面从严治党的"严"和"紧"，同时也要从中领略到"善"和"爱"。只有这样，才能以思想自觉促进行动自觉，成为一名合格的党员干部。

——铁拳反腐、严惩腐败是"严"和"紧"，也是"善"和"爱"。打虎拍蝇、惩治贪官，对极少数腐败分子是严惩、是痛击，而对国家和人民则是一种大善、一种大爱，也是对广大党员干部的教育和爱护。中央、省委先后印发几批贪官忏悔录，让党员领导干部阅读，其良苦用心正在于此。试想，如果不是这几年以这么大的力度来反腐，还有多少干部会在错误的道路上越走越远？党的形象还要受到多大的损害？这种反腐高压态势促使广大党员干部自觉遵规守纪、拒腐防变，也促使一些有这样那样问题的人幡然醒悟、迷途知返，避免了成为阶下囚、成为党和人民的罪人。这种善、这种爱的力量是无法估量的。对比那些受到惩处的贪官，我们能够平平安安，心里踏实、体面风光地为党为人民工作，这是多好的事情！近几年我们省里查处的一批厅级干部，大家都很熟悉，其中有的能力还比较强，也做过不少工作。就因为把握不住自己，没守住底线，结果"进去了"，自己身败名裂且不说，还弄得父母伤心欲绝，家人以泪洗面，教训何其深刻啊！对此，我们既感到惋惜和痛心，也衷心感谢这场伟大的反腐败斗争，为广大党员干部提供了一部部活生生的反面教材、一道道惊心动魄的前车之鉴。这难道不是党给予我们的"善"和"爱"吗？

　　——挺纪在前、"四种形态"是"严"和"紧"，也是"善"和"爱"。随着反腐败斗争的深入，党中央、中纪委要求挺纪在前，提出执纪监督"四种形态"，非常及时，非常重要。挺纪在前，事事守纪律，处处讲规矩，人人受监督，不准越雷池一步，这肯定是"严"和"紧"，但对我们也是"善"和"爱"。有了挺纪在前，就能促使我们时时处处干正事、走正路，避免做错事、走邪路。还有"四种形态"，它不仅是一种执纪监督方式的转变，更是对广大党员干部的关心爱护、对有问题干部的教育挽救。对有一般性问题的人咬耳扯袖、批评提醒，对轻微违纪的人给予纪律轻处分、职务小处理，对明显违纪的人给予纪律重处分、职务重处理，对严重违纪违法的人绳之以法、严惩不贷——从这"四种形态"划分就看得出来，我们党委、纪委是立足于惩前毖后、治病救人的。形象地说，前三种形态等于设了三道关卡，第一道是和风细雨式的，第二道是大风大雨式的，第三道是劲风疾雨式的，一道比一道严格、严厉，说到底都是为了党员干部好，为了大家政治安全、家庭幸福。如果有人一意孤行，三道关卡都挡不住，那对不起，组织上已经仁至义尽，只好按第四种形态作出处理，那就是雷电交加、暴风骤雨式的，被处理者完全是咎由自取、不可救药。所以对挺纪在前、"四种形态"，我们要有一个全面的认识，要时刻记着党中央是关心干部的，就像母亲对待犯错的孩子，总希望他改正、学好，真正要惩治的是屡教不改、践踏法纪的极少数"逆子"。正因如此，我们应该深怀感恩之心，不能辜负"母亲"的管教与呵护，自觉做到严以律己，警钟长鸣。

　　——建章立制、严格约束是"严"和"紧"，也是"善"和"爱"。随着全面从严治党的推进，党内法规制度建设不断加强，先后制定出台了廉洁自律条例、纪律处分条例、党内政治生活若干准则、问责条例、党内监督条例等等，为全面从严治党提供了制度保障，也为党员干部明确了思想行为规范。明规矩、严约束、重监督，"严"和"紧"中蕴含着深深的"善"和"爱"。每一个党员干部既要把纪律约束当作"紧箍咒"，更要把它当作"护身符"。如果仅仅把它当作"紧箍咒"，就会觉得不自在、不适应，进而产生抵触情绪，甚至出问题。把它当作"紧箍咒"的同时，也当作"护身符"，任何时候任何情况下都照着它的规范和要求去做，修身养德，防微杜渐，我们就能够百毒不侵、百病不生、永葆健康。人人都向往自由，但无论哪一级干部、哪一个共产党员都没有绝对的自由，只有遵规守法前提下的相对自由。有些同志感叹如今"为官不易"，以为西方国家的官员比我们自由。其实在法治完善的国家，"为官不易"早就是一种常态，他们对政府官员的约束是相当严格的，包括不准公车私用、不准用公款宴请私客、不准违反法律等，违者一律依法处理，连总统、总理也不例外。我们是共产党领导的国家，党员干部是人民的公仆，理应比他们做得更好。

——既严惩腐败，又支持干部干事创业，这是"严"和"紧"，也是"善"和"爱"。对党员干部既严格要求、严格管理，又为他们干事创业提供条件、撑腰壮胆，二者是一致的。十八届六中全会审议通过的《关于新形势下党内政治生活的若干准则》明确提出："建立容错纠错机制，宽容干部在工作中特别是改革创新中的失误"，这无疑为广大干部干事创业提供了强大的正向激励。省委省政府领导在多次讲话中也强调要为敢于担当的干部担当，为敢于负责的干部负责，惩治腐败者、保护改革者、宽容失误者。当然，容错纠错机制的建立需要科学设计，划清有关界限，需要根据各地的实际情况列出容错纠错清单，以利操作。现实中，有些同志看到纪律这么严、约束这么紧，就不敢干事、不敢担当了，变成了懒作为、不作为、慢作为，变得谨小慎微、患得患失，这是完全错误的。如果抱着"为了不出事，宁可不干事"的心理，在其位不谋其政，贻误事业发展，那就辜负了组织的厚爱，必将受到问责处理。

"严"与"紧"，"善"与"爱"，归根到底还是应了那句千年古训"严是爱，宽是害"。作为一名年轻党员，我将努力按照从严治党各项要求去做，在"严"与"紧"中保持清醒，在"善"与"爱"中感恩奋进，使自己无愧于共产党员的光荣称号。请各位领导和同志们多监督，多帮助。

评　析：这篇学习体会文章值得一读。"讲政治"是一个很大的题目，文章从反腐倡廉这个角度切入，避免了泛泛而谈、重复雷同，同时又紧扣严与紧、善与爱这一对看似对立的事物来挖掘哲理、抒发感受，加上鲜活的语言、流畅的表达，显得很有新意、富有特色。

第四节　面对群众讲话——谨防"话不投机半句多"

对群众讲话也有学问吗？

当然。这一点，对于经常与群众打交道的乡镇（街道）、村组（居委会）干部或许不是太大问题，而对于与群众打交道不多的某些机关干部，尤其是那些学历很硬、文化水平很高但没经过实践锻炼的"三门"干部，肯定是个大问题。我们常常看到一些年轻机关干部，到了群众面前显得一点水平也没有，要么是哑巴，无话可说，不知从哪儿说起；要么是结巴，磕磕绊绊、吞吞吐吐的，说了上句接不上下句；要么是干巴，满口的官腔、书生腔，群众听不懂、不喜欢听，听得打哈欠、打瞌睡。这些，都是对群众讲话缺乏"学问"的表现。

更重要的，这还不是一个单纯的讲话水平问题，而是事关如何做好群众工作这一重大问题。党中央一再要求各级干部要努力提高新形势下做好群众工作的能力，其中就包括了对群众讲话的能力。如果到了群众面前连话都说不上，那还怎么沟通干群之间的感情联系？怎么教育和动员群众，为实现党委政府提出的奋斗目标而共同努力？怎么化解社会矛盾，促进社会和谐稳定？尤其要看到，由于我们党由过去的革命党变成了执政党，群众对党的态度由过去的拥戴变成了支持与监督，干部与群众的关系由过去的领导与被领导关系变成了服务与被服务关系，群众的心态行为由过去的听话、顺从变成了崇尚民主、法制、维权，由此，群众工作也变得复杂多了，难度大多了。在一些地方，为什么信访量长年居高不下，集体访、越级访、非正常访屡有发生？为什么干群关系尖锐对立、水火不容，群体事件接连不断？为什么地方各级党政领导总是为信访维稳问题担惊受怕、疲于奔命？原因固然是多方面的，但与群众工作做得不力、不细、不实肯定是大有关系的，进言之，又是与部分干部不善于用语言团结群众、教育群众、说服群众分不开的。比如处理有关信访维稳问题，某些干部之所以讲政策讲不赢个体户，讲法律讲不赢拆迁户，讲道理讲不赢老上访户，就是由于缺乏相关知识、缺乏语言表达能力所造成的。

由此可见，学会并善于与群众讲话，不仅是做好群众工作、推进各项工作所必需的，也是提高干部素质、促进年轻干部健康成长所必需的。一位老资格的乡镇干部曾对我说："别看你们机关里那些本科生啦研究生啦博士生啦一个个能写会说的，到了下面真刀真枪地干，还得看我们这些大老粗的！"这话就说明了这个道理。这些年各级党政机关派出大量年轻干部下基层，或挂职，或驻村，都是出于这样的目的，也取得了一定效果，正如一些年轻干部所说的："到了基层才知道，和老百姓同吃一锅饭、同坐一张凳，才能找到共同语言，才能学会同他们说话。"

怎样同老百姓说话呢？

首先，要对老百姓有感情。感情是语言的基础，有深厚的感情才能有由衷的语言。我们的干部如果高高在上，盛气凌人，到了群众面前还像过去那样指手画脚，发号施令，为群众办了点好事就自以为了不得，不是当作应尽的责任而是当作对群众的恩赐，那还有什么感情可言？说的话群众又怎会喜欢听？年轻干部尤应注意克服和防止这种毛病，始终牢记党的宗旨，牢记自己也是来自平头百姓，牢记"吃百姓之饭穿百姓之衣莫道百姓可欺"，有了这样的立场和感情，何愁语言不对路呢？

有了感情，还要走到群众家里去、身边去、心里去，了解他们想什么。想什么呢？会想哪个领导机关开了什么重要会议提出了什么响亮口号吗？会想哪座城市建了多么气派的大马路多么豪华的高楼大厦吗？如今群众文化水平普遍提高了，他们当然也会关心发展变化和时事动态，但更主要的，他们想的是党的惠民政策能不能全面落实，想的是生产生活中一家一户办不了的事情能不能及时得到解决；想的是说话是不是有人听，有难是不是有人帮，有冤是不是有处申；想的是自己的民主权利能不能得到有效行使，社会公平正义的阳光能不能照到自己身上。了解到这些东西，又何愁语言不入心呢？

　　了解到群众心里想什么，还要了解群众喜欢我们说什么。说什么好呢？光说大道理大理论行不行？不行。说机关里惯用的那种严肃正经的话行不行？也不行。说命令式、说教式语言行不行？还是不行。你只有说真话实话心里话，他们才肯信；说对他们切身利益有利的话，他们才高兴；说他们听得懂、听得进的话，他们才喜欢。有时，即使是对群众进行宣传动员、说服教育，也要变成自己的话来说，或者是转换成群众语言来说，群众才听得进去。比如你向农村党员和群众宣传加强基层党组织建设的意义和作用，如果你大谈特谈这是巩固党的执政地位的迫切需要、是推进中国特色社会主义伟大事业和实现中华民族伟大复兴中国梦的迫切需要、是进一步发挥基层党组织战斗堡垒作用和广大党员先锋模范作用的迫切需要、是进一步做好"三农"工作加快实现全面小康的迫切需要等等，这些话无疑都是十分正确的，但他们未必喜欢听；而如果转换成群众语言来说，说重要性就是"基础不牢，地动山摇"，说必要性就是"打铁先要自身硬""门看门，户看户，群众看干部"，说目的性就是"选好'当家人'，当好'领头羊'，让乡亲们过上好日子"，这话就比你绞尽脑汁想出来的那些大道理生动、形象多了，群众哪能听不进去？此外，在与群众个别交谈和座谈交流等场合，还要善于运用一些活生生的民间俗语、日常用语包括口头禅、顺口溜等等，群众就会觉得你离他很近，很贴心、很可信，像"家里人"。一旦群众把你看作"家里人"，又何愁说话不起作用呢？

　　了解到群众喜欢我们说什么，还要看我们说了以后怎么做。做，说到做到，言行一致，为老百姓排忧解难，这本身就是一种强大而精彩的"无声语言"。而这正是我们的宗旨所在、责任所在，是密切党群干群关系、保持与人民群众血肉联系的根本所在，是事业成功、社会祥和稳定的关键所在。一旦我们这样说了和做了，又何愁群众会怪我们说话不中听、不算数呢？

【写作实例】

与群众座谈时的讲话

父老乡亲们：

　　在党的群众路线教育实践活动征求意见阶段，受县委委派，我和县里有关部门的同志来到村里，听取大家对县委县政府工作的意见建议。刚才，9位群众代表发了言，共反映了22个问题，有的是对我们工作的建议，有的是个人的一些要求，还有的是对我们工作中的不足提出批评。大家讲得都很实在，讲得都很好，让我们很受教育和启发。在这里，我讲三句话：

第一句话，衷心感谢父老乡亲们对县委、县政府工作的支持。咱们村靠近县城，这些年为支持县里搞工业园，部分土地被征用了，差不多一半住房被拆迁了，乡亲们舍小家、顾大家，克服种种困难支持县里发展，非常不容易。我们县工业园这几年发展非常快，引进了一批大项目、好项目，工业园创造的税收占全县财政收入的60%以上，使我们县的经济实力进入了全省十强。因为经济发展了，这几年我们家底更厚了、家业更大了，也有钱为群众办一些实事，如全县实现了村村通水泥路、改善了乡村学校的办学条件、实现了城乡医保低保全覆盖、改善了农村生产生活条件，现在乡下很多地方都过上了城里一样的生活。能够做到这些，是全县上下共同努力的结果，也离不开乡亲们的参与、支持，在这里，我向大家表示衷心感谢！

第二句话，虚心接受乡亲们的批评，并尽最大努力解决大家提出的合理要求。刚才乡亲们提了一些意见，我们听后，都有一种坐不住的感觉。有些问题本来不是问题，拖久了就成了问题。比如，拆迁户安置的问题，地都征了四五年，安置房还没有完全建好，承诺的事没兑现，确实说不过去。有些问题一直存在，但没有及时解决。比如低保工作中少数人吃"人情保"的问题，乡亲们有意见，认为有些困难群众完全符合条件，为什么该吃的吃不到、不该吃的反而吃到了？虽然乡亲们没有批评我们，但这是给我们留面子啊！对大家提出的要求，回去后我们马上向县委汇报，可以解决的，尽快解决；确实一时难以解决的，会将责任落实到人，限时解决；有些需要上级部门解决的，我们会认真负责地向上反映，争取早日解决。

第三句话，对乡亲们提出的建议和希望，我们也会尽快向领导反映。从乡亲们的发言来看，大家对发展充满信心，对过上好日子充满期待。有的已经在工业园打了一份工，还在想如何发展生产、把特色产业搞好；有的关心村里公益事业，想把村里的卫生环境搞好，让大家住得更舒适；还有的站得高、看得远，关心下一代，要求改善农村办学条件，留住好老师；有的担忧环境污染问题，要求加强生态保护，等等，这些意见都是很好的。党中央提出，到 2020 年要全面建成小康社会，从我们县和我们村目前的情况来看，差距还很大，还有一段很长的路要走，还有很多工作需要我们努力去做。这些年，县里面尽管为群众办了不少好事实事，但离大家的期望还有很大差距。县委已经研究过，要继续开展与群众同吃、同住、同劳动，访民情、解民忧、保民安、帮民富的"三同四民"活动，县乡干部每年要用两个月的时间进村入户，及时听取大家的意见建议，为大家解决实际问题。乡亲们可以相信，通过这次党的群众路线教育实践活动，县委县政府定会进一步改进工作作风，帮助大家发展生产，增加收入，使我们县、我们村能与全国全省同步进入小康。

由于时间关系，今天听取意见还不够充分，可能乡亲们还有很多心里话想说。过段时间我们还会再来，和大家作更深入的交流谈心。说实话，我这个办公室主任，既有为领导服务的责任，也有为群众服务的责任，但平时下基层少，接地气少，工作没有做好。说得更直接一点就是，做工作看领导的眼色多，看群众的表情少，讲官话多，讲群众语言少，事实上这也是缺乏群众观念的表现。今天的座谈，给我上了一堂很生动的课。党中央要求我们密切联系群众，就是要把群众当亲人、当家人，你们年纪大的等于是我的父辈，年纪轻的等于是我的兄弟姐妹，一家人不说两家话，以后还请多多批评指教啊！这是我的手机号码，135×××× 6765，乡亲们有事，随时可以打我的电话或是发短信，也欢迎乡亲们来做客。

谢谢大家！

评　析：这篇讲话，没有居高临下的"官气"，没有空洞的理论、生硬的说教和华丽的辞藻，而是像拉家常那样，以朴实、亲切、谦恭的语言与群众进行思想感情交流，这样的讲话群众当然会喜欢听、听得进。

第五节　演讲比赛——展示心灵的风景

演讲比赛是机关、学校、企事业单位经常举办的一种文化公益活动，参加者以中青年居多。在机关，不少年轻公务员均热心于这一活动，借此提高学养，锻炼口才，展露聪明才智。事实上，由于机关年轻干部锻炼和表现口才的机会并不多，所以这一活动的确不失为一个有益的平台，使一些优秀的公务员脱颖而出，令人刮目相看。

演讲比赛的形式和内容多种多样。有节庆式的，如"五四演讲比赛""七一演讲比赛""迎新春演讲比赛"；有主题式的，如"'母爱'演讲比赛""'我的幸福观'演讲比赛""'我心中的中国梦'演讲比赛"等。它与竞职演讲有类似之处，都是以展示自我而击败对手、赢得成功，不同之处在于：后者主要以语言及其表现出来的综合素质取胜，而前者除了语言表达，还要综合考量其仪态、语调、语速和肢体语言等多种因素，显得更为专业化、艺术化一些。仅就演讲语言来说也是有所区别的，后者虽然也讲究新颖生动，但毕竟要受政治因素和体制内语境的约束，多少有点"戴着锁链跳舞"的味道；而前者则自由度、开放度较高，只要思想倾向没有问题，语言尽可争奇斗艳，感情尽可酣畅挥洒，一切以获得评委认可为目标。

当然，要想在比赛中胜出，最关键的也还在于有一篇质量上乘的演讲稿，舍此，其他方面表现再出色也无济于事。那么，怎样才能写好演讲稿呢？个人认为要把握好"五个一"：

要有一个好的主题。主题是演讲的统帅和灵魂，有一个鲜明而集中的主题，整个演讲才能显得紧凑、集中，浑然一体，给听众留下深刻印象。有些演讲没有规定统一的主题，比如"七一演讲比赛"，虽然是纪念党的生日，但主题可以涉及多个方面，如果停留在泛泛而谈地回顾党的历史、赞颂党的丰功伟绩、表达自己如何热爱党忠于党、如何为党的事业奉献毕生力量，就会显得很零散、很一般。正确的方法是，从一个侧面、一个角度来确立主题，比如"重温入党誓词""党旗，永远在我心中飘扬"等，就显得独到而鲜明，也容易写出特色和自己的真情实感。有些演讲比赛有统一的主题，如"母爱"，普天之下人人沐浴着母爱，人人铭记着、赞颂着母爱，但作为一个参赛者，怎样谈出你对母爱的独特感受呢？当然，你尽可搜罗天底下最美丽最动情的语言，比如母爱是太阳、是雨露、是大海等等，但如果停留于堆砌这种被人用过千百次的形容词，那么无论写得有多么精彩华丽、讲得有多么激情洋溢，也未必能吸引人、打动人。如果能围绕这一大的主题找到一个最适合自我的角度，比如"为了母亲的微笑""母爱，宛如平常一段歌"，切口小而内涵大，主题鲜明而视点独到，自然多一份取胜的把握。

要有一个精彩的开头。万事开头难，演讲稿开头当然也很难，难就难在能否一开口就"出手不凡"，迅速抓住听众的注意力，控制现场秩序，为整个演讲开创一个不俗的开端。开头语除了要开门见山，直奔主题，还要力求新颖、别致。比如以《重温入党誓词》为题作演讲，可以用设问式开头"同志，您还记得入党誓词吗?"一句话就把大家的注意力集中起来，并激发大家去想。也可以用导入式开头"人生有多少个重要时刻，最难忘在党旗下举起拳头那一庄严的时刻"，制造一种凝重、庄严的悬念感，吸引听众等候下文。还可以用递进式开头"誓言，是一份庄重的承诺;入党誓言，更是一份承载生命之重的承诺"，以此衬托出入党誓词的神圣，传递出理想信仰的正能量。对比一下，如果用这样的话开头"在纪念党的生日之际，我不禁又想起了入党誓词"，话虽没错，但显得平淡、一般，难以引起听众兴趣。

要有一份真挚的情感。在演讲比赛这种场合，慢说是评委，就连一般听众的视觉和听觉都是十分挑剔的，在其他各项要素都差不多的情况下，情感的虚实和浓淡程度往往成为决定演讲成败的关键，只有那种出乎内心的情感表达才能引发人们心灵的共鸣，从而留下美好的回味。这种情感，或是内心的某种独特感受，或是联系工作生活实际所产生的深切感悟，而不是任何空洞呆板的说事论理和矫揉造作的无病呻吟。比如一位年轻干部参加"母爱"主题演讲比赛，他以《电波中的大爱》为题，讲他亲历的一个故事:母亲年迈体弱，日夜思念在远方工作的儿子，于是儿子专门在母亲床头装了一部电话;但母亲眼花手颤，不会接听和拨打电话，于是儿子又耐心教她练习拨号和使用听筒，并将自己的手机号码写成粗体大字贴在墙上。终于，母亲能打电话了，当儿子第一次从话筒里听到那熟悉的声音时，叫了一声"妈——"就激动得说不下去了。从此，母子俩几乎每天通一次电话，更多时候是儿子听母亲在那边"唠叨"，"唠叨"多了他还有点不耐烦，但只好耐着性子听下去。后来，母亲走了，再也听不到母亲的"唠叨"了，他才觉得这"唠叨"有多么珍贵和温暖，天天享受这"唠叨"是多么的幸福!演讲者讲到这里禁不住泪流满面、哽咽失声，评委和听众也为之动容。这就是情感的力量。

要有一种良好的文风话风。这或许无须多说，既然是演讲比赛，要让听众听得明白、有味，就要力避空话套话，多讲真话实话;力避艰深晦涩，多讲通俗易懂的大白话和富有生活气息的群众语言；力戒平庸呆板，适当使用一些富有文采和感情的语言。另外，由于演讲比赛一般都有严格的时间限制，所以语言还要力求简洁凝练，在规定的时间内把话讲完，避免由于拖沓冗长而造成延时，给自己带来尴尬和丢分。

最后，还要有一个漂亮的结尾。结尾是演讲的收束，方法可以灵活多样，或圆场式，用感谢、请教、展望等语句作结；或抒情式，把情绪推向高潮；或呼应式，首尾相应；或设问式，给听众留下思考的空间。如圆场式结尾："我的演讲到此结束，谢谢各位评委和听众，请多指教！"如设问式结尾："重温入党誓词，我倍感光荣和自豪，更觉任重而道远。朋友，当我们面对艰难险阻的时候、面对形形色色的诱惑的时候、面对个人利益得失的时候，是否能始终如一地忠实践行着入党誓词呢？"如抒情式结尾："中国梦，是富强、民主、文明、和谐的民族梦，也是我们每一个年轻人实现人生价值的青春梦。朋友们，为了梦想成真，让我们共同努力吧！拼搏吧！前进吧！"总之，结尾不必拘泥于某一种方法，可以根据表达的需要和个人的爱好各展所长、各显特色。

【写作实例】

立足平凡，让青春因奉献而闪亮

尊敬的各位领导、各位评委，朋友们：

我是××，今天，我要演讲的题目是《立足平凡，让青春因奉献而闪亮》。

曾经，我以为最宽广的，是蓝天，因为它一碧万顷无边无际；曾经，我以为最高大的，是山峰，因为它巍然屹立不可动摇；曾经，我以为最深邃的，是大海，因为它深不可测引人遐想。后来，我才明白，世间最宽广的，是人的胸怀；最高大的，是心灵的崇高；最深邃的，是无私的奉献。

试问一下，在窗口工作，如果没有宽广的胸怀，怎能甘于忙碌和繁琐，真正做到全心全意为人民服务？如果没有崇高的心灵，怎能践行"三严三实"，真正做到为民务实清廉？如果没有无私的奉献，又怎能守得住平凡，真正做到俯首甘为孺子牛？

我就是一名窗口工作者。今年年初，我光荣地走上了这个岗位，那一刻，我知道我选择了平凡，也选择了崇高；那一刻，我知道我选择了服务，也选择了奉献。

9个月的时光飞逝而过，从当初的稚嫩羞涩，到现在的从容成熟，我越来越懂得了"为民服务、办事公正、清正廉洁"是每一个机关干部的行为准则；我也越来越明白了"爱岗敬业，不畏辛劳，踏实奉献"是每一个财政人最高价值追求。

我的青春因为爱岗和奉献而意义非凡，我的人生因为践行誓言而丰富多彩。此时此刻，站在演讲台上，我的脑海中出现了无数个奋斗的身影、无数个感人的画面。

忘不了，窗口偶尔出现个别蛮不讲理的人，有的恶语相向，有的无理取闹，但是无论怎样，同事们都将委屈吞进肚子，始终用微笑面对每一个人，用真诚踏实的服务默默地化解了一个又一个矛盾。

忘不了，繁忙的时候同事们一坐就是好几个小时，顾不上喝水休息，甚至连上厕所这样最正常的生理需求都常常一忍再忍。

忘不了，多少个灯火通明的夜晚，我们依然趴在办公桌前，审核资料，学习业务知识；忘不了，多少个美丽温馨的节假日，我们仍在加班加点，处理着关乎群众利益的一件件急事、难事、麻烦事。

忘不了，当前来窗口办事的群众一个个满怀希望而来、带着微笑而去的时候，我们心中一次次涌起快乐的暖流，觉得再苦再累都值得……

忘不了的画面太多太多，我们每个人都立足在平凡的岗位上，没有豪言壮语，没有轰轰烈烈，只有心中永不褪色的诺言。还记得，就在上个月，我们迎来了今年最忙碌的时期。根据省厅的统一安排，窗口于8月1日起开始集中核发会计证。接到通知后，我们暗自在心底许下承诺，一定要让考生尽快拿到会计证，一定要为创建一流服务窗口全力以赴。为此，窗口主动将办结时限从10天压缩为5天。在大家的齐心协力下，证书及时发放到了考生手中，没有出现任何的差错、任何的违规，只有赞扬和肯定。然而，您知道吗？414个证书，饱含了414份艰辛，在短短的一周时间里，我们几乎每个晚上都加班到深夜。您知道吗？在那个炎热的盛夏，我们每个人的眼里都布满了血丝，每个人都付出了很多的心血和汗水，却没有一个人有任何的怨言。因为在我们的心中，没有什么比群众利益更重要的事情，没有什么比为民服务更有意义。

这就是我们工作的真实写照。平凡的窗口、平凡的我们，每天都在处理那些平凡而繁杂、琐碎的事情，每天都面对着重复和单调。但是，"滴水可见太阳"，立足在平凡的岗位上，只要兢兢业业，哪怕是一颗螺丝钉也会发挥巨大的作用；只要真心为民服务，哪怕是一颗不起眼的星星，也终究会发射一束光芒。

最后我想说的是，无情的岁月或许会染白我们的鬓角，工作的重压或许会压弯我们的脊背，但无论怎样，也压不垮我们爱岗敬业的脊梁，褪不去我们无私奉献的本色。只要我们立足在平凡的岗位上，勇往直前，努力奋斗，造福群众，青春一定会因奉献而更加靓丽、更加闪亮！

评　析： 这份演讲稿篇幅不长，但内容实在，感情真挚，一名窗口工作者的敬业爱岗精神和无私奉献情怀跃然纸上。全文紧扣"平凡""奉献"等几个关键词，既有生动的比喻，又有朴实的叙述，既有深刻的感悟，又有强烈的抒情，以工作的平凡而烘托出精神的不平凡，具有较强的说服力和感染力。

第六节　辩论比赛——打赢语言"肉搏"战

所谓辩论，即双方以一定的道理来说明自己对事物的见解和主张，揭露对方的矛盾从而驳倒对方，最终达成共识。这在党政机关领导活动中有时也会用到，如决策形成过程中的辩论，可以充分听取正反两方面的意见，以防出现决策失误；重大工程项目预研的辩论，可以充分论证项目的可行性和不可行性，从而决定是否立项，避免造成经济损失；招商引资谈判过程中的辩论，可以减少分歧，增进沟通理解，达成合作共识。不过在习惯上，上述情况不叫辩论而叫讨论，除非到了言辞激烈、互不相让的程度才叫辩论。

所谓辩论赛，那就更是带点儿"火药味"了。其核心在于一个"辩"

字，光从字形构造来看，中间一个"言"字，两边各一个"辛"字，可见有多么辛苦、多么艰难！它是指围绕某一个问题进行论辩，参辩双方都有自己的观点和论据，双方都有一定的道理，可谓"公说公有理，婆说理更强"，简直唇枪舌剑，势均力敌，难分高下，可能谁也说服不了谁，最终只能由评委说了算。在一些党政机关、学术团体、大专院校和青年组织中经常会举办这种活动，实际上它等于是一场知识竞赛，需要文化功底、思维能力、语言表达能力和心理素质综合起作用，因而对促进年轻人成长进步大有裨益。在党政机关，由于年轻公务员一般少有语言表达的机会，通过组织这种辩论赛，对于提高其语言表达能力和综合素质，无疑也是大有帮助的。

辩论赛有一定的流程和规则，这里不去细述，只讲语言表达上的问题。关于这一点，不少论著和报刊文章均有行家高见，一些参赛者也有丰富的实践经验，这里只讲准备阶段需注意的几个基本事项：

一是审题要准。审题即破题，根据举办方提出的辩题进行认真推敲分析，弄清楚每一个词或词组的涵义，从而确立自己的观点。须知，既然是辩题，它本身就带有一定的模糊性、不确定性，给正方、反方留下了创意的空间。比如这样一个辩题《金山银山与绿水青山》，它实际上包含了如何看待加快发展与保护环境的关系问题，可能包含着三个观点：宁要绿水青山，不要金山银山；先要金山银山，再要绿水青山；既要绿水青山，也要金山银山。作为参赛者，就要通过审题认清二者的内涵及其相互关系，从而确定自己的观点。

二是论据要足。即围绕论点准备足够的事实材料，使之站得住脚，经得起辩，压得过对方。这是辩论取胜的关键一环。如果材料不全，依据不充分，说服力不强，就难免"理屈词穷"而最终落败。仍以上述辩题为例，如果对方选择的是"先要金山银山，再要绿水青山"的论点，你选择的是"既要绿水青山，也要金山银山"这一论点，就可以通过理论和政策法规依据（如党的十八大报告中关于建设生态文明的决策部署、相关法律法规）、事实依据（如某些发达地区"先污染、后治理"的后果和教训，本地盲目引进企业导致环境严重污染）、自然规律依据（如人与自然必须和谐相处，否则必然遭到大自然的报复）来为之提供强有力的支撑，从而驳倒对方论点。

三是辞令要巧。这实际上就是论辩的战略战术问题，即事先要进行精心设计和准备。辩论比赛毕竟不是写论文，有论点、论据和科学的论证方法，做到言之有理、顺理成章就可以了。写论文是静态的、书面的，而辩论比赛则是动态的、口头的，只有具备敏捷的思维、良好的口才、灵活的应变和丰富的技巧，才能在短兵相接、瞬息万变的"舌战"中稳操胜券。形象地说，这种辩论其实就是你死我活、你胜我败的语言"肉搏"。为此，一切要以"打败对方"为目标，预先设想对方可能说什么、怎么说，从而组织好自己的辩词。在这里，语言的严谨、准确、新奇、犀利就显得十分重要。常用的方法有以下几种：逻辑推理法，即以充分的论据和强大的逻辑力量强化我方命题，不给对方留下易于攻破的"软肋"；逆向思维法，即"反其道而思之"，从事物的相反面进行思考，见人所未见，言人所未言，从而得出有利于己方的观点和结论；釜底抽薪法，即抓住对方辩词中的错漏和缺陷，集中火力，攻其一点，打乱对方阵脚；避实就虚法，即巧妙闪避对方锋芒，善于迂回进攻，争取主动；如此等等。需说明的是，撰写辩词只能是框架性的、提示性的，到了辩论现场，还得善于灵活应变，依靠即兴发挥起作用。

四是底气要足。首先心理上要强大，要树立克"敌"制胜的决心和勇气，尤其是初次上场者，要注意克服和防止怯场的毛病，首先心理上不能输。其次，审题立论之后，参赛队员要进行充分沟通商量，明确分工，有所侧重地准备好各自的辩词提纲，形成一个相互支撑、配合默契的论辩体系，避免上阵后各自为战打乱仗。再次，为稳妥起见，最好在参赛前进行一次试辩，以检验各项准备工作是否充分周密。具体做法是，从己方挑选若干实力相当的人员作为"假想敌"，按正式比赛的流程和规则作一番模拟演练，使参赛队员接受"进攻"，经受检验，提前进入角色，积累临场经验。

【写作实例】

辩题：文才口才哪个更重要

正方：文才比口才更重要
反方：口才比文才更重要

正方立论：我方认为，文才比口才更重要。原因有四：第一，文才是个人知识和文化素养的体现。古人云：腹有诗书气自华。一个人有了深厚的知识储备和积累，才能拥有好文才，具有深邃的思想和闪光的智慧。第二，文才具有传承性和传播性。纵览中华上下五千年，各个时期的文人志士正是通过卓尔不凡的文才，才让我们知晓悠久的历史，传承宝贵的文化遗产，领略古人的风骚，这是口才所无法替代的。第三，没有文才就没有口才。如果说口才是外才的话，好的文才才是一个人的内才。好的口才总是以良好的文才作基础，否则就话无深意、夸夸其谈，甚至成为陈词烂藻的堆砌。复旦大学老校长谢希德有一句名言，"辩论赛的胜利是读书的胜利。"正所谓：台上一分钟，台下十年功。能写的人一定能说，但能说的人却不一定能写。对方辩友如果没有相应的文才，拿什么站在台上和我们辩论？第四，文才是机关干部的基本素质。对我们机关干部而言，写作能力是基本功，不论是撰写公文还是起草领导讲话，都需要较好的文才，你总不能把本应是白纸黑字的文件变成录音吧，更不可能口述讲话为领导服务！

反方立论：我方观点是，口才比文才更重要。首先，口才比文才更直接有效。什么是口才？就是人们在交际中，因时因地、因人因事凭借自己的知识和阅历，准确生动地表达自己的理念和思想，甚至还包括表达时的表情和手势。相比文才，好口才的人更容易打动人、说服人。其次，口才对个人素质更重要。我们在人和人的交往中，首先接触的就是口才。美国成功学大师卡耐基说过：一个人的成功，15%是靠他的专业知识技能，85%是靠他的口才交际能力。机关干部需要写作能力，但我们在向领导汇报、与部门乃至群众交流沟通的时候，不是靠我们的口才吗？总不会大家文来文往纸墨相对吧？再次，口才对适应社会发展更重要。现在已经进入高度信息化的社会，口才是信息化社会的重要组成部分，人与人之间的交往更多地通过移动电话、互联网络进行直接沟通交流。对方可能说作家通过书籍影响很大，但是真正的作家只是小部分人，而口才是各行各业以及日常生活中所必需的，比如我们正在进行的辩论赛，不是考验我们的口才吗？最后，口才在历史发展中同样重要。所谓"一言可以兴邦，一言也可误国"。中国春秋时期百家争鸣，圣贤们周游列国，四处游说国君，收门徒弟子，才有那么多璀璨的思想成果，最后才能形成《论语》《孟子》等一大批经典学说。进入近代革命战争史，面对工人、农民等相对缺少知识文化的广大人民群众，想更加直接有效地鼓舞和发动，口才的作用力难道不比文才更胜一筹？难道要在国家危急存亡的关键时刻，还出书发布传播思想？那想必那个时候中国早已沦陷了吧？

正方二辩：首先，我方并不否认口才在当今社会的重要性，但如果没有文才，再好的口才也没有用，因为文才是内才，而口才是表达的工具。所谓"巧妇难为无米之炊"。没有文才，又怎样去表现你的好口才？其次，从社会发展角度讲，大家都知道是毛主席带领我们推翻"三座大山"，走进社会主义，是什么推动这一巨轮向前的呢？其中文才起到了相当大的作用。正是马克思的《资本论》翻开了人类社会的新篇章，影响毛泽东等一批老一辈革命家树立社会主义思想，引领我们建立新中国。新中国成立后，正是邓小平理论指导我们改革开放并取得巨大成就，江泽民同志的"三个代表"引导我们与时俱进，胡锦涛同志的科学发展观带领我们跨越发展，习近平同志的"中国梦"激励我们团结奋斗。为什么他们不通过开千百场演讲，把自己的思想传播出去呢？因为口才具有很大局限性，只有通过文才写成书籍流传于世，才能在传播上不受时空的限制，不受地域的影响。可见，文才在传播文化，推进社会进步上起着更主要作用。第三，从长远角度来考虑，文才对于文化传承、社会发展，比起口才更为有效、更为长远。这也正是为什么那么多的有识之士，会通过文字来传递他们的思想和智慧。要知道口才会随着这个人的死去而消逝。那么后代该如何了解他呢？文才！因此，文才的社会意义比口才更重要，其覆盖面比口才更广、影响更深远。

反方二辩：感谢对方二辩的陈述，我想再强调三个方面，以让大家更加清楚明白。首先，对方讲文才是口才的基础，等于间接承认口才比文才水平更高。所谓"茶壶里煮饺子，有货倒不出"。没有口才，再好的文才也难以表达。口才才更加符合社会的需要和趋势，使自己更便捷有效地介入社会。其次，讲到社会作用，尤其是社会发展变革的关键时期，口才更加重要。所谓"一人之辩，重于九鼎之宝；三寸之舌，强于百万之师"。古有战国苏秦数国游说不辱使命，三国孔明力排众议舌战群儒，近有革命领袖宣传爱国救亡图存发动广大群众，以及战前的动员，士气的鼓舞，人气的凝聚，这一切都要通过口才表现出来。口才在无形之中改变了历史的进程，推动了历史的巨轮滚滚向前。口才，无疑也是一种巨大的生产力！再次，口才同样可以长久传播。现代社会科技发达，一场演讲可以录音、可以制作成视频，可以以比书本更迅捷的方式传达给大众，而且演讲者的高超口技、现场的气氛都是情绪高昂，更具煽动性，也更易被人们接受，不会同书本一样枯燥无味，这也刚好可以说明百家讲坛于丹、易中天、俞敏洪等迅速走红的现象。

　　双方自由辩论：

　　请问正方辩友，美国在二战时期就把"口才、美元、原子弹"列为三大武器，到了 20 世纪 60 年代又把"口才、美元、电脑"列为三大武器，始终把口才放在第一位，请问如何理解？

　　我想说的是，这里的口才是有特定含义和场合的，指的是国家元首、部队统帅等政治人物在特定场合所作的演讲和动员。大家知道，1940 年英国遭受德国空军的狂轰滥炸，损失惨重，民心涣散时，首相丘吉尔作了一次著名演讲，他说："我们的政策就是用我们的全部能力，用上帝给予我们的全部力量，同一个穷凶极恶的暴政进行战争。我没什么可以奉献，有的只是热血、辛劳、眼泪和汗水。"可是，你有没有注意到，如此铿锵有力的文字，我想只要是有影响的政治家都能够产生巨大的影响力，难道这不是文才的魅力吗？要知道，无论任何一个政治家精彩演讲的背后，都有一群富有文才的"大手笔"啊！

　　请问反方辩友，市委、市政府每年下发上百个红头文件，难道是靠你们所谓的口才搞出来的吗？

　　首先我想告诉对方辩友，市委、市政府的文件是用来指导工作、实施管理、规范行为的一种特定书面语言，而不是用来展现文才或者是口才的工具。其次，文件最基本的要求就是实用、准确、简练，我想对方辩友也不会幼稚到通过文件来吟诗作赋吧？第三，任何一个文件，都要经过一个充分讨论研究的过程，大家不正是通过好口才群策群智使文件更加严密、准确的吗？而且不要忘记，红头文件中很多重要观点和内容正是通过领导讲话而成的啊！

　　请问正方辩友，当今社会是信息社会，要求简单、便捷、高效，你认为是通过电视、广播、电话、网络传播快呢？还是靠你的文才呢？

这恰恰是我们要阐述的问题，现代信息社会，虽然是通过电视、广播、网络等声像设施快速传播，但不要忘记，无论是新闻广播、还是电影电视等，背后都是写好的广播稿、审核修改的剧本等，这难道不是文才的体现吗？

请问反方辩友，邓小平同志特别强调：拿笔杆子是实行领导的主要方法，不会用笔的领导，本身就有很大的缺陷。请问对方辩友如何理解？

如果我没有记错的话，这句话是小平同志1950年在西南区新闻工作会议上提出的，可以想象，在当时的条件下，信息传播一靠广播，二靠报纸，三靠宣传队。他还特意强调，"要尽量通过广播和宣传队，用最通俗化、口语化的语言，把党的政策宣传到最广泛的基层群众中去。"就是考虑到当时国内大多数群众根本不懂所谓的文才，甚至斗大的字不认识几个。我想问对方辩友，广播和宣传队靠的是通俗易懂的口才呢？还是舞文弄墨的文才？另外我想提醒对方辩友，1992年改革开放往何处去的关键时刻，小平同志的重要思想是在南行谈话中体现，而不是在报纸上发表一篇文章？因为那时电视已经成为大众信息传播的主要力量，讲话才能更加广泛、生动、准确地表达他的意愿。

请问反方辩友，最近我们办公室在选调干部跟班锻炼，操作程序是先笔试后面试，还有公务员考试、领导干部公开选拔都是先笔试后面试，而且笔试往往占有更高分值，请问如何看待这个问题？

第一，笔试和面试只是测试应考者的两个方面，笔试测试的往往是对政策、时事、综合知识等的熟悉和理解，甚至不过是ABCD的选择而已，并不完全是所谓的文才，而面试往往检验的是考生的反应能力、心理气质、语言表达能力、逻辑思维能力、理解能力，归结到一点，就是口才。第二，笔试在前，只不过因为应考者众多，而作为进入决定性考试的"门槛"而已，最终决定你能否成功的，还是面试，还是口才。第三，办公室要求笔试占高分，也不过是从办公室工作角度出发，就好比中央电视台挑战主持人的评选，在把笔试作为初试条件后，决定因素完全在于你在评委和众多电视观众面前口才的表现啊。

反方小结：对方在辩论中，有几点我们并不认同：一、将文才的含义扩大化，认为文才是口才的基础。二、对方辩友只是说出了文才的重要性，但并没有证明文才比口才重要！三、以偏概全，舍本逐末，简单认为我们所说的口才就是耍耍嘴皮子。事实上，口才是现代人才必备的基本素质。在现代社会，人们之间的交往日益频繁，语言表达能力的重要性也日益增强，我们不仅要有好的思想和见解，还要在别人面前很好地表达出来；不仅要用自己的行为对社会做贡献，还要用自己的语言去感染、说服别人。就职业而言，现代社会从事各行各业的人都需要口才：对政治家和外交家来说，口齿伶俐、能言善辩是基本的素质；商业工作者推销商品、招徕顾客，企业家经营管理企业，这都需要口才。在人们的日常交往中，具有口才天赋的人能把平淡的话题讲得非常吸引人，而口笨嘴拙的人就算他讲的话题内容都很好，听起来也索然无味。美国医药学会的前会长大卫·奥门博士曾经说过："我们应该尽力培养出一种能力，让别人能够进入我们的脑海和心灵，能够在别人面前、在人群当中、在大众之前清晰地把自己的思想和意念传递给别人，这种能力就是口才。"总之，良好的口才是做好工作的利器，是取得成功的法宝，是公务员必备的重要素质。

正方小结：口才代表语言，文才代表思想，如果你只要一个选择——傻瓜和哑巴，你选哪个？无疑是后者。这显然说明思想比语言重要，或者说文才比口才重要。我方并不否认口才在某些方面、某些场合对个人的前途和交际来说，有一定的帮助，但是这并不代表当今社会口才比文才更重要。当今社会虽说交流沟通都是用的口才，但没有文才，就等于腹中空空，你壶口再大，也倒不出什么货色。因为文才是知识的积累，是个人知识文化底蕴和文学素养的体现，是内才；而口才是外才，是表现内才的一种途径。内才是通过外才来表现，而外才只是内才的一个表现形式而已。正所谓：台上一分钟，台下十年功。拿我们这次辩论赛来说，没有十年功哪来这一分钟，没有前面精心的准备，哪来这一个小时的精彩辩论赛呢？对社会发展而言，文才与口才在历史这条奔腾不息的长河中，均扮演着重要的角色，从夏商周等王朝的推移，文才对历史的生动描述与记载在其中起着举足轻重的作用，这不单单是文字的记载，更是文才的体现，才能让我们今世人脑海中呈现出历史的繁华。口才必须结合环境才有力量，而文才能够跨时代而存在。综上所述，文才比口才更重要！

评　析：首先这个辩题就非常有意思，尤其对办公室系统文秘人员有很强的针对性和适用性。究竟文才重要，还是口才重要？正反双方各有道理，都有很强的逻辑性和说服力，最终谁也没有说服谁。但这不需要答案。作为文秘人员，通过参加或观摩这样的辩论，心中自有答案：文才和口才其实同样重要。

第七节　述职报告——交上合格的答卷

搞好个人述职，不仅对中高层领导干部意义重大，对基层干部同样重要。因为这一层次的干部一般年纪较轻，文化水平较高，所做的都是艰苦而繁杂的具体工作，所以能否客观、准确、精当地反映自己的履职情况，不仅决定着组织上能否对自己的工作业绩和能力有一个全面的了解，还在一定程度上决定着自己日后的成长进步。未来总是属于年轻一代的，年轻公务员在奋发努力、创造业绩的基础上认真搞好个人述职，获得组织、领导和同事的认可，就等于为未来登上更广阔的政治舞台垫好一块块铺路石。

个人述职报告的结构大致分三大部分：第一部分引语，介绍个人职务、职责，然后用一段概括性的语言介绍工作概貌，为下文作好铺垫。第二部分是正文，分层次全面介绍自己履职过程中德、能、勤、绩、廉等各方面的情况，包括做了哪些工作、取得了哪些成绩、有哪些经验体会等等。第三部分是结尾，包括分析自己的缺点和不足，明确今后努力方向。

这种结构或许大家都很熟悉，关键是如何把报告写得有质量、有价值，而不致流于形式。大致上要把握这样几点：

第一，脉络要清楚。一个人在一定时期所做的工作肯定很多、很具体，如果生怕人家不明白、不了解，把所有大大小小的事情全部塞进去，搞成

"一锅煮",写成"功劳簿",结果只能适得其反。像这种材料,只能在理清层次脉络的基础上,突出重点,把那些主要的、能够反映自己工作业绩和特色的东西写进去,过程性的东西或无关紧要的内容则可不写或略写。也就是说,要做到主次分明,详略得当,使人一听就能留下深刻印象。

第二,评价要准确。既然是自我述职,就必然涉及对工作业绩和德才表现的自我评价。尽管这时候谁都希望自己的"亮相"能够精彩漂亮一些,但一定要坚持实事求是,做到客观准确,是怎样就怎样,既不夸大也不缩小,既不拔高也不降低,既不哗众取宠也不自我埋没,努力表现一个真实的自我。表述方法上,要多用白描手法,坚持用事实说话,有些方面还要用数字说话,少贴"标签",少用抽象的评价语言,这样才能让人信服。

第三,态度要谦恭。尽管这时候内心要充满自信、要有赢得听众好评的勇气和信心,但表现在语言、语气上,则要把握好分寸,不可把话说得太满,谦虚、委婉一些,以避评功摆好、骄傲自大之嫌。比如适当用一些前置词("在领导的教育培养下,在同事们的支持帮助下")、限制词("基本""较好")等等,就能达到既摆明成绩、又让人听来舒服的效果。另外,既要明明白白谈成绩,也要实实在在谈不足。有些述职报告只谈成绩不谈不足,或者谈成绩浓墨重彩,谈不足轻描淡写,比如"学习不够""下基层较少"等等,这是不妥的。实际上,敢于正视不足、承认差距,反而是一种真诚和上进的表现,容易博得听众好评。

第四,语言要精当。如果是若干人员在同一场合口头述职,那实际上也是一场语言表达能力的竞赛,也需要讲究可听性和吸引力。现实中,不少口头述职机械呆板,枯燥无味,一个重要的原因就是语言不美,听来听去都是"学习上有进步""作风上有改进""工作上有成效"那些老掉牙的东西。当然,述职报告有相对固定的格式,按规定该讲到的方面都要讲到,但并不意味着语言上就只能千人一面。所谓语言要精当,除了要做到平实、严谨、准确以外,还要尽可能做到新颖、生动。单说标题制作,同样的意思,用不同的语言来表达,效果就大不一样。比如这样一个标题"坚持廉洁自律,筑牢反腐倡廉的思想防线",这样说当然未尝不可,但显得有点大而空,如果换一种说法:"自觉照镜子、正衣冠,保持本色不变色",就显得更为具体、形象,富有动感。另外,还要力求语言简洁,概括性强,不拖泥带水,否则会占用太长时间，让听众厌烦。

【写作实例】

×××同志述职述廉报告

尊敬的各位领导、各位同事、同志们：

根据组织安排，我于20××年3月任镇党委副书记兼纪委书记，分管纪检监察、政法综治、信访维稳等工作。一年来，我紧紧围绕镇党委、政府工作部署，勤于学习，勇于实践，踏实苦干，兢兢业业干好每一项工作，较好地完成了各项工作任务。现将自己的思想、工作、作风情况汇报如下：

一、以强烈的"知识恐慌感"加强学习，着力提高自身素质

我始终把学习放在首要位置，虚心向书本学、向实践学、向群众学、向领导和同事学，充分利用参加全省新任乡镇纪委书记培训和全市乡镇干部能力建设培训的机会，坚持个人自学和集中学习相结合，认真学习中国特色社会主义理论，自觉加强纪检监察业务知识学习，认真学习涉农法律法规和相关政策，努力提高驾驭工作的能力和水平。注重把理论学习、工作实践和认真思考三者有机结合起来，撰写了《树立五大理念、建立五项机制——创建和谐平安乡镇的实践与思考》《推行党风廉政建设"星级创评"——××镇营造风清气正政治生态的探索》等3篇调研文章，在有关报刊发表通讯、政论文章20余篇。

二、以"一日无为，三日不安"的紧迫感认真履责，全力抓实抓好各项工作

抓实抓好纪检监察工作。狠抓了党风廉政建设责任制的落实，调整充实了镇党风廉政建设工作领导小组，明确了任务分工，落实了"一岗双责"要求，做到党风廉政建设工作件件有人抓、事事有人管。年初，镇党委与各党支部、站所负责人签订了党风廉政建设责任书；党政班子成员、各党支部书记、站所负责人都签订了《党员干部廉洁自律承诺书》，建立了党员干部《廉政档案》。坚持"有案必查、违纪必究"的原则，着力抓好案件查处工作，对党员干部涉嫌违纪问题进行排查核实，全年镇纪委自办案件3件，给予党纪

处分 5 人。按照"五有一好"和"双创"工程要求，提出了"开展一项活动，推进三个创新"的工作思路，即倡导开展"有话对我说、服务到你家"勤廉为民活动，创新宣教形式、监督模式和服务方式，为农民群众提供快捷、周到的服务，解决实际问题 100 余个；推行党风廉政建设"星级创评"和政务（村务）公开质询，切实改进镇村干部作风，密切党群、干群关系；以镇红歌乐团和××村农民业余剧团为载体，加强廉政文化建设，弘扬正气，倡导新风，营造风清气正的发展环境；着力打造了 3 个党风廉政建设示范村，创建了我镇党风廉政建设新亮点、新品牌，受到了县纪委肯定表扬。

抓实抓好政法综治工作。扎实推进我镇和谐平安创建和社会治安综合治理工作，完善"三级联创"工作机制，着重抓好平安村（社区）、平安校园、平安单位（企业）、平安家庭创建活动；突出治安防控重点，继续深化村企共建治安联防活动，进一步健全了治安防控体系。紧盯五一、国庆、"两会"等敏感时期、非常时期，未雨绸缪，提出了"三个着力，五个加强"的工作举措，深入开展"两个大排查"和"大接访、大下访"活动，共受理群众来信来访 41 件次，排查出各类矛盾纠纷 62 起，成功调处 48 起，确保"小事不出村"，全年未发生一起赴县以上集体访、非正常访，维护了全镇社会和谐稳定。认真抓好"五五"普法工作，共举办普法宣传活动 6 次，通过以会代训等形式举办普法培训班 12 次，参训人数近千人次，使干部群众的法制观念得到进一步提高。

抓实抓好驻片驻村工作。紧密结合农村实际情况，充分调动镇村干部的积极性，和大家一起经常深入农村、深入群众、齐心协力、尽心尽力做好驻片驻村各项工作。注重抓好农业产业发展：积极引导农民发展甜玉米、薄皮西瓜、白鸭等主导种养业，全年新发展甜玉米 500 余亩、薄皮西瓜 100 余亩、立体养殖 1000 余亩，促进了当地农民增产增收。全力以赴抓好新农村建设：以村庄规划编制为引领，以村庄整治为抓手，既积极向上争资争项目，又充分发挥农民主体作用，精心打造了 3 个省级新农村建设示范点，实现改水、改厕率均达到 90% 以上，新增硬化村组道路 10 余公里，改善了农村生产生活环境。

天道酬勤，一分耕耘一分收获。由于镇党委正确领导、各方共同努力，我镇纪检监察、综治工作均荣获全县年终考评第一名，被评为全县"信访工作先进单位""信访维稳工作先进单位"，本人也荣获全县"综治工作先进个人"称号。

三、以"打铁先要自身硬"的律己意识守准则，正品行，努力树立良好形象

作为一名领导干部，不论是工作上还是生活上，我时刻牢记党的宗旨，严格要求自己，处处以身作则，带头遵守廉政准则和党风廉政建设各项规定。恪守社会公德，生活俭朴，处事严谨，为人耿直，作风正派，从不参与赌博和公款吃喝玩乐等活动，从未出现"吃、拿、卡、要"的行为，从未利用职务之便为自己谋取不正当利益；坚决抵制不良习气侵蚀，拒收礼金 5 次计 18 万元；自觉做到服务中心、顾全大局，尊重领导、团结同事，密切联系群众、服务群众、敬畏群众，始终做到踏踏实实干事、清清白白做人。

回顾一年来的工作，虽然取得了一些成绩，但也存在一些不足，主要表现在：理论学习停留于浅尝辄止、一知半解，联系实际不够；工作经验有欠缺，尤其是缺乏实际操作能力和破解难题的能力；做群众工作不深、不细，不善于做深入细致的思想政治工作，导致一些矛盾纠纷没有得到及时解决；工作中稳重有余，闯劲不足，积极性、主动性、灵活性有待提高。对此，我将在今后的学习工作中认真加以改进，始终保持奋发向上的精神状态，始终保持勇于拼搏的工作激情，更加严格要求自己，更加勤奋学习，更加扎实工作，在基层工作实践中经风雨、见世面、长才干。

以上述职述廉，敬请各位领导和同事多多批评指正，并请在今后的工作中多多指教帮助。

评 析：清晰的脉络，平实的叙述，坦诚的自我评价，精致的文字，谦恭的口吻，这样的述职报告，应该能得到领导和同事们的好评。

互动实录

　　秘书要与领导换位思考，领导同样要与秘书换位思考。理政与辅政的有机结合，离不开心灵的沟通、思维的碰撞和感情的交融。

我离开秘书岗位走上领导岗位后，尤其是那套《大手笔》出版后，许多认识的和不认识的、本地的和外地的、过去在身边工作的和后来在身边工作的文秘人员，通过当面提问、写信、小型座谈、约请讲课等形式，让我谈谈写作方面的诸多问题。以下是整理出来的部分互动问答实录，因为多数是临时对答，而且又是根据个人特点和爱好而谈的，难免有错漏偏颇之处，请读者批评指正。

问：网上说您是凭一支笔干到副部级，请问秘书工作经历对您当领导有哪些好处？

答：我又不是神笔马良，没那么"神"吧？（众笑）我能成为一名领导干部，靠的是党和人民的培养、领导的教育指导、同事们的支持帮助，没有这一切，我这个农村伢子不可能有今天。不过说到这支笔，当然也起了作用，毕竟爬了那么多年格子，吃饭的家伙嘛！当年用它为领导服务，如今用它为自己履职服务，当然也是为人民服务，小平同志不是说了领导干部要学会"用笔领导"吗？因为这支笔使唤惯了、熟练了，当了领导后，有些应急的讲话稿、文件和文章就自己写或者自己动笔修改，不用秘书代劳。所以有的秘书说：在您身边工作既"压力山大"又轻松舒服，可别把我们养懒了啰！你听，拣了便宜还卖乖呢！（众笑）

不过，笔，毕竟只是工具，一个人的思想、知识、能力、意志、风格等等才是它的动力和源泉。古人说："读破万卷书，下笔如有神"，如果肚子里没货，手中的笔再使劲儿又能写得出啥好东西？所以，当秘书的经历，的确能给当领导带来某些好处，比如：秘书岗位上养成的对上级决策和时事政策反应敏感的习惯，有助于在领导岗位上更好地把握大政方针、科学研判形势、捕捉发展机遇；秘书岗位上形成的丰富知识积累，有助于在领导岗位上开阔思路，展现才干；秘书岗位上锻炼造就的写作能力，有助于在领导岗位上更好地实施"用笔领导"，把好文稿质量关；秘书岗位上养成的吃苦耐劳、甘于奉献精神，有助于在领导岗位上忍得住困苦、挺得过艰难，始终保持昂扬向上的精神状态；秘书岗位上所观察和领悟到的理政思维、决策常识，有助于在领导岗位上较快进入角色、把握要领、适应"气候"，顺利展开各项工作；还有，秘书岗位上养成的讲政治、守规矩、重品行的品格修为，有助于在领导岗位上站稳政治立场，保持清醒头脑，永葆党员干部的应有本色，等等等等。这当然不是说秘书本身先天具备了这些素质，而是工作性质决定了秘书必须这样做，否则就不配当秘书，也当不好秘书。大家应该注意到了，多年以来，我国各级党政机关涌现出一大批德才兼备的优秀秘书，有些后来走上了地方党政乃至党和国家的重要领导岗位，成为卓有建树的领导人才。我们固然不能断言这是因为他们当过秘书，但可以肯定地说，当秘书的经历与此有着很大的关系，至少起了打基础的作用。当然，不能说没当过秘书就当不好领导，许许多多没干过秘书这一行的领导照样干得很出色、很成功。

所以我得说，我们千万别抱怨"爬格子"这差事有多苦多累多难熬，实际上这是一个长知识、长本事的极好岗位、有利"地形"。为什么有人说领导身边是藏龙卧虎之地、秘书部门是培养造就人才的大课堂？道理就在这个地方。因为领导同志当中不少都是知识渊博、智慧超群的"老师"，这可是免费拜师学艺呀，可别轻易错过了，再说写稿子又逼着我们学习各方面的知识、掌握各方面的情况，只要你勤学习、勤磨练，对个人成长进步肯定大有好处，甚至终生受用。我在中办《秘书工作》上发表过一篇文章，题目叫《"爬格子"的幸福感觉》，有的读者发信息说：您这是"吹"吧？是帮组织上开导、宽慰我们这些缺少"幸福感觉"的小秘书吧？是教导我们吃苦耐劳无私奉献吧？我说这是我的心里话啊，我们不能说"吃得苦中苦，方为人上人"，但"吃得苦中苦，方能成大器"，应该不会错的。当然，"成大器"是多方面的，并不是鼓励大家将来都去挤当官这根"独木桥"，能不能当领导，首先要看组织安排、工作需要，其次要看个人综合素质行不行。笔杆子再厉害，毕竟只是一个方面，还得看你的思想境界、道德品质、性格气质等方面怎么样。不管怎么说吧，用得着那句老话"一颗红心，两种打算"，以轻松淡定、顺乎自然的心态做好本职工作，把手中的笔使好用好，这样才是首要的。

问：您当领导后，除了发挥当过秘书的优势，还碰到过什么难题呢？是怎样适应和转变的呢？

答：的确，当秘书出身的人当领导虽然有某些优势，但真正坐到那个位置上去了，可不是那么简单，得有一个适应和转变的过程。就拿我自己来说，那年从地委政研室下到县里当县委副书记，我自己感觉本来挺好的，人家却一眼看出该同志机关气、书生气较重，说起话来文绉绉、酸溜溜，审改文稿、讨论文件喜欢咬文嚼字，作批示还时不时冒出一两句半文半白让人摸不着头脑的话，更别说为人处世中冒出来的那种迂腐、呆板味儿了。这些毛病是在同事们的提醒、帮助下和实践的磨练中，才逐步得到克服的。不过从根本上说，这种转变还在于思想、作风和方法等方面的转变。人们常说从秘书到领导是"华丽转身"，这话不无道理，但要看是转向哪种华丽，是居高临下、威风八面那种华丽，还是恪尽职守、干事创业那种华丽，如果是前面那种华丽，那你转吧、转吧，弄不好就"转"到邪路上、"转"到牢房里去了。现实生活中不是有这样的例子么？令人痛心哪！教训深刻得很哪！所以，这种"转"，首先动机要正、方向要正，要为着党和人民的利益而"转"，不能为着个人的荣华富贵而"转"。"转"，当然还包括其他具体方面。概括地讲，我认为至少要过好四道关：

第一道关，是廉洁从政关。从过去服务于权力运行转变为直接掌握和行使权力，这当然容不得半点马虎和含糊。权力是个好东西，但要看你怎么用。把权力当责任，那就很苦很累，但很光荣；把权力当作谋私的工具，可以得到一时的实惠，但很危险。我们所选择的，当然应该是前者而不是后者。所以，面对被人"吹喇叭抬轿子"的荣耀，尤其是面对各种形形色色的诱惑，得时时刻刻保持头脑清醒，自觉拒腐防变，做到常在河边走、就是不湿鞋，始终做到权为民所用、利为民所谋，这样才能使自己永远立于不败之地。

第二道关，是能力适应关。过去我们写稿子，这个思路那个思路，这个目标那个目标，这条措施那条措施，这项对策那项对策，只要想得出，提笔写下去就是，好像把月亮摘下来也不是什么难事。可到实践中一看，哪有说的写的那么容易！那么多的决策部署需要精心操作才能落实，那么多的矛盾和问题需要拿出具体办法才能解决，那么多的困难和危机需要科学应对才能化解，要不然只能是手足无措干瞪眼，什么事情也办不成。这就是说，要变过去的"纸上作业"为实战操作，变文字写在稿纸上为写在大地上，在实际工作的磨练摔打中增强决策能力、驾驭能力和操作执行能力。

第三道关，就是性格气质适应关。过去我们当秘书，以老实、听话、顺从、谦恭为本，时时处处谨言慎行，公共场合连说话都不敢高门大嗓，有时挨了领导的骂还得忍气吞声，这当然都是工作性质、职业道德所决定的。到了领导岗位上，这样下去还行吗？显然不行。当然，该老实还得老实，该谦恭还得谦恭，这层"底色"不能变，但同时还要学会刚毅果断、敢于担当、勇于开拓，要有点儿虎气、锐气。要不然，糯米团子一个，时时处处摆出一副温良恭俭让的样子，说话有谁会听？工作又怎能打得开局面？就像有人评价我那样：当秘书时老老实实、不吭不气，刚当领导那阵子也还算温文尔雅、谦虚低调，当了几年领导后就变了，干起活来敢打敢冲不要命，说话能砸出火星子，认准了的事就一抓到底非要干成。他这是拣好的说，缺点他没有明说，其实每次班子考核和巡视都有干部反映我严肃有余、亲和力不足，见到我都有点"怕"，为此我还在民主生活会上多次作自我批评。这种变化，就是实践所带来的，虽然变得更像个"官"，但也落得一身毛病，至今还改不掉。（众笑）

第四道关，就是做群众工作的关。秘书工作"三服务"，其实主要是为领导服务，到了领导岗位上，更多是为基层服务、为群众服务，这就要从过去习惯看领导脸色办事，转变为习惯看群众的脸色办事，从过去力求让领导满意、高兴，转变为力求让群众满意、高兴。当然了，群众满意、高兴了，上面的领导也就满意、高兴了，这叫对上负责与对下负责的一致性。问题是，在新的形势下，新的利益格局中，尤其是人民群众民主意识、参政意识、维权意识显著增强的情况下，让群众满意、高兴，并不是稿子上写的那么轻而易举。举个很浅显的例子，你到贫困乡村去调研，除了摸清情况、帮助老百姓解决一些实际问题外，感情上怎样才能融洽得起来？人家端个凳子让你坐，你是一屁股坐下去，还是揩揩灰尘再坐？人家请你吃饭，你是吃得津津有味，还是嫌人家口味不对、卫生不好、有农药残留而勉强扒几口就搁下筷子走人？人家给你敬烟，你是接过就抽，还是先看看牌子、闻闻有没有发霉再决定抽不抽？人家跟你握手，你是伸出手掌去握，还是伸出两根手指拉一下就赶紧缩回来？所有这些看起来只是细节，而老百姓看重的就是细节，细节决定感情，决定对领导干部的信赖程度。可见，做群众工作真是一门大学问，当了领导就不能不认真去学习、去掌握这门学问，否则就成不了群众的贴心人、代言人。

　　上面说的四个方面，当然不是全部，要适应和转变的东西还有很多。而且，别看我在这里说得有板有眼头头是道的，其实有些方面我自己也还没有完全做到，要是早就知道了、做到了，说不定比现在当得还大呢！（众笑）

　　问：您一贯强调秘书写稿子时要与领导换位思考，那么当了领导以后，是否觉得领导也要与秘书换位思考呢？

　　答：说得对，我的确反复强调这一点。所谓换位思考，就是设身处地为对方着想，秘书为领导写稿子就是要自觉站在领导的位置上去，想领导之所想，急领导之所急，言领导之所言，否则就很难写出让领导满意的稿子。那么，按你说的，领导是否也要与秘书换位思考呢？回答是肯定的。这里不妨自我表扬一下，这方面我还是做得相当不错的。因为以前我自己对这一点的体验比较深，每当稿子写来写去、改来改去总是不能让领导满意时，心里就犯嘀咕：领导啊，您知道我熬了多少夜、花了多少心血吗？这又不是为您写经典著作或述职报告，差不多能过就让它"过"不行吗？您就不能稍微尊重一下我们的辛勤劳动吗？有些话这样说也可以、那样说也可以，难道非要每句话都按您的习惯来说吗？再说有时候写不好是因为实践不够、了解情况不多，您就不能主动为我们创造点条件吗？如此等等。当然这些话只能心里说说而已，到了领导面前大气不敢出一口，有时还得装出恍然大悟的样子，说"领导您这个观点太深刻太精彩了，我怎么没想到呢？"或者说"领导您太有才了，我恐怕八辈子都学不到呢！"（众笑）

　　好了，我自己当领导了，怎么做的呢？一开始，身边的笔杆子们都有点紧张，好像老虎来了一样，以为搞文字出身的领导不知有多难伺候，拿起笔来手都打哆嗦。但他们不久就发现：有些重要文件或讲话稿的起草，我会详细交代写作意图，然后让他们草拟一个提纲，然后我又仔细修改并敲定提纲，再交给他们写；有些讲话稿不用他们写，我自己写，或者列个提纲临场发挥，再让他们整理；有些稿子我觉得不行，会告诉他们问题出在哪儿、应该怎么改，如果改出来还是不行，我就自己动笔改，并向他们解释为什么要这样改；有些稿子经我修改本来要定稿了，他们发现个别地方有问题而向我提出，只要有道理，我都会予以采纳；审稿改稿中发现他们写作上有了进步，我都会及时给予表扬；他们经常加班加点很辛苦，碰上他们加晚班时，我会吩咐厨

房给他们弄点夜宵吃吃、搞点小酒喝喝。（众鼓掌）

别鼓掌，你们以为在我身边工作天天有这么舒服吗？可以偷懒省事混日子过吗？那不变成我是秘书他们是领导、是我伺候他们而不是他们伺候我了？（众笑）我这是软硬兼施、恩威并施呢！上面说的算是"软"和"恩"的一面，"硬"和"威"的一面，就是"逼"着他们到实践中去开眼界、长见识，比如去贫困村蹲点、去工业园区挂职、去招商小分队经受锻炼，回来还要向我交一篇体会文章。为什么这样做呢？因为这些同志一般都是经过组织严格挑选而来，文字基础一般没有大的问题。之所以写出来的稿子不符合要求，很大程度上是因为对基层情况不了解、实践知识有欠缺。我们当领导的当然不一样了，担了这份责，什么样的人和事都得接触，什么样的矛盾和问题都得面对和处理，信息量、知识面与文秘人员自然存在很大的不对称。从这个角度看，有时稿子写不好不能完全怪他们，所以我要尽可能创造条件让他们弥补这方面的不足，这也叫换位思考吧。这样做果然见效，一段时间之后，他们写的材料就有了明显提高，地气、灵气多了，书生气、八股味少多了。另外还有一条，我改变过去喜欢独往独来的习惯，凡外出公干、下乡调研都带着两三个笔杆子，不过我不是要他们屁颠屁颠地跟着拎包、端杯、开车门，或者躲在宾馆房间里连夜为我起草"重要讲话"，而是要他们跟着接触实际，了解"下情"，碰到有关问题我还故意考考他们有何见解和对策，这也使他们很受教益。有的说：跟着您真是有福气，虽然有压力但学到了很多东西。我说你小子少拍马屁，再写不出好材料看你怎么交差！（众笑）

当领导的与秘书换位思考，我觉得还有一个重要方面——注：此处可能有掌声——文秘队伍要适当流动，尤其对那种综合素质好、写作能力强的优秀笔杆子，到一定时候要舍得放、大胆用。（热烈鼓掌）说了吧，你们就高兴听这个。为什么这样说呢？三条理由。一条是，"爬格子"太辛苦，还容易伤身体，工作到一定时间让人家换换岗、松口气，总不能让人家累死累活"爬"到老；另一条是，"爬格子"虽然辛苦但很能锻炼人、造就人，只要他真正德才兼备、堪当大任，就不能埋没、不能浪费；再一条是，调动所有文秘人员的积极性，让大家看到只要干得好，就会有奔头、有希望，于是更加卖命地给你干。（鼓掌）有些领导机关把主力笔杆子当宝贝，用了十几二十年还不舍得放，有的已经满头白发了还给年纪轻轻的领导写材料，于心何忍呀？当然这些都是出于工作需要，也是爱才惜才的表现，但这样做可能会使一些同志心灰意冷，出工不出力，那材料质量能好到哪里去？当然了，文秘人员的流动，必须以保持写作力量相对稳定为前提，新老笔杆子之间要搞好传帮带，确保后继有人。要不然，能写的都一家伙跑光了，那谁来给领导写材料？像我，就只有亲自重操旧业当"老秘"啦！（众笑）

问：您先当秘书后当领导，请问这两个阶段对材料质量的评判标准有无不同？如果有，差别何在？由此我最想知道的是，你们当领导的看一篇材料好不好，最主要的标准是什么？

答：又一发"重磅炮弹"啊，非要把我炸得体无完肤是不是？（众笑）不过这的确是个很现实、很有针对性的问题，说明你是动了脑筋的。因为过去我也经常存在这样的困惑，有时对自己写出来的稿子觉得非常满意，甚至有点自鸣得意，但到了领导手上，总说这也不行、那也不行，就感到很失败很郁闷，问题究竟出在哪儿呢？后来写得多了、见得多了，终于慢慢悟出一点门道，领导比较在乎稿子符不符合实际、有没有实用价值，虽然意识到这一点，但写起来还是有点迷糊，经常对不上路。自己当了领导后，对这一点就看得十分清楚了。也就是说，两个阶段，一个是写稿，一个是审稿、用稿，评判的标准自然就有所不同。其中最大的不同，就是看稿子是否实在管用。当然，同当秘书时一样，也会关注稿子的结构是否严谨、主题是否突出、层次是否分明、表达是否流畅等等，但我最为关注的还是管用不管用。如果管用，其他方面即使粗糙一点也问题不大，稍加修改就是了；如果不管用，那对不起，即使你的文字漂亮成一朵花，我也会把它"枪毙"掉。我这样说，你们不会说我当了官就忘了当秘书的苦吧？（众笑）

下面具体说说"管用"的问题。任何领导者履行职责，都离不开三个最基本的东西，一个是"说"，用口头表达推动工作、处理问题；一个是"做"，用实际行动带领大家干；再一个就是材料，用文字发布决策、传达号令、表达思想见解和提出任务要求。其中，材料的使用频次之多、影响作用之大可想而知，可以说，没有材料的上传下达、没有文字的频繁流动，领导机关的工作就要停止运转，领导职能就难以充分施展。这些道理大家都懂，关键是，领导为什么特别看重材料是否实用呢？其实只要换位思考一下，就会看得很清楚。因为很多时候、很多情况下，他要靠材料来指挥工作、来说服动员干部群众、来展示他的理想抱负和智慧才华、来推动实现既定的工作目标、来完成组织赋予的职责使命，所以，他不能不关注材料表述的思路是否清晰、传达的决策是否准确、提出的目标任务是否科学可行；不能不关注材料内容是否符合实际，是否坚持了问题导向、有助于实际问题的解决；不能不关注材料中的观点、见解、主张是否反映了他的真实想法，能不能说服人、打动人，让大家同心同德朝着共同的目标而努力；不能不关注材料中布置的每一项工作或重大行动是否可操作、可执行，有没有周密的政策措施和方法相配套，能不能顺利落到实处；甚至，他可能还会预测一下材料印发后干部群众会作出何种反应、上级领导会作出何种评价、实际工作会出现哪些变化，等等。也就是说，他在审稿时，注意力不仅仅放在字面上，而主要放在材料的功能性上，他会把材料所表达的东西与贯彻执行、落实效果、目标实现联系起来，与自己平时掌握的情况和积累的经验联系起来，这时他的脑海里会浮现某项决策部署实施过程的大致轮廓、设想出可能遇到的种种矛盾和问题，所以，当他觉得材料上的东西不能达到他预想的效果和目的时，就会反过来修正材料，甚至推翻材料，直到符合他的要求为止。由此不难理解，有些重要的稿子经常被领导打回去修改或重写，很多情况下其实并不是结构、文字方面出了问题，而是它的功能性出了问题，也就是不管用。有些领导经常亲自改稿子，其实改动的主要不是文字本身，而是文字所表现出来的功能性缺陷。当然，像我这种搞文字出身的领导，老毛病难改，在关注功能性的同时也会关注文字，所以自找苦吃且不算，还经常惹人嫌。（众笑）

弄清楚材料必须实在管用，写作中就会少一些空话套话，多一些真话实话，少一些大道理、书生腔，多一些"干货"，从而多出成品、精品，少出次品、废品。当然，也不能因为追求实在管用，文字上就粗制滥造，那又走到另一个极端去了。

问：记得您在一篇文章中说过，起草文稿也可以"简单"，请问您是怎么想的？

答：是啊，连我自己都觉得奇怪，怎么会说出这种话来。要是写材料可以"简单"的话，那何必搞得大家伙长年累月加班加点吃苦受累？我这个"老秘"又何至于搞成这样未老先衰形象欠佳，40岁开始人家就叫我老同志？（众笑）但仔细想想，我这话也不是完全没有道理。简单，谁不喜欢啊！网上不是有人说吗：歌曲简单就流行，衣着简单就大方，手机简单就实用，心情简单就愉悦，追求简单就知足，生活简单就舒适。那么写作呢？写作简单就OK？当然不能这样照套，我说的简单是那种相对的简单。简单的反面是复杂，如果我们能丢掉观念上、心理上、方法上的那些"复杂"，就可以做到相对简单。这样说法可能抽象了些，下面我们从几个方面来看看。

一个方面是，心理紧张就复杂，放松心态就简单。我们有时批评一些文秘人员文字功夫欠火候，其实是低估了人家。有些同志写个人的材料其实写得挺有水平的，比如竞职演讲材料、演讲比赛演讲稿、学习体会文章、支部生活会上的发言稿等，结构、内容、文字上都看不出明显问题，有些还称得上是优秀之作。那为什么写起机关文稿就不行了呢？是出于不负责任应付交差吗？当然不是，而是心理上有障碍。我刚当秘书那会儿就是这样，一接到写稿任务，心里就紧张起来：啊呀，这材料是要过领导的眼睛的，我得拿出点水平好好表现表现才行；或者是：啊呀，要是写不好怎么办？会不会挨批评？领导会怎么看我？越是这样想，心里就越紧张，手中的笔就越是不听使唤。要是碰到水平高、文字功夫厉害的领导，那就更是紧张得手都打抖了。后来历练多了才发现，这种顾虑完全没有必要，按照领导意图认真写，怀着平常心轻松地写，反倒写得顺当。即使有时写得不好，按领导意见修改就是，不必有什么思想负担。这样一来，不就可以简单些了吗？

另一个方面是，矫揉造作就复杂，顺乎自然就简单。这里说的是写作方法上的问题。写任何稿子都是为了传达政令、解决问题、推动工作，按照领导意图，加上自己的思考和发挥，把意见表达清楚、表达准确，谋篇布局、语法修辞不出明显问题就行。但有些同志把它人为地搞得很复杂，或者把篇幅搞得很长，明明没有那么多话来说，偏要七拼八凑搞到那么多话来说，怎能不复杂？或者引经据典滔滔宏论，明明没必要讲那么多大道理，偏要装作很有学问似的大谈特谈这个意义那个认识，怎能不复杂？或者片面追求文字美、句式美，明明可以用朴实、通俗、自然的语言表达意思，偏要搜肠刮肚、生拼硬凑搞一大堆漂亮辞藻和排比句、对仗句。把大量时间和精力花在这些方面，不但简单不了，还把自己折腾得够苦的。

又一个方面是，面面俱到就复杂，突出重点就简单。突出重点不仅是一种重要的工作方法，也是一种重要的写作方法。大家应该体会得到，无论起草文件还是领导讲话，有重点就会有分量、有特色，就会有针对性、实用性，就能让人记得住、抓得准、落得实。相反，如果不分主次、不分轻重缓急，面面俱到什么都谈，好像生怕遗漏了什么，生怕人家以为讲到了的工作就重要，没讲到的工作就不重要，那么，不仅文稿质量要大打折扣，而且让人稀里糊涂，弄不清究竟要抓什么、突出什么，文稿就变成了一纸空文。这就是"复杂"带来的后果。

再一个方面是，怕这怕那就复杂，实话实说就简单。这里所说的"怕"，指的是写作中过于谨小慎微，怕某个观点锋芒太露，怕某个提法不合乎规范，怕某种见解没有"保持一致"，于是左推敲右推敲，左掂量右掂量，结果把每一句话都"磨"得圆圆的、平平的，这有多么"复杂"啊！小心谨慎是必要的，小心过了头就是不好的。一切从实际出发，从解决问题、促进工作出发，该怎么说就怎么说，坚持多说真话、实话、管用的话，写起来就顺当、流畅。这也是一种"简单"。

还可以从其他一些方面来说明这个问题，这里就不细说了。总之，人人都知简单好，做到简单不简单；把写作变简单很复杂，把写作变复杂很简单。这里边的意思，你懂的。

问：翻开您的《大手笔》之一"理论篇"，首先就被"开篇述怀"所吸引。请问，起草机关文稿也可以有这种充满诗意和激情的浪漫情怀吗？

答：谢谢，我也没想到这短短几句话能引起读者的兴趣，一些年轻文秘人员还把它抄在笔记本上，或收藏在手机上，有的甚至可以一字不差背出来。其实这不过是繁忙的写作之余抒发点"小资"情调而已，把稿纸比作"田野"，把文字和标点符号比作"秧苗"，然后是什么收获一片"丰腴的秋天"，再然后又是什么忍受"欢乐的撞击"，抽着烟构思又一次"蓬勃的萌生"，文绉绉、酸溜溜，整个一副摇头晃脑卖弄文采、自鸣得意的样子。（众笑）我不记得这是哪篇稿子受了领导表扬之后、还是喝了点小酒之后头脑发热而写的，不过也是有感而发，是心里的真实感受。这里还有一层原因，我过去是写诗歌、小说、散文的，想当作家没当成，阴差阳错当了秘书。没办法，既来之则安之，那就用左脑的逻辑思维对付文稿写作，用右脑的形象思维偶尔玩点浪漫抒情，这也叫有张有弛、劳逸结合，还可以调节情绪，始终保持良好的精神状态。可惜我这个优点从没得到过领导表扬，大概他们担心我会因为爱

好文学而分心走神、影响工作，或者担心我哪天手痒了，冷不丁在他的重要讲话中塞进几句酸不溜秋的诗句吧。（众笑）

但我的确认为，不仅文学创作需要感情，起草机关文稿同样需要感情。像"开篇述怀"那几句话，当然不是凭空而来的，而是在写材料的过程中就有了感觉、有了冲动，用文学界的行话来说，是源于生活、高于生活而产生的。而且我相信，不只是我这种爱好文学的人，许许多多领导同志在酝酿写作意图和使用文稿时，都会程度不同地带有某种感情。为什么？因为文章不是无情物，情动于中更感人。机关文稿的写作也不应该是冷冰冰的、机械的文字堆砌，领导者和起草者的爱与憎、好与恶、意志与胆识、理想与情感都会透过文字表现出来，无非表现形式、浓淡程度不尽相同而已。

最能表现、也需要表现个人情感的，当然是口语体文稿尤其是领导讲话。或动员部署、号召鼓动，或阐释道理、凝聚共识，或表扬先进、弘扬正气，或揭露问题、抨击邪恶，或交友联谊、展示形象，或说服劝导、引领群众，都需要通过一定程度的感情表达来影响人、打动人，从而达到预期的目的。不难想象，如果语言干巴无味、缺乏真情实感，语气语调缺少起伏、平淡得像老和尚念经，会是一种什么样的效果。大家都读过毛主席等老一辈无产阶级革命家、习近平总书记等中央领导人的很多讲话名篇，那种宏伟的气势、富有感召力的语言和大海一般汹涌起伏的感情，虽然不在现场亲耳聆听，也会感觉到好像被一股强大的力量震撼着、推动着，不由自主地热血沸腾，心里充满了动力和希望。还有不少外国首脑的著名演讲也是这样，比如林肯的《葛斯底堡演说》、丘吉尔的《热血、辛劳、眼泪和汗水》就职演说、贝拉文蒂平息政治风波的《利马演讲》等，都是以富有智慧和激情的语言打动听众，展示魅力，进而达到自己的政治目的。

那么，作为文稿起草者，我们的感情从何而来呢？怎样通过文字去体现呢？我觉得，首先是从对职业、对事业的感情而来。我们常说"干一行、爱一行、专一行"，"干"了就要"爱"，"爱"了才能"专"，这个"爱"，除了态度，还包括感情。如果对自己的职业缺乏兴趣，总是抱怨"爬格子"太苦太累不是人干的，写起材料来抱着马虎应付的态度，那怎么能有"爱"？文字又怎能写出感情？只有真正树立起以文辅政的使命感、责任感，只有心里装着大局、装着国计民生，才会有"爱"、有动力、有激情，才会主动自觉、竭尽全力把每一篇稿子写好。我们常说做工作要"投入"，要进入"状态"，说的也是这个意思。当然，这种感情首先是内心的、潜在的，是起基础性、导向性作用的。没有它，即使你在写作中想表达某种感情，多半也是无病呻吟、牵强附会。正如大诗人艾青说的"为什么我的眼中常含泪水？因为我对这片土地爱得深沉"，这就是"爱"的力量。

有了这种潜在感情，还要善于从生活中、从实践中去捕捉感情、培养感情。整天关在办公室琢磨文稿、搬弄文字，哪里会产生什么感情？不变成冷血动物就算好了。到基层去，到改革发展的第一线去，到老百姓中间去，去大口大口呼吸新鲜的空气，去闻闻泥土的芳香，去看看基层干部怎么说、怎么干，去问问普通百姓想什么、盼什么、喜欢什么、恨什么，去了解那一个个生动的典型、鲜活的经验、感人的故事，所有这些，不但可以丰富写作素材，还可能成为感情的引爆点。你问我为什么会带着感情去写作，可能和坚持这样做有关系。喜欢跑，喜欢到下面去找"灵感"，喜欢提问题、听故事，所以有时会因为某种发现而茅塞顿开，有时会因为某个典型事迹感动得掉眼泪，有时会因为看到某种丑恶现象而恨得咬牙切齿。我把所有有价值的东西都记下来，不光记在本子上，还记在心里头，这样，感情就不知不觉慢慢丰富起来，写作中自然而然就会流露出来。这种习惯，直到当了领导以后还保持着。当然了，站在领导的位置上，接触的事情多，更容易、也更应该带着感情去做事情。有一件事我至今忘不了，那次我下乡调研，接触到一位村支部书记，他在岗三十多年，为村民办了无数好事实事，直至身患绝症，还没日没夜地干工作。后来他不幸去世，县委报上来一份事迹材料，我边看边掉眼泪，看完本来只想写个简单的批示，要市委组织部发个通知，号召全市党员干部向他学习。写着写着，就收势不住，在材料的空白处密密麻麻写下去，一口气写了将近 2000 字，字面上还留下多处被泪水打湿的痕迹。其中一段话，大意是这样的："××同志说过这样一句话：我们基层党员干部的责任，就是让身边的老百姓说共产党好。多么质朴而生动、深刻的语言啊！我们要学习的，正是他这种爱党、忧党、护党的高尚情怀。如果一个村的共产党员能让身边的老百姓说共产党好，一个县的共产党员能让身边的老百姓说共产党好，一个市、一个省乃至全国的共产党员都能让身边的老百姓说共产党好，那么，何愁党的执政地位不能巩固？何愁经济不能发展？何愁党群干群关系不能融洽、社会不能安定祥和"？这样的语言就是纯粹发自内心，那种感动之情、激奋之情就像潮水一样喷涌出来，挡都挡不住。这就说明，感情是来自于生活、来自于实践的。

具备了上面所说的这些因素，接下来就是如何通过文字表述感情的问题了。与文学作品可以直抒胸臆、自由发挥不同，机关文稿表达感情有它特定的方式和要求。从总体上讲，这种感情更多体现在理想抱负、原则立场、目标追求、价值取向、胆识魄力等方面，具体到不同文种，表现又有所不同。如前所说，某些口语体文稿可以通过一定的文采和语言的节奏感、气势感，使感情表达更为直接、强烈，而书面体文稿就不一样了，它是把感情隐藏在严肃庄重的语言后面，就像一个人内心感情丰富而外表不苟言笑一样，表面上看不明显。这样说有点抽象是不是？举例来说吧，比如制定出台惠民政策，是不是需要怀着爱民之情？通报腐败案件、剖析性质和危害，是不是需要怀着正义之情？表述重大决策、部署重大行动，是不是需要怀着对事业的热爱之情、对美好未来的向往之情？这些东西虽然不直接反映在字面上，但从整个材料的高度、深度、力度和它的功能性、实用性等方面就可以看得出来。有些材料之所以空洞无物、平淡无味，满纸的空话套话，对实际工作起不到多大指导、推动作用，一个很重要的原因，就是缺乏对事业高度负责的精神，也就是对事业缺乏感情。冷血动物一个，不贴近时代脉搏，不了解时势变化，对新生事物不感兴趣，处处抱着一种冷漠的态度，无非搞搞文字游戏而已，哪会有感情可言呢？

"问世间情为何物？直教生死相许"，元好问这个千古名句写的是爱情悲歌，套用这句话来说，这个"情"，就是我们对事业的热情、爱情、痴情、激情。为了这个"情"，我们当然不需要以生死"相许"，但需要以奉献"相许"。有了这个"情"，我们心中就会有"诗和远方"，就能在稿纸的田野上栽下一行行"生机蓬勃的秧"，收获一片片"丰腴的秋天"。

对此我还有一点体会，无论我们工作有多忙，一定要给自己留点空间。好比一间100平方米的房子，我把95平方米留给工作，留5平方米给自己，应该不算过分吧？留这5平方米干嘛呢？听听音乐，读读文学名著、古典诗词，观赏观赏书法、绘画作品，有兴趣的话，写点感言、随笔、心灵鸡汤什么的。这样做的好处，一是陶冶性情、放飞心灵；二是培养自己的想象力、创造力和审美能力；三呢，养成一定的浪漫情怀，对写作有帮助。浪漫，其实并不是作家、艺术家的专利，文秘人员同样可以，而且应该拥有。我们的思维不能缺少浪漫，否则就会缺少想象和创新，缺少突破性的意识流动，变得狭窄、呆板、陈旧；我们的语言不能缺少浪漫，否则就会缺少灵性、生动和活力，变得枯燥无味、苍白无力；我们的精气神不能缺少浪漫，否则就会缺少坚毅、开阔和豪迈，变得目光短浅、斤斤计较、怕苦畏难、碌碌无为。所以说，留下这5平方米给自己，用途大着呢，好处多着呢，大家说是不是这样？（鼓掌）

问：读您的讲话和文章，差不多每篇都有几句新颖、独特、让人印象深刻的经典语言。比如您倡导"领导干部要崇尚简单"；您要求党员干部要树立正确的幸福观，"比比饥寒苦，温饱就是福；比比疾病苦，健康就是福；比比无业苦，工作就是福；比比牢狱苦，守法就是福"；您告诫党员干部要谦虚、低调，守住"低处的高度"，"习惯高处的站位，反而显低；习惯低处的站位，反而显高"，等等。请问您是怎样制造出这些经典语言的？有什么秘诀吗？

答：看来你是做足了功课啊，居然记得我这么多话，我自己早就忘了。但是你说这是"经典语言"，我可不敢当啊！"经典语言"是"马恩列斯毛"和其他许许多多伟人、名人才说得出、当得起的。我那些话，充其量不过是有点新意的话，也可以称做个性化语言。所谓个性化语言，就是不同于他人的、有自己个性特点和风格的语言。对这一点我的确是挺看重、挺在乎的。因为领导同志发表讲话也好，上党课、作演讲也好，发表文章也好，如果没有这种个性化语言，大家说的都差不多，千篇一律的老面孔，那还有什么意思？那还不如让笔杆子们炮制一篇"通稿"，发给大大小小的头头脑脑们照着念就是了？现在不少讲话、文章之所以不讨人喜欢，问题就在这里。

但话说回来，要写出个性化语言，又不是一件容易的事儿。我过去当秘书时，就常常为此而苦恼，当了领导后，这种感觉就更明显。当然，心安理得地说那些说过多少遍的空话、套话、旧话，人家当面不会说你的不是，甚至还会赞美你说得如何如何有高度、有深度、有很强的思想性和指导性，而且轻松省事，位子也照样坐得稳。但长期这样混日子，心里会踏实吗？有时写着、念着那些老掉牙的陈词滥调，自己都觉得不好意思，好像小学生考试不及格生怕挨父母的骂一样。当然，这也可能与自己虚荣心、自尊心较强有关，比较在乎话说出去、文章发出去，干部群众的反应会怎么样，对我个人能力、水平的评价会怎么样。这也不难理解，领导干部作为公众人物，谁不在乎这个呢？文字是机关的窗口，也是领导形象的代表呀！所以，在审阅秘书写的稿子时，或者自己动笔写稿子改稿时，就比较注重有没有体现自己的个性，有没有自己独到的思想见解和语言。这样一来，就往往把自己搞得比较累，左修改右琢磨的，好像憋足了一股"语不惊人死不休"的劲儿。人家说，您这么大的领导还经常"亲自"，多么令人敬佩啊！其实我猜他心里说的可能是：您老人家真是有官不会当，有福不会享，累死也活该！（众笑）

接下来就是怎样使用个性化语言的问题。你问我有没有什么秘诀，没有，真的没有，就是一点粗浅体会而已，而且未必对大家都有用，只能是敝帚自珍吧。什么体会呢？总体上说，首先思想理念上要树立一个"效果导向"，就是说，我要让我说出来的东西是独特的"这一个"，而不是似曾相识的"同一个"，是能够让人印象深刻牢牢记住的话，而不是左耳朵进右耳朵出、听过就忘的话。以这种"效果导向"，来倒逼自己启动新思维，研究新问题，分析新事物，说出新语言。具体的做法有这么几点：

第一，说真话实话。真话实话假不了，真话实话最动听。表达思想见解，爱什么、恨什么，提倡什么、反对什么，旗帜鲜明，是非分明，不含糊、不绕弯、不吞吞吐吐，这本身就是个性的表现。大家都能感觉得到：凡是说真话实话的稿子就会有个性，凡是说假话虚话、空话套话的稿子就看不出个性。有些人平时生活工作中很有个性，到了讲话作文时就没了个性，看上去滴水不漏、无懈可击，其实尽是些正确的废话，难怪人家不愿看、不愿听。

第二，说新话。新话就是带有原创性、具有新鲜感的话，是没有照抄照搬、重复雷同痕迹的话。同一个观点，人家用那种方法来表述，我用这种方法来表述；同一层意思，人家那样说，我偏要这样说，这里面的选择空间是很大的。其中就有个角度选择的问题，就是从不同的角度观察事物，从而得出不同的结论。其实大家都会使用角度，关键是要尽量避开人们熟悉的、用过的叙述角度，找到那个独特的、人家没有用过的巧妙角度，让自己说出来的话、表达出来的思想见解与别人不一样。这就是说，角度出个性、角度出新意。

第三，说别致、精致的话。这就是语言表达的方法问题，当然更是语言艺术问题。语法修辞、遣词造句，方法多样，变化无穷，不同的运用，产生不同的风格，从而也产生不同的个性化效应。这不仅检验我们的知识素养，也检验我们对语言文字的驾驭能力。为了使语言别致、精致，可以通过归纳提炼，使之简洁、鲜明；可以通过挖掘升华，道出某种意蕴深邃的哲理；可以通过积极修辞手法，使之富有文采和一定的感情色彩；可以通过恰到好处的排比句、对偶句，使之富有形式美、节奏感；可以通过适当运用一些生动鲜活的群众语言，使之少一些"官味"，多一些"泥土味"；还可以通过制作精彩的小标题，使整篇稿子别具一格，新颖动人。总之，只要勤于思考，讲究艺术，就能使语言乖乖地听从调遣，你觉得怎么好就怎么用，从而体现出个性特色。

当然，运用个性化语言应该是自然而然的，而不是忸怩做作的，应该是切合实际的，而不是刻意标新立异的。这就要求我们坚持求真务实与创新创造相结合，遵循机关语言总体规范与发挥个性特色相结合，从实践中挖掘出个性化语言的源头活水。

问：您讲话不喜欢照本宣科，有时本来给您准备了稿子，到讲话时又离开稿子讲自己的东西，口语化、漫谈式、举例子，整理出来就完全是另一种模样。请问，怎样才能提高稿子利用率？

答：我没念你的稿子，就觉得很失败、很丢人是不是？没这个必要。不过有这种心情也可以理解。我当秘书时也是这样，听到领导照着稿子念，就觉得很高兴；部分照念、部分不照念，就一会儿高兴、一会儿不高兴；如果全部没有念呢，那当然一点也高兴不起来，整个人就像泄了气的皮球。特别是对稿子中某些自以为很精彩的句子和段落，心里一遍遍巴望着：领导，念呀、念呀，把眼光收回稿子上来呀，千万别跳过去、漏掉了，那多可惜呀！结果领导还是没念，心里就别提有多难过了，甚至还犯嘀咕：你这个领导太不识货了！（众笑）

后来自己当了领导才知道，这根本算不上多大的事儿，纯粹是皇帝不急太监急。我是领导，我想怎么说就怎么说，我喜欢念就念，不喜欢念就不念，这是我的权利和自由，你着的哪门子急？还怪我不识货呢，那你来念念看？（众笑）其实不只是我，在某些场合，很多领导都不喜欢念稿子，或者有些照念有些不照念。为什么呢？这里可能有几种情况。一种情况是，这种讲话通常不在比较严肃庄重的大型会议上，而是在一般的工作布置、座谈交流等会议上，他觉得稿子虽然好，但离开稿子讲显得轻松自然，也让人觉得更真实、更生动、更亲切；另一种情况是，他本来就没有念稿子的习惯，即使他认为稿子写得不错，还是觉得讲自己的话更痛快、更放得开，更能表达自己的真实思想见解和个性风格，也更能表现他的智慧才华；再一种情况是，稿子的确写得一般化，要改又来不及了，只好把稿子当素材，在稿子的基础上加上自己的发挥；又一种情况是，他觉得稿子可用，而且他也审阅定稿了，但突然间他又有了新的想法、找到了新的角度，或者想到了某一个典型事例、某一层深刻道理，讲话时又加进了新的内容；还有一种情况是，稿子写得太糟糕，改来改去还是不满意，索性自己列个提纲或者打个腹稿就去讲，你们录音整理去吧！

弄清楚上述情况，我们就犯不着为稿子没被照念而郁闷了，还是具体情况具体对待吧。如果是稿子质量没大的问题，而且领导也定稿了，你爱念不念，你喜欢怎样发挥就怎样发挥，那是你的事。但如果是稿子质量不行，那当然是我的事儿，我就得努力去改进，尽可能提高成功率。怎么提高呢？我觉得至少这样几个方面是值得注意的：一是科学运用口语。相对于书面体文稿，讲话稿的最大特点就是用口语较多，这样才会显得自然、生动，你老是用写文件、写论文那种语言给他写，正儿八经的没点儿弹性，他怎么会喜欢？但这种口语又不同于即兴讲话那种纯粹的口语，而是书面式的口语。要不然，写作时也大量运用大白话，甚至连某些语气词也搬上去，那领导念起来又会觉得别扭了。二是平时要注意积累。积累什么呢？就是领导平常喜欢运用的语言，包括习惯用语、某些口头禅和符合他个性风格的语言。这方面积累多了，写出来的话慢慢就对得上他的胃口。三是尽可能多地掌握和提供可用的素材。领导口才再好，再怎么喜欢脱稿讲话，他也不可能什么都知道，他也离不开丰富的素材。所以你别管他念不念稿子，根据主题的需要和他的爱好，多提供一些你认为有用的素材，比如经典言论、警句格言、生动事例、成功经验等等，说不定他就用上了。有些领导虽然不喜欢念稿子，但每次都要秘书弄个稿子给他，这是为什么？就是看你的稿子里面有没有可用的东西，能不能对他有所帮助。四是要善于比较分析，吸收领导同志的长处。其实，很多领导同志不但领导经验、实践经验丰富，文字表述、口头表述方面也堪称我们的老师。仔细听听他们的脱稿讲话和即兴讲话，其中很多很多观点、见解、语言是书本上、文件上学不到的，特别是那些自然而然流露出来的真话实话，那些包含着智慧、经验、哲理、胆识、思想境界和价值追求的精彩表述，往往令人耳目一新，深受教育。所以，每次领导讲完之后，我们千万别为稿子没派上用场而心疼，倒是应该好好分析思考一下，领导为什么这样讲，我写那稿子为什么不讨领导喜欢，以后再写稿子就注意避自己之短，学领导之长，这样，不仅成功率可以逐步提高，而且还可以学到其他方面的很多东西，对自己日后成长有好处。说不定到哪天你自己当了领导，也不把我们秘书写的稿子当回事儿呢！（众笑）

　　问：我们都知道您懂音乐，还是著名二胡大师闵惠芬的弟子。您在文章中几次提到音乐与写作的关系，能否具体谈谈？

　　答：首先声明，我不是"懂"音乐，只是喜欢而已，也的确跟闵老师学了几年，但学艺不精，至今还是个半壶子水的超业余水平。不过我体会，喜欢音乐，对写作真的有一定好处。什么好处呢？一下子又说不太清楚，好像是只可意会不可言传吧。不记得是哪一次，写稿子写得烦躁了，就放点轻音乐来听听。听着听着，忽然觉得浑身放松了，思路又活了，就接着写下去，直到写完，才发现忘了关音乐。以后就成了习惯，只要不影响他人，就边听音乐边写作，那种优美的、舒缓的、淡淡的音乐声，似乎能给我带来灵感和快乐。再后来，又慢慢悟出了音乐与写作的某些联系，这种联系虽然不是表面的而是潜在的，不是直接的而是间接的，但又是或明或暗、或多或少地存在着。什么联系呢？

　　首先是语言方面。音乐是一种抽象语言，人们通过旋律、节拍、速度、力度、音色、曲式、调式等形式要素去感悟其中的思想情感，所以说"音乐无国界"，老外还说"音乐是上帝的语言"。大家都听过《拉德茨基进行曲》《斗牛士进行曲》《悲怆奏鸣曲》等世界名曲，它们没有歌词，却风行世界，经久不衰，这就是音乐语言的魅力。文稿写作用的是具象语言，人们通过主题、观点、结构、内容、文字等形式要素去领悟其中的思想见解和组织意图，明确该做什么和怎么做。这两种语言符号不同、表现形式不同，但都需通过准确、生动、流畅的表达来体现其特定的功能与作用，从而产生吸引人、感染人、打动人的效果。有些文稿语言之所以存在生硬、做作、前后风格不一、毫无灵气和活力等问题，就是由于缺乏准确性、生动性和流畅性所造成的。

其次是节奏方面。音乐的节奏与节拍并存，通过音的长短和强弱及其相互关系的固定性、准确性、协调性来组织音乐运行。文稿写作的节奏感主要体现在语言组织的形式上，包括层次的科学安排、详略的准确把握、语感语势的合理调节，特别是句式变化、词与词组搭配中所体现出来的和谐感、流畅感。比如"不忘初心，牢记使命""变作风、干实事、求实效"这样的句子，句式整齐，铿锵有力，显得有力度和气势。如果把后一句改成"变作风，多干实事，求实效"，多了一字，就显得很拗口，节奏感就少了。无论音乐节奏还是文稿语言节奏，都讲究有"板"有"眼"，有张有弛，这样才能给人以美的享受。

再就是主题方面。音乐主题指的是一部音乐作品中的主要乐思，即音乐的核心部分，多以歌唱性较强的旋律出现，有着个性鲜明、表现力强、中心突出、优美动听的特点。与此相关的还有多声部合唱或演奏中的主旋律，就是起主导作用的那个声部，其他声部都是围绕它而运行变化，起着补充、烘托、润色的作用。无疑，文稿写作也须提炼主题、贯串主题，所有内容都紧紧围绕主题而展开，文稿才会显得紧凑、集中、意旨鲜明、重点突出。无论音乐创作还是文稿写作，如果主题不突出，就会显得松散无序、杂乱无章，变成"噪音""杂音"，破坏表达效果。

还有感情表达方面。感情是音乐的灵魂，没有感情就没有音乐。任何一首歌曲或乐曲，或激越高昂，或低沉悲壮，或热烈欢快，或舒缓轻柔，或庄严厚重，或轻快活泼，其实都是情感的宣泄和表达。听《国际歌》使人热血沸腾，听《梁祝》使人如痴如醉，这就是感情冲击的强大力量。文稿写作同样如此，根据主题和内容的不同，或热情颂扬，或无情鞭挞，或爱或恨，或提倡或反对，或坚守或摒弃，也都是特定思想情感的表达。另外，音乐运行到一定时候会出现高潮乐段，如歌曲中的副歌、乐曲中的结束部分，它的作用就是突出主题，精彩收尾。文稿写作有时也会出现高潮，如讲话稿的关键部分特别是结束部分，用号召、鼓动、激励性语言来鼓舞斗志，凝聚力量。如果缺乏情感的起伏和流动，无论音乐还是文稿，都将是平淡无味、难以打动人心的。

此外还有一个相联系的地方，就是音乐表现和文稿写作中的心境状态问题。它们都需要静心、专注，这是毫无疑问的，大家也都知道的。我认为还有一点，就是放松。什么意思呢？我曾写过一篇文章，题目叫《"放松"的感觉很美》，意思是，无论音乐创作还是演唱、演奏，都需要在身心放松的状态下进行，否则就会紧张、僵硬，导致音乐表达不自然、不流畅。写作上的心态放松，指的就是那种顺乎自然、挥洒自如的状态，不咬文嚼字、不生拼硬凑，只要能把意见表达清楚、准确，该怎么写就怎么写。如今不少文稿之所以出现结构雷同、句式呆板、语言陈旧等种种毛病，其实都与思想上墨守成规和心理上过于紧张、拘谨有关系。年轻同志尤应注意这一点。

说了这么多，其实音乐与写作的这些共同点本来就存在，大家在写作中也都在或多或少地运用着，无非没有意识到而已。更何况，喜欢音乐的人不只我一个，文秘队伍中大有人在呢！当然，如果能有意识地多了解掌握一些音乐知识，就可以强化审美能力，让语言多一些音乐美，让文稿多一些灵性、美感和感染力。

问：提一个有点冒昧的问题，据说您有喝酒写作的习惯，还获得过"酒仙秘书"的雅号，请问喝酒对写作有帮助吗？

答：哈哈，连这种隐私都被你知道了，可见我是酒名远扬啊！（众笑）我承认，这是真的。不过我开始并不知道酒还有这个妙用，都是我那岳父老爷子把我带坏的。说来真是缘分，当年我这个小秘书的恋爱对象的父亲，居然是一位正宗原装老秘书——县委办公室主任。他是全县有名的大才子，一支生花妙笔行云流水、呼风唤雨，深得县委书记赏识。我想这真是前辈子修来的福气，既遇见了"泰山"还碰上了良师，既可以娶他的女儿还可以学他的写作经验，于是虚心向他请教。他倒也爽快，从审题立意到谋篇布局，从材料组织到语言运用，如此这般教导一番，然后问我喝不喝酒。我说能喝一点儿。他说那就太好了，喝酒可以激活思维，对写作有帮助，你不妨试试。我说这怎么可能呢，喝了酒豪言壮语胡言乱语最后烂醉如泥无言无语，还能写得成稿子？他说谁叫你半斤八两把自己喝倒啊，要把握好"度"，喝到微醺状态就行，你试试就知道了，不行就别喝。

我想老爷子既然把我当女婿就不会糊弄我，说的肯定是经验之谈，就照着去做。一试，果然灵！碰上思路卡壳时，搞那么二两下去，思路就活了，写起来也顺当多了。从此一发不可收拾，每逢有重要文稿起草任务、特别是应急赶任务时，办公桌上都得放点儿酒和花生米，边喝边写，就会写得比较顺比较快，而且用不着太多修改，到了领导手上基本上能过关。这样一来，固然大大提高了写作效率，也给自己带来了麻烦，增加了工作量。我们地委书记对文稿的要求本来就特别地高，知道我有这个特点后，几乎所有应急性的重要讲话都交给我起草或修改，当然他每次都不会忘记叫人往我办公桌上放一瓶酒、一包花生米，既要马儿跑又让马儿吃草。（众笑）更麻烦的是，有的要好同事也来占我便宜，碰上稿子写不下去无法交差时，就拿酒来收买我，还摆出一副可怜相苦苦哀求："啊呀，这篇稿子我写得头都要爆炸了、想作呕了，你老兄反正是举手之劳，就帮帮忙吧！"弄得我只好乖乖为他代劳。"酒仙秘书"就这样出名了，而且还是地委书记开玩笑首先说出来的，就像古代皇帝给人赐名，你们看我有多荣幸、多嘚瑟吧！（众笑）

那么，喝酒对写作究竟有什么帮助呢？我觉得这里边有点科学道理，主要是酒精的刺激、兴奋作用。大家知道，古代文人很多都爱酒，因醉而获得灵感，获得想象力和创造力，获得艺术创作的自由状态。据说，文人祖师孔夫子就特别好酒，酒量还特别的大，但他是圣人，从不喝醉，控制得好。文武兼备的曹操"对酒当歌，人生几何""何以解忧，唯有杜康"，还有他那位才高八斗的儿子曹植，喝起酒来比他老爸更不要命，青出于蓝胜于蓝。李白斗酒诗百篇，杜甫也是嗜酒如命，他们的很多佳作都是在醉酒状态下产生的。郭沫若曾经作过统计，在现存诗作中谈及酒的，李白占 17%、杜甫占 21%。由此不难想象，假如没有酒，今天我们看到的《李太白集》《杜工部集》将会失去多少色彩和韵味。还有宋代苏轼、辛弃疾、李清照都爱好杯中之物，据说李大美女还经常喝醉，难怪她会写出"寻寻觅觅、冷冷清清、凄凄惨惨戚戚"那种哀婉动人的句子。清代郑板桥难得糊涂，所以经常烂醉如泥，借酒装糊涂。这样的例子还有很多。回到咱们文稿写作来说，个人体会，酒的作用表现在这样几方面：一是使思路更开阔、更活跃，想象力更丰富，更容易摆脱模式化的束缚和照抄照搬的习惯；二是有助于打消紧张、拘谨心理，胆气更足，独立思考的意识更强，想怎么写就怎么写，而且敢说真话实话；三是使笔势更顺、表达更为轻松自然，从而避免因为咬文嚼字、生拼硬凑而耽误时间，加快写作速度。总之我觉得，在微醺状态下写作，会感到有一股劲、一种势，整个思维活动就像一道活水在奔腾，充满了灵性、生气和激情。

但是话说回来，有时候我也问自己：为什么不喝酒就不行呢？就进入不了这种状态呢？就写不到这种水平呢？可见我还是功夫不到家，太清醒、太冷静，反而写不出好东西。就像我岳母大人打趣说的：别听人家把你们爷儿俩夸得那么神，要是没有酒，看你们写得出什么！（众笑）

不过我要说明：说喝酒对写稿有帮助，不见得人人都需要靠喝酒来写作，更不是鼓励、提倡大家都来喝酒，要是那样的话，写稿子时大家桌子上都搁上一瓶酒，搞得酒气熏天的，那不糟了大糕！（众笑）何况，秘书界那么多高手写出那么多好文章，很多人并不靠喝酒。无论喝酒不喝酒，要把稿子写好，关键还要平时练就硬功夫、真本事。要是光靠喝酒就能写好稿子，那就太简单太容易了，"爬格子"这活儿专挑那些"津巴布韦"的酒中豪杰来干就可以了。（众笑）当然，要是你也有喝酒写稿的习惯，而且写得又快又好，那就放心喝就是了，但记住别喝醉哦！（鼓掌）

问：您从前给领导写材料，现在是秘书为您写材料，请问您最喜欢哪种类型的文字秘书？

答：你们提的问题怎么尽是带挑战性的啊！（众笑）实话告诉大家，我觉得当领导除了发挥好班子成员的作用外，离不开三个好帮手：一个是好老婆，守住后院不惹事；一个是好司机，车行万里不出事；一个是好秘书，能写能说能办事。由此可见秘书有多重要了。但要选到一个好秘书真的不太容易，有时觉得比找老婆还难。（众笑）老婆嘛，长相还过得去，守妇道、会持家就行，而秘书呢，不仅要能写，还要思想品质、脾气性格好，缺了哪样都不行。就像我自己，当年那么卖命跟着领导干，但有的领导认为我写写东西还行，脾气性格就不太讨人喜欢，嘴巴硬，不会说好话，加上不苟言笑，长相又比较困难，看上去比领导架子还大。幸好有手中这支笔，要不然，说不定早就被撂到一边凉快去啦！（众笑）

所以后来当了领导，就比较注重秘书的综合素质。思想品质肯定是第一位的。你再能写，如果思想品质上有问题，那怎么能用？古话说"德不配位，必有灾殃"，秘书这个"位"虽然不是位高权重那个"位"，却是以文辅政、参谋助手那个"位"，所以他的"德"也要和这个"位"相配才行，否则也会惹麻烦。我先后用过几位秘书，思想品质方面都相当不错，忠诚老实，勤奋刻苦，上进心强，但其他方面各有短长，各具特点。有的文化水平高，但实践经验欠缺；有的老实听话脾气好，但悟性和创造性不太强；有的智商方面行，但情商不太行；有的情商还可以，智商又稍稍差了点儿。那怎么办呢？后来想清楚了，对秘书不能求全责备，尺有所短，寸有所长，任何人都是可以改变的，经过锻炼还是可以得到提高的。还有一条很重要，我认为领导对秘书不只是使唤，还负有传帮带的责任，就像我自己，好多东西也是当秘书时向领导学来的。这样一想，也就不再横挑鼻子竖挑眼了，经过一段时间的磨合和锻炼，他们的综合素质慢慢都上来了，有的后来还成了能够独当一面的文字好手。

所以我讲，看一个文字秘书好不好，除了思想政治方面要过得硬以外，主要还是看他经过一段时间的磨合、锻炼之后，文字上能不能拿得起来，质量高不高、管用不管用。具体地说，既要看他表面上的文字表达，更要看他文字背后的"诗外功夫"，也就是宋代文学家陆游说的"功夫在诗外"。什么功夫呢？第一，知识面较宽，情况较熟悉，方方面面的东西都知道一点，写起东西来得心应手；第二，有较强思考能力和一定的实践经验，懂基层，接地气，碰到实际问题拿得出办法点子，能给领导当好参谋；第三，悟性强，反应快，善于领会领导意图，同时能发挥主观能动性，主动为领导拾遗补缺；第四，善于观察把握领导的不同风格特点，写出来的东西合乎领导要求和爱好；第五，敢说真话实话，敢于直言，发现领导意见有不当之处时能够及时提醒。这五条，前四条好理解，后面这条不太好理解是不是？其实也不难理解，至少我是这么认为的。难道那种谨小慎微、唯唯诺诺的秘书才是好秘书？不能这么看。更重要的是，哪怕再高明的领导，也不可能什么问题都懂、什么都考虑得很周全，当发现领导交代写作意图有不当之处时，或者领导改过的稿子有不妥之处时，秘书应主动提出，如果领导一时不明白，还要敢于坚持、作好解释，这才叫对领导负责。比如我，在一些同志看来，既是领导又是"老秘"，谁能动得了你一个字？这不对呀，我的东西怎么可能全是对的呢？有一次就差点出问题，在我修改过的文字中出现"蹉跎岁月"四个字，我的本意是形容基层工作的艰难、辛苦，秘书提醒说，这四个字的意思是虚度光阴，用在这里不恰当。我就改了，还感谢他。还有，我在《大手笔是怎样炼成的》有关篇章中提出"领导讲话要口语化"，也是秘书提醒：口语不等于口语化，"化"是全部，你们领导的正式讲话不可能全部用口语。我一听有理，后来也改了。你瞧，这样多好，这才真正发挥了参谋助手作用。所以我认为，领导与文字秘书的关系，不应只是领导与被领导的关系、服务与被服务的关系，还应是理政与辅政相默契的配合关系，是相互理解、相互尊重、相互帮助支持的同志和朋友关系。做到这一条，领导会当得更轻松，秘书也会当得更出色。

说到底，要想成为一名被组织信任、被领导喜欢的秘书，最根本的还是要按照习总书记要求的，做到五个坚持：坚持绝对忠诚的政治品格、坚持高度自觉的大局意识、坚持极端负责的工作作风、坚持无怨无悔的奉献精神、坚持廉洁自律的道德操守。做到这五条，不仅写作上能出类拔萃，其他方面也能不断进步、不断提高，成为一名很棒很棒的好秘书！（热烈鼓掌）

附 录

机关主要应用文稿写作常识参阅表

文种/事项	性质及作用	常用结构方法	写作要求（共性要求）	写作要求（特别要求）	语言风格	备注
决定（用于奖惩、变更事项的除外）	适用于对重要事项做出决策部署。（如：《中共××市委关于加强领导班子思想作风建设的决定》）	（一）引言：缘由及依据；（二）主体：1.目的意义，指导思想，基本原则，目标要求；2.政策措施与要求，方法等；（三）结束语：号召与希望（也可不用）。	（一）符合党的路线方针政策和国家法律法规，完整体现发文机关意志；（二）坚持实事求是，所提政策措施和办法科学可行，并与现行有关文件相衔接；（三）内容简洁，主题突出，观点鲜明，结构严谨，文字精练，条理性强；（四）文种正确，格式规范，运用书面语言。	立意高远，着眼全局，具有较强思想性、战略性、权威性；周密考虑决策，拟行、落实诸环节，要求明确，措施具体，可操作性强。	严肃庄重，坚定有力，令出如山。	四者区别：（一）事项轻重程度不同，"决定"为重大决策事项，"决议""意见"为重要事项，"通知"为一般具体事项。（二）制定形式不同，"决定"可由会议讨论通过，也可由一级领导机关作出；"决议"需经会议表决产生；"意见""通知"由一级领导机关制定。
决议（批准性、公布性决议除外）	适用于会议讨论通过的重大决策事项。（如：《××省人大常委会关于推进依法治省的决议》）	（一）引言：缘由及依据；（二）主体：决议事项的目的意义及具体内容，或对有关工作的部署安排，或对有关事项的评价、结论等；（三）结束语：号召与希望（也可不用）。		集思广益，反映民主意志，体现较强结论性、权威性；善于概括，侧重表述原则性意见，一般不涉及具体措施要求。		
意见	适用于对重要问题提出见解和处理办法。（如：《××省政府关于规范和解决政府债务风险的意见》）	（一）引言：缘由及依据；（二）主体：1.解决问题的意义、思路、见解；2.具体要求和措施方法；（三）结束语：号召与希望（也可不用）。		提出见解有理有据，说服力强，注重措施办法的针对、实用性。	严谨平实而不乏刚性与力度。	
通知（用于告知和转发、批转发公文的除外）	适用于传达发布下级机关执行的具体事项及目的。（如《××省林业厅关于做好冬季森林防火工作的紧急通知》）	（一）引言：事项名称及目的；（二）主体：具体任务及措施要求；（三）结束语：强调抓好落实并报结果。		具体明确，便于执行。	开门见山，直截了当。	

（决策部署类）

续表

文种	事项	性质及作用	常用结构方法	写作要求（共性要求）	写作要求（特别要求）	语言风格	备注
告知类（通报）	表彰性通报	适用于表彰先进,树立典型,见义勇为先进个人的通报。(如:《关于表彰个人的通报》)	可单列引言,也可直接进入主体:(一)概述背景、由来及表彰的目的意义等;(二)公布受表彰名单(如名单较多则附于文后);简述先进事迹(也可不用);(三)结束语:希望受表彰者再接再厉,号召各方面向先进学习看齐。	(一)情况真实,表述准确;(二)结构严谨,层次分明,文字精练;(三)文种、格式运用规范,语言书面。	"通报"主要是记叙事实与结果,不同于对重大典型的表彰奖励"决定",须概述典型事迹,做法经验及教育意义。二者容易混用。	简洁明快,富有激励性,鼓动性。	注意各文种的区别运用,不要混淆;注意各种文种的不同,各种通报通过机关公文运行渠道发布,通告、通报通过媒体或新闻渠道发布,限于特定受文对象;公告、通报带有新闻性、时效性,供社会公众了解掌握。
	批评性通报	适用于揭露问题,批评错误。(如:《关于××局部分干部变相公款旅游问题的通报》)	(一)引言:批评何人何事;(二)主体:1.陈述事实,判定性质,分析根源及危害;2.公布处理决定,要求下级吸取教训,引以为戒,提出若干具体要求。		态度鲜明,结论公正,体现教育、警示、防范作用。	严正,犀利,正气浩然。	
	动态性通报	适用于传达情况,沟通信息。(如:《关于上半年经济运行情况的通报》)	(一)引言:通报事由及总体情况;(二)主体:陈述具体情况,对有关动态、特点、趋势进行分析;2.简述下步工作要求或相关注意事项。		注意揭示带规律性,倾向性的东西,引起人们注意。	用事实展示真相。	
	公告	适用于向国内外宣布重要事项或者法定事项。(如:《××省公告》)	(一)标题:公告事项的内容,包括时间;(二)主体:告知的内容、依据、事项等;(三)结束语:"特此公告"或"现予公告"。		直陈其事,一事一告。	严肃,简明。	
	公报	适用于公布重大事项或者重大决定。(如:《中共××省委员会第×届第×次全体会议公报》)	(一)标题:会议公告或事项名称加文种;(二)主体:会议决定、事项及主要精神和相关内容(地点、人员及会议公报附述有关事项的动态、结果等);(三)结束语:事项公报一般不用结束语。		记叙为主,辅以必要的说明和议论。		
	通告	适用于在一定范围内公布应当遵守或者周知的事项。(如:《关于加强网吧管理的通告》)	(一)标题:事由加文种;(二)主体:通告的依据,目的及事项内容,包括有关规定、要求等,如内容较多则分项排列;(三)结束语:"特此通告"或"本通告自发布之日起实施"。		注意与有关政策法规相衔接。		

续表

文种	事项	性质及作用	常用结构方法	写作要求		语言风格	备注
				共性要求	特别要求		
计划类	发展规划	适用于部署安排中长期和事业发展。（如：《××省十三五规划纲要》）	（一）序言：形势、现状及制定依据；（二）主体：1.指导方针、战略目标、重点体构想；2.主要任务，发展布局，总项目，政策措施，实施步骤等；3.保障措施；（三）结束语：希望与号召（也可不用）。	（一）体现超前性、计划性和管理的严肃性，有利于明确任务职责，提高工作效率；（二）切合实际，科学合理；（三）结构严谨，层次分明，文字精练，条理性强；（四）文种格式正确，规范，运用书范语言。	着眼长远，统筹谋划，带有宏观性、纲领性、战略性；内容较为概括，粗线条。	庄重，厚实，大气恢宏。	注意把握各种事项轻重、内容繁简，时效长短等方面的区别。
	工作安排计划	适用于具体安排一个时段的全面工作或专门工作。（如：《××厅一季度工作安排》）	（一）引言：缘由及目的；（二）主体：具体内容，包括做什么、怎么做，做到什么程度；（三）结束语：概括性要求与希望（也可不用）。		内容具体，要求明确，便于执行和考核。	事无巨细，面面俱到，但这是必要的。	
	工作要点	适用于提出一个时段的工作任务与打算。（如：《中共××省委常委会2017年度工作要点》）	（一）引言：背景、总体要求和目标；（二）主体：并列式陈述各项任务与打算。		统筹兼顾，内容全面，但不涉及具体事项和措施方法。	简明扼要，"点"到即止。	
	工作方案	适用于安排某一重大活动或专项行动。（如：《关于集中整治农业面源污染的行动方案》）	（一）引言：事项名称、缘由及目的；（二）主体：1.总体安排，包括目标任务；2.具体安排，对象、范围，方法步骤，组织领导，责任分解等；3.有关具体要求。		周密安排，环环紧扣，便于操作和执行。	细、实。	

续表

事项	文种	性质及作用	常用结构方法	写作要求（共性要求）	写作要求（特别要求）	语言风格	备注
报告类	工作报告	适用于向法定例会报告工作（如：《××省人民政府工作报告》）	（一）引言：说明代表何组织报告工作，提请审议（党委述会议背景及主题）；（二）主体：1.全面回顾工作，总结经验体会（或下一届工作）；2.提出下一年度安排意见；简述自身建设与号召：（三）结束语：希望与号召。	（一）内容期实，事实准确；（二）结构严谨，层次分明，重点突出，文字精练：运用规范书面语言。	回顾工作要全面、客观，体现全局性、战略性，目标明确，重点突出，要求不宜过细。	庄重而明快，朴实而昂扬。	注意与布置工作类讲话在结构、语言、语气、表述方式等方面的区别。
	工作汇报	适用于向上级报告有关决策部署落实情况或工作开展情况。（如：《关于我市推行"河长制"的情况汇报》）	（一）引言：背景、事由，概述总体状况；（二）主体：工作开展情况，主要做法及成效；（三）结束语：简述存在的不足和下一步打算。		少写过程，多写实务，注重反映特色及举措效果。	怎么做的就怎么说。	二者均属于回顾总结工作，区别在于："工作汇报"侧重反映情况，"经验介绍"侧重提炼和展示有特色的成功之道。
	经验介绍	适用于有关会议或成报告刊上介绍工作经验。（如：《有特色才能有起色——我市发展县域经济的做法与体会》）	（一）引言：基本情况和总体成效；（二）主体：具体做法、效果和经验体会；（三）结束语：表示谦虚，简述打算（也可不用）。		彰显特色和亮点，防止流于平淡，把握好"度"，不说大话，过头话。	实在而不失鲜活，自信而不失谦逊。	
	学习考察报告	适用于总结借鉴外地外单位成功经验。（如：《创新驱动是制胜之——××地区学习考察报告》）	（一）引言：学习考察主题、目的和总体印象；（二）主体：1.记述对工作概况及主要成效、有特色的做法和经验；2.借鉴收获和启示，提出学习借鉴的意见建议。		抓住对方最精华、最有借鉴意义的做法与经验；借鉴进行归纳概括；借鉴意义切实可行。	晴朗清新，平中见奇。	
调研文章	总结指导类	适用于反映工作成效与经验，指导推动工作。（如：《××县实施精准扶贫脱贫的经验与启示》）	（一）引言：调研活动动因及目的；（二）主体：1.陈述调查情况，成效与经验等；2.依据成功经验或情况进行理性分析，就解决存在的问题提出意见建议；（三）结束语：归纳与愿景（也可不用）。	（一）事实清楚，全面客观；（二）研究充分，说服力强；（三）对策建议科学可行；（四）结构严谨，层次分明，表述准确，文字精练；（五）运用规范书面语言，适当运用口语。	坚持问题导向，注重选题立意的针对性，实用性。	冷静细腻，还需鲜活生动。	依据事实进行分析思考，防止写成抽象的议论文。
	揭示类	适用于反映某种热点问题，并提出解决办法。（如：《民间非法集资问题的调查与警示》）	（一）引言：调研活动动因及目的；（二）主体：1.反映情况，分析症候、深挖根源；2.在研究的基础上提出对策办法；（三）结束语：归纳与愿景（也可不用）。		把握宏观性、战略性，着重在思路、原则、政策措施，体制机制等方面进行分析探讨。		
	探讨类	适用于对重要决策部署的思考与谋划（如：《关于我省生态文明建设的现状分析与对策探讨》）	（一）引言：调研活动动因及目的；（二）主体：1.分析现状、成效与问题，机遇与挑战，有利条件和不利条件；2.进行理性思考并提出决策建议；（三）结束语：归纳与愿景（也可不用）。				

续表

记叙类

文种	事项	性质及作用	常用结构方法	写作要求（共性要求）	写作要求（特别要求）	语言风格	备注
工作总结		适用于回顾本单位某一阶段全面工作或专项工作（如：《××市委2018年工作总结》）	（一）引言：概述背景和总体状况；（二）主体：1.工作开展具体情况及成效、不足；2.总结经验体会（也可不单列一部分，放在"回顾"之后简述）；（三）结束语：简述下步打算（也可不用）。		用事实说话，成绩不夸大，问题不缩小，经验体会不空谈，结构严谨，文字精练，运用规范书面语言。	平实，简朴。	
会议纪要	布置类	适用于记载需有关部门周知并执行事项的会议（如：关于做好城镇困难群众脱贫工作的会议纪要）	（一）引言：会议时间，主题及主持人；（二）主体：1.记述会议形成的共识及各方责任；（三）落款：出席、列席人员署名。	（一）格式规范，层次分明；（二）善于归纳，记述准确；（三）运用规范书面语言，文字精练。	如有不同意见不予记述，述以多数人意见及主持人意见，定夺意见为准。	准确，清晰，代表一切，其他都是多余的。	（一）记述会议共识一般不用序号，而用语开头，指出"会议认为""会议强调""会议要求"等语；记述议定事项表述中，而碍于单列于会议表述中。（二）主持人的意见及要求一般不单列；（三）注意把握与会记录的区别，"记要"侧重原汁原味，"纪要"则在其基础上归纳概括。
会议纪要	办公类	适用于记载议定事项的会议（如：××省人民政府常务会议纪要）	（一）引言：会议时间，主持人及会议议题；（二）主体：分项式记述议定事项，议定共识；（三）落款：出席、列席人员署名。				
会议纪要	协调类	适用于记载协商、研讨等类会议情况（如：关于××机构改革中人事权调整的协商纪要）	（一）引言：会议时间，主题及主持人；（二）主体：记述协商协调形成的共识及议定事项；（三）落款：出席、列席人员署名。				
简报	动态类	适用于反映工作动态或某项专项行动（如：《扫黑除恶专项行动简报》）	（一）导语：概述主要内容，做法与成效，问题与不足等。（二）主体：具体情况。	（一）反映及时，注重时效；（二）记述客观，文字精练；（三）运用规范书面语言。	如有不同意见，应如实记述。	顾名思义，简。	
简报	会议类	适用于反映有关会议动态（如：《××省×届人民代表大会第×次会议简报》）	可用导语，也可直接进入主体，或述会议议程进展动态，或记述具体情况作，或典型经验，或重要言论，包括评价，表态或意见建议等。一般不分段。				
信息		适用于向领导机关反映重要情况，相当于机关"内部新闻"（如：《××县某乡当地灾害致多人伤亡》）	（一）标题：概括内容；（二）主体：1.导语，通常为一句话，有时也写导语。2.记述具体经验，或重要动态、或重要建议等。		题目力求概括，精致，精睛，题文相适。	节省文字，没有比它更"抠门"的了。	
干部考察材料		适用于记述干部德才表现，作为选人用人依据（如：《××同志考察材料》）	（一）标题：××同志考察材料。（二）主体：1.分项记述德能勤绩廉情况；2.指出存在的问题。（三）落款：考察组，考察人姓名。		客观全面，准确反映考察对象素质，防止失准、失真，运用规范书面语言，文字精练。	精确，精确，再精确！	

— 385 —

续表

事项 文种		性质及作用	常用结构方法	写作要求		语言风格	备注
				共性要求	特别要求		
讲话类	动员讲话	适用于对开展重要工作、重大活动进行动员部署。（如：《××同志在创建国家文明城市动员大会上的讲话》）	（一）引言：缘由及主题；（二）主体：1.目的意义，总体要求，主要任务；2.具体方法步骤及措施要求；（三）结束语：希望与号召。	（一）符合党的路线方针政策和国家法律法规，完整、准确表达领导意图；（二）切合实际，求真务实，针对性、指导性强；（三）思路清晰，结构生动，主题鲜明，语言生动，通俗易懂；（四）书面语言和适当的口语、个性化语言相结合，可有一定文采和感情色彩。	富有思想性和说服力、推动力、号召力，凝聚人心，鼓舞斗志。	格调昂扬，语气坚定，如闻号角。	口语、个性化语言和修饰性语言可使讲话生动、鲜活，增强表达效果，但用与不用，或用或少用，需视领导个人风格习惯和会议内容、对象而定。
	布置工作讲话	适用于安排布置日常业务工作。（如：《××同志在全省财税工作会议上的讲话》）	（一）引言：缘由及主题；（二）主体：1.分析工作进展情况，指出存在的问题；2.提出下步工作安排意见；（三）结束语：希望与号召。		突出重点，有的放矢，善谋对策，讲求实效。	在朴实、静中展示引导力和推动力。	
	调研指导讲话	适用于调研活动中面对面指导工作。（如：《××同志在××县调研时的讲话》）	（一）引言：调研动因及目的；（二）主体：1.归纳调查情况，肯定成绩，指出问题；2.对下步工作提出指导性意见；（三）结束语：鼓励与希望。		尊重基层创造，吸纳有关意见建议，指导意见有理有据，针对性强。	循循善诱，丝丝入扣。	
	总结表彰讲话	适用于褒扬先进，营造争先创优氛围。（如：《××同志在抗洪抢险救灾总结表彰大会上的讲话》）	（一）引言：召开大会的目的意义；（二）主体：1.总结工作，肯定成绩，展示典型事迹，争先进方面向先进学习，争先创优，建功立业；（三）结束语：激励与号召。		注重提炼成功经验，揭示先进典型精神价值，引领人们的思想与行动。	热烈，豪迈，饱含感情。	
	会议总结讲话	适用于归纳会议成果和提出贯彻意见。（如：《××同志在全省农业农村工作会议结束时的讲话》）	（一）引言：归纳会议情况及主要收获（若"收获"需要展开，则单列为一个层次）；（二）主体：1.就如何理解、把握会议精神进行阐释、强调，并发表补充性意见；2.提出贯彻意见和要求；（三）结束语：希望与号召。		避免与主体讲话重复或形成冲突，贯彻意见要具体、明确，便于操作落实。	周全细致，朴实无华。	

续表

文种	事项	性质及作用	常用结构方法	写作要求 共性要求	写作要求 特别要求	语言风格	备注
讲话类	党课讲稿	适用于对党员干部进行党性、党风、党纪教育。(如:《让红色基因代代传承——××同志在市委党校中青年干部培训班上的党课讲稿》)	(一)引言:讲课主题及目的意义;(二)主体:1.围绕主题展开论述,阐释,讲清楚"是什么""为什么";2.联系实际进行分析,解疑释惑,统一思想与消除疑虑;(三)结束语:归纳与希望。	同上	坚持"党课姓党",不发表不正当言论;论理深刻透彻,适当举事例,讲故事,以增强启示性和说服力;善用群众语言,深入浅出,善用现今性生活语言,防止变成布置工作。	爱憎分明的正气歌,以理服人的实在话。	同上
讲话类	座谈研讨讲话	适用于座谈会、研讨会、务虚会等场合发表意见和主张。(如:《××同志在市委四套班子务虚会上的讲话》)	(一)引言:会议主题和目的;(二)主体:1.对与会者提出的有益意见予以归纳,肯定;2.围绕主题发表意见和主张,形成系统性的指导意见;(三)结束语:鼓励,激励(也可不用)。	同上	体现民主性、兼容性,对不同意见允许保留;善于概括,升华,富有引领、指导意义。	平和谦谨,柔中带刚。	
讲话类 应景礼仪讲话类	纪念讲话	适用于重要节庆或庆祝纪念人物纪念活动。(如:《××同志在纪念"五一"国际劳动节大会上的讲话》)	(一)引言:主题及背景,缘由;(二)主体:1.缅怀有关历史事件或人物功绩,阐述意义,作出评价;2.对相关工作提出要求和希望;(三)结束语:号召,激励。	(一)结构严谨,表述准确,文字精练;(二)书面语与口语相结合,有一定文采和感情色彩。	注意挖掘纪念活动的本质内涵,体现对现实工作的推动和促进作用。	深情,凝重、坚定,催人奋进。	
讲话类 应景礼仪讲话类	庆典礼仪讲话	适用于重大庆功祝捷仪式机场通航庆典庆祝活动。(如:《××同志在××机场通航庆典仪式上的讲话》)	(一)引言:背景,缘由,表示问候、祝贺,敬意;(二)主体:回顾过程肯定与成绩,展示前景希望;(三)结束语:号召与希望。		侧重于鼓励,鼓劲,激发正能量。	热情欢快,激发人心。	
讲话类 应景礼仪讲话类	外事讲话	适用于对外交流场合的洽谈、联谊等活动。(如:《××同志在××两省经济合作交流会上的讲话》)	(一)引言:礼节性的欢迎或感谢语;(二)主体:1.介绍本地基本情况及发展现状、资源、特色等;2.评介对方发展成效及经验,表达学习合作意愿;(三)结束语:祝愿,祝福。		找准双方共同点,激发共鸣,增进共识;热情友好,诚信待体,分寸,表达得体。	语言也是可以微笑的。	注意与其他讲言语的区别。

续表

事项／文种		性质及作用	常用结构方法	写作要求		语言风格	备注
				共性要求	特别要求		
规章制度类	章程	适用于制定有关组织、社团的组织和办事规则。（如:《中国工会章程》）	（一）标题:组织或社团名称加文种;（二）主体:1.总则,性质,宗旨与任务;2.分则,组织的设置,职责,成员的条件,权利与义务,任期及有关管理事项等;3.附则,解释权与施行日期等。	（一）各种规制性文件均属于法律规范以外的文件,具有普遍约束力的文件,具有稳定性,长效性和强制性;（二）格式依法定程序制定,不得与法律法规相抵触;（三）格式规范,条目性强,归类严谨科学,根据内容多少采用条式或章条项式;（四）表述准确,文字精练,较多运用立法性语言。	把握纲领性和规制性,以保证组织行为的统一和组织目标的实现。	严肃,准确,精缜密,与法律规与法言规一样"不苟笑"。	"总则""分则""附则"仅为层次划分,未必每个文种都要使用这些标题名称;（二）注意语言运用与其他文种的不同特点和要求。
	规定	适用于对特定工作或事务制定具体规范。（如:《女职工劳动保护特别规定》）	（一）标题:事由加文种;（二）主体:1.总则,目的,依据,实施范围;2.分则,对有关主体,客体,行为,事项及处理办法作出具体规定;3.附则:解释权与施行日期等。		注重内容的确定性和权威的强制力。		
	办法	适用于行使管理职能中对具体事项能行为规范暂行办规定。（如:《机关财务管理暂行办法》）	（一）标题:事由加文种;（二）主体:1.总则,目的与依据;2.分则,特定管理事项的原则,程序,标准和相关说明等;3.附则:解释权与施行日期等。		体现管理的科学性,规范性和执行的可操作性。		
	细则	适用于对贯彻执行某一法令、规定提出的具体意见和补充性意见。（如:《文物保护法实施细则》）	（一）标题:贯彻文件的名称加文种;（二）主体:1.总则,依据,目的,执行原则,适用范围;2.分则,具体的执行程序和标准,实施办法和奖惩措施;3.附则:解释权和施行日期等。		上有所依,下有所系,无缝对接。		

续表

文种\事项		性质及作用	常用结构方法	写作要求		语言风格	备注
				共性要求	特别要求		
请示	请示	适用于下级机关向上级机关就有关事项请求指示、批复。（如：《××市人民政府关于创办生态文明建设示范区的请示》）	（一）标题：发文机关名称、事由加文种；（二）主体：1.简述请示事项及目的意义；2.事项缘由，包括缘由、依据、打算、要求（较复杂、重大事项常带附件）；（三）结束语："妥否，请批复""以上请示，请予审批"等。	（一）事实清楚，层次分明，表述准确；（二）文种正确，格式规范，文字精练，运用规范书面语。	一文一事，理由充分。	谦诚、恳切，充满期待。	注意上行文、下行文、平行文在内容、语气、格式等方面的差别。
求决类	批复	适用于答复下级机关请示事项。（如：《××省人民政府关于同意××市调整部分行政区划的批复》）	（一）标题：发文机关名称、事由加文种；（二）主体：对请示事项的表态关于同事项的批复，然后作出具体答复。若同意，则就该事项作出补充性指示要求；若不同意，则说明说明理由。（三）结束语："特此批复"或"此复"。		一事一复，表态明确。	明朗、干脆，毫不含糊。	
	函	适用于不相隶属机关之间商洽工作，询问和答复问题，请求批准和答复审批事项。（如：《××市总工会关于解决工人文化宫建设资金的函》）	（一）标题：发文机关名称、事由加文种；（二）主体：发函要说明事项、意见。企求及根据与理由；回函要就发函事项作出明确答复，如有不同意见应作出说明；（三）结束语：发函用盼求性用语"请予支持为盼""请予复函"等，回函用"特此复函"等。		注意双方职能、责任和权益的对应性，体现平等、理解、支持与配合。	谦和与礼貌是不可少的。	

注：1.本表所列仅为地方党政机关常用文种，未含全部；2.列写作常识仅认为日常所见和个人实践所悟，并非模式，仅供参考。